Schriften zum Insolvenzrecht

Herausgegeben von

Prof. Dr. Ulrich Ehricke, Universität zu Köln und
Prof. Dr. Christoph Paulus, Humboldt-Universität zu Berlin

Band 71

Susen Grompe

Die vis attractiva concursus im Europäischen Insolvenzrecht

Ein Instrument zur Konkretisierung des Insolvenzstatuts

Nomos

Gedruckt mit der Unterstützung der Studienstiftung ius vivum und
der Johanna und Fritz Buch Gedächtnis-Stiftung.

Die Deutsche Nationalbibliothek verzeichnet diese Publikation in
der Deutschen Nationalbibliografie; detaillierte bibliografische
Daten sind im Internet über http://dnb.d-nb.de abrufbar.

Zugl.: Halle-Wittenberg, Univ., Diss., 2018
ISBN 978-3-8487-5390-1 (Print)
ISBN 978-3-8452-9533-6 (ePDF)

1. Auflage 2018
© Nomos Verlagsgesellschaft, Baden-Baden 2018. Gedruckt in Deutschland. Alle Rechte,
auch die des Nachdrucks von Auszügen, der fotomechanischen Wiedergabe und der
Übersetzung, vorbehalten. Gedruckt auf alterungsbeständigem Papier.

Vorwort

Die vorliegende Arbeit wurde im Sommersemester 2017 von der Juristischen und Wirtschaftswissenschaftlichen Fakultät der Martin-Luther-Universität Halle-Wittenberg als Dissertation angenommen. Neue Entwicklungen in Rechtsprechung und Literatur konnten bis April 2018 berücksichtigt werden.

Die Arbeit entstand zu weiten Teilen während meiner Zeit als Wissenschaftliche Mitarbeiterin am Lehrstuhl für Bürgerliches Recht, Zivilprozess- und Insolvenzrecht von Herrn Prof. Dr. Stephan Madaus. Zu ihrem Gelingen haben viele wertvolle Personen beigetragen, von denen ich an dieser Stelle nur einige besonders erwähnen kann.

Mein erster Dank gilt meinen Eltern, die zu jeder Zeit hinter mir standen und mich stets ermutigt haben, meinen Weg zu gehen. Ihre fortwährende liebevolle und moralische Unterstützung gaben mir den notwendigen Rückhalt zur Durchführung dieser Arbeit.

Besonderer Dank gebührt meinem Doktorvater, Herrn Professor Dr. *Stephan Madaus*, für die gewährten wissenschaftlichen Freiräume, die stets wohlwollende Förderung dieser Arbeit sowie die konstruktiven Arbeitsbedingungen am Lehrstuhl. Herrn Professor Dr. *Armin Höland* bin ich nicht nur für den Anstoß zur Promotion, sondern auch für die freundliche Unterstützung meiner Bewerbung für ein Promotionsstipendium der Landesgraduiertenförderung Sachsen-Anhalt und der zügigen Erstellung des Zweitgutachtens zu Dank verpflichtet.

Ebenso danke ich Prof. Dr. *Ulrich Ehricke* und Prof. Dr. *Christoph Paulus* für die Aufnahme in die vorliegende Schriftenreihe.

Besonderen Dank schulde ich auch meinen ehemaligen Lehrstuhlkollegen, die durch ihre stetige Gesprächsbereitschaft und aufmunternden Diskussionen so manch anstrengende und entmutigende Phasen beiseitegeschoben haben.

Den treuen Lesern, die sich mit beinahe unendlicher Geduld um eine Korrektur des Manuskripts verdient gemacht haben, sei ebenso herzlich gedankt.

Der *Studienstiftung ius vivum* sowie der *Johanna und Fritz Buch Gedächtnis-Stiftung* gilt mein herzlicher Dank für die großzügige Förderung der Dissertation durch einen Druckkostenzuschuss, durch den die vorliegende Veröffentlichung der Arbeit gewährleistet werden konnte.

Wenn nun erst am Schluss all dieser Danksagungen mein Ehemann *Mathias*, der den langwierigen Entstehungsprozess durch alle Höhen und Tiefen begleitet hat, eine besondere Erwähnung findet, dann steht dies in einem diametralen Gegensatz zu seiner Bedeutung. Ihm für alles Nennenswerte zu denken, was er zum Entstehen dieser Dissertation beigetragen hat, würde den zwischen den beiden Einbandseiten der vorliegenden Arbeit gegebenen Rahmen sprengen. Daher sei ihm für alles gedankt und vor allem dafür, dass er mich jeden Tag zu etwas Besserem macht.

Stuttgart, im September 2018 *Susen Grompe*

Inhaltsverzeichnis

Abkürzungsverzeichnis	17
Einleitung	21
I. Problemaufriss	22
II. Gang der Untersuchung	24

Kapitel 1: Die insolvente Auslandsgesellschaft zwischen Gesellschafts- und Insolvenzrecht 27

A. Relevante Regelungsmaterien in grenzüberschreitenden Unternehmensinsolvenzsachverhalten 27

    I. Regelungen unter dem Gesellschaftsstatut 29
       1. Das Gesellschaftsrecht 29
       2. Die Anknüpfung des Statuts 30
       3. Die Reichweite des Gesellschaftsstatuts 31
          a) Die Rechtswahl im Gesellschaftsrecht 32
             (1) Die Rechtswahlfreiheit 32
             (2) Die Folgen des Regulierungswettbewerbs 34
             (3) Die Auswirkung auf den Gläubigerschutz 35
          b) Beschränkung der Rechtswahlfreiheit 37
          c) »Insolvenzifizierungsbemühungen« 38
    II. Regelungen unter dem Insolvenzstatut 40
       1. Das Insolvenzrecht 40
       2. Anknüpfung des Statuts 44
       3. Die Reichweite des Insolvenzstatuts 46
    III. Regelungen unter dem Deliktstatut 46
       1. Das Deliktsrecht 47
       2. Anknüpfung des Statuts 47

B. Das Problem des konträren Zerfalls von Gesellschafts- und Insolvenzstatut 49

    I. Die Gesellschaft als Insolvenzschuldnerin 50

Inhaltsverzeichnis

	II. Die Gefahren der Aufspaltung innerlich verbundener Regelungssysteme	51
	III. Entstehung von Normwidersprüchen	53
	IV. Kollisionsrechtliche Lösungsansätze zur Abgrenzung	54
	1. Missbrauchseinwand	55
	2. Insolvenzrecht de lege ferenda	55
	3. Ordre public-Vorbehalt	57
	4. Anpassung auf kollisionsrechtlicher Ebene	58
	5. Akzessorische Sonderanknüpfung	60
	6. Kollisionsrechtliche Qualifikation	62
C.	Die Bündelung des Insolvenzstatuts	65
	I. Vertikale Bündelung	65
	II. Bündelung durch die Kollisionsnorm des Art. 7 EuInsVO-2015	66
	1. Die Grundkollisionsnorm des Abs. 1	66
	2. Der Regelungskatalog in Abs. 2	67
	III. Konkretisierung durch Element-Kollisionsnormen	67
	1. Notwendigkeit der Konkretisierung	67
	2. Möglichkeit der Konkretisierung durch das Instrument der vis attractiva concursus	69
	3. Keine analoge Anwendung des Art. 6 EuInsVO-2015	70
D.	Ergebnis	71

Kapitel 2:	Die *vis attractiva concursus* des europäischen Insolvenzrechts	73
A.	Bedeutung und Ursprung der vis attractiva concursus	73
B.	Nationale Ausprägungen der vis attractiva concursus	75
	I. Verwendung nationaler Instrumente	75
	II. Rolle nationaler *vis attractiva concursus*-Regelungen in grenzüberschreitenden Insolvenzverfahren	78
	1. Im Fall eines fehlenden Unionsrechtsakts	78
	2. Im Falle eines geltenden Unionsrechtsakts	79
	a) Verweis auf nationale Regelungen	80
	b) Vorhalten einer unionsrechtlichen Regelung	81

C.	Internationale Ausprägung	83
I.	Ausbildung eines europäischen Insolvenzrechts	83
	1. Historischer Abriss	83
	2. Anwendungsbereich der Europäischen Insolvenzverordnung	86
	3. Strukturierung	88
II.	Entwicklung der unionsrechtlichen vis attractiva concursus	90
	1. Die Entwürfe und ihre Kritik	91
	2. Das gescheiterte Übereinkommen von 1995	94
	3. Die Europäische Insolvenzverordnung-2000	95
	a) Fehlende Regelungsanordnungen für die Annexzuständigkeit	96
	b) Regelungsvarianten zur internationalen Zuständigkeit für Annexverfahren	96
	(1) Abzulehnende Zuständigkeitsbestimmung nach autonomem Recht	97
	(2) Abzulehnende Zuständigkeitsbestimmung nach der EuGVVO	98
	(3) Implizite Bestimmung der Annexzuständigkeit nach der EuInsVO-2000	100
	(a) Grammatikalische Hinweise	101
	(b) Systematische Hinweise	102
	(c) Teleologische Hinweise	105
	[1] Effektive Lückenschließung	105
	[2] Vermeidung von einem das Insolvenzverfahren tangierenden forum shopping	106
	[3] Ausnahmeregelung des Art. 18 Abs. 2 EuInsVO-2000	106
	c) Bestimmung nach Art. 3 EuInsVO-2000 analog	111
	4. Die reformierte EuInsVO-2015	114
	a) Ausdrückliche Zuständigkeitskompetenz des Insolvenzeröffnungsstaates	114
	b) Regelung der örtlichen und sachlichen Zuständigkeit	117
	c) Gefahren im Falle des Fehlens nationaler Durchführungsgesetze	118
III.	Erste Reichweitenbestimmung der vis attractiva concursus	120

		1. Offene Formulierung des EuGH seit der Entscheidung Gourdain./.Nadler	121
		2. Die geforderte enge Reichweite	123
		3. Kaum Klarheit durch die Reform	126
D.	Zusammenfassung		128

Kapitel 3:   Die Übertragbarkeit des Instruments der
vis attractiva concursus   130

A. Die internationale Fungibilität der Privatrechtsordnungen   131

    I. Die Frage der Korrelation von formellem und materiellem Recht   131
    II. Konzeptionelle Unterschiede zwischen dem Internationalen Zivilverfahrens- und Kollisionsrecht   133
        1. Der zeitliche Rahmen   134
        2. Die Beziehung zum Sachverhalt   135
            a) Wahl des international zuständigen Gerichts im IZVR   136
            b) Das anzuwendende Verfahrensrecht   136
                (1) Regelung innerhalb der EuInsVO   137
                (2) Grundsatz der lex fori   137
                (3) Verfahrenskollisionsrecht   139
            c) Wahl des materiellen Rechts im IPR   141
        3. Der Unterschied typisierter Interessenverfolgung   142
            a) Verfahrenserwägungen im IZVR   143
            b) Rechtsanwendungsinteressen im IPR   144
            c) Verfahrensbezogene Parteiinteressen vs. materielles Ordnungsinteresse am internationalen Entscheidungseinklang   148
        4. Mehrfachanknüpfungen vs. Einheitsanknüpfungen   150
    III. Grenzen der Fungibilität   152
    IV. Zwischenergebnis   153

B. Die Universalität des Insolvenzverfahrens nach der EuInsVO   155

    I. Mögliche Gleichlaufkonstellationen   155
        1. Der Gleichlauf unter Abhängigkeitsstellung   156
        2. Der Gleichlauf aufgrund innerer Interferenz   158

		3. Die Abgrenzung zum lediglich zufälligen Gleichlauf	159
	II.	Der Gleichlauf in der EuInsVO	161
		1. Der innere untrennbare Zusammenhang von formellem und materiellem Insolvenzrecht	161
		2. Der Anknüpfungsgegenstand des Gesamtvollstreckungsverfahrens	162
		3. Das Anknüpfungsmoment der lex fori concursus	163
		a) Art. 3 EuInsVO-2015 – Anknüpfung an das COMI	163
		(1) Das COMI	164
		(2) Grundlage des COMI in den Gläubigerinteressen	165
		(3) Vermutung für den Satzungssitz	166
		b) Art. 7 EuInsVO-2015 – Anknüpfung an den Verfahrensstaat	167
		(1) Ziel der gemeinschaftlichen Gläubigerbefriedigung	167
		(2) Einbeziehung materiell-rechtlicher Interessen	168
		(3) Auswirkung auf die Verweisungsentscheidung für das international zuständige Forum	172
		c) Äußere Manifestation des strengen Gleichlaufs	173
		(1) Evidenz des strengen Gleichlaufs	173
		(2) Einheitliche Unterstellung formell- und materiell-rechtlicher Wirkungen	174
		(3) Das Prinzip der eingeschränkten Universalität	176
	III.	Zwischenergebnis	178
C.	Behandlung kontradiktorischer Verfahren in der EuInsVO		179
	I.	Einordnung kontradiktorischer Annexverfahren	180
		1. Grundsätzliche Trennung von IZVR und IPR	180
		2. Rechtsaktübergreifendes Verständnis	181
		3. Einheit des Insolvenzverfahrens unter der EuInsVO	182
	II.	Das Verhältnis der vis attractiva concursus zur Kollisionsnorm des Art. 7 EuInsVO-2015	183
		1. Das Paradebeispiel der Anfechtungsklage	183
		2. Keine Übertragung des Katalogs des Art. 7 Abs. 2 EuInsVO-2015	184
		a) Fehlende Konformität der Kataloge	184

        b) Gefahr der ungewollten und unkontrollierten
           Ausweitung   185
     3. Die Haltung der Rechtsprechung zum Verhältnis
        der vis attractiva concursus zu Art. 7 EuInsVO-2015   187
        a) Entscheidungserheblichkeit des materiellen
           Insolvenzrechts   188
        b) Abkehrende Entscheidungen des EuGH   189
        c) Die verdeckte Linie des EuGH   190
     4. Zwischenergebnis   192
  III. Die Gourdain-Formel als Ansatz einer einheitlichen
       insolvenzrechtlichen Qualifikation   194
     1. Das übereinstimmende Anknüpfungsmoment der
        vis attractiva concursus an den Verfahrensstaat   195
        a) Parallele Anknüpfung an den Verfahrensstaat   195
        b) Einheitliche Motivlage der Anknüpfungen   196
           (1) Verfolgung verfahrensbezogener Interessen   196
           (2) Zweckmäßigkeitserwägungen als
               lediglicher Nebenzweck   197
           (3) Ziel der Wahrung und Durchsetzung von
               Gläubigerinteressen   199
        c) Äußere Manifestation eines bewussten
           Gleichlaufs   202
           (1) Vorliegen eines relativ ausschließlichen
               Gerichtsstandes   202
           (2) Rechtfertigung der Ausschließlichkeit   204
     2. Der Anknüpfungsgegenstand der vis attractiva
        concursus in der Gourdain-Formel   205
        a) Autonome Auslegung der Anknüpfungs-
           gegenstände   206
        b) Anwendung der Auslegungsmethoden   207
           (1) Grammatikalische Auslegung   208
               (a) Das Element der Unmittelbarkeit   208
               (b) Das Element des engen
                   Zusammenhangs   209
               (c) Das kumulative Vorliegen beider
                   Merkmale   210
           (2) Historische Auslegung   210
               (a) Die Entwürfe   210
               (b) Das Übereinkommen und die
                   Verordnung   214
           (3) Systematische Auslegung – Ausrichtung auf
               Insolvenzfälle   215

		(4) Teleologische Auslegung	217
		(a) Das Element der Unmittelbarkeit	217
		(b) Das Element des engen Zusammenhangs	218
	c)	Bewertung der Auslegungsansätze des EuGH	220
	d)	Ausreichen der alternativen Berufung der insolvenzrechtlichen Zweckverfolgung	223
	3.	Entkräften möglicher entgegenstehender Anhaltspunkte in der EuInsVO-2015	225
IV.	Zwischenergebnis		226

D. Die Kriterien der Qualifikation 228

    I. Eigener Ansatz spezifischer Kriterien 229

        1. Kein strenges Erfordernis in prozessualer Hinsicht 229

            a) Irrelevanz der Geltendmachung durch den Insolvenzverwalter 229

            b) Keine Beschränkung auf das formelle Erfordernis der Verfahrenseröffnung 231

                (1) Die Annahme eines Verfahrensbezuges in der EuInsVO 231

                (2) Die Forderung nach einem prozessualen Kriterium der insolvenzrechtlichen Qualifikation 233

                (3) Keine Auswirkung auf insolvenzrechtlichen Bezug des Streitgegenstandes 236

                    (a) Weites Insolvenzstatut 236

                        [1] Extensive Auslegung der Kollisionsnorm 236

                        [2] Situative Prägung des Insolvenzrechtsbegriffs 237

                        [3] Vorausschauende Anknüpfung an den Verfahrensstaat 238

                            ((a)) Art. 3 EuInsVO-2015 analog 238

                            ((b)) période suspecte ab Einsetzen der materiellen Insolvenz 239

                            ((c)) Lösung von Kompetenzkonflikten 241

                        [4] Verordnungsziel des funktionierenden Binnenmarktes 242

                  (b) Unabhängigkeit des Annexbegriffs von der Verfahrenseröffnung 242

c) Formelles Erfordernis als Anknüpfungsmoment
für die Zuständigkeitsbegründung ... 244
2. Das Vorliegen der materiellen Insolvenz ... 245
   a) Die materielle Insolvenz als Grundlage ... 246
   b) Insolvenzrecht als Reaktivschutz mit
      präventiver Wirkung ... 247
   c) Entsprechendes Verständnis der EuInsVO ... 249
      (1) Präventiver Ansatz im Vorfeld der Insolvenz ... 249
      (2) Grenzen des präventiven Ansatzes ... 251
3. Verfolgung insolvenzbezogener Zwecke ... 252
   a) Insolvenzrechtliche Zweckrichtung im
      Unionsrecht ... 252
      (1) Erforderliche Konkretisierung ... 252
      (2) Mitgliedstaatliche Zweckverfolgung ... 253
      (3) Autonomes Verständnis der EuInsVO ... 254
   b) Lösung des horizontalen Konflikts der
      Gläubiger untereinander ... 255
      (1) Kollektivierung der Gläubiger als Ansatz
          der Gläubigergleichbehandlung ... 255
      (2) Kollektivverfahren und seine Grenzen
          in der EuInsVO ... 257
      (3) Realisierte Dimensionen des Gläubigergleich-
          behandlungsgrundsatzes in der EuInsVO ... 258
          (a) Chancengleichheit – der Ausgleich des
              Gläubigerkonflikts ... 259
          (b) Verteilungsgerechtigkeit – die
              proportionale Gläubigerbefriedigung
              und die Gläubigerdifferenzierung ... 260
   c) Lösung des vertikalen Konflikts zwischen
      Gläubiger und Schuldner ... 261
      (1) Haftungsverwirklichung und
          Haftungsbegründung im Insolvenzrecht ... 262
          (a) Haftungsverwirklichung unter
              Knappheitsbedingungen ... 262
          (b) Haftungsbegründung als Teil des
              Insolvenzrechts ... 262
          (c) Nichtgelingen einer strikten Trennung ... 264
      (2) Eingreifen insolvenzrechtlicher
          Haftungsregelungen ... 266
          (a) privatautonome Risikoverteilung
              durch freie Entscheidung ... 266

				(b)	Notwendigkeit eines gesetzlichen Gläubigerschutzes bei Risikoerhöhungen durch Asymmetrien	269
				[1]	Erhöhung des Forderungsausfallrisikos	271
				[2]	Besonderheiten im gesellschaftsrechtlichen Bereich	273
				[3]	Insolvenzbezogene Risikoerhöhung	276

        (3) Die Einbeziehung durch die EuInsVO   278
           (a) Funktionales Verständnis der EuInsVO   279
           (b) Musterbeispiel der Einbeziehung schuldnerbezogener Anfechtungstatbestände   281
           (c) Abstrahierter insolvenzrechtlicher Regulierungsbegriff   283
     4. Zwischenergebnis   284
  II. Beachtung der Niederlassungsfreiheit durch die Kriterien   285
     1. Anwendung im IZVR   286
     2. Keine Berührung der Niederlassungsfreiheit   287
     3. Der Missbrauchseinwand   291
     4. Rechtfertigung der Beschränkung über das Allgemeininteresse   291
        a) Kein Ausreichen von bestehenden Schutzmaßnahmen des Unionsrechts   292
        b) Kein Ausreichen von nationalen Schutzinstrumenten   294

E. Ergebnis   295

Kapitel 4:   Die Bestimmung der Einzelverfahren   297

A. Insolvenzrechtliche Rechtsfrage als Streitgegenstand   297

B. Einzelne Verfahren   299
  I. Nicht insolvenzrechtlich zu qualifizierende Streitigkeiten   299
     1. Geltendmachung zivilrechtlicher Ansprüche   299
     2. Streitigkeiten über Masseforderungen   299
     3. Feststellungsstreitigkeiten   300
     4. Aufrechnungsstreitigkeiten   301

Inhaltsverzeichnis

		5. Aussonderungsstreitigkeiten	301
		6. Streitigkeiten die Haftung des Insolvenzverwalters betreffend	302
		7. Streitigkeiten über die Beendigung von Rechtsverhältnissen	303
		8. Streitigkeiten die Kapitalaufbringung und -erhaltung betreffend	304
		9. Geltendmachung von Ansprüchen aus Sorgfaltspflichtverletzung	305
		10. Entscheidungen über Berufsverbote	305
		11. Konzernhaftung	306
	II.	Insolvenzrechtlich zu qualifizierende Streitigkeiten	308
		1. Anfechtungsklagen	308
		2. Feststellungsstreitigkeiten	309
		3. Absonderungsstreitigkeiten	310
		4. Die Reste des Eigenkapitalersatzrechts	310
		5. Einordnung der Insolvenzantragspflicht	312
		6. Geltendmachung der Insolvenzverschleppungshaftung	313
		7. Geltendmachung der Existenzvernichtungshaftung	314
		8. Geltendmachung der Masseschmälerungshaftung	317
		9. Geltendmachung der Insolvenzverursachungshaftung	318
	III.	Zusammenfassung	319
C.	Konkurrierende Ansprüche		320
Schlussbetrachtung			323
Literaturverzeichnis			329

Abkürzungsverzeichnis

a. A.	anderer Ansicht
a. F.	alte Fassung
Abs.	Absatz
AcP	Archiv für die civilistische Praxis
AEUV	Vertrag über die Arbeitsweise der Europäischen Union (Fassung aufgrund des am 1.12.2009 in Kraft getretenen Vertrages von Lissabon)
allg.	allgemein
AöR	Archiv des öffentlichen Rechts (Zeitschrift)
Art.	Artikel (Singular)
Artt.	Artikel (Plural)
Aufl.	Auflage
BB	Betriebs-Berater (Zeitschrift)
Begr.	Begründer
BilMoG	Gesetz zur Modernisierung des Bilanzrechts (Bilanzrechtsmodernisierungsgesetz)
bspw.	beispielsweise
bzw.	beziehungsweise
COMI	centre of main interests / Mittelpunkt der hauptsächlichen Interessen (des Schuldners)
d. h.	das heißt
DB	Der Betrieb (Zeitschrift)
Der Konzern	Zeitschrift für das Konzernrecht, Konzernsteuerrecht sowie das Bilanzrecht und Bilanzierung
ders.	derselbe
Diss.	Dissertation
DNotZ	Deutsche Notar-Zeitschrift
DStR	Deutsches Steuerrecht (Zeitschrift)
DZWIR	Deutsche Zeitschrift für Wirtschafts- und Insolvenzrecht
EBOR	European Business Organization Law Review
ECFR	European Company and Financial Law Review
Ed.	Edition
ELJ	European Law Journal
ESUG	Gesetz zur weiteren Erleichterung der Sanierung von Unternehmen
EuGH	Europäischer Gerichtshof

Abkürzungsverzeichnis

EuGVÜ	Übereinkommen über die gerichtliche Zuständigkeit und die Vollstreckung gerichtlicher Entscheidungen in Zivil- und Handelssachen vom 27.09.1968
EuGVVO	Verordnung (EU) Nr. 1215/2012 des Europäischen Parlaments und des Rates v. 12. Dezember 2012 über die gerichtliche Zuständigkeit und die Anerkennung und Vollstreckung von Entscheidungen in Zivil- und Handelssachen (Brüssel Ia-VO), Abl. EU Nr. L 351 v. 20.12.2012.
EuInsÜ	Übereinkommen über Insolvenzverfahren v. 23.11.1995 (gescheitert)
EuInsVO	Verordnung (EG) Nr. 1346/2000 des Rates v. 29. Mai 2000 über Insolvenzverfahren, Abl. EG Nr. L 160 v. 30.6.2000 bzw. Verordnung (EU) 2015/848 des Europäischen Parlaments und des Rates v. 20. Mai 2015 über Insolvenzverfahren, Abl. EU Nr. L 141 v. 5.6.2015
EuZW	Europäische Zeitschrift für Wirtschaftsrecht
evtl.	eventuell
EWiR	Entscheidungen zum Wirtschaftsrecht
EWS	Europäisches Wirtschafts- und Steuerrecht (Zeitschrift)
f.	folgende
ff.	fortfolgende
gem.	gemäß
GesO	Gesamtvollstreckungsordnung (neue Bundesländer, vom 6. Juni 1990)
GmbHR	GmbH-Rundschau (Zeitschrift)
hrsg.	herausgegeben
Hrsg.	Herausgeber
i. F.	in Form
i. H. v.	in Höhe von
i. R.	im Rahmen
i. S.	im Sinne
i. V. m.	in Verbindung mit
i. w. S.	im weiteren Sinne
i. e. S.	im engeren Sinne
IFRS	International Financial Reporting Standards
IILR	International Insolvency Law Review
insb.	insbesondere
InsO	Insolvenzordnung
IPR	Internationales Privatrecht

IPRax	Praxis des Internationalen Privat- und Verfahrensrechts (Zeitschrift)
IZPR	Internationales Zivilprozessrecht
IZVR	Internationales Zivilverfahrensrecht
JZ	Juristen Zeitung
Kap.	Kapitel
KO	Konkursordnung
KTS	Zeitschrift für Insolvenzrecht
m. Anm.	mit Anmerkung
MMR	Multimedia und Recht (Zeitschrift)
MoMiG	Gesetz zur Modernisierung des GmbH-Rechts und zur Bekämpfung von Missbräuchen
MüKo	Münchener Kommentar
NJW	Neue Juristische Wochenschrift
NotBZ	Zeitschrift für die notarielle Beratungs- und Beurkundungspraxis
NVwZ	Neue Zeitschrift für Verwaltungsrecht
NZG	Neue Zeitschrift für Gesellschaftsrecht
NZI	Neue Zeitschrift für Insolvenz- und Sanierungsrecht
RabelsZ	Rabels Zeitschrift für ausländisches und internationales Privatrecht
RIW	Recht der internationalen Wirtschaft
Rn.	Randnummer
Rom I-VO	Verordnung (EG) Nr. 593/2008 des Europäischen Parlaments und des Rates vom 17. Juni 2008 über das auf vertragliche Schuldverhältnisse anzuwendende Recht
Rom II-VO	Verordnung (EG) Nr. 864/2007 des Europäischen Parlaments und des Rates vom 11. Juli 2007 über das auf außervertragliche Schuldverhältnisse anzuwendende Recht
Rs.	Rechtssache
Rspr.	Rechtsprechung
S.	Satz / Seite
sog.	sogenannte
U. Chi. L. Rev.	University of Chicago Law Review
U. Colo. L. Rev.	University of Colorado Law Review
u. a.	unter anderem
[u. a.]	und andere
Unterabs.	Unterabsatz
Urt. v.	Urteil vom
v. a.	vor allem
WiSt	Wirtschaftswissenschaftliches Studium (Zeitschrift)
WM	Zeitschrift für Wirtschafts- und Bankrecht

Abkürzungsverzeichnis

z. B.	zum Beispiel
z. T.	zum Teil
ZEuP	Zeitschrift für Europäisches Privatrecht
ZGR	Zeitschrift für Unternehmens- und Gesellschaftsrecht
ZHR	Zeitschrift für das gesamte Handelsrecht und Wirtschaftsrecht
ZIK	Zeitschrift für Insolvenzrecht und Kreditschutz
ZInsO	Zeitschrift für das gesamte Insolvenzrecht
ZIP	Zeitschrift für Wirtschaftsrecht
ZöR	Zeitschrift für öffentliches Recht
ZSR	Zeitschrift für Schweizerisches Recht
ZVglRWiss	Zeitschrift für Vergleichende Rechtswissenschaft
ZZP	Zeitschrift für Zivilprozess

Einleitung

Die Existenz der fortschreitenden Globalisierung i. R. der zunehmenden Verflechtungen von Wirtschaftstätigkeiten ist heute weder ein Geheimnis – denn das wussten wir auch gestern schon – noch ist es eine Weisheit, sie als Ursache für Veränderungen anzuführen. Die in diesem Zusammenhang auftretenden Probleme erfordern jedoch gleichfalls neue Lösungen, deren Betrachtung es sich für eine stetige Weiterentwicklung lohnt.

Sowohl auf europäischer als auch auf globaler Ebene agieren auf den nationalen Märkten immer mehr fremdländische Gesellschaften. Dies bringt zum einen Nach-, aber auch Vorteile mit sich. Man denke nur an die gewinnbringenden Einflüsse anderer Nationen und Kulturen oder die positiven Effekte für den Arbeitsmarkt. Dabei sind nicht nur die Internationalisierung wirtschaftlicher oder sozialer Belange, sondern v. a. auch die jeden Teilnehmer des Rechtsverkehrs betreffenden rechtlichen Aspekte von Bedeutung. Mit der Globalisierung kommt der Wettbewerb. Auch für Rechtsordnungen gibt es da keine Ausnahme. Soweit es den Freiheiten im Recht entspricht, wird das Produkt »Recht« von den Verkehrsteilnehmern nachgefragt. Für grenzüberschreitend agierende Gesellschaften sind v. a. zwei Produkte besonders relevant: An erster Stelle steht dabei natürlich das Gesellschaftsrecht. »Geshoppt« wird die Rechtsordnung, die der Gesellschaft als Unternehmen die besten rechtlichen Möglichkeiten bietet. Da aber auch Schieflagen zum Leben dazu gehören, richtet sich der Blick in diesen Zeiten auch auf die Rechtsordnung, deren krisenbezogene Regelungen erleichterte Haftungs- und Sanierungsbedingungen bereithalten. Soweit dahingehende Bemühungen der Gesellschaft nicht zuletzt auch im Interesse der Gläubiger liegen, da die Restrukturierung des Unternehmens für die Gläubiger meist vorteilhafter als eine Liquidation sein wird, sind die rechtlichen Möglichkeiten der Nutzung fremder Rechtsregime nicht zu beschneiden.[1] So mag es der jeweiligen Gesellschaft auch in einem gewissen Rahmen zugestanden sein, eine Rechtswahl in opportunistischer Weise auch zu ihren eigenen Gunsten zu treffen, um die darin liegenden Risi-

---

1   Siehe hierzu nur die Nutzung des englischen *Scheme of Arrangement* in den Fällen *TeleColumbus*, *PrimaCom*, *Rodenstock* und *APCOA Parking*.

Einleitung

ken und Verluste möglichst von sich weg und auf Dritte verschieben zu können. Dies findet im internationalen Rechtsverkehr allerdings dort seine Grenzen, wo die Rechtswahl mit dem Unionsrecht nicht mehr konform geht und ein ungebührliches Ungleichgewicht unter den Beteiligten entstehen lässt, durch das die Risiken des Rechtsverkehrs nur einer Seite aufgelastet werden. Aus diesem Grund ist zwar die Wahl des Gesellschaftsrechts noch durch die Niederlassungsfreiheit garantiert, es kann weder diese noch eine andere unionsrechtliche Grundfreiheit für die Wahl des einschlägigen Insolvenzrechts herangezogen werden. Den insoweit bestehenden Regelungen zum Schutz der von einem grenzüberschreitenden Insolvenzverfahren Betroffenen ist daher so weitgehend zur Durchsetzung zu verhelfen, dass eine Effektivität dieser Verfahren gewährleistet werden kann.

I. Problemaufriss

In den einzelnen Rechtsordnungen sind die Gesellschaftsrechte unterschiedlich ausgeformt, wodurch sich unter breiter Beachtung der Niederlassungsfreiheit gem. Artt. 49, 54 AEUV Präferenzen für bestimmte Gesellschaftsformen, allen voran die englische Limited, entwickelt haben. Ein grenzüberschreitendes Tätigwerden juristischer Personen unter der gewählten Gesellschaftsform wird damit innerhalb der europäischen Union geschützt. Verschlechtert sich jedoch die wirtschaftliche Situation dieser international tätigen Gesellschaften und fallen sie schließlich in die Insolvenz, wird die Anwendung ihres Heimatrechts insofern nicht mehr durch die Grundfreiheiten gesichert. Es kann zu einer unterschiedlichen Anknüpfung von Insolvenz- und Gesellschaftsstatut kommen.

Dies ist ein Problem, das erst vor einiger Zeit entstand. Mit dem Inkrafttreten der EuInsVO-2000[2], noch zu einer Zeit, in welcher die Sitztheorie – nicht nur in Deutschland – konsequente Anwendung erfuhr und die Rechtsprechung des EuGH dem noch nicht entgegentrat, stand die qualifikatorische Verortung einzelner Normen, die das Handeln und Wirken einer Auslandsgesellschaft im Insolvenzfall betreffen, nicht in Frage. Die unter der für das anwendbare Gesellschaftsrecht bestimmenden Anknüp-

---

2 Verordnung (EG) Nr. 1346/2000 des Rates v. 29. Mai 2000 über Insolvenzverfahren, Abl. EG Nr. L 160 v. 30.6.2000.

fung an den effektiven Verwaltungssitz[3] bestehende Konformität mit der insolvenzrechtlichen Anknüpfung an den Mittelpunkt der hauptsächlichen Schuldnerinteressen, das COMI, bewirkte einen Gleichlauf von Gesellschafts- und Insolvenzstatut. Die verwiesene Rechtsordnung kam ganzheitlich zur Anwendung, was keinen Anlass dazu gab, die sich im insolvenzbezogenen Bereich eröffnenden Schnittstellen einer geregelten Behandlung oder gar Normierung zu unterziehen. Erst die *Inspire-Art*-Entscheidung brachte als Anstoß des Umschwenkens von der Sitz- zur Gründungstheorie die zu behandelnde Problematik mit sich.[4] Im Konkreten ergab sich daraus z. B. die folgende Frage: Nach welchem Recht ist der Geschäftsführer einer ausländischen Gesellschaft im inländischen Insolvenzverfahren für die Verursachung eines masseschmälernden Schadens haftbar zu machen? Erfolgt dies nach dem Recht des fremdländischen Gründungsstaates oder nach dem Recht des einheimischen Zuzugsstaates?

Die Antwort auf diese Frage hat weitreichende Bedeutung, denn mit dem Auseinanderfallen von Gesellschafts- und Insolvenzrecht verlieren die innerhalb einer Rechtsordnung bestehenden Wechselwirkungen zwischen beiden Rechtsbereichen[5] ihre funktionale Kraft – es können Schutzlücken auftreten. Wird dies nicht durch eine entsprechende Koordinierung der involvierten Rechtsmaterien abgefangen, zeigt sich unter Gläubigerschutzgesichtspunkten in der Insolvenz eines Unternehmens ein untragbares und mit den Zielen eines grenzüberschreitenden Insolvenzverfahrens nicht zu vereinbarendes Ergebnis. Um der Unsicherheit, welche Regelungen zur Anwendung zu bringen sind, zu begegnen, wurde die Anwendung inländischer Rechtsvorschriften auf Auslandsgesellschaften, hinsichtlich Problematik und Methodik, vielfach betrachtet.[6] Sicherheit in der Theorie versprachen dabei v. a. solche Vorschläge, die die anzuwendenden Regelungen beinahe vollständig dem Gesellschaftsstatut oder, um in die andere

---

3   BGHZ 97, 269 (271 f.); *Triebel/von Hase*, BB 2003, 2409 (2411).
4   Siehe auch *Fischer*, ZIP 2004, 1477 (1477 f.).
5   Die Verbindung zwischen beiden Rechtsbereichen betont auch *K. Schmidt*, Wege zum Insolvenzrecht, S. 23 ff.
6   So z. B. *Kienzl*, Gläubigerschutz bei zuziehenden EU-Auslandsgesellschaften, Kapitel VII; *Knop*, Gesellschaftsstatut und Niederlassungsfreiheit, Teil E.; als nicht insolvenzrechtlich motivierte Arbeit *Streiber*, Gläubigerschutz bei Auslandsgesellschaften, Zweiter Teil; *Lieder*, DZWIR 2005, 399.

Einleitung

Richtung zu gehen, dem Insolvenzstatut überantworten wollten.[7] Beide Extreme hinterließen aber Probleme in der praktischen Anwendung und sind nicht unionskonform. Selten wurde dagegen versucht, der Abgrenzung über neue Lösungswege Kraft zu verleihen.[8] Auch die angepassten Qualifizierungsbemühungen in der Folge des 2008 erlassenen Gesetzes zur Modernisierung des GmbH-Rechts und zur Bekämpfung von Missbräuchen (MoMiG)[9] orientierten sich weiterhin nur an der Einordnung der jeweiligen Einzelregelungen auf nationaler Ebene. Eine abstrakte, verallgemeinerungsfähige Einordnung nationaler Rechtsinstrumente durch allgemeingültige Kriterien wurde dadurch nicht hervorgebracht; die problematische Abgrenzung mithin nicht abschließend geklärt.

Diese Dissertation soll daher einen Beitrag zu der Diskussion um die Reichweite des Insolvenzstatuts im europäischen Rechtsrahmen leisten, um so das Ziel der Verbesserung des Gläubigerschutzes bei Gesellschaftsinsolvenzen im internationalen Insolvenzrecht erreichen zu können.

II. Gang der Untersuchung

Die vorliegende Arbeit soll zeigen, dass sich das soeben angesprochene Problem, welche inländischen Rechtsvorschriften im Falle grenzüberschreitender Insolvenzen auf die Auslandsgesellschaft zur Anwendung gebracht werden können, über ein von der Europäischen Insolvenzverordnung[10] bereits vorgehaltenes Instrument, die *vis attractiva concursus*, lösen lässt. Dazu ist zu untersuchen, inwieweit und auf welcher Argumentationsgrundlage die für die Regelung der Annexzuständigkeit insolvenzgeprägter Einzelverfahren verwendete *vis attractiva concursus* geeignet ist,

---

7   Für eine Anwendung des Rechts des Zuzugsstaates: *Altmeppen*, NJW 2004, 97 (100 ff., 104); für eine Anwendung des Rechts des Heimatrechts: *Ringe*, E-BOR 9 (2008), 579 (615).

8   Anders *Streiber*, Gläubigerschutz bei Auslandsgesellschaften, S. 182 ff., der den Weg über ein gesellschaftsrechtliches Außenhaftungsstatut gesucht hat.

9   Insofern z. B. *Kienzl*, Gläubigerschutz bei zuziehenden EU-Auslandsgesellschaften, Kapitel VIII; siehe auch *Barthel*, Deutsche Insolvenzantragspflicht und Insolvenzverschleppungshaftung in Scheinauslandsgesellschaften nach dem MoMiG.

10 In der neuen Fassung: Verordnung (EU) 2015/848 des Europäischen Parlaments und des Rates v. 20. Mai 2015 über Insolvenzverfahren, Abl. EU Nr. L 141 v. 5.6.2015.

Einleitung

als Konkretisierung der Kollisionsnorm auch die unter das Insolvenzstatut zu stellenden Regelungsinstrumente offen zu legen.

Im ersten Kapitel ist zuvorderst der Hintergrund der vorliegenden Problematik aufzuarbeiten. Dabei wird dargelegt, dass der konträre Zerfall der für das Gesellschafts- und Insolvenzstatut relevanten Anknüpfungsergebnisse zur Entstehung von Normwidersprüchen und Schutzlücken führen kann. Dem entgegenzuwirken, bedarf es eines kollisionsrechtlichen Lösungsansatzes, der die Abgrenzung der Rechtsbereiche entsprechend der Interessen und Wertungen des internationalen Rechtsverkehrs vornimmt. Welche Regelungen dabei kollisionsrechtlich unter dem Insolvenzstatut zusammenzufassen sind, um dem Ziel der Herbeiführung effektiver und wirksamer grenzüberschreitender Insolvenzverfahren Genüge zu tun, wird anhand des Bündelungsmodells[11] genauer erschlossen. Hierbei wird bereits auf die später begründete These verwiesen, dass die *vis attractiva concursus* eine Möglichkeit eröffnet, als Bündelung von Element-Kollisionsnormen und mithin zur verordnungsinternen Konkretisierung des Insolvenzstatuts genutzt zu werden.

Um jedoch erst einmal die Grundlagen dieses in der EuInsVO verfahrensrechtlich verwendeten Instruments kennenzulernen, sollen sodann im zweiten Kapitel zunächst dessen Bedeutung und Ursprung sowie seine nationalen Ausprägungen beleuchtet werden. Daran anschließend wird die internationale Ausprägung der *vis attractiva concursus* in der Europäischen Insolvenzverordnung sowohl im Hinblick auf das Vorliegen einer Regelungsanordnung für die Annexzuständigkeit als auch deren Reichweitenbestimmung unter dem Blickwinkel einer inhaltlichen Dimension untersucht.

Das sich daran anschließende dritte Kapitel widmet sich ganz der Frage der Übertragbarkeit dieses Instruments auf die kollisionsrechtliche Ebene der Verordnung. Als hierfür erforderlich erweist sich ein Gleichlauf zwischen insolvenzrechtlichem Verfahrens- und Insolvenzkollisionsrecht in Bezug auf die kontradiktorischen Annexverfahren. Auf der Grundlage der Feststellungen, dass ein Zusammenhang respektive ein Gleichlauf zwischen materiellem und formellem Recht im Grundsatz nicht besteht, aber im europäischen Insolvenzrecht zumindest für die universellen Hauptin-

---

11 Zum von *Schurig* entwickelten „Bündelungsmodell": *Schurig*, Kollisionsnorm und Sachrecht, S. 89 ff.; mit weiteren Nachweisen siehe auch: *v. Bar/Mankowski*, IPR I, § 4, Rn. 5, Fn. 11.

solvenzverfahren vorgegeben wird, soll die Behandlung der insolvenzgeprägten kontradiktorischen Verfahren untersucht werden. Dabei gilt es, zunächst die Einordnung des Instruments in der EuInsVO und ihre Stellung zur Kollisionsnorm des Art. 7 EuInsVO-2015 zu eruieren, um anschließend die für den Gleichlauf relevanten Punkte des Anknüpfungsgegenstandes und des Anknüpfungsmoments eingehender zu betrachten. Aus der vorgenommenen Auslegung sind schließlich Kriterien herauszuarbeiten, anhand derer eine einheitliche Einordnung der Annexverfahren und infolge der Übertragung auch der unter das Insolvenzstatut zu subsumierenden Rechtsinstitute einfach möglich wird.

Im vierten Kapitel sollen diese Ausführungen abschließend noch einmal vertieft werden, indem die gefundenen Kriterien anhand ausgewählter Einzelverfahren auf ihre Umsetzbarkeit überprüft werden. Dabei erfolgt eine Aufteilung in insolvenzrechtlich zu qualifizierende und in nicht insolvenzrechtlich zu qualifizierende Streitigkeiten. Im Rahmen einer Schlussbetrachtung werden schließlich die gesammelten Ergebnisse noch einmal zusammengefasst.

Kapitel 1: Die insolvente Auslandsgesellschaft zwischen Gesellschafts- und Insolvenzrecht

Mit der Rechtsprechung des EuGH zur Niederlassungsfreiheit seit der letzten Jahrtausendwende hat sich das rechtliche Gefüge im international-europäischen Rechtsverkehr gewandelt. In Abkehr von der Sitztheorie im europäischen Gesellschaftsrecht ist eine im EU-Ausland wirksam gegründete Kapitalgesellschaft in ihrer Rechtsfähigkeit auch im Inland anzuerkennen. Das Gesellschaftsstatut bestimmt sich mithin nach dem Gründungsstaat. Wird eine solch grenzüberschreitend tätige Gesellschaft insolvent, ist der Schuldner allerdings nicht nur einer monetären Zwangslage ausgesetzt, sondern begibt sich und die von der Insolvenz Betroffenen auch in eine rechtliche Diffizilität. Anders als das Gesellschaftsstatut folgt das Insolvenzstatut nämlich nicht der Gründungstheorie, sondern knüpft an den Mittelpunkt der hauptsächlichen Schuldnerinteressen an. Die Frage ist mithin, wie die damit auftretenden kollisionsrechtlichen Unzulänglichkeiten zu lösen sind.

A.   Relevante Regelungsmaterien in grenzüberschreitenden Unternehmensinsolvenzsachverhalten

Um Normenwidersprüche und Schutzlücken in internationalen Insolvenzverfahren zu Lasten der Gläubiger zu vermeiden, muss die Fragestellung der kollisionsrechtlichen Behandlung systeminterner Korrelationen des Insolvenzrechts in der EuInsVO eine Antwort finden. Das Zusammenspiel aus der Grundkollisionsnorm des Art. 7 EuInsVO-2015 und den hiervon gewährten kollisionsrechtlich relevanten[12] Ausnahmen der Artt.

---

12   Die gewählte Formulierung beachtet die umstrittene Normennatur einzelner Vorschriften, wie der Artt. 8 und 10 EuInsVO-2015, die aufgrund ihrer mangelnden positiven Festlegung des anzuwendenden Rechts keine Kollisionsregelungen in Form von Sonderanknüpfungen bilden, sondern als Sachnormen anzusehen sind. Statt vieler: *Reinhart*, in: MüKo zur InsO, Art. 5 EuInsVO, Rn. 13. Eine kollisionsrechtliche Relevanz erlangen diese Normen als Ausnahmen zur Kollisionsnorm des Art. 7 EuInsVO-2015 aber dennoch insofern, als dass

Kapitel 1: Die insolvente Auslandsgesellschaft

8 ff. EuInsVO-2015 tragen der unterschiedlichen Ausgestaltung materiellen Rechts sowie der Schutzbedürftigkeit bestimmter Rechtsstellungen und -verhältnisse Rechnung.[13] Während die Behandlung von Sachverhaltsaspekten im Schnittbereich mit anderen Materien, wie dem Arbeitsrecht, dem Mietrecht oder auch den dinglichen Rechten Eingang in die Regelungen der EuInsVO gefunden haben,[14] bleibt das Verhältnis zum Gesellschaftsrecht unbedacht.[15] In der Abwicklung von Unternehmensinsolvenzen ist die Berührung gesellschaftsrechtlicher Bezugspunkte aufgrund der Stellung des Unternehmens als Subjekt der Insolvenz jedoch unvermeidlich. Die kollisionsrechtliche Behandlung der mit diesen Insolvenzen einhergehenden Rechtsfragen ist von der Thematik der Abgrenzung zum Gesellschaftsrecht demzufolge nicht trennbar.

Aus dem Kollisionsrecht wird gefolgert, welche Rechtsordnungen auf den Lebenssachverhalt bzw. auf seine einzelnen Aspekte zur Anwendung zu bringen sind. Mag dies in rein nationalen Insolvenzsachverhalten auch noch keine Probleme aufwerfen, so ergibt sich allerdings mit Blick auf die kollisionsrechtlichen Verweisungen in Sachverhalten internationaler Unternehmensinsolvenzen bereits kein geschlossenes Bild mehr. Es bleibt nicht dabei, dass lediglich die Regelungen des Insolvenzverfahrensstaates anwendbar sind. Vielmehr trägt eine schuldnerische Auslandsgesellschaft mehr oder minder frei auch die Regelungen ihres Heimatstaates mit herein. Für unerlaubte Handlungen kann sich sowohl die Anknüpfung an das Recht des Handlungs- als auch des Erfolgsortes ergeben. So kommen für die Untersuchung grenzüberschreitender Unternehmensinsolvenzen primär drei relevante Regelungsbereiche in Betracht: das sind die Rege-

---

sie zumindest die insolvenzrechtlichen Regelungen der *lex fori concursus* von der Anwendung auf diese Gegenstände oder Rechtsverhältnisse ausschließen. Weitergehend gelangt *Lüer*, in: Uhlenbruck, InsO, Art. 5 EuInsVO, Rn. 2 dabei zu einem sowohl materiell-rechtlichen als auch kollisionsrechtlichen Verständnis.

13 Vgl. Erwägungsgrund 22 EuInsVO-2015.
14 Die Arbeitsvertragsverhältnisse werden von Art. 13, Miet- und Pachtverhältnisse (u.a.) von Art. 11 und die dinglichen Rechte von Art. 8 EuInsVO-2015 angesprochen.
15 Siehe hierzu auch die Identifizierung des Qualifikations- oder Abgrenzungsproblems im Heidelberg-Luxembourg-Vienna-Report: *Pfeiffer*, in: Hess/Oberhammer/Pfeiffer, European Insolvency Law, Rn. 635 ff.

lungsbereiche, die dem Insolvenzstatut, dem Gesellschaftsstatut und dem Deliktsstatut unterfallen.[16]

I. Regelungen unter dem Gesellschaftsstatut

1. Das Gesellschaftsrecht

Dem Gesellschaftsrecht obliegt es zuvorderst Normen zu der Organisation und der finanziellen Struktur der juristischen Person, aber auch zu Innenhaftungsansprüchen aufzustellen. Unter seiner Regelungsrichtung ordnet das Gesellschaftsrecht primär das »Leben und Wirken« der Gesellschaft, ausgehend von ihrer Gesellschaftsinterna. Der Begriff des Gesellschaftsrechts ist daher in dem Sinne normativ verwendet, als darunter die Normen und Regelungen fallen, die die Gesellschaft (unabhängig von der »Lebensphase«) strukturell und organisatorisch regeln wollen und damit ihre inneren Angelegenheiten betreffen. Neben der Regelung des Innenverhältnisses der Gesellschaft zu ihren Gesellschaftern sowie der Gesellschafter untereinander ist aber auch das Verhältnis der Gesellschaft zu ihren Gläubigern und damit die Normierung des Außenverhältnisses Bestandteil gesellschaftsrechtlicher Regelungen.[17] So können und sollen die Gläubiger von solchen, die Struktur der Gesellschaft betreffenden Regelungen profitieren. Dies eröffnet sowohl einen präventiven Schutz der Gläubiger als auch eine zu ihren Gunsten bestehende mittelbare Kontrolle über die Gesellschaft. Gleiches gilt für die Regelungen zu Publizität und Information, die unmittelbar dem Schutz Außenstehender dienen. Das Gesellschaftsrecht soll damit auch eine Aufgabe des Gläubigerschutzes übernehmen,[18] der jedoch in anderen, das Außenverhältnis direkt regelnden Rechtsgebieten ausgebaut wird. Dabei will und kann der Gesetzgeber im Zusammenhang mit der Strukturierung einer Gesellschaft nur abstrakte Regelungen treffen, die nicht auf spezifischen Risikoeintritten basieren.

---

16 Vgl. etwa *Weller*, IPRax 2003, 207 (209); *Zimmer*, NJW 2003, 3585 (3588 f.).
17 *Heidinger*, DNotZ 2005, 97 (98); *Schön*, Der Konzern 2004, 162 (170).
18 So spricht *Armour/Hertig/Kanda*, in: The Anatomy of Corporate Law, S. 115 (115) davon, dass jedes Gesellschaftsrecht Regelungen zum Gläubigerschutz bereithält. Allerdings ist der Gläubigerschutz im amerikanischen Recht nicht Sache des Gesellschaftsrechts: *Merkt*, ZGR 2004, 305 (313); *Schön*, EBOR 5 (2004), 429 (430 f.); *ders.*, Der Konzern 2004, 162 (162 f.).

Hierzu gehören z. B. gesellschaftsrechtliche Publizitätsvorschriften, Rechnungslegungsvorschriften, gesetzliche Mindestkapitalanforderungen, Kapitalaufbringungs- und Kapitalerhaltungsvorschriften, gesellschaftsrechtliche Treuepflichten oder auch einige Haftungstatbestände bei Verletzung allgemeiner Verpflichtungen der Gesellschafter und Gesellschaftsorgane.

2. Die Anknüpfung des Statuts

Eine ganz wesentliche Rolle für die Ausbildung des Gesellschaftsstatuts übernimmt die durch die europarechtlich verbürgte Grundfreiheit der Niederlassungsfreiheit gem. Artt. 49, 54 AEUV für juristische Personen und Gesellschaften, die nach den Rechtsvorschriften eines Mitgliedstaates der EU gegründet wurden, gebotene Anwendung der Gründungstheorie.[19] Dabei kann man die hiernach garantierte Niederlassungsfreiheit als eine (gegenständlich beschränkte) kollisionsrechtliche Verweisung auf das Recht des Gründungsstaates in mittelbarer Bezugnahme der gesellschaftsrechtlichen Qualifikation sehen.[20] Hiernach bestimmt sich die Rechts- und Parteifähigkeit nicht nach dem Ort des (effektiven) Verwaltungssitzes, sondern richtet sich nach der Rechtsordnung des Staates, in dem die juristische Person oder die Gesellschaft nach dem dortigen Recht wirksam gegründet worden ist.[21] Daraus folgt, dass die inländischen Vorschriften zur Gründung einer Gesellschaft auf die fremdländische Gesellschaft nicht anwendbar sind.[22] Das Gleiche gilt für andere gesellschaftsrechtlich zu

---

19 Beruhend auf den folgenden, wegweisenden Entscheidungen des EuGH: EuGH, Urt. v. 9.3.1999, Rs. C-212/97, Slg. 1999, I-01459 – *Centros Ltd.*; EuGH, Urt. v. 5.11.2002, Rs. C-208/00, Slg. 2002, I-09919 – *Überseering*; EuGH, Urt. v. 30.9.2003, Rs. C-167/01, Slg. 2003, I-10155 – *Inspire Art*.

20 Dementsprechend als versteckte Kollisionsnorm einordnend: *Eidenmüller*, in: Sonnenberger, Vorschläge und Berichte, S. 469 (471 ff.); *Leible/Hoffmann*, RIW 2002, 925 (930 ff.); *Rehm*, in: Eidenmüller, ausländische Kapitalgesellschaften, § 2, Rn. 66 ff.; im Ansatzpunkt auch: *Grundmann*, RabelsZ 64 (2000), 457 (460); **a. A.** *Kindler*, in: MüKo zum BGB, Internationales Wirtschaftsrecht, IntGesR, Rn. 136 ff.

21 *Behrens*, in: Hachenburg, GmbHG Großkommentar, Allgemeine Einleitung B, Rn. 125; *Eidenmüller*, in: Eidenmüller, Ausländische Kapitalgesellschaften, § 1, Rn. 2 f.; *Thorn*, in: Palandt, BGB Kommentar, Anhang zu EGBGB 12, Rn. 1.

22 Die Sitztheorie ist im Europäischen Rechtsbereich mangels Vereinbarkeit mit der garantierten Niederlassungsfreiheit für die Bestimmung des anzuwenden-

qualifizierende Regelungen, die über die Gründung i. S. von Entstehung und (Fort-)Bestand hinausgehen und für die, nach dem hierbei maßgeblichen Gesellschaftsstatut, das Gründungsrecht zur Anwendung gelangt.[23] Ein Verstoß gegen die Niederlassungsfreiheit ist daher auch dann gegeben, wenn der Zuzugsstaat ein Tätigwerden der fremdländischen Gesellschaft unter Anwendung des Gründungsrechts nur unter der Erfüllung bestimmter Auflagen oder Bedingung zulässt bzw. diese Beschränkungen nur dann nicht fordert, wenn die fremdländische Gesellschaft die inländischen, gesellschaftsstrukturellen Vorschriften beachtet.[24] Wird hierdurch für den Schuldner eine Rechtswahl eröffnet, wiegt dies für die Gläubiger insofern schwer, als sie den Schutz durch die für sie eventuell günstigeren Gläubigerschutzvorschriften des Gesellschaftsrechtes des Zuzugsstaates verlieren.[25]

3. Die Reichweite des Gesellschaftsstatuts

Obgleich das Gesellschaftsrecht des Gründungsstaates hinsichtlich dem, was die Gesellschaft im Inneren betrifft, nicht durch das Recht des Zuzugsstaates verdrängt werden kann, ist eine dahingehend eindeutige Antwort für die in der Beziehung der Schuldnergesellschaft zu ihren Gläubigern relevant werdenden Aspekte (v. a. in Zeiten vor und in der Krise) nicht eindeutig zu treffen. Die in diesem Verhältnis erfolgende Marktreflexion wird – konzeptionell differierend in den einzelnen Rechtsordnungen –

---

den Gesellschaftsrechts nicht mehr anwendbar: grundlegend *Knobbe-Keuk*, ZHR 154 (1990), 325 (insb. 342).

[23] Statt Vieler: *Leible/Hoffmann*, EuZW 2003, 677 (681); *Meilicke*, GmbHR 2003, 1271 (1272); **a. A.** *Altmeppen*, NJW 2004, 97 (100 ff., 104), der lediglich die Grundlagen der Gesellschaft dem Recht des Gründungsstaates unterstellt, jedoch für die darüber hinausgehenden Materien in Anknüpfung an den effektiven Verwaltungssitz das Gesellschaftsrecht des Zuzugsstaates zur Anwendung bringen will.

[24] *Bayer*, BB 2003, 2357 (2365); *Schuhmann*, DB 2004, 743 (744); **a. A.** *Altmeppen*, NJW 2004, 97 (100 ff.); *Altmeppen/Wilhelm*, DB 2004, 1083 (1088); *von Halen*, WM 2003, 571 (576).

[25] Dies gilt jedenfalls dann, wenn das Recht des Gründungsstaates *schuldnerfreundlicher* als das Recht des Zuzugsstaates ausgestaltet und damit der Gläubigerschutz schwächer ausgebaut ist. Dies ist z. B. bei einer in Deutschland tätigen Gesellschaft, die die Rechtsform der englischen Limited gewählt hat, der Fall.

zwar auch über Strukturvorgaben durch die nationalen Gesellschaftsrechte wahrgenommen, das Unterstellen dieser Materie unter das Gesellschaftsstatut ist aber zumindest insofern einer kritischen Bewertung fähig, als externe Effekte eine Rolle spielen.[26] Ganz allgemein sind darunter die Fälle zu verstehen, in denen die Auswirkungen ökonomischen Handelns die Außenstehenden – ohne einen Einfluss auf den Marktpreis und damit ohne marktgerechte Kompensation – treffen.[27] In diesen Fällen sind Regelungen erforderlich, die von der Gesellschaft nicht abgewählt werden können. Die Qualifikations- und Abgrenzungsproblematik zwischen dem Gesellschafts- und dem unter die Europäische Insolvenzverordnung fallenden Insolvenzrecht ist gerade deswegen so bedeutsam, weil sie den Rahmen bestimmt, in dem die Gesellschaft das auf sie anzuwendende Recht selbst bzw. *e contrario* nicht selbst bestimmen kann.[28]

a) Die Rechtswahl im Gesellschaftsrecht

Die Niederlassungsfreiheit eröffnet EU-Gesellschaften eine zu beachtende Entscheidungsfreiheit, sich in einem anderen Mitgliedstaat, unter Beibehaltung der Maßgabe ihres Gründungsrechts, niederlassen zu können.

(1) Die Rechtswahlfreiheit

Eine solche Entscheidungsfreiheit wird als Rechtswahlfreiheit bereits im internationalen (europäischen) Vertragsrecht gem. Art. 3 Abs. 1 S. 1 Rom I-VO zugelassen. Damit ist law shopping zunächst eine zulässige, wenn nicht sogar erwünschte Ausnutzung von Gestaltungsmöglichkeiten im internationalen Rechtsverkehr, die aufgrund der Unterschiede zwischen den einzelnen Rechtsordnungen hervorgerufen werden.[29] Eine solche Freiheit

---

26 *Eidenmüller*, RabelsZ 70 (2006), 474 (484).
27 Zu den Begriffen „externe Effekte" bzw. „Externalitäten" und ihrer Erklärung: *Mankiw*, Grundzüge der Volkswirtschaftslehre, S. 221 f.
28 Vgl. bereits *Pfeiffer*, in: Hess/Oberhammer/Pfeiffer, European Insolvency Law, Rn. 637 ff.
29 Vgl. bereits die Aussage des EuGH in seiner *Centros*-Entscheidung: EuGH, Urt. v. 9.3.1999, Rs. C-212/97, Slg. 1999, I-01459, Rn. 27 – *Centros Ltd.*; so auch *Rühl*, RabelsZ 71 (2007), 559 (561 ff.); *Shammo*, ELJ 14 (2008), 351 (353); einen Überblick zum Grundsatz der Rechtswahl gibt: *Wagner*, IPRax

bietet dabei nicht nur den Vertragsparteien eine selbstbestimmte Lösung, die dem Kriterium der Pareto-Effizienz genügen kann, sondern stellt auch in etatistischer Ausrichtung für die einzelnen Rechtsordnungen einen entscheidenden Wert dar.[30] Erst die Zulassung der Freiheit in der Rechtswahl kann zu einem Wettbewerb der verschiedenen Rechtsordnungen führen, und erst der Wettbewerb macht die Rechtswahlfreiheit so interessant und verleiht ihr ihre besondere Bedeutung. Der Regulierungswettbewerb kann allerdings, ebenso wie der wirtschaftliche Wettbewerb, nur unter den Voraussetzungen existieren, dass es Anbieter (Regelgeber) und Nachfrager (Vertragsparteien, d. h. Gläubiger und Schuldner) gibt und Letztere vielfältige Wahlmöglichkeiten, entweder in unmittelbarer (direkte Rechtswahl) oder in mittelbarer Form (tatsächliche Erfüllung der Voraussetzungen einer Norm), bezüglich der verschiedenen Angebote (Rechtsordnungen mit ihren jeweiligen Normen und Regelungen) haben, ohne dass ein Anbieter eine Monopolstellung inne hat oder die Wahlmöglichkeiten beschränkt sind.[31] Entsteht nun durch diese Freiheit der rechtlichen Mobilität i. F. der Möglichkeit, eine andere Rechtsordnung frei zu wählen, eine Wettbewerbssituation, so schafft diese für die hieran teilnehmenden Staaten Anreize, ihre Rechtsordnungen durch entsprechende Reformen zu verbessern, und die Möglichkeit, durch wechselseitiges Lernen aus den Erfahrungen der Anderen angemessene Problemlösungen für das eigene

---

2008, 377 (377 ff.); entsprechend zum grundsätzlich zulässigem *forum shopping* im internationalen (europäischen) Zivilverfahrensrecht: *v. Bar/Mankowski*, IPR I, § 5, Rn. 164 f.; *Benecke*, Gesetzesumgehung im Zivilrecht, S. 320 f., die sogar eine Pflicht des Anwalts zum forum shopping anbringt; *Geimer*, Internationales Zivilprozessrecht, Rn. 1095 ff.; *Reuß*, Forum Shopping in der Insolvenz, S. 10 f.; *Sander/Breßler*, ZZP 122 (2009), 157 (162); *Schack*, Internationales Zivilverfahrensrecht, Rn. 251 f.; *Schack*, MMR 2000, 135 (139); *Thole*, ZZP 122 (2009), 423 (425). Außer Betracht bleibt hierbei die dem Schuldner zugutekommende Möglichkeit des *forum shoppings*, z. B. im internationalen (europäischen) Insolvenzrecht durch die Verlegung des Mittelpunktes der hauptsächlichen Schuldnerinteressen (COMI) in einen anderen Mitgliedstaat auf das gem. Art. 3 Abs. 1 EuInsVO-2015 international zuständige Gericht einzuwirken und dabei mittelbar auch das anzuwendende Insolvenzrecht (Art. 7 Abs. 1 EuInsVO-2017) bestimmen zu können.
30 *Rühl*, Statut und Effizienz, S. 600 ff.
31 *Grundmann*, ZGR 2001, 783 (793 f.); *Kerber*, in: Systembildung und Systemlücken, S. 67 (80 f.); *Reuß*, Forum Shopping in der Insolvenz, S. 14 ff.

Recht zu generieren, dieses innovativ weiterzuentwickeln und somit zu versuchen, das beste Recht hervorzubringen.[32]

(2)   Die Folgen des Regulierungswettbewerbs

Unterstützt wird dieser Entwicklungsdruck durch die Verweisung nationaler Kollisionsregeln auf ausländische Rechtsordnungen. Abgesehen von möglichen negativen Auswirkungen auf andere Märkte[33] besteht dabei jedoch auch die nicht zu vernachlässigende Gefahr, dass dieses so hervorgebrachte Recht nur für diejenigen vorteilhaft ist, die als Nachfrager am Regulierungsmarkt auftreten, jedoch denjenigen, die nicht nachfragen oder nicht nachfragen können, zum Nachteil gereichen, weil ihren Interessen durch die Anbieter keine Beachtung geschenkt wird und dadurch das Schutzniveau für diese Gruppen relativ, z. T. bei Gegenläufigkeit zu der Hervorbringung von Vorteilen für die nachfragenden Gruppen auch absolut, sinkt.[34] Diese Gefahr wird auch als *race to the bottom* bezeichnet.[35]

---

32   *Grundmann*, ZIP 2004, 2401 (2404), der den durch Wettbewerb geförderten Vorteil der stetigen Anpassung an die heterogenen Bedürfnisse einer sich dynamisch entwickelnden Welt hervorhebt; siehe auch *Kerber*, in: Systembildung und Systemlücken, S. 67 (75 ff., 80 f.); *Reuß*, Forum Shopping in der Insolvenz, S. 18 f.; *Merkt*, RIW 2004, 1 (2). Bezüglich des Wettbewerbs der Insolvenzrechte: *Eidenmüller*, ZGR 2006, 467 (477). Als Beispiel für die Bemühungen um ein Mithalten im europäischen Regulierungswettbewerb zwischen den einzelnen Gesellschaftsrechten und damit für die Weiterentwicklung des eigenen Rechts durch ein Lernen von anderen Rechtsordnungen ist die mit dem MoMiG hervorgebrachte Unternehmergesellschaft/UG (haftungsbeschränkt) zur Erleichterung des Zugangs in die GmbH anzuführen, die mit dem Verzicht auf ein gesetzlich vorgeschriebenes Mindestkapital der englischen Limited entspricht.
33   Bedenken erhebend: *Buxbaum*, RabelsZ 74 (2010), 1 (8 f., 13 ff.); *Eidenmüller*, in: An Economic Analysis of Private International Law, S. 187 (193 f.).
34   *Reuß*, Forum Shopping in der Insolvenz, S. 18 f. Dieses Problem im Gesellschaftsrecht als negativer externer Effekt für bestimmte Gläubigergruppen (z. B. unfreiwillige Gläubiger) und Minderheitsgesellschafter anschneidend: *Grundmann*, ZGR 2001, 783 (800).
35   *Eidenmüller*, JZ 64 (2009), 641 (648 f.); *Kieninger*, Wettbewerb der Privatrechtsordnungen im Europäischen Binnenmarkt, S. 69, 96 f.; Eine kurze Zusammenfassung der Thesen zum Regulierungswettbewerb als *race to the top* und *race to the bottom* aufzeigend: *Heine*, Regulierungswettbewerb im Gesellschaftsrecht, S. 121 ff.

Ein Beispiel bietet das gesetzlich vorgeschriebene Mindestkapital, auf das für die UG (haftungsbeschränkt) verzichtet wurde. Den sich gründenden Gesellschaften kommt der Wegfall dieser Voraussetzung zugute. Den Gläubigern allerdings gereicht es zum Nachteil, da, selbst wenn man dem Konzept des gesetzlichen Mindestkapitals den ökonomischen Nutzen absprechen will,[36] ein zumindest primärer, rechtlicher Schutz der Gläubiger (i. F. der Errichtung einer Seriositätsschwelle) mit dem Verzicht auf dieses Erfordernis beseitigt und damit das Schutzniveau verringert worden ist.[37] Das Gläubigerschutzniveau kann auch nicht dadurch aufrechterhalten werden, dass die Anmeldung zum Handelsregister erst mit Einzahlung des Stammkapitals in voller Höhe erfolgen darf (§ 5a II 1 i. V. m. § 7 I GmbHG) oder in der Firma die Bezeichnung »UG (haftungsbeschränkt)« geführt werden muss (§ 5a I GmbHG). Selbst wenn der Vertragspartner durch diese Offenlegung weiß, worauf er sich einlässt, ist zum einen ein Kontrahieren zu einem späteren Zeitpunkt oder mit anderen Rechtsformen nicht immer möglich und zum anderen verlieren bestimmte Gläubigergruppen, wie die unfreiwilligen Gläubiger, diese Schutzmöglichkeit ohne sich darauf einstellen und dementsprechend angepasst verhalten zu können.

(3) Die Auswirkung auf den Gläubigerschutz

Grundlage für den Regulierungswettbewerb im Gesellschaftsrecht ist die Geltung der Niederlassungsfreiheit. Nach der Gründungstheorie richtet sich das Gesellschaftsstatut nach dem jeweiligen (gewählten) Gründungsrecht, d. h. nach der Rechtsordnung, nach deren Normen die Gesellschaft gegründet worden ist.[38] Die Schuldnergesellschaft kann so durch eine bewusste Wahl der Rechtsform und damit des Gründungsrechtes mittelbar

---

36 Siehe hierzu die Kritik der Winter-Gruppe in: Report of the High Level Group of Company Law Experts on a Modern Regulatory Framework for Company Law in Europe v. 4.11.2002, S. 82 ff., 87, unter: http://www.ecgi.org/publications/documents/report_en.pdf, zuletzt aufgerufen am 09. März 2017.
37 Vgl. *Eidenmüller*, in: FS Heldrich, S. 581 (593); *Grunewald*, Gesellschaftsrecht, S. 434; *Vetter*, ZGR 2005, 788 (800 f.); *Weller*, IPRax 2003, 520 (523).
38 *Behrens*, in: Hachenburg, GmbHG Großkommentar, Allgemeine Einleitung B, Rn. 125; *Eidenmüller*, in: Eidenmüller, Ausländische Kapitalgesellschaften, § 1, Rn. 2 f.; *Thorn*, in: Palandt, BGB Kommentar, Anhang zu EGBGB 12, Rn. 1.

auch die i. R. des Gesellschaftsstatuts auf sie anzuwendende Rechtsordnung bestimmen, die ihr am günstigsten erscheint. Auf diese Rechtswahl haben die Gläubiger keinen Einfluss, sodass ihre Interessen, v. a. an einer ihnen günstigeren Rechtsordnung, nicht beachtet werden. Dabei wirkt die durch die Gesellschaft erfolgende Rechtswahl allerdings auch auf die Gläubiger. Der materiell-*gesellschafts*rechtliche Gläubigerschutz wird nämlich durch das Recht des Gründungsstaates und nicht durch das Recht des Staates bestimmt, in dem die Gesellschaft ihre wirtschaftlichen Tätigkeiten tatsächlich ausübt. Dieses Gründungsrecht kann für die Gläubiger sehr viel nachteiliger sein als ihr »eigenes« Recht.

Die Beachtung ihrer Interessen wird den Gläubigern daher nicht nur von der Schuldnergesellschaft verwehrt, sondern auch von den Regelungsgebern als Anbieter des Produktes »Gesellschaftsrecht«, wodurch die zuvor beschriebene Gefahr des Regulierungswettbewerbs i. F. der Benachteiligung der Nicht-Nachfrager hervorgebracht wird. Dem entgegenzuwirken steht die Rechtssetzung unter dem Druck, das materielle Recht einerseits so leistungsstark bzw. vorteilhaft wie möglich für die Gesellschaften und damit aber auch die potenziellen Schuldner zu gestalten, um sie so für die Wahl ihres Rechts gewinnen zu können (exemplarisch sei hierfür auf die Anstrengung des MoMiG verwiesen), andererseits aber auch so zu konzeptionieren und rechtssystematisch einzuordnen, dass die widerstreitenden Interessen der Parteien eines Schuldverhältnisses in einem ausgewogenem Verhältnis zueinander stehen und der Schutz der als schwächer empfundenen Partei durch die Wahl einer der Parteien bzw. des Schuldners nicht beseitigt werden kann.

Das obige Beispiel bezüglich des Verzichts auf ein gesetzlich vorgeschriebenes Mindestkapital für die UG (haftungsbeschränkt) macht dies deutlich: die Anbieter, d. h. die Regelungsgeber, missachten die Interessen der Gläubiger als regelmäßige Nicht-Nachfrager im Gesellschaftsrecht und verlagern den Gläubigerschutz in der Folge in andere Rechtsgebiete, wie z. B. in das Insolvenzrecht, in denen die Gläubiger nun als Nachfrager auftauchen. Unterstützt wird diese Tendenz durch die aufgrund der Niederlassungsfreiheit gebotene Anwendung der Gründungstheorie, wodurch, nach dem hierbei maßgeblichen Gesellschaftsstatut, das Gesellschaftsrecht des Gründungsstaates zur Anwendung gelangt und der Zuzugsstaat folglich seinen Gläubigerschutz nur dann durchsetzen kann, wenn dieser in

Rechtsgebiete verlegt wird, die nicht dem Gesellschaftsstatut unterfallen.[39] Um die Umsetzung dieses Schutzgedankens überstaatlich gewährleisten zu können, kann es nötig sein, eine Rahmenordnung zu instituieren, die insofern regulierend in den Wettbewerb der Rechtsordnungen eingreift, als zumindest der Eintritt negativer Externalitäten durch die erfolgte Rechtswahl verhindert wird.[40]

b) Beschränkung der Rechtswahlfreiheit

Die nationalen Rahmenordnungen haben hierfür eine nur begrenzte Wirkung. Dagegen verspricht ein Regelungsrahmen auf supranationaler Ebene (EU), der einheitlich die Interessen aller Mitgliedstaaten im Blick hat, ein geeignetes Mittel zur Verhinderung negativer externer Effekte darzustellen.[41] Über diese Rahmenordnung kann eine umfangmäßig begrenzte Harmonisierung, eine sog. Mindestharmonisierung, herbeigeführt werden, die den nationalen Rechtsordnungen weiterhin eine über die festgelegten Mindeststandards hinausgehende Normierung und die freie Regelung anderer Fragen erlaubt und damit Wettbewerb weiterhin zulässt bzw. diesen für diese anderen im Zusammenhang stehenden Fragen sogar noch anregen kann.[42] Unter bestimmten Umständen, nämlich dann, wenn die Rechtswahlfreiheit zu Zwecken missbraucht[43] wird, die der anderen Partei schaden, die die Herstellung einer Interessengerechtigkeit zwischen den Parteien verhindern, die den Interessen Dritter oder der Allgemeinheit in dem Maße zuwiderläuft, dass sie eines Schutzes bedürfen[44], die den Zielen

---

39 Den Trend der Verlegung oder „Umqualifizierung" gesellschaftsrechtlicher Regelungen wurde bereits erkannt: *Eidenmüller*, ZGR 2006, 467 (476); *Röhricht*, ZIP 2005, 505 (506 f.); kritisch allerdings *K. Schmidt*, ZHR 168 (2004), 493 (496 ff.).
40 *Rühl*, Statut und Effizienz, S. 247 m.w.N.
41 *Rühl*, Statut und Effizienz, S. 249; in Bezug auf den Schutz von Gläubigerinteressen i. R. von grenzüberschreitenden Insolvenzverfahren *Kemper*, ZIP 2001, 1609 (1610).
42 Generell zur Harmonisierung im Regulierungswettbewerb: *Grundmann*, ZGR 2001, 783 (797 ff.) mit Verweis auf: Vollendung des Binnenmarktes: Weißbuch der Kommission an den Europäischen Rat, KOM(85) 310 endg., S. 18 f., 27 *et passim* – zur Mindestharmonisierung in der EU:
43 *Shammo*, ELJ 14 (2008), 351 (354 ff.): „abuse of rights".
44 *Rühl*, Statut und Effizienz, S. 607 ff.

einer diese Freiheit statuierenden Verordnung entgegenstehen[45] oder auch rein binnenmarktschädlich sind, kann es aber auch notwendig sein, die Rechtswahlfreiheit auf entsprechenden Wegen stärker einzuschränken oder gänzlich zu beschneiden. Eine Rahmenordnung, die dem Wettbewerb der Gesellschaftsrechte Grenzen setzt, ist in Form eines harmonisierten internationalen Gesellschaftsrechts zwar stetig im Gespräch. Bisherige Bemühungen fanden jedoch noch keine Umsetzung, so dass auf die bestehenden Rahmenordnungen zurückzugreifen ist.

c) »Insolvenzifizierungsbemühungen«

Eine Einschränkung der Rechtswahlfreiheit ist durch den Umstand begründet, dass eine effiziente und billige Allokation der Ressourcen ab einem bestimmten Punkt nicht mehr durch die Parteien hergestellt werden kann. Dies ist dann der Fall, wenn externe Effekte auftreten und damit unkompensiert eine Partei belasten. Der Eintritt von Externalitäten ist eine anerkannte Form der Manifestation des Marktversagens und insoweit als Ansatz für eine Beschränkung der Rechtswahlfreiheit zu verstehen.[46]
Eine konkrete Anwendung finden diese Gedanken im Insolvenzbereich. Für diesen wird eine Rechtswahl durch die Europäische Insolvenzverordnung unter der kollisionsrechtlichen Verweisung auf die *lex fori concursus*, mithin auf den Staat der Verfahrenseröffnung, ausgeschlossen.[47] Eine effiziente Allokation der Ressourcen durch die jeweiligen Parteien ist im Zustand einer Insolvenz nicht mehr möglich und damit Ansatzpunkt für eine das anzuwendende Recht regelnde Rahmenordnung. Wie weit dieser Insolvenzbereich dabei zu fassen ist, ist noch zu konkretisieren. Insoweit die gesellschaftsrechtliche Sphäre aber durch die Abwicklung einer Gesellschaftsinsolvenz berührt wird, muss hinsichtlich der Maßgabe des anzuwendenden Rechts Folgendes beachtet werden: Die Wahl des Gesellschaftsrechts ist durch die Niederlassungsfreiheit geschützt. Diese Rechtswahl findet ihre Grenzen allerdings im Schutz der Rechte und

---

45 *Shammo*, ELJ 14 (2008), 351 (358).
46 *Rühl*, Statut und Effizienz, S. 216 f.
47 Vgl. Erwägungsgrund 66 EuInsVO-2015.

Rechtsgüter Dritter bzw. bestimmter Personengruppen.[48] Soweit sie im Außenverhältnis noch Gültigkeit beansprucht, darf sie daher nicht so weit führen, dass Rechte Dritter oder der Gläubiger verletzt werden. Dies ist zumindest dann als gegeben anzusehen, wenn der Umstand eintritt, dass eine vollständige Befriedigung aller Gläubiger nicht mehr möglich ist. Mit Eintritt eines derartigen externen Effekts ist die Beschränkung der Rechtswahl durch die unter der kollisionsrechtlichen Verweisung auf die *lex fori concursus* zu fassende Qualifikation zum Insolvenzbereich (unter der Wirkung der EuInsVO) zum Schutz der als schwächer empfundenen Partei gerechtfertigt. Normen, die in diesen Regelungsbereich fallen, sind dem Insolvenzstatut zuzuschlagen, auch wenn sie die Gesellschaft, im Bereich der Marktteilnahme, modellieren.

In Grundzügen deutet bereits der Bericht von *Virgos/Schmit* das in internationalen Insolvenzrechtsfällen bedingte Bedürfnis einer Abweichung der kollisionsrechtlichen Behandlung bestimmter Rechtshandlungen von den im Normalfall geltenden IPR-Regelungen an.[49] Daran ansetzend erklärt sich auch die im Bereich grenzüberschreitender Unternehmensinsolvenzen zu beobachtende Tendenz der »Insolvenzifizierung«[50] durch die Ausweitung der insolvenzrechtlichen Anknüpfung.[51] Dahinter steht die Idee einer – herbeiführbaren – unbeschränkten Vereinbarkeit der Anwendung nationaler Rechtsnormen auf Auslandsgesellschaften mit der Niederlassungsfreiheit. Das Insolvenzrecht selbst setzt naturgemäß nicht am Marktzugang, sondern erst später an seinem Gegenstück, dem (potenziellen) Marktaustritt bzw. der diesem zugrunde liegenden Tätigkeit auf dem Markt, an.[52] Aus diesem Grund streiten einige Vertreter in der Literatur

---

48 *Leible*, RIW 2008, 257 (262); ähnlich auch *Eidenmüller*, RabelsZ 70 (2006), 474 (484). Siehe auch die Bestimmungen zur Rechtswahl in den Art. 3 II 2 ROM I-VO und 14 I 2 ROM II-VO.

49 *Virgos/Schmit*, in: Stoll, Vorschläge und Gutachten, S. 32 (67, Rn. 90); ebenso: *Fletcher*, in: Moss/Fletcher/Isaacs, The EC Regulation on Insolvency Proceedings, Rn. 4.08.

50 So gebraucht durch *Enriques/Gelter*, EBOR 7 (2006), 417 (450).

51 Mit dem Verlangen auf den Weg kommend, dass die bisher als gesellschaftsrechtlich qualifizierten Schutzinstrumente einer erneuten, eingehenden Betrachtung im Hinblick auf ihren evtl. vorrangig als insolvenzrechtlich zu qualifizierenden Kern erfahren: z. B. *Ulmer*, NJW 2004, 1201 (1204).

52 Zwischen diesen beiden Regelungsrichtungen ist in Übertragung der Rechtsprechung des EuGH zur Warenverkehrs- und Dienstleistungsfreiheit auch für die Beschränkung der Niederlassungsfreiheit zu differenzieren: *Eidenmüller*,

auch dafür, dass die Regelungen des Insolvenzrechts nicht weiter an der Niederlassungsfreiheit zu messen seien; ein Konflikt des durch die EuInsVO berufenen Insolvenzrechts mit der Niederlassungsfreiheit wird aufgrund der vorausgesetzten Konformität des Sekundärrechts mit dem EU-Primärrecht von vornherein negiert.[53] Selbst wenn jedoch (vorzugswürdigerweise) mit anderen Stimmen nicht von einem grundsätzlich fehlenden Beschränkungscharakter insolvenzrechtlicher Regelungen auszugehen ist,[54] kann eine Abweichung von gesellschaftsrechtlichen Konzeptionen des Gründungsstatuts aufgrund des als zwingenden Grund des Allgemeininteresses grundsätzlich anerkannten Schutzes der Gläubiger[55] europarechtlich gerechtfertigt sein. Die insoweit vorgenommene Anknüpfung im Zuzugsstaat kann die Alarmglocken der Niederlassungsfreiheit zwar läuten lassen, sie aber nicht zu einer Allzweckwaffe generieren. In der Folge unterstehen in diesem Rahmen auch Auslandsgesellschaften den insolvenzrechtlichen Normen des Zuzugsstaates.

II. Regelungen unter dem Insolvenzstatut

1. Das Insolvenzrecht

Das Insolvenzrecht ist auf die materiell-rechtliche und verfahrensrechtliche Regelung einer ganz bestimmten, seinem Namen entsprechenden Lage des Schuldners gerichtet, der Insolvenz. Im Konkreten geht es hierbei um die Behandlung der Situation tiefgreifender zahlungsbedingter Schwierig-

---

in: Eidenmüller, Ausländische Kapitalgesellschaften, § 3, Rn. 14 ff.; *Kindler*, in: MüKo zum BGB, Internationales Wirtschaftsrecht, IntGesR, Rn. 439.

53 Vertreten durch: *Ulmer*, NJW 2004, 1201 (1207) der das Insolvenzrecht als „sichersten Hafen" bezeichnet; zustimmend *Fischer*, ZIP 2004, 1477 (1479); *Kindler*, in: MüKo zum BGB, Internationales Wirtschaftsrecht, IntGesR, Rn. 438.

54 *Borges*, ZIP 2004, 733 (740); *Eidenmüller*, in: Eidenmüller, Ausländische Kapitalgesellschaften, § 3, Rn. 9, sehen auch delikts- oder insolvenzrechtlich geprägte Regelungen für die Niederlassungsfreiheit als nicht „unbedenklich" an und weisen auf die Notwendigkeit einer europarechtlichen Rechtfertigung hin. Kritisch auch *Bitter*, in: Jahrbuch Junger Zivilrechtswissenschaftler 2004. Europäisches Privatrecht, S. 299 (311).

55 EuGH, Urt. v. 05.11.2002, Rs. C-208/00, Slg. 2002, I-09919, Rn. 92 – *Überseering*; EuGH, Urt. v. 30.9.2003, Rs. C-167/01, Slg. 2003, I-10155, Rn. 132 – *Inspire Art*.

keiten. Dieser wirtschaftliche Zustand wurzelt zwar im Schuldner, betrifft ihn aber nicht allein. Notwendigerweise sind mit seinem Schicksal die Belange aller Personen berührt, denen gegenüber er Verpflichtungen hat und die er infolge seiner existenzbedrohten Lage nicht erfüllen kann. Das Insolvenzrecht setzt dementsprechend ein Schuldverhältnis, sei es nun vertraglich oder gesetzlich, voraus.[56] Mit dem durch die mangelnde Solvenz eines Marktteilnehmers verbundenen belastenden Involvement eines oder mehrerer anderer Marktteilnehmer wird dem diese Situation regelnden Insolvenzrecht ein haftungsrechtlicher Charakter[57] zu eigen. Im Blickpunkt der Haftungsverwirklichung steht eine Lösung, die den Gläubigern zu einer größtmöglichen, gemeinschaftlichen und gleichmäßigen Befriedigung – unter Ausschaltung der Konkurrenzsituation durch kollektivierte Durchsetzung – verhilft.[58] Mit dem Ziel der Verwirklichung der Haftung des Schuldners und folglich dem Schutz vor der Nichterfüllung von Gläubigeransprüchen stellt sich das Insolvenzverfahren in Bezug auf den Insolvenzbeschlag und die Verwertung als Äquivalent zum Einzelzwangsvollstreckungsverfahren dar.[59] Eine Ablösung des Einzelzwangsvollstreckungsrechts durch das Gesamtvollstreckungsrecht erfolgt jedoch erst dann, wenn der Schuldner in die Situation insolvenzbedingter Zahlungsschwierigkeiten gerät und sich folglich das Ausfallrisiko aller Gläubiger realisiert hat. Erst ab diesem Zeitpunkt muss ein Verfahren einsetzen, dass eine Verwirklichung der Haftung zugunsten aller Gläubiger anstrebt und einen Wettstreit unter ihnen abschneidet. Neben dieser vordergründigen Haftungsverwirklichung, deren immanenter Grundgedanke der Schutz der Gläubiger ist, steht auf der anderen Seite auch der Schuldner selbst im Auge von Schutzvorstellungen. Ihm soll nämlich ein »Weiterleben« ermöglicht werden; sei es für natürliche Personen auf dem Weg der Rest-

---

56 Frege/Keller/Riedel, Insolvenzrecht, Rn. 8.
57 *Häsemeyer*, Insolvenzrecht, Rn. 1.11 ff.;
58 *Häsemeyer*, Insolvenzrecht, Rn. 2.00 ff. spricht von drei Grundlinien des Insolvenzrechts: Die durch die Haftungsverwirklichung hervorzubringende Sicherung des sozialen Friedens (Konfliktabbau zwischen den Beteiligten), der gleichen Haftungsbedingungen zugunsten aller Gläubiger und der wirtschaftlichen Existenz des Schuldners.
59 Das Insolvenzverfahren erfüllt aber nicht nur die Aufgaben des Vollstreckungsrechts, sondern setzt auch Materien des Zivilprozessrechts und der freiwilligen Gerichtsbarkeit um; siehe zum deutschen Insolvenzverfahren: *Häsemeyer*, Insolvenzrecht, Rn. 3.05, 6.05 a f.; *Gerhardt*, in: Jaeger, InsO Kommentar, § 2, Rn. 16 ff., 20 ff.

schuldbefreiung oder für Unternehmen über eine Sanierung, anstatt der Liquidierung. Diesem Ziel, zur Rettung eines schuldnerischen Unternehmens, wird zumindest in der deutschen InsO nur ein untergeordneter Rang zu Teil, behauptet er sich im Laufe der Zeit auch immer stärker.[60] Galt einst die Materie des Insolvenzrechts in ihrer Ausgestaltung noch als rein reaktiv, hat sich die Sichtweise auf die Einbeziehung einer präventiven Wirkung erweitert.[61]

Definiert als die Summe aller Rechtssätze, die auf die Regelung des *existenzbedrohenden Zustandes* des Schuldners gerichtet sind,[62] erfährt das Insolvenzrecht durch Veränderungen in unserer Gesellschaft sowie in der Betrachtung ökonomischer Verhältnisse einen fortwährenden Wandel. Von einem ursprünglichen Kerninsolvenzrecht (Insolvenzrecht im engeren Sinne), das das Gesamtvollstreckungsverfahren und seine Abläufe formell gestaltet und materiell-rechtlich lediglich die »Auswirkungen auf das verfahrensgegenständliche Schuldnervermögen« sowie auf die Gläubigergemeinschaft enthält,[63] erstreckt sich das Insolvenzrecht (im weiteren Sinne) auch auf andere Regelungsgegenstände, denen ein Insolvenzbezug dadurch zu Teil wird, dass ihn die entsprechenden Regelungen in Tatbestand oder Rechtsfolge aufnehmen. Deren Reichweite ist aufgrund von Überschneidungen mit anderen Materien allerdings als unsicher anzusehen.

Trotz der in den letzten Jahren aufkommenden Euphorie für den insolvenzrechtlichen Gläubigerschutz darf hierbei nicht vergessen werden, dass

---

60 Die Sekundärstellung der Rettung schuldnerischer Unternehmen wird an der Formulierung des Art. 1 S. 1 InsO sehr deutlich. Mit der Formulierung „indem" wird der Erhalt des Unternehmens über einen Insolvenzplan lediglich als ein neben die Liquidation tretender *Weg* zur gemeinschaftlichen Befriedigung der Gläubiger festgesetzt.

61 Anhand von präventivem und reaktivem Charakter die Unterscheidung insolvenz- und gesellschaftlicher Regelungen im internationalen Rechtsverkehr ausmachend: *Langen*, Die Haftung des herrschenden Unternehmens für Verbindlichkeiten der abhängigen Gesellschaft in einem multinationalen Unternehmen, S. 213 ff., 219. Zur Trennung des Gläubigerschutzsystems in *ex ante* und *ex post* unter Einordnung des Insolvenzrechts zu letzterem: *Spindler*, JZ 2006, 839 (841 f.); andeutend auch *Fischer*, ZIP 2004, 1477 (1478 ff.); *Röhricht*, ZIP 2005, 505; auflösend *Thole*, Gläubigerschutz durch Insolvenzrecht, S. 44 f., 47 ff., 66 f.

62 *Pape*, in: Uhlenbruck, InsO, § 1, Rn. 2.

63 *Becker*, Insolvenzrecht, Rn. 58; im Ansatz auch *Pape*, in: Uhlenbruck, InsO, § 1, Rn. 2.

es für die Anwendung des Insolvenzrechts dennoch erforderlich bleibt, an einen zeitlich-inhaltlichen Zusammenhang zur Insolvenz anzuknüpfen: die Gesellschaft muss sich entweder in der Krise befinden oder einen unmittelbaren Bezug im Vorfeld der Insolvenz zu dieser haben. Profan gesagt: »Das Kind muss bereits in den Brunnen gefallen sein!« Nur bei Vorliegen einer insolventen oder insolvenzbedrohten Lage, die noch weiter zu konkretisieren sein wird, können auch die insolvenzrechtlichen Gläubigerschutzvorstellungen umgesetzt werden. Das soll umgekehrt jedoch nicht bedeuten, dass allein das bloße Eintreten eines Insolvenztatbestandes oder gar das Vorliegen eines eröffneten Insolvenzverfahrens für eine qualifikatorische Abgrenzung der auf die Schuldnergesellschaft oder auf deren Organe anwendbaren Regelungen ausreicht. Eine solche Annahme würde nämlich den Schluss nach sich ziehen, dass sich die Qualifikation einer Norm allein unter Bezugnahme auf eine zeitliche Komponente bestimmen oder gar verändern ließe. Selbst wenn sich also der Tatbestand einer Norm innerhalb des zeitlichen Rahmens einer existenzgefährdenden wirtschaftlichen Lage des Unternehmens oder der Eröffnung eines Insolvenzverfahrens erfüllt, führt allein die Anwendbarkeit der Norm in diesem Stadium nicht zu einer Qualifikation als insolvenzrechtlich.[64] Abzugrenzen sind die im insolvenzrechtlichen Qualifikationsbereich liegenden Regelungen daher von denen, die der Abwicklung des Insolvenzverfahrens nicht unmittelbar zu dienen bestimmt sind und nur »auch bei Gelegenheit« eines Insolvenzverfahrens zur Anwendung gelangen können. Auch solche Regelungen, die zwar Rechtsfolgen an die Eröffnung eines Insolvenzverfahrens bzw. das Vorliegen eines Insolvenztatbestandes oder an Entscheidungen und Maßnahmen innerhalb eines Insolvenzverfahrens knüpfen, aber den Zielen des Insolvenzverfahrens in keiner Weise dienen, sind nicht als dem Insolvenzrecht zugehörig zu qualifizieren.[65] Wichtiges Qualifikationsmerkmal ist daher der dem jeweiligen Gläubigerschutzinstitut immanente Sinn, der darin liegen muss, die Ziele des Insolvenzverfahrens zu verwirklichen.

Der insolvenzrechtliche Gläubigerschutz wird im Recht vorwiegend in den Insolvenzgesetzen geregelt. Da jedoch die qualifikatorische Einord-

---

64 So sind z. B. die Norm des § 826 BGB oder die Generalklauseln der §§ 138, 242 BGB auch innerhalb eines Insolvenzverfahrens anwendbar, dennoch sind sie nicht als insolvenzrechtlich zu qualifizieren.
65 Darunter fallen z. B. strafrechtliche Sanktionen oder auch Entscheidungen über Berufsverbote.

nung der Gläubigerschutzregelungen nicht allein ihrer systematischen Stellung zu entnehmen ist, können sich weitere insolvenzrechtlich zu qualifizierende Regelungen auch in anderen Kodifikationen außerhalb der Insolvenzgesetze, wie z. B. den rechtsformspezifischen Gesetzen des GmbHG, im AktG oder dem StGB, das insolvenzbezogene Straftatbestände enthält, finden.

2. Anknüpfung des Statuts

Gegenüber der Anknüpfung des Gesellschaftsstatuts knüpft das Insolvenzstatut in einer ganz anderen Richtung an: im Rahmen unionsrechtlicher Regelungen, und Entsprechendes gilt auch für das autonome Recht, kommt gem. Art. 7 Abs. 1 EuInsVO-2015 das Recht des Mitgliedstaates zur Anwendung, in dem das Insolvenzverfahren eröffnet wird (Forumstaat). Die Eröffnung des Verfahrens richtet sich dabei aber nicht nach dem Gründungsstaat der Gesellschaft, sondern erfolgt gem. Art. 3 Abs. 1 Unterabs. 1 EuInsVO-2015 in dem Staat, in dem die Gesellschaft ihr COMI, d. h. das *centre of main interest*, den Mittelpunkt ihrer hauptsächlichen Schuldnerinteressen, hat. Die Vermutung nach Art. 3 Abs. 1 Unterabs. 2 EuInsVO-2015, die das COMI und über Art. 7 EuInsVO-2015 auch das Insolvenzstatut am Ort des satzungsmäßigen Sitzes annimmt, jedoch widerleglich ist, zeigt, dass der europäische Gesetzgeber das Recht des Gründungsstaates nicht als ausnahmslos maßgebend einstuft, sondern die Anwendung des Rechts eines anderen Mitgliedstaates als durch zu schützende Interessen anderer gerechtfertigt und notwendig erachtet.[66] Dementsprechend wird zum Schutz der Gläubiger und der Durchsetzung ihrer Interessen für das COMI an den Ort angeknüpft, der der – nach außen für Dritte feststellbaren – Aktivität der Gesellschaft entspricht. Unter der, durch die Reform bestärkten, besonderen Berücksichtigung der gläubigerbezogenen Wahrnehmung des Ortes, an dem der Schuldner der Verwaltung seiner Interessen nachgeht, erscheint nunmehr der Streit um die maßgeblichen Feststellungskriterien zugunsten der bereits zuvor herrschenden *Business-Activity-Theorie*[67], die auf die *Umsetzung* der head-office-

---

66 Im Ergebnis auch: *Ungan*, ZVglRWiss 104 (2005), 355 (364).
67 Statt Vieler: High Court Dublin, Judgement. v. 23.3.2004, 33/04 – *Eurofood/Parmalat II*, abgedruckt in ZIP 2004, 1223; AG Mönchengladbach, Beschluss v. 27.4.2004, 19 IN 54/04 – *EMBIC I*, abgedruckt in ZIP 2004, 1064;

Entscheidungen abstellt, entschieden. Das COMI wird hierdurch (grundsätzlich) am Ort des effektiven Verwaltungssitzes in Erscheinung treten,[68] der in Widerlegung der Vermutungs- oder besser Zweifelsregelung zugunsten des Satzungssitzes für eine beträchtliche Anzahl der Fälle mit grenzüberschreitendem Bezug (hierzu gehören v. a. die Scheinauslandsgesellschaften) mit dem Gründungsstaat nicht übereinstimmt. In grenzüberschreitenden Insolvenzverfahren nimmt damit das Recht des Zuzugsstaates als Interessenmittelpunkt die entscheidende Position als Verfahrensstaat und mithin maßgebliche Rechtsordnung ein.

Sowohl die prozessual- als auch die materiell-rechtlichen Wirkungen des Insolvenzverfahrens unterfallen der Regelung des Insolvenzstatuts und richten sich mithin nach der grundsätzlich geltenden *lex fori concursus*.[69] Diese insolvenzrechtlich zu qualifizierenden Sachverhaltsaspekte, die entgegen dem Gesellschaftsstatut nicht an das Recht des Gründungsstaates anknüpfen, können ihre gläubigerschützende Wirkung damit auch gegenüber Auslandsgesellschaften entfalten. Für das Insolvenzverfahrensrecht[70]

---

68 *Bähr/Riedemann*, ZIP 2004, 1066 (1067); *Herchen*, ZInsO 2004, 825 (827 f.); *Mankowski*, EWiR 2005, 637 (638); *Pannen/Riedemann*, NZI 2004, 646 (651). *Duursma-Kepplinger* in: Duursma-Kepplinger/Duursma/Chalupsky, Europäische Insolvenzverordnung, Art. 3 EuInsVO, Rn. 24; *Geyrhalter/Gänßler*, NZG 2003, 409 (413); *Huber*, ZZP 114 (2001), 133 (141); sehen das COMI als Synonym zu dem für die *Sitztheorie* maßgeblichen Verwaltungskriterium. Zur Kongruenz der Ergebnisse der Sitztheorie und der COMI-Anknüpfung: *Eidenmüller*, in: Eidenmüller, Ausländische Kapitalgesellschaften im deutschen Recht, § 9, Rn. 11; *Häsemeyer*, Insolvenzrecht, Rn. 35.27a.

69 Vgl. Erwägungsgrund 66 S. 4 EuInsVO-2015. Die Regelanknüpfung an die *lex fori concursus* sieht sowohl die EuInsVO als auch das deutsche autonome internationale Insolvenzrecht vor: *Dahl*, in: Andres/Leithaus/Dahl, InsO Kommentar, § 335, Rn. 6; *Duursma-Kepplinger* in: Duursma-Kepplinger/Duursma/Chalupsky, Europäische Insolvenzverordnung, Art. 4 EuInsVO, Rn. 9; *Fritz/Bähr*, DZWIR 2001, 221 (226); *Geimer*, Internationales Zivilprozessrecht, Rn. 3367, 3373 f., 3536; *Reinhart*, in: MüKo zur InsO, § 335, Rn. 11; die in den genannten Rechtsquellen festgelegte Regelanknüpfung ist aber auch unter rechtsvergleichender Betrachtung allgemein anerkannt: *Reinhart*, in: MüKo zur InsO, § 335, Rn. 9.

70 Trotz dessen, dass die Auslandsgesellschaft nunmehr zwei Rechtssystemen und damit auch der des Zuzugsstaates unterlegen ist, wird durch die Anwendung des Verfahrensrechts einer anderen Rechtsordnung als der des Gründungsstaates nicht in demselben Maße einschneidend, wie bei der Unterwerfung unter das Gesellschaftsrecht eines anderen Staates, in die Niederlassungsfreiheit eingegriffen bzw. ist dieser Eingriff als gerechtfertigt anzusehen. So

folgt dies aus dem im internationalen Zivilprozessrecht geltenden Grundsatz, dass das Gericht grundsätzlich das jeweilige Verfahren des eigenen Staates und damit die *lex fori* anwendet.[71] Ergänzend wird aber auch der insolvenzsachrechtliche Gläubigerschutz des Zuzugsstaates nicht durch das Recht eines anderen Staates, auch nicht durch das für eine Auslandsgesellschaft im Rahmen der Niederlassungsfreiheit einschlägige Gründungsrecht, verdrängt oder gar konterkariert.[72]

3. Die Reichweite des Insolvenzstatuts

Die Antwort auf die entscheidende Frage, welche Regelungen dem Insolvenzstatut unterfallen, ist das Ziel der folgenden Ausführungen und soll an dieser Stelle nur verdeutlichen, welche immense Bedeutung die vorliegende Thematik und v. a. eine bisher fehlende Lösung hat.

III. Regelungen unter dem Deliktstatut

Trotz einer ebenfalls abweichenden Anknüpfung des Deliktsstatuts an den Handlungs- oder Erfolgsort liegt in einer großen Anzahl der Fälle eine Übereinstimmung mit der für das Insolvenzstatut maßgeblichen Rechtsordnung vor. Im Folgenden soll die Konzeption des Deliktsstatuts daher nur flüchtig zu Abgrenzungszwecken betrachtet werden.

---

auch: *Ringe*, IPRax 2007, 388 (390); ähnlich auch: *v. Hein*, ZGR 2005, 528 (550).

71 Zum Grundsatz der *lex fori* im IZVR: *Bar/Mankowski*, IPR I, § 5, Rn. 75 ff.; *Geimer*, Internationales Zivilprozessrecht, Rn. 319 ff., 3364; *Hoffmann/Thorn*, IPR, § 3, Rn. 5; *Kegel/Schurig*, Internationales Privatrecht, S. 1055 f.; *Nussbaum*, Deutsches Internationales Privatrecht, S. 384; im Grunde auch: *Geimer*, Internationales Zivilprozessrecht, Rn. 319 ff., 3364, der aber i. R. der Ausnahmen von diesem Prinzip eine großzügigere Anwendung ausländischen Verfahrensrechts, unter differenzierter Betrachtung der einzelnen Bereiche des IZVR, fordert.

72 Vgl. Art. 7 EuInsVO-2015.

1. Das Deliktsrecht

Das reaktiv geformte Deliktsrecht strebt im Gegensatz zum spezialgesetzlichen Gesellschaftsrecht vordergründig eine dem Verhalten entsprechende Risikoverteilung im Verhältnis der Beteiligten[73] sowie die Sanktionierung schuldhaften Verhaltens an. Hintergrund ist das Verlangen und das Erfordernis eines Rechtsgüterschutzes.[74] Dabei ist das Deliktsrecht nicht an Strukturvorgaben für eine bestimmte Rechtsform oder an das Vorliegen einer bestimmten Situation geknüpft. Entsprechend seiner Zwecksetzung gewährt es einen allgemeinen Mindestschutz für jedermann, der nicht auf der Existenz eines Schuldverhältnisses aufbaut und durch ein solches auch nicht in Tatbestand und Rechtsfolge gesteuert wird.[75] Damit geht es im Ergebnis um von der konkreten Rechtsbeziehung unbeeinflussbare Verkehrs- und Sorgfaltspflichten.

Der deliktsrechtliche Gläubigerschutz wird im deutschen Recht i. R. der Haftung der Schuldnergesellschaft und der Außenhaftung ihrer Organe oder Gesellschafter vorwiegend durch Anspruchsgrundlagen des BGB abgedeckt und damit außerhalb des Gesellschaftsrechts geregelt.

2. Anknüpfung des Statuts

Die zu den gesellschaftsrechtlichen Gläubigerschutzregelungen differierende qualifikatorische Einordnung als deliktsrechtliche Regelung zeigt sich dabei im europäischen Rechtsverkehr als vorteilhaft. Das Deliktsstatut, das sich als eine Art »Sprinter« herausformt, nimmt keine feste Rechtsordnung in Bezug, sondern eröffnet variierende Einsatzgebiete. Als maßgebliches Anknüpfungsmoment wird zumeist auf den Handlungs- oder den Erfolgsort abgestellt.[76] Die Anwendung des Gründungsrechts für (Schein-)Auslandsgesellschaften wird damit eher selten die Folge sein.

---

73 *Kadner Graziano*, Europäisches Internationales Deliktsrecht, S. 50.
74 *Lorenz*, in: Vorschläge und Gutachten zur Reform des deutschen internationalen Privatrechts, 97 (116).
75 Vgl. nur *Faust*, in: Bamberger/Roth, Beck'scher Online-Kommentar, BGB, § 437, Rn. 197.
76 Siehe im deutschen IPR: Art. 40 I 1, 2 EGBGB, bzw. bei Eröffnung des Anwendungsbereichs der europarechtlichen Rom II-VO vorrangig: Art. 4 I Rom II-VO, der allerdings grundsätzlich an den Erfolgsort anknüpft und damit dem Ubiquitätsprinzip nicht mehr folgt.

Die Zuordnung deliktsrechtlicher Normen zum allgemeinen Verkehrsrecht des jeweiligen Staates führt aufgrund dessen allgemeiner Geltung und damit unterschiedslosen Anwendung auf jegliche Rechtsform, egal welchen nationalen Ursprungs, dazu, dass sich an dieser Stelle das Problem der Vereinbarkeit inländischen Rechts mit der Niederlassungsfreiheit (mangels Beschränkung dieser) nicht stellen wird.[77] Die Anwendung auch gegenüber Auslandsgesellschaften ist damit eröffnet. Das anzuwendende Deliktsrecht wird durch die ROM II-VO, bzw. sofern deren Anwendungsbereich nicht eröffnet ist, durch die Kollisionsnormen des jeweiligen Forumstaates bestimmt.

---

77 AG Bad Segeberg ZInsO 2005, 558, 560; *Kindler*, in: MüKo zum BGB, Internationales Wirtschaftsrecht, IntGesR, Rn. 433 ff., 656; *Ulmer*, NJW 2004, 1201, 1205; kritisch: *Eidenmüller*, in: Eidenmüller, Ausländische Kapitalgesellschaften, § 4, Rn. 30 f., der auch bei einer nicht-gesellschaftsrechtlichen Anknüpfung eine Rechtfertigung für notwendig erachtet, wenn die Anwendung der betrachteten Regelung den Marktzugang für die Auslandsgesellschaft im Vergleich zur Inlandsgesellschaft faktisch oder rechtlich wesentlich erschwert. Dabei geht er jedoch davon aus, dass die allgemeinen zivilrechtlichen Haftungstatbestände zu keinem wesentlichen Hindernis führen und daher i. R. der Keck-Rechtsprechung unbedenklich sind.

B. Das Problem des konträren Zerfalls von Gesellschafts- und Insolvenzstatut

Wird im IPR die einheitliche Anknüpfung zusammenhängender Aspekte eines einheitlichen Lebenssachverhalts auch als ein Ideal angesehen, so ist gleichfalls auch eine kollisionsrechtliche Aufspaltung dieser Aspekte aufgrund der Beachtung kollisions- und materiell-rechtlicher Interessen geboten.[78] Als praktische Folge dieser kollisionsrechtlich differierenden Verweisungen kann es dazu kommen, dass ein einheitlicher Lebenssachverhalt in seinen einzelnen Aspekten und Teilaspekten von unterschiedlichen, nebeneinander zur Anwendung gelangenden Rechtsordnungen geregelt wird. Für den Fall grenzüberschreitender Unternehmensinsolvenzen werden mit der divergierenden Anknüpfung von Insolvenz- und Gesellschaftsstatut die auf die im Binnenraum aktive Gesellschaft anzuwendenden Normen auseinandergerissen.[79] So bleiben auf die Auslandsgesellschaft zwar die aus ihrem Gründungsrecht zu entnehmenden gesellschaftsorganisatorischen Reglungen, wie bspw. diejenigen zu Kapitalaufbringung und -erhaltung, weiterhin anwendbar, in dem über ihr Vermögen eröffneten Insolvenzverfahren unterliegt sie jedoch auch den insolvenzrechtlichen Regelungen und Pflichten des Zuzugsstaates, worunter z. B. insolvenzrechtlich zu qualifizierende Haftungstatbestände fallen.

---

78 *Hanisch*, in FS Jahr, S. 455 (462).
79 Zu der Folge in ihrem problemträchtigen Ausmaß gelangt man jedoch nicht, wenn man der These von *Altmeppen*, NJW 2004, 97 (100 ff., zusammenfassend: 104) folgt. Dieser sieht nämlich die Anwendung des Rechts des Gründungsstaates lediglich auf den Gründungsakt und auf den Bestand der ausländischen Gesellschaft als durch die Niederlassungsfreiheit für geboten an. Für die darüber hinausgehenden Materien will er jedoch, in Anknüpfung an den effektiven Verwaltungssitz, das Gesellschaftsrecht des Zuzugsstaates zur Anwendung bringen und dieses damit infolge eines Statutenwechsels als Gesellschaftsstatut erfassen. Dass eine derartige Aufspaltung des Gesellschaftsstatuts nicht mit der Niederlassungsfreiheit zu vereinbaren ist (sofern einzelne Bestandteile der Materie nicht dem Insolvenz- oder Deliktsstatut zuzuordnen sind und auch keine Rechtfertigung der Beschränkung vorliegt), zeigt: *Ulmer*, NJW 2004, 1201 (1206 ff.).

I. Die Gesellschaft als Insolvenzschuldnerin

Soweit die Gesellschaft die Schuldnerstellung als Subjekt der Insolvenz einnimmt und damit im Zentrum der insolvenzrechtlichen Regelungen steht, soweit legt sie gleichsam in dieser Zeit der Insolvenz(-abwicklung) ihre Rechtsform als Gesellschaft nicht ab. Für Unternehmensinsolvenzen bedeutet dies, dass mit der notwendigen Inbezugnahme der Gesellschaft als Insolvenzschuldnerin die Berührung gesellschaftsrechtlicher Sphären unumgänglich sein wird. Aus diesem Grund scheinen die Regelungen, die eine Gesellschaft betreffen, auch als weitgehend gesellschaftsrechtlich geprägt. Die Konsequenz einer solch blauäugigen Annahme wäre jedoch, dass der Schuldner in jeder Lage seines Daseins, wozu auch der mögliche Fall einer Insolvenz zählt, gemeinhin den gesellschaftsrechtlichen und schließlich auch rechtsformspezifischen Bestimmungen zu unterstellen wäre.[80] Dabei darf der Umstand, dass eine Regelung die Gesellschaft tangiert, nicht dahingehend missverstanden werden, dass jedwedes Rechtsverhältnis der Gesellschaft ausschließlich durch Normen des Gesellschaftsrechts statuiert wird. Schließlich ist auch die Gesellschaft lediglich Partei allgemein zivilrechtlich geprägter Rechtsverhältnisse und Subjekt staatlicher Verhaltensvorgaben.

Ist in nationalen Sachverhalten aufgrund der alleinigen Relevanz nur einer Rechtsordnung nicht entscheidend, in welches Rechtsgebiet die zur Lösung der Streitigkeit herangezogenen Normen einzuordnen sind, kommt im internationalen Rechtsverkehr das Problem unterschiedlich qualifizierter Gläubigerschutzinstrumente zum Tragen.

---

80   So war zumindest im deutschen Recht der Schutz der Gläubiger einer GmbH lange Zeit von dem vermögensbindenden Kapitalschutzsystem im GmbHG und im HGB, wenn auch nicht kritiklos, beherrscht. Zum Reformbedarf des damaligen Kapitalschutzsystems: *Merkt*, ZGR 2004, 305; kritisch: *Heidinger*, DNotZ 2005, 97 (116 ff.). Ein deutlicher Einschnitt konnte hierbei erst durch das MoMiG verzeichnet werden. Hierzu ausführlich: *Niggemann*, Reform des Gläubigerschutzsystems, S. 142 ff. Aber auch durch die Annäherungen der handelsrechtlichen Rechnungslegungsvorschriften an die internationalen Rechnungslegungsstandards nach IFRS durch das BilMoG erfuhr der bisherige Gläubigerschutz einige Änderungen.

II. Die Gefahren der Aufspaltung innerlich verbundener Regelungssysteme

Innerhalb einer Rechtsordnung ergeben sich zum Zwecke nötiger Abstimmungen Wechselwirkungen zwischen den einzelnen Rechtsbereichen. Hat ein Sachverhalt unter einem bestimmten Aspekt bereits eine eingehende und strenge Regelung in einem Rechtsbereich erlangt und ist damit die Existenz eines hierauf gerichteten Schutzes gesichert, kann es demgegenüber in einem anderen Rechtsgebiet eine kürzere und mildere oder auch gar keine Ausarbeitung erfahren, sofern auch der von diesem Rechtsbereich intendierte Gesichtspunkt durch die Regelung in dem anderen Rechtsbereich mit abgedeckt wird.[81] Für die Rechtsbereiche des Gesellschafts- und Insolvenzrechts bedeutet dies entsprechend dem Waagschalenprinzip, dass ein Mangel an Regelungen auf der einen Seite nicht ohne Auswirkungen auf den Erhalt oder die Schaffung des Gläubigerschutzes auf der anderen Seite bleiben kann.[82] Mit der Trennung von Gesellschafts- und Insolvenzstatut kommt es schließlich zu einer Aufspaltung dieser korrelierenden Regelungen und Schutzinstitute des innerlich verbundenen Regelungssystems[83], durch den die Wechselwirkungen dieses Systems ihre funktionale Kraft verlieren können.[84] Werden dabei funktional äquivalente Regelungen (die Insolvenzabwicklung betreffend) zweier Rechtsordnungen nicht in der gleichen Weise qualifiziert, so kann es infolge des konträren Zerfalls des anwendbaren Gesellschafts- und Insolvenzrechts sowohl zu Normenhäufungen und damit Überschneidungen

---

81 Vgl. *Röhricht*, ZIP 2005, 505 zu den Wechselwirkungen im Gläubigerschutzsystem zwischen gesellschaftsrechtlichem und insolvenzrechtlichem Bereich. *Eidenmüller*, in: Sonnenberger, Vorschläge und Berichte, S. 469 (477) spricht abstrakt vom „Funktionszusammenhang sachrechtlicher Normen".

82 *Röhricht*, ZIP 2005, 505; im Ergebnis auch: *Fischer*, ZIP 2004, 1477 (1478); *Kienle*, in: Süß/Wachter, Handbuch des internationalen GmbH-Rechts, Rn. 31, 93.

83 Die Verbindung zwischen den Rechtsbereichen des Gesellschafts- und Insolvenzrechts betont auch *K. Schmidt*, Wege zum Insolvenzrecht, S. 23 ff.

84 Vgl. *Häsemeyer*, Insolvenzrecht, Rn. 1.08, er spricht von der „Unerlässlichkeit systematischer Sonderabstimmungen zwischen dem Insolvenzrecht und dem Handels- und Gesellschaftsrecht"; *Röhricht*, ZIP 2005, 505 (516) und ebenso *Kienle*, in: Süß/Wachter, Handbuch des internationalen GmbH-Rechts, Rn. 38, sprechen von „engen Verzahnungen von gesellschaftsrechtlichen Kapital- und Gläubigerschutzmechanismen mit dem insolvenzrechtlichen Instrumentarium, die ineinander greifend ein umfassendes Schutzsystem bilden".

(wenn sie jeweils den berufenen Rechtsbereichen zugeordnet werden), aber v. a. auch zu einem Normenmangel und damit zu *Schutzlücken* (wenn sie jeweils den nicht-berufenen Rechtsbereichen unterstehen) kommen.[85] Letzteres Ergebnis tritt ebenfalls dann auf, wenn ein funktional angebundenes Instrument nur in der Rechtsordnung existiert, die nicht das zur Anwendung berufene Statut stellt. Um dies noch zu präzisieren: sind einander funktional entsprechende Schutzelemente innerhalb der nationalen Systeme an einer jeweils anderen Stelle ihres Systems geregelt[86] oder unterschiedlich stark ausgebildet[87], so kann die divergierende Einordnung bei einer auseinanderfallenden Anwendung der gesellschaftsrechtlichen und der insolvenzrechtlichen Materie in grenzüberschreitenden Fällen dazu führen, dass keines der intendierten Schutzinstrumente bzw. nur eine unzureichende Ausgabe anwendbar ist.

Röhricht zeigte dies am Beispiel der Insolvenzverschleppungshaftung, deren Äquivalent im englischen Recht, das *wrongful trading*, dem Insolvenzrecht zugeordnet wird, hingegen im deutschen Recht, zumindest früher weitestgehend einhellig, als gesellschaftsrechtliches Instrument qualifiziert worden war, sodass aufgrund der Nichtanwendung des englischen Insolvenzrechts und des deutschen Gesellschaftsrechts im Fall der Eröffnung eines Insolvenzverfahrens über eine englische Limited in Deutsch-

---

85	Eingehend zu diesem Risiko: *Kienle*, in: Süß/Wachter, Handbuch des internationalen GmbH-Rechts, Rn. 4, 26 ff., 86; *Weller*, IPRax 2003, 207 (209); vgl. auch: *Kegel/Schurig*, Internationales Privatrecht, S. 141, 331, die von *relativen* Systemlücken sprechen, jedoch geht es ihnen bei der Betrachtung dieser Fälle nur um die Beurteilung in Bezug auf eine Rechtsordnung und nicht, wie hier von Belang, um die Bewertung des Zusammenspiels zweier Rechtsgebiete aus verschiedenen Rechtsordnungen. Die Schutzlücken sind unter diesem internationalen Betrachtungswinkel vielmehr als *absolut* zu bezeichnen. Vgl. auch *Kropholler*, Internationales Privatrecht, S. 20 f., 236 f.
86	*Borges*, RIW 2000, 167 (177); *ders.*, ZIP 2004, 733 (736); *Kegel/Schurig*, Internationales Privatrecht, S. 328 f.
87	Dies beginnt bereits bei den abstrakt-präventiven Gläubigerschutzregelungen, wie den Mindestkapitalanforderungen, die als Seriositäts- und Haftungsstock auch dem Gläubigerschutz dienen (siehe bereits oben: Kapitel 1: A. I. 3. a) (2)), aber nicht in allen Rechtsordnungen zu finden sind. Da diese Regelungen jedoch der Konzeption der jeweiligen Gesellschaft unterstehen und keinen direkten Insolvenzbezug aufweisen, ist eine Heterogenität insoweit hinzunehmen und nicht abzufangen.

land keine der beiden Vorschriften zur Anwendung gelangte.[88] Die Konsequenz war der Schutzverlust.

III. Entstehung von Normwidersprüchen

Beruft das Kollisionsrechts damit für einen Aspekt eines einheitlichen Lebenssachverhalts die eine und für einen anderen Aspekt die andere Rechtsordnung zur Anwendung (dépeçage), dann findet die innere Systematik dieser Aspekte im nationalen Recht keine Berücksichtigung. Dies führt, mangels Beachtung der Interaktionen, Wechselwirkungen und Verzahnungen innerhalb der einzelnen Rechtsordnungen, zu einem Normenwiderspruch.[89] Dieser Begriff ist, meinem Empfinden nach, jedoch ein wenig missverständlich. Der eigentliche Knackpunkt dabei ist nicht, dass die anzuwendenden Normen aufgrund abweichend abgestimmter Inhalte der verschiedenen Rechtsordnungen in einen absoluten *Widerspruch zueinander* geraten können. Viel tiefsitzender liegt das Problem in dem *Widerspruch innerhalb der jeweiligen Rechtsordnung*, durch die die innere Konzeption des jeweiligen Systems gestört wird. Entscheidend für die Widersprüchlichkeit ist also, dass die einzelnen nationalen Normen in ihrer funktionellen und teleologischen Verknüpfung nicht die Rechtslage und damit das (Teil-)Ziel erreichen können, welches ihnen durch die jeweiligen Rechtsordnungen auferlegt worden ist. Eher als zu einem reinen Normenwiderspruch, kommt es daher zu einem den Zielen der Rechtsordnungen entgegenstehenden Missverhältnis zwischen den betroffenen Interessen[90], welches zu Lücken in der Regelung von Rechtsverhältnissen im internationalen Rechtsverkehr führen kann. Damit darf der Begriff des »Normenwiderspruchs« nicht im Sinne eines Widerspruchs in oder zwi-

---

88 *Röhricht*, ZIP 2005, 505 (506). Dass die Insolvenzantragspflicht mittlerweile auch im deutschen Recht systematisch in die Insolvenzordnung eingeordnet worden ist, ist zwar ein Anhaltspunkt für eine insolvenzrechtliche Einordnung, aber weder erforderlich noch ausreichend für eine insolvenzrechtliche Qualifikation. Für eine mögliche indizielle Bedeutung schon. *Röhricht*, ZIP 2005, 505 (506); *Hirte/Mock*, ZIP 2005, 474 (475).
89 *Kienle*, in: Süß/Wachter, Handbuch des internationalen GmbH-Rechts, Rn. 4; siehe auch *Kegel/Schurig*, Internationales Privatrecht, S. 48, 141.
90 Anscheinend sieht dies so auch *Kienle*, in: Süß/Wachter, Handbuch des internationalen GmbH-Rechts, Rn. 4.

schen den Normen verstanden, sondern muss als *Widerspruch in der verkürzten Anwendung der Rechtsordnungen* gesehen werden.

Dem können bestehende Regelungsapparate nur eingeschränkt gegenübertreten. Durch harmonisierte Publizitätspflichten innerhalb der EU[91] und durch die Möglichkeit des vertraglichen Selbstschutzes werden (die freiwilligen) Gläubiger zwar mit Eingangsmechanismen ausgestattet. Hinreichend können diese Schutzapparate aber nur ein nuanciertes Informationsrisiko und ein von vornherein bekanntes bzw. aufgedecktes Risiko absichern. Darüber hinausgehende externe Effekte können aber auch durch die Offenlegung der fremdländischen Rechtsform und die privatautonome Absicherung nicht abgedeckt werden. Dies führt zu der Frage, inwieweit sich die in der unangepassten Behandlung grenzüberschreitender Unternehmensinsolvenzen forcierten Unzulänglichkeiten kollisionsrechtlich korrigieren lassen.

IV. Kollisionsrechtliche Lösungsansätze zur Abgrenzung

Die Gefahr von Schutzlücken in grenzüberschreitenden Unternehmensinsolvenzen fordert mithin ein Überdenken der diesbezüglichen kollisionsrechtlichen Ordnung. Spannungen des inländischen Rechtsverkehrs, die zu einer Ineffizienz internationaler Insolvenzverfahren zu Lasten der Gläubiger führen, müssen vermieden werden. Hierfür bleibt zunächst die Frage zu beantworten, welche Methode unter der Europäischen Insolvenzverordnung anwendbar und rechtstechnisch geeignet ist, die kollisionsrechtliche Behandlung internationaler Unternehmensinsolvenzen bedarfsgerecht zu lösen.

---

91 Die Publizitätsvorschriften der Mitgliedstaaten erfuhren eine Angleichung durch diverse Richtlinien, die die Publizität und die Rechnungslegung betreffen (so v. a. die Publizitätsrichtlinie (RL 68/151/EWG), die Bilanzrichtlinien (RL 78/660/EWG und RL 38/349/EWG), die Zweigniederlassungsrichtlinie (RL 89/666/EWG) sowie die diese Richtlinien ändernden Unionsrechtsakte). Auf diese Schutzvorschriften verweist auch der EuGH in: EuGH, Urt. v. 9.3.1999, Rs. C-212/97, Slg. 1999, I-01459, Rn. 36 – *Centros Ltd.*

B. Konträrer Zerfall von Gesellschafts- und Insolvenzstatut

1. Missbrauchseinwand

Macht ein Unternehmen von der mit der Niederlassungsfreit verbundenen freien Wahl seines Gesellschaftsrechts Gebrauch, so wird diese Freiheit dazu »genutzt«, die für die Gesellschaft subjektiv vorteilhaftesten Gestaltungsmöglichkeiten zur Anwendung zu bringen. Mag dies auch von einem opportunistischen Handeln geprägt sein, so ist die Wahl des Gründungsrechts eines Mitgliedstaates aber doch Folge der europarechtlich verbürgten Grundfreiheit nach Artt. 49, 54 AEUV. Das Ersuchen des für die Gründung gesellschaftsfreundlichen Staates mit anschließender Niederlassung und alleiniger Aktivität in einem anderen Mitgliedstaat stellt kein missbräuchliches Ausnutzen der Niederlassungsfreiheit dar.[92] Andernfalls würde über den Umweg der Annahme eines missbräuchlichen *law shopping* die Niederlassungsfreiheit ungebührend beschränkt werden können.

Der Missbrauchseinwand kann daher insoweit keinen für die Durchsetzung des Insolvenzstatuts genügenden Mechanismus bereitstellen, als es dabei bleiben muss, dass die zur Ausübung der Niederlassungsfreiheit relevanten gesellschaftsrechtlichen Normierungen durch das Recht des Zuzugsstaates nicht verdrängt werden können. Mögliche Schutzlücken sind damit die gebilligten Konsequenzen der mit der Anknüpfung an das Gründungsstatut gewährten Freiheit und können dementsprechend nicht als *fraus legis* betrachtet werden.

2. Insolvenzrecht de lege ferenda

Vor dem Hintergrund der mit der Ausübung der Niederlassungsfreiheit einhergehenden Möglichkeit der Verdrängung bestimmter schuldnerunfreundlicher Gesellschaftsrechte ist eine Tendenz eines veränderten Gläubigerschutzverständnisses deutlich zu beobachten, das weg von den traditionellen Einrichtungen des Gesellschaftsrechts und hin zu einem rechtsneutralen System, wie der Materie des Insolvenzrechts, führt.[93] Aus Sicht

---

92 Siehe hierzu die Aussage des EuGH in seiner *Centros*-Entscheidung: EuGH, Urt. v. 9.3.1999, Rs. C-212/97, Slg. 1999, I-01459, Rn. 27, 29 – *Centros Ltd.*; fortgeführt in: EuGH, Urt. v. 30.9.2003, Rs. C-167/01, Slg. 2003, I-10155, Rn. 95 – *Inspire Art*.

93 Vgl. zur Tendenz der „Umqualifizierung" gesellschaftsrechtlicher Regelungen: *Eidenmüller*, ZGR 2006, 467 (476); siehe auch *Enriques/Gelter*, EBOR 7

eines immer weiter fortschreitenden Wettbewerbs der Rechtsordnungen ist diese Anstrengung zur Verhinderung einer Umgehung der nationalen Gläubigerschutzbestrebungen, sofern sie nicht lediglich das heimische Recht aus egoistischen Motiven bevorteilen soll, durchaus konsequent, wenn nicht sogar erforderlich. An Vorschlägen, die einen Ausbau insolvenzrechtlicher Gläubigerschutzinstrumente *de lege ferenda* – auch durch Verlegung aus dem Gesellschaftsrecht in das Insolvenzrecht – fordern,[94] mangelt es daher nicht. Umgesetzt wurde dieser Ansatz auf nationaler Ebene bereits im Rahmen der Änderungen durch das MoMiG, durch das die Insolvenzantragspflicht aus den gesellschaftsrechtlichen Gesetzen in die Insolvenzordnung (§ 15a InsO) überführt wurde. Die Verlagerung solch gläubigerschützender Instrumente darf dabei allerdings nicht überbewertet werden. Eine bloße Veränderung der systematischen Eingliederung innerhalb der nationalen Gesetze ist nicht per se ausreichend, um eine Umqualifizierung der Regelung zu begründen.[95] Daher konnte auch die Verlagerung der deutschen Regelung zur Insolvenzantragspflicht aus dem Gesellschaftsrecht in die Insolvenzordnung nicht zu einer Änderung seiner funktionalen Qualifikation und der darauf beruhenden Entscheidung der Anwendbarkeit in der Insolvenz von Auslandsgesellschaften führen.

(2006), 417 (450), die von einer „Insolvencyfication" sprechen; siehe auch *Röhricht*, ZIP 2005, 505 (506 f.); kritisch zur „Flucht aus dem Gesellschaftsrecht" K. Schmidt, ZHR 168 (2004), 493 (496 ff.); ebenso *Bitter*, in: Jahrbuch Junger Zivilrechtswissenschaftler 2004. Europäisches Privatrecht, S. 299 (311); *Kübler*, ZHR 159 (1995); 550 (555 ff.), der, unter der Betrachtung des Systemwandels des Gläubigerschutzes im amerikanischen Recht, auch für die deutsche, zu der damaligen Zeit stagnierende Entwicklung eine Änderung befürwortete.

94 *Borges*, ZIP 2004, 733 (743 f.); *Fischer*, ZIP 2004, 1477 (1482 f.); *Kienle*, in: Süß/Wachter, Handbuch des internationalen GmbH-Rechts, Rn. 93; zur Änderung des Eigenkapitalersatzrechts durch das MoMiG: *Bork*, ZGR 2007, 250 (267 f.). Eine Verschärfung der Insolvenzverschleppungshaftung als Alternative zu gesellschaftsrechtlichen, präventiv schützenden Instrumenten erwägen: *Altmeppen*, NJW 2005, 1911 (1914 f.); *Davies*, EBOR 7 (2006), 301, 310; *Hübner*, in: FS Canaris, Band II, S. 129 (138 ff.).

95 *Kindler*, NZG 2003, 1086 (1090); vgl. auch *Ulmer*, KTS 2004, 291 (297).

B. Konträrer Zerfall von Gesellschafts- und Insolvenzstatut

3. Ordre public-Vorbehalt

Zu denken wäre auch an ein Bemühen des *ordre public*-Vorbehalts.[96] Unter seiner Regulativkraft wird die Austauschbarkeit der Rechtsordnung für deren Kernbereich – in Form wesentlicher Grundprinzipien und unantastbarer materiell-rechtlicher Wertvorstellungen – beschränkt. Dieser Lösungsansatz dient damit nicht zuletzt auch dem *nationalen* Entscheidungseinklang, welcher vom internationalen Entscheidungseinklang abzugrenzen ist und für den supranationalen Normgeber regelmäßig nur eine untergeordnete Rolle spielt. Anders als der internationale Entscheidungseinklang verfolgt der nationale Entscheidungseinklang die stetige Homogenität der Wertungen des materiellen Rechts und der darauf aufbauenden Entscheidungen innerhalb jedes einzelnen Staates. Dies ist für das IPR, welches die Frage der kollisionsrechtlichen Gerechtigkeit zum Gegenstand hat, jedoch nicht primäres Ordnungsziel. Dabei wiegen die Folgen einer mangelnden Beachtung dieses Interesses schwer. Wie bereits gesehen können differierende Anknüpfungen für unterschiedliche Aspekte eines Lebenssachverhalts zu der Maßgeblichkeit unterschiedlicher Rechtsordnungen führen und verursachen die bereits angesprochenen Normenhäufungen und Normenmängel[97]. Der Vergleich mit der Behandlung eines ähnlichen nationalen Sachverhalts bringt eine Disharmonie der materiellen Wertungen innerhalb einer Rechtsordnung hervor. Die innerstaatliche Entscheidungsharmonie nimmt Schaden. Zur Vermeidung dieses Widerspruchs sollte der Weg über den *ordre public* aber nur als äußerste Möglichkeit eingesetzt werden. So findet sich diese eng zu handhabende Kontrollmöglichkeit für eine jede Rechtsordnung zwar auch in Art. 33 EuInsVO-2015 in negativer Funktion, sie vermag es aber gleichfalls nicht, das Problem zu lösen. So führt der Einwand eines *ordre public*-Verstoßes hiernach lediglich zu einem Anerkennungshindernis, sofern das Ergebnis der Anerkennung oder Vollstreckung mit der öffentlichen Ord-

---

[96] *Kühne*, in: FS Heldrich, S. 815 (830); siehe auch *v. Bar/Mankowski*, IPR I, § 7, Rn. 258, die den *ordre public*-Vorbehalt als eine „Art Überdruckventil", aber auch als „conditio sine qua non einer Emanzipation des Kollisionsrecht vom Sachrecht" beschreiben und damit die außerhalb des *ordre public* bestehende Unabhängigkeit des Kollisionsrechts vom materiellen Recht und staatsbezogenen Interessen deutlich machen.

[97] Siehe oben: Kapitel 1: B. II. Auf die Tragweite des Interesses am nationalen Entscheidungseinklang daher richtigerweise eingehend: *Kegel/Schurig*, Internationales Privatrecht, S. 141.

nung gänzlich unvereinbar ist. Dieser verfahrensrechtliche *ordre public* klärt jedoch nicht die Frage des anzuwendenden Rechts. Selbst wenn man in analoger Anwendung des Art. 33 EuInsVO-2015[98] einen kollisionsrechtlichen *ordre public*-Vorbehalt generieren oder den Grundgedanken des Art. 6 EGBGB übernehmen wollte, würde dies lediglich zur Nichtanwendung einer fremdländischen, materiell-rechtlichen Regelung führen, die gegen die wesentlichen Grundprinzipien des eigenen Rechts verstößt. Es regelt jedoch nicht positiv, welches Recht zur Anwendung zu bringen und wie die Lücke mithin zu schließen ist. Die in Rede stehenden materiellen Gerechtigkeitsvorstellungen vermag dieser Einwand nicht durchzusetzen. Abgesehen davon, wäre hiermit auch nur eine Einzelfallentscheidung getroffen, ein übertragbarer Mechanismus aber nicht gewonnen.

Vorzugswürdig erscheint daher ein Ausgleich widersprüchlicher Ergebnisse vielmehr auf der Meta-Ebene des Kollisionsrechts, was aufgrund der nicht erst nachträglich einsetzenden Bewertung auch dem gewünschten Abstraktionsgehalt Genüge tut.

4. Anpassung auf kollisionsrechtlicher Ebene

Einen abstrakten Ansatz bietet die Lösung über die Angleichung oder Anpassung. Unter Berücksichtigung der Interessenlage kann neben einer Anpassung der von Schutzlücken betroffenen Sachnormen auch eine Anpassung i. R. des Kollisionsrechts erfolgen, die den Verweisungsumfang der betroffenen Kollisionsnormen erweitert oder einschränkt sowie zur Bildung einer neuen Kollisionsnorm führen kann.[99] Durch die damit erreichte Koordinierung werden Widersprüche und Schutzlücken zwischen den in grenzüberschreitenden Unternehmensinsolvenzen nebeneinander tretenden Regelungssystemen des Gesellschafts- oder Gründungsstatuts und des Insolvenzstatuts vermieden.

---

98 Eine Analogie der entsprechenden Norm des Art. 26 EuInsVO-2000 annehmend *Gruber*, in: Haß/Huber/Gruber/Heiderhoff, EU-Insolvenzverordnung, 2005, Art. 26, Rn. 12; ablehnend *Thole*, in: MüKo zur InsO, Art. 26 EuInsVO, Rn. 5.

99 *v. Bar/Mankowski*, IPR I, § 7, Rn. 250 ff.; *Kegel/Schurig*, Internationales Privatrecht, S. 361 ff.; *Thorn*, in: Palandt, BGB Kommentar, Einl. v. EGBGB 3 (IPR), Rn. 32;

B. Konträrer Zerfall von Gesellschafts- und Insolvenzstatut

In diesem Sinne setzt auch die von *Altmeppen* vorgeschlagene Lösung an, die zu einer über die Grenzen des Insolvenzrechts hinausgehenden Anwendung des Rechts des Zuzugsstaates führt. Das Gründungsrecht soll dabei lediglich auf die Grundlagen der Gesellschaft, d. h. auf den Gründungsakt und den Bestand der Gesellschaft, angewendet werden, die darüber hinausgehenden Materien jedoch in Anknüpfung an den effektiven Verwaltungssitz dem Gesellschaftsrecht des Zuzugsstaates unterliegen.[100] Liegt diesem Ansatz auch die gebührende Berücksichtigung insolvenzrechtlicher Korrelationen inne, so kann sie den heterogenen Bedürfnissen eines grenzüberschreitenden Sachverhaltskomplexes dennoch nicht gerecht werden. Je nachdem, wie eng dieser Ansatz gefasst wird, wohnt ihm ein erhebliches Konfliktpotenzial mit der Niederlassungsfreiheit inne.[101] Die freie Wahl des anzuwendenden Gesellschaftsrechts würde beschnitten werden. Wollte man eine inakzeptable Beschränkung der unionsrechtlichen Grundfreiheit insofern vermeiden und dennoch einen Gleichlauf von gesellschafts- und insolvenzrechtlicher Anknüpfung herstellen, so müsste sich mit dem Lösungsvorschlag von *Ringe* vielmehr das Insolvenzstatut nach dem Recht des Gründungsstaates richten, unabhängig davon, in welchem Mitgliedstaat die schuldnerische Gesellschaft den Mittelpunkt ihrer hauptsächlichen Interessen hat.[102] Für den Vorteil des Gleichlaufs von nationalem Gesellschafts- und Insolvenzrecht i. F. der Verweisung auf eine einheitliche Rechtsordnung befürwortete er eine Trennung von prozessualem und materiellem Recht. Dabei sollte sich die internationale Zuständigkeit weiterhin nach Art. 3 Abs. 1 EuInsVO-2000 richten und in dem Mitgliedstaat begründet werden, in dem das COMI liegt. Das anzuwendende materielle Recht hingegen sollte (nach einer Änderung des Art. 4 Abs. 1 EuInsVO-2000) dem Recht des Staates folgen, in dem sich der Satzungssitz befindet. *Ringe* selbst übt dabei Kritik an der Vermengung nicht aufeinander abgestimmter Rechtsordnungen, die, z. B. wenn hoheitliche Aufgaben betroffen sind oder bestimmte Rechte nur in einer Rechtsordnung existieren, zur Nichtdurchsetzbarkeit des anzuwendenden Rechts führen können.[103] Auch die Verdoppelung der Gestaltungsmöglichkeiten und ein evtl. erhöhter Aufwand sowie weitergehende Kosten sind zu be-

---

100 *Altmeppen*, NJW 2004, 97 (100 ff., 104).
101 *Ulmer*, NJW 2004, 1201 (1206 ff.).
102 *Ringe*, EBOR 9 (2008), 579 (615).
103 *Ringe*, EBOR 9 (2008), 579 (615 f.); diese Bedenken äußert auch: *Reuß*, Forum Shopping in der Insolvenz, S. 154 f.

denken.[104] Diesem Ansatz steht aber auch bereits der in Erwägungsgrund 66 EuInsVO-2015 zum Ausdruck kommende Verordnungswille zur Einheit des Verfahrens entgegen. Soweit dieser Ansatz das insolvenzbezogene Regelungssystem eines Staates auch aufrechterhalten würde, widerspräche er den sich in der EuInsVO widerspiegelnden kollisionsrechtlichen Regelungsinteressen, die an den Ort anknüpfen, an dem der Schuldner gewöhnlich der Verwaltung seiner Interessen nachgeht und der für Dritte feststellbar ist,[105] sowie dem Ziel, forum shopping zu verhindern[106]. Durch diesen Ansatz könnte sich die Gesellschaft nämlich nicht nur ihr Gesellschaftsrecht, sondern mittelbar auch das ihr am günstigsten erscheinende Insolvenzrecht aussuchen. Gebunden wäre sie dabei allein dadurch, dass beide Rechtsbereiche einer Rechtsordnung entspringen müssten. Mag zwar die Wahl des Gesellschaftsrechts erwünscht sein[107] und in der Niederlassungsfreiheit auch eine Rechtsgrundlage finden, so gilt dies allerdings nicht für das Insolvenzrecht. Mit dem unausweichlichen Betreffen der Rechte Dritter müssen der Rechtswahl Grenzen gesetzt werden.[108] Da ein Verschieben der Statutanknüpfungen folglich keine haltbare Lösung bietet, bleibt die Überlegung eines anderen kollisionsrechtlichen Ansatzes, der Schutzlücken im internationalen Rechtsverkehr vermeidet, notwendig.

5. Akzessorische Sonderanknüpfung

Dem Erhalt des funktionellen Zusammenhangs von Regelungen des materiellen Rechts kann auf zwei weiteren Wegen genüge getan werden: zum einen mittels der Qualifikation, d. h. der Subsumtion eines Sachverhaltes unter den Tatbestand der Kollisionsnorm (siehe dazu den nächsten Abschnitt), und zum anderen mittels einer akzessorischen Sonderanknüpfung,

---

104 *Reuß*, Forum Shopping in der Insolvenz, S. 155.
105 Vgl. hierfür Art. 3 Abs. 1 Unterabs. 1 S. 2 EuInsVO-2015, auf den die Kollisionsnorm des Art. 7 EuInsVO-2015 im Ganzen verweist. Dass die Vermutungsregelung für diesen Ort nach Art. 3 Abs.1 Unterabs. 2 EuInsVO-2015 an den Staat des Satzungssitzes anknüpft, steht dem, aufgrund der Widerlegbarkeit dieser Vermutung, nicht entgegen.
106 Vgl. Erwägungsgrund 5 EuInsVO-2015.
107 Siehe oben: Kapitel 1: A. I. 3. a).
108 *Eidenmüller*, RabelsZ 70 (2006), 474 (484).

B. Konträrer Zerfall von Gesellschafts- und Insolvenzstatut

die die Verweisung auf der Rechtsfolgenseite betrifft.[109] Die akzessorische Anknüpfung ermöglicht, sachrechtliche Normen, die nicht unter den Regelungsbereich der Kollisionsnorm fallen, mit den dem Tatbestand unterliegenden Regelungen aber in einem engen funktionalen Zusammenhang stehen, einheitlich nach der in Rede stehenden Kollisionsnorm anzuknüpfen.[110] Das Verweisungsergebnis der betreffenden Kollisionsnorm wird dafür auf die abweichend zu qualifizierenden Rechtsverhältnisse übertragen. Konkurrierende Anspruchsnormen werden einem einheitlichen Recht und mithin Statut unterstellt. Ein Auseinanderfallen verbundener Rechtsfragen wird so verhindert und Funktionszusammenhänge werden gewahrt. Mit diesem Ansatz wird auch das im IPR geltende Prinzip der engsten Verbindung umgesetzt.

Die Grundlage solch akzessorischer Anknüpfungen muss sich in gesetzlich geregelten Kollisionsnormen finden, die sowohl in Form einer Regelanknüpfung als auch als Unterfall einer Ausweichklausel ausgestaltet sein können.[111] Die erste Variante findet sich z. B. in Art. 39 Abs. 2 EGBGB wieder; als Ausweichklauseln sind die Art. 41 Abs. 2 Nr. 1 EGBGB und Art. 4 Abs. 3 S. 2 Rom II-VO ausgestaltet. Die Europäische Insolvenzverordnung hält weder die eine noch die andere Variante einer solch akzessorischen Anknüpfungsentscheidung auf kollisionsrechtlicher Ebene bereit. Auch die durch die Verordnung statuierten Sonderanknüpfungen in den Artt. 8-18 EuInsVO-2015 sind auf einen ganz anderen Zweck gerichtet: Aufgrund der starken Unterschiede im materiellen Gehalt der einzelnen Rechtsordnungen ist die Eröffnung eines einzigen Insolvenzverfahrens mit universaler Geltung als unangemessen zu betrachten.[112] Um das Vertrauen der territorialen Gläubiger in die Durchsetzung ihrer teilweise sehr unterschiedlich ausgestalteten Sicherungsrechte zu schützen und ihre Interessen zu wahren, wird das Universalitätsprinzip durchbrochen und

---

109 *Eidenmüller*, in: Sonnenberger, Vorschläge und Berichte, S. 469 (477); *ders.*, RabelsZ 70 (2006), 474 (485).
110 *von der Seipen*, Akzessorische Anknüpfung, S. 47; siehe aber auch *Rauscher*, NJW 1988, 2151 (2154).
111 *Michel*, Die Akzessorische Anknüpfung, S. 11.
112 *Gottwald/Kolmann*, in: Gottwald, Insolvenzrechts-Handbuch, § 129, Rn. 9; *Herchen*, Das Übereinkommen, S. 50 f.; *Kolmann*, Kooperationsmodelle im internationalen Insolvenzrecht, S. 464 f.; *Pannen/Riedemann*, in: Pannen, EuInsVO Kommentar, Einleitung, Rn. 37; *Virgos/Schmit*, in: Stoll, Vorschläge und Gutachten, S. 32 (39, Rn. 12 f.); vgl. aber auch bereits die Erwägungsgründe 22 und 67 EuInsVO-2015.

Ausnahmen in Form von Sonderanknüpfungen und Sekundärinsolvenzverfahren gemacht.[113] Dies erfolgt durch den Verweis auf eine – der kollisionsrechtlichen Interessenwürdigung entsprechende – Rechtsordnung, die von der Anknüpfung an die Rechtsordnung des Mitgliedstaates, in dem das COMI belegen ist, abweicht. Der Vielgestaltigkeit der in grenzüberschreitenden Insolvenzen aufeinandertreffenden Regelungen Rechnung tragend, wird eine mit dem Insolvenzstatut einheitliche und damit gleichlaufende Anknüpfung gerade nicht verfolgt. Das Interesse der mit der Verordnung verfolgten Sonderanknüpfungen ist vielmehr die Erhaltung dieser Diversität. Auch unter dem Reformprozess eröffnete sich dahingehend kein anderweitiger Spielraum zur Einbettung einer akzessorischen Sonderanknüpfung.

Eine solche Anknüpfung in Abhängigkeit von der Verweisungsentscheidung einer anderen Kollisionsnorm ist aber darüber hinaus aber auch nur für den Fall sinnvoll oder überhaupt erst möglich, in dem das fragliche Rechtsverhältnis nicht bereits unter den Tatbestand dieser Kollisionsnorm zu subsumieren ist.[114] Werden die betreffenden Rechtsfragen mithin bereits aufgrund der Qualifikation durch das Insolvenzstatut abgedeckt, braucht und kann eine akzessorische Anknüpfung nicht mehr erfolgen. Festzustecken wäre mithin auch für diese Lösung zunächst die Reichweite der für das Insolvenzstatut maßgebenden Qualifikation.

6. Kollisionsrechtliche Qualifikation

Die kollisionsrechtliche Qualifikation, die losgelöst von der sachrechtlichen Qualifikation eine Einordnung anhand der für das Kollisionsrecht maßgeblichen Interessen vornimmt, verspricht schließlich eine adäquate Lösungsoption.[115] Hierbei geht es darum, ob die zu betrachtende Rechts-

---

113 Vgl. Erwägungsgründe 22 EuInsVO-2015.
114 *Schurig*, in: FS Heldrich, S. 1021 (1023); dies lässt *Huber*, in: Lutter, Europäische Auslandsgesellschaften in Deutschland, S. 307 (328 ff.) unbeachtet, wenn er die Anwendung der Insolvenzantragspflicht analog § 64 GmbHG a.F. auf eine Auslandsgesellschaft über das Mittel der Sonderanknüpfung wählt.
115 Siehe hierzu *Borges*, ZIP 2004, 733 (739); *Kegel/Schurig*, Internationales Privatrecht, S. 346 ff. Die Qualifikation ist grundsätzlich von dem Mittel der Anpassung zu trennen, obgleich eine entsprechend korrigierte Qualifikation mit der Anpassung äußerlich kongruieren kann: Ein Ineinandergreifen erkennt auch *Kegel/Schurig*, Internationales Privatrecht, S. 361, wenn er von einer „be-

frage unter den durch Auslegung zu ermittelnden Tatbestand der Kollisionsnorm, mithin deren Anknüpfungsgegenstand, zu subsumieren ist. Der Anknüpfungsgegenstand – durch Systembegriffe des Sachrechts geformt – zeichnet den Anwendungsbereich der jeweiligen Kollisionsnorm ab. Seine Reichweite ist allerdings erst durch die Auslegung der Begriffe zu ermitteln. Der entscheidende Vorteil dabei ist die im Unionsrecht durchzuführende *autonome* Qualifikation[116], die auf der Grundlage einer autonomen, europarechtlich bestimmten Auslegung des Regelungsgehalts der jeweiligen Kollisionsnorm erfolgt. Maßstab hierfür sind nach funktionell-teleologischer Manier die Interessen- und Zielsetzungen des jeweiligen Rechtsakts bzw. der einzelnen Kollisionsvorschrift, was zu einer inhaltlichen Abweichung von den aus den nationalen Sachrechten entlehnten Systembegriffen führen kann.[117] Qualifiziert wird damit getrennt vom jeweiligen nationalen Rechtsverständnis. Daher mag zwar die formale Einordnung, die sich an der systematischen Stellung der jeweiligen Norm innerhalb des Rechtssystems ausrichtet, einen ersten Anhaltspunkt für die Verortung der Norm liefern.[118] Hiernach wären die in den rechtsformspezifischen Gesetzen verankerten Regelungen nicht auf Auslandsgesellschaften anwendbar. Jedoch geht es bei der qualifikatorischen Einordnung um den materiellen Gehalt der Regelung und damit um die Frage, welcher Rechtsmaterie die Norm verhaftet ist, weil sie ihrer Zielsetzung unmittelbar und nicht nur »bei Gelegenheit« dient. Von Relevanz werden damit Zweck- und Schutzrichtung und nicht lediglich Form und Standpunkt.[119] Normen, die ihren systematischen Platz außerhalb der gesetzlichen Kodifizierung des Insolvenzrechts gefunden haben, können demnach trotzdem als dieser Rechtsmaterie angehörig qualifiziert werden.

Eine den kollisionsrechtlichen Interessen in diesem Sinne angepasste Qualifikation vermag es daher, Schutzlücken zu schließen, die durch das Auseinanderfallen der auf einzelne Aspekte eines grenzüberschreitenden

---

sondere[n] Qualifikation" zur Vorbeugung spricht. Für eine strenge Trennung sprechen sich *Sonnenberger*, in: MüKo zum BGB, Einleitung IPR, 5. Aufl., Rn. 594 ff. sowie *Lüderitz*, IPR, Rn. 199 aus.

116 Vgl. allgemein *Kegel/Schurig*, Internationales Privatrecht, S. 343 ff.; *Oppermann/Classen/Nettesheim*, Europarecht, § 9, Rn. 165 ff.

117 *Hanisch*, in: FS Jahr, S. 455 (459 f.); *Kegel/Schurig*, Internationales Privatrecht, S. 343 ff.

118 Für eine mögliche indizielle Bedeutung: vgl. *Röhricht*, ZIP 2005, 505 (506); *Hirte/Mock*, ZIP 2005, 474 (475).

119 *Haas*, NZI 2001, 1 (10); deutlicher noch *Ulmer*, KTS 2004, 291 (297).

Sachverhalts zur Anwendung gelangenden Rechtsordnungen entstehen. Rechtliche Strukturen können, trotz einer im nationalen Recht erfolgenden getrennten Einordnung, unter einem Statut beibehalten werden. Die Bündelung unter dem jeweiligen Statut ermöglicht eine Korrektur der durch die voneinander abweichenden Verweisungen hervorgebrachten Unstimmigkeiten. Insofern kann die darüber erfolgende Reichweitenbestimmung des Insolvenzstatuts auch die sich in grenzüberschreitenden Unternehmensinsolvenzen ergebenden Widersprüche aufgrund der verkürzten Anwendung der Rechtsordnungen auflösen. Dieser Weg soll daher als Grundlage der weiteren Untersuchungen dienen.

C. Die Bündelung des Insolvenzstatuts

Welche Regelungen unter dem Insolvenzstatut kollisionsrechtlich zusammenzufassen sind, um dem Ziel der Herbeiführung effektiver und wirksamer grenzüberschreitender Insolvenzverfahren Genüge zu tun, lässt sich über das Bündelungsmodell[120] erschließen.

I. Vertikale Bündelung

Die »vertikale« Bündelung beschreibt die Zusammensetzung einer allseitigen Kollisionsnorm auf der Ebene einer Sachrechtsordnung. Darunter ist die Zusammenfassung derjenigen Element-(Einzel-)Kollisionsnormen zu verstehen, die die in einem inneren sachlich-systematischen Zusammenhang stehenden Regelungen innerhalb ein und derselben Rechtsordnung berufen und über eine einheitliche Anknüpfung unter dasselbe Statut stellen.[121] Maßgabe der Bestimmung eines insofern zusammenhängenden Sachgebietes ist eine vergleichbare kollisionsrechtliche Interessenbewertung und -abwägung.[122] Normen, die durch eine solch vergleichbare kollisionsrechtliche Interessenlage adressiert sind, sollen möglichst demselben Anknüpfungsergebnis – derselben Rechtsordnung – unterliegen. Die Bündelung der einzelnen Vorschriften bildet schließlich das Statut.

Anhand der Qualifikationsmethode kann der für eine vertikale Bündelung erforderliche innerlich sachlich-systematische Zusammenhang der unter den Anknüpfungsgegenstand der Kollisionsnorm zusammenzufassenden Regelungen abgebildet werden. Wird der Anwendungsbereich einer Kollisionsnorm auch durch den Anknüpfungsgegenstand illustriert, so erfolgt die Bestimmung seiner Reichweite gleichfalls erst durch die Auslegung der darin verwendeten Systembegriffe. Durch eine Aufstellung von Kriterien, die die kollisionsrechtlichen Interessen- und Gerechtigkeitsvor-

---

120 Zum von *Schurig* entwickelten „Bündelungsmodell": *Schurig*, Kollisionsnorm und Sachrecht, S. 89 ff.; mit weiteren Nachweisen siehe auch: *v. Bar/Mankowski*, IPR I, § 4, Rn. 5, Fn. 11.
121 *Schurig*, Kollisionsnorm und Sachrecht, S. 102. Im Gegensatz zur „vertikalen" Bündelung stellt die „horizontale" Bündelung (auf internationaler Ebene) auf eine Zusammenfassung der Element-Kollisionsnormen ab, die die im Sachzusammenhang stehenden Normen aus den verschiedenen Rechtsordnungen berufen.
122 *Schurig*, Kollisionsnorm und Sachrecht, S. 103.

stellungen sowie -bewertungen der einzelnen Anknüpfung tragen, können Regelungen nicht nur im Einzelfall einem Statut zugeordnet werden, sondern es erlaubt auch, eine abstrakte, verallgemeinerungsfähige Einordnung nationaler Rechtsinstrumente vorzunehmen.

II. Bündelung durch die Kollisionsnorm des Art. 7 EuInsVO-2015

1. Die Grundkollisionsnorm des Abs. 1

Für die Bestimmung des Insolvenzstatuts im Geltungsbereich des Unionsrechts und die damit einhergehende kollisionsrechtliche Einordnung dessen, was dem Insolvenzrecht des Forumstaates unterfallen soll, wird die vertikale Bündelung in der Grundkollisionsnorm des Art. 7 (Abs. 1) EuInsVO-2015 postuliert.[123] Anders als es die Bezeichnung als Grundkollisionsnorm aber vermuten lassen könnte, ist damit nicht die abschließende Darstellung des für das Insolvenzstatut maßgebenden Anknüpfungsgegenstands gemeint, sondern allein die grundlegende Festlegung des Anknüpfungsmoments in der Verweisung auf den Verfahrensstaat. Wie auch der nicht abschließende Beispielkatalog in Abs. 2 zeigt, lässt sich auch diese Kollisionsnorm in Element-Kollisionsnormen aufspalten und mithin konkretisieren.

Der Anknüpfungsgegenstand des Art. 7 Abs. 1 EuInsVO-2015 wird durch die Formulierung des »Insolvenzverfahren[s] und seine[r] Wirkungen« dargestellt. Die Anwendung des Insolvenzrechts des Verfahrensstaates beschränkt sich demzufolge nicht lediglich auf die Abwicklung des Insolvenzverfahrens i. S. der Eröffnung, Durchführung und Beendigung, sondern bezieht auch »seine Wirkungen« mit ein. Was unter dem Funktionsbegriff der »Wirkungen« des Insolvenzverfahrens zu verstehen ist, ist verordnungsautonom auszulegen. Unabhängig von der nationalen Norminterpretation und gesetzlichen Einordnung erfolgt die qualifikatorische Bestimmung der insolvenzrechtlichen Wirkungen anhand einer gesamteuropäischen und verordnungsspezifischen Betrachtung. Um dem starken

---

123 Mit der Thematisierung des Insolvenzstatuts auf Unionsebene erfolgt stets der Verweis auf Art. 7 EuInsVO-2015.Stellvertretend: *Reinhart*, in: MüKo zur InsO, Art. 4 EuInsVO, Teil II, Rn. 3ff. zur entsprechenden Kollisionsnorm in der alten Fassung.

funktionalen Zusammenhang formellen und materiellen Insolvenzrechts[124] sowie der Durchsetzbarkeit des anzuwendenden Rechts Rechnung zu tragen,[125] sind damit neben den verfahrens- auch die materiell-rechtlichen Wirkungen des Insolvenzverfahrens gemeint.[126]

2. Der Regelungskatalog in Abs. 2

Art. 7 Abs. 2 EuInsVO-2015 enthält einen (im Vergleich zu seiner Vorgängernorm des Art. 4 Abs. 2 EuInsVO-2000 unveränderten) Katalog an Regelungsbeispielen, die unter das Recht des Staates der Verfahrenseröffnung und mithin der *lex fori concursus* fallen. Mit der Aufzählung der Regelungen in Form von Beispielen, wie das Wort »insbesondere« deutlich zu erkennen gibt, ist der Katalog nicht enumerativ ausgestaltet worden. Die Vorschrift gibt damit lediglich einen ersten Einblick, welche Regelungen der Verordnungsgeber erfasst sehen wollte. Unter diesen Regelungsbeispielen findet sich neben den Voraussetzungen, unter denen die Eröffnung des Verfahrens zulässig ist, und weiteren Regelungen, die die Einzelheiten der Durchführung regeln, auch die Auflistung der Insolvenzanfechtung in lit. m), die an ein vorinsolvenzliches Verhalten anknüpft und dieses zum Nachteil der Gläubigergesamtheit rückgängig zu machen sucht.[127]

III. Konkretisierung durch Element-Kollisionsnormen

1. Notwendigkeit der Konkretisierung

Welche Regelungen über das gerade Gesagte hinaus unter das Insolvenzstatut fallen, bedarf der Konkretisierung. Mag insofern die beispielhafte

---

124 Abgrenzungsschwierigkeiten (im Hinblick auf Doppelqualifikationen) zwischen Rechtsfragen des internationalen Privat- und solchen internationalen Verfahrensrechts werden vermieden: Vgl. *Hanisch*, in: FS Walder, S. 483 (495); *Herchen*, Das Übereinkommen, S. 224.
125 Bedenken hinsichtlich einer Vermischung von formellem und materiellem Insolvenzrecht aus verschiedenen Rechtsordnungen äußernd: *Reuß*, Forum Shopping in der Insolvenz, 154 f.; ebenso *Ringe*, EBOR 9 (2008), 579 (615 f.).
126 Vgl. Erwägungsgrund 66 S. 4 EuInsVO-2015.
127 Siehe hierzu eingehender: Kapitel 3: D. I. 2. c) (1).

Aufzählung unter dem Art. 7 Abs. 2 S. 2 EuInsVO-2015 für die Bestimmung der unter das Insolvenzstatut fallenden Normen auch eine Orientierungshilfe darstellen, so reicht dies jedenfalls als ein erschöpfend einsetzbares Mittel zur Einordnung nicht aus.[128] Die Kollisionsnorm des Art. 7 EuInsVO-2015 enthält explizit nur die genuin im Kollektivverfahren gebundenen formell- und materiell-rechtlichen Regelungen zur Eröffnung, Durchführung und Beendigung des Insolvenzverfahrens sowie solche Regelungen unter den Beispielen, die in den nachfolgenden Vorschriften einer korrigierenden Bezugnahme zur Herstellung der Interessengerechtigkeit unterliegen.[129] Damit erfolgt aber allenfalls die Bestimmung eines Kernbereichs des Insolvenzstatuts. Mag mithin die Zuordnung zum Wesen des »Begriffskerns« auch eindeutig und mit »unzweifelhaften Fällen« gut ausfüllbar sein, so bleibt die Darstellung des »Begriffshofs« für diesen Bereich entsprechend »diffus«, wodurch eine konkrete Zuordnung von Regelungen und Sachverhaltsaspekten zumindest nicht eindeutig erfolgen kann.[130] Für die erforderliche Konkretisierung und Bestimmung des Begriffshofs lässt sich der Grundkollisionsnorm des Art. 7 Abs. 1 EuInsVO-2015 eine trennscharfe und sichere Abgrenzung nicht entnehmen.[131] So werden z. B. Aussagen hinsichtlich der Einordnung von Regelungen an den Schnittstellen zum gesellschaftsrechtlichen Bereich nicht getroffen.

---

128 Zweifel an der beständigen Verlässlichkeit hegt auch *Paulus*, EuInsVO-Kommentar, Art. 4, Rn. 6.
129 *Barthel*, Deutsche Insolvenzantragspflicht und Insolvenzverschleppungshaftung in Scheinauslandsgesellschaften nach dem MoMiG, S. 147.
130 *Jesch*, AöR 82 (157), 163 (172 f., 176 f.), der die Darstellung von Begriffshof und Begriffskern aufgriff und prägte; siehe aber auch schon *Heck*, Gesetzesauslegung und Interessenjurisprudenz, S. 46 f., 173.
131 So zur entsprechenden Kollisionsnorm der alten EuInsVO-2000 ebenfalls *Paulus*, ZIP 2002, 729 (734); *Ulmer*, KTS 2004, 291 (296 f.). Anders als im Hinblick auf sachen- oder arbeitsrechtliche Aspekte geben weder der Beispielkatalog des Art. 7 Abs. 2 EuInsVO-2015 noch die Sonderanknüpfungen in den darauf folgenden Regelungen der Verordnung Aufschluss über die Abgrenzbarkeit des Insolvenzrechts im Verhältnis zum Gesellschaftsrecht.

2. Möglichkeit der Konkretisierung durch das Instrument der vis attractiva concursus

Um die Reichweite des Insolvenzstatuts zu bestimmen, bedarf es mithin einer Konkretisierung. Dazu müssen aber keine komplizierten Konstruktionen gebaut oder Anlehnungen an andere Rechtsakte gefunden werden. Die Europäische Insolvenzverordnung enthält vielmehr selbst bereits ein Instrument, das Maßnahmen, die im Zusammenhang mit der Insolvenzbewältigung stehen, rechtlich einordnet und beurteilt, indem es die Nuancen innerer Konnexität nachzeichnet und damit den Bedarf an im Verfahrensstaat zu konzentrierender Insolvenzmaterie absteckt: die *vis attractiva concursus*.

Nach der Zuständigkeitsnorm des Art. 6 EuInsVO-2015 erfolgt zur Bestimmung der internationalen Zuständigkeit insolvenzbezogener Einzelverfahren eine akzessorische Anknüpfung an den Staat der (Insolvenz-)Verfahrenseröffnung. Deutlich sichtbarer wird die Bedeutung dieses Instruments in den Regelungen des alten Art. 25 EuInsVO-2000 und seiner heutigen Entsprechung in Art. 32 EuInsVO-2015. Diese haben die Anerkennung und Vollstreckung sonstiger Entscheidungen zum Gegenstand, wobei sie zwischen den Entscheidungen des Kollektivverfahrens, der »insolvenzbezogenen« und der »anderen« Einzelverfahren unterscheiden. Mit der Abstufung erkennt der Verordnungsgeber an, dass es neben dem Kollektivverfahren auch Einzelverfahren gibt, die so eng mit dem Insolvenzverfahren verbunden sind und sich von anderen Entscheidungen abheben, dass sie dem Anwendungsbereich der Europäischen Insolvenzverordnung unterliegen müssen. Mit deren Regelung in Art. 32 Abs. 1 Unterabs. 2 EuInsVO-2015 betont er nicht nur die besondere Stellung der insolvenzbezogenen Einzelverfahren, sondern auch das Bestehen eines inneren Zusammenhangs mit dem kollektiven Insolvenzverfahren. In der Folge werden Verfahren mit signifikantem Insolvenzbezug im Staat der Verfahrenseröffnung konzentriert, was mithin dem Ordnungsinteresse am inneren Entscheidungseinklang dient.

Wie weit die Kraft der Attraktion reicht und welche Einzelverfahren der Annexzuständigkeit unterfallen, wird durch den Anknüpfungsgegenstand, der aus der *Gourdain./.Nadler*-Entscheidung entlehnten Formel, bestimmt. Mag diese Formel auch ausfüllungsbedürftig sein, so beschreibt sie aber doch bereits den erforderlichen Bezug zur Insolvenzabwicklung unter den

Anforderungen der EuInsVO. Als Instrument der Abgrenzung[132] des Insolvenzbereichs zum Anwendungsbereich der EuGVVO[133] ließe sich mit der *vis attractiva concursus* eine verordnungsinterne Anwendungsregel (Kriterien) gewinnen, mithilfe derer auch eine kollisionsrechtliche Qualifikation im Einzelfall erfolgen kann.[134] Indem sie die in einem inneren sachlich-systematischen Zusammenhang stehenden Regelungen derselben Rechtsordnung über eine einheitliche Anknüpfung unter demselben Statut bündelt, wäre die *vis attractiva concursus* als eine in der Verordnung selbst angelegte Konkretisierung des Insolvenzstatuts und mithin als Bündel von Element-Kollisionsnormen einzuordnen.

Ob und wie die in Art. 32 Abs. 1 Unterabs. 2 EuInsVO-2015 und mittlerweile auch explizit in der Zuständigkeitsnorm des Art. 6 EuInsVO-2015 verkörperte Theorie der *vis attractiva concursus*, die in ihrer bisherigen Anwendung nur die internationale Zuständigkeit der insolvenzbezogenen Einzelverfahren akzessorisch an den Staat der (Insolvenz-)Verfahrenseröffnung angeknüpft hat, auch eine kollisionsrechtliche Bündelung des materiell anwendbaren Rechts tragen kann, ist abhängig von dem Vorliegen einer homogenen Struktur zwischen den im Internationalen Zivilverfahrens- und Kollisionsrecht zu fassenden Anknüpfungs- und Qualifikationsentscheidungen. Die Übertragbarkeit der *vis attractiva concursus* auf die kollisionsrechtliche Ebene hängt damit davon ab, ob ihr ein mit dem Insolvenzstatut einheitliches Verständnis des Insolvenzrechts unter der EuInsVO zukommt. Dies wird der Gegenstand der sich anschließenden Untersuchung sein.

3. Keine analoge Anwendung des Art. 6 EuInsVO-2015

Um allerdings einem eventuellen Missverständnis bereits an dieser Stelle die Grundlage zu entziehen, soll deutlich erwähnt werden, dass es vorlie-

---

132 Vgl. *Virgos/Schmit*, in: Stoll, Vorschläge und Gutachten, S. 32 (100, Rn. 195).
133 In der aktuellen Fassung: Verordnung (EU) Nr. 1215/2012 des Europäischen Parlaments und des Rates v. 12. Dezember 2012 über die gerichtliche Zuständigkeit und die Anerkennung und Vollstreckung von Entscheidungen in Zivil- und Handelssachen (Brüssel Ia-VO), Abl. EU Nr. L 351 v. 20.12.2012.
134 Vgl. zur Idee der Konkretisierung einer Norm: *Bydlinski*, Juristische Methodenlehre, S. 582 ff.; *Engisch*, Die Idee der Konkretisierung in Recht und Rechtswissenschaft unserer Zeit, Kap. 3 *et passim*.

gend nicht um eine analoge Anwendung der Regelung zur Annexzuständigkeit geht oder auch nur gehen kann. Mit der vorzunehmenden Konkretisierung des Insolvenzstatuts handelt es sich allein um die Darstellung der durch eine allseitige Kollisionsnorm erfolgenden Bündelung von den in einem sachlich-systematischen Zusammenhang stehenden Regelungen des Insolvenzrechts. Schließlich geht es auch nicht darum, die Rechtsfolge des Art. 6 (oder gar des Art. 3) EuInsVO-2015 und damit die Zuständigkeitsbegründung auf davon nicht erfasste Tatbestände auszuweiten. Mit der Übertragung der *vis attractiva concursus* soll dementgegen vielmehr die Frage der dem materiellen Recht des Verfahrensstaates zu unterstellenden Regelungen geklärt und die einzelnen Normen mithin bestimmbar gemacht werden. Daher kommt auch die Rechtsfolgenbestimmung des Art. 7 Abs. 1 EuInsVO-2015 mit dem Verweis auf das Recht des Verfahrensstaates direkt zur Anwendung. Eines weiteren rechtstechnischen Handgriffs bedarf es daher nicht.

D. Ergebnis

Als eine sehr bedeutende Auslegungsfrage für die Bearbeitung internationaler Insolvenzrechtsfälle hat bereits der *Heidelberg-Luxembourg-Vienna Report* die Qualifikations- oder Abgrenzungsprobleme des Insolvenzrechts zum Gesellschaftsrecht im Bereich der alten Kollisionsnorm des Art. 4 EuInsVO-2000 identifiziert.[135] Die sich mit dem Auseinanderfallen der Verweisungsergebnisse für das Insolvenz- und Gesellschaftsstatut ergebenden Schutzlücken in internationalen Gesellschaftsinsolvenzen bedürfen daher der Schließung durch ein Instrument, dass die in einem sachlich-systematischen Zusammenhang stehenden Regelungen derselben Rechtsordnung filtert und einer einheitlichen Anknüpfung unterstellt. Parallel zu der Frage der kollisionsrechtlichen Einordnung der Insolvenzrechtsmaterie stellt sich auch die Frage der Reichweite der Verordnung in verfahrensrechtlicher Hinsicht. Hierfür enthält die Insolvenzverordnung bereits ein Instrument, das die systematischen Insolvenzzusammenhänge und -verbindungen zugunsten einer Zuständigkeitsregelung reflektiert. Durch den heutigen Art. 6 Abs. 1 EuInsVO-2015 werden neben dem Kollektivverfahren auch insolvenzbezogene Einzelverfahren unter die Zuständig-

---

135 *Pfeiffer*, in: Hess/Oberhammer/Pfeiffer, European Insolvency Law, Rn. 635 ff.

keitskonzentration des Verfahrensstaates gestellt. Soweit das Instrument der *vis attractiva concursus*, welches dementsprechend bisher allein verfahrensrechtlich genutzt wurde, auf den kollisionsrechtlichen Bereich übertragen und damit als Bündelung von Element-Kollisionsnormen fruchtbar gemacht werden kann, ist auch eine sachrechtliche Determinierung des von der EuInsVO abgedeckten Insolvenzbereichs in ihren Randbereichen möglich. Sie trüge mithin zur vertikalen Bündelung der innerlich sachlich-systemisch zusammenhängenden[136] Vorschriften des Insolvenzrechts innerhalb der *lex fori* bei.

---

136   *Schurig*, Kollisionsnorm und Sachrecht, S. 102.

Kapitel 2: Die *vis attractiva concursus* des europäischen Insolvenzrechts

An dieser Stelle erscheint es zunächst angezeigt, sich den Grundlagen der Figur der *vis attractiva concursus* zu widmen, um zum besseren Verständnis des Zusammenhangs mit den folgenden Kapiteln in die Problematik der Annexverfahren einzuführen.

A. Bedeutung und Ursprung der vis attractiva concursus

Die *vis attractiva concursus* beschreibt die »Anziehungskraft« des Insolvenzverfahrens auf die mit ihr im Zusammenhang stehenden Entscheidungen. Normative Regelungen das Insolvenzverfahren betreffend werden auf die anhängenden Annexverfahren übertragen und damit eine einheitliche Behandlung für Kollektiv- und Einzelverfahren hervorgebracht. Soweit ersichtlich, wird in Literatur und Rechtsprechung unter der *vis attractiva concursus* allein die Auswirkung der Insolvenzverfahrenseröffnung auf das allgemeine Zuständigkeitsrecht für die damit im Zusammenhang stehenden Verfahren verstanden.[137] Dementsprechend beziehen sich auch die definitorischen Ansätze im nationalen Kontext auf einen rein verfahrensrechtlichen Wert. So beschreibt *Herchen* die *vis attractiva concursus* folgendermaßen: »[Sie] führt – durch ein sachliches (damit regelmäßig auch ein örtliches) Zuständigkeitsmonopol des Insolvenzgerichts – zu einem Entscheidungsmonopol bezüglich jeglicher Streitigkeiten, an denen der Schuldner auf der Aktiv- oder Passivseite beteiligt ist und die einen insolvenzrechtlichen Bezug aufweisen«, wobei dies »auch und gerade für Streitigkeiten [gilt], die üblicherweise vor den Prozessgerichten zu führen wären«[138]. Mit Hilfe dieses Instruments soll also eine Zentralisierung aller die Insolvenz betreffenden Einzelverfahren bei dem jeweiligen Insolvenzgericht erfolgen. Insofern erscheint es daher in diesem Zusammenhang bestimmender, anstelle des Begriffs der »Annexverfahren«, der bereits das

---

[137] Siehe bereits Jahr, ZZP 79 (1966), 347 (348 ff.); Schollmeyer, Gegenseitige Verträge, S. 99.
[138] Statt einiger: *Herchen*, Das Übereinkommen, S. 220.

Kapitel 2: Die vis attractiva concursus des europäischen Insolvenzrechts

Anwendungsfeld des Instruments hervorhebt, synonym von der Zuständigkeit für Annexverfahren bzw. der Annex*zuständigkeit* zu sprechen.

Laut den erkennbaren Quellen geht die Anwendung der *vis attractiva concursus* in den einzelnen europäischen Insolvenzrechten auf das berühmte Werk »*Labyrinthus creditorum concurrentium ad litem per debitorem communem inter illos causatam*« von dem Spanier *Franc. Salgado de Somoza*, dem königlichen Rat in Valladolid, zurück.[139] In diesem Buch wurde ein streng administratives Verfahren beschrieben, das – nicht zuletzt aufgrund einer ausladenden *vis attractiva concursus*, die Streitigkeiten über Aus- und Absonderung, über sämtliche Konkursforderungen sowie den Anfechtungsprozess der Entscheidung des Konkursgerichts übertragen hat – zu langwierigen und schleppenden Konkursabwicklungen geführt hat.[140] Dies war auch einer der Gründe, warum der Einfluss dieses Werkes innerhalb der europäischen Konkursordnungen so unterschiedlich ausfiel.[141] Ausgangspunkt für breite Uneinigkeit war und blieb die *vis attractiva concursus* auf jeden Fall.[142]

---

139   Vgl. hierzu *Gottwald*, in: Gottwald, Insolvenzrechts-Handbuch, § 1, Rn. 6; *Pape/Uhlenbruck/Voigt-Salus*, Insolvenzrecht, Kap. 7, Rn. 7; *Seuffert*, Deutsches Konkursprozessrecht, S. 13 (Fn. 1); *Uhlenbruck*, in: Einhundert Jahre Konkursordnung, S. 3 (9 f.).

140   *Baur/Stürner*, Zwangsvollstreckungs-,Konkurs- und Vergleichsrecht, Band 2, Rn. 3.30; *Pape/Uhlenbruck/Voigt-Salus*, Insolvenzrecht, Kap. 7, Rn. 7.

141   *Pape/Uhlenbruck/Voigt-Salus*, Insolvenzrecht, Kap. 7, Rn. 7 gehen von einer großen Einflussnahme auf die anderen europäischen Insolvenzrechte aus; *Seuffert*, Deutsches Konkursprozessrecht, S. 13 (Fn. 1) sprach davon, dass der Einfluss auf das deutsche Verfahren überschätzt worden ist; dagegen sah allerdings *Gottwald*, in: Gottwald, Insolvenzrechts-Handbuch, § 1, Rn. 6 das Werk des Spaniers als bestimmend für die Praxis des gemeinrechtlichen Konkurses an.

142   Siehe zum Ganzen: *Schrutka Edlem von Rechtenstamm*, in: FS Klein, S. 99 ff.

B. Nationale Ausprägungen der vis attractiva concursus

Mit dem Anwendungsvorrang der Europäischen Insolvenzverordnungen als Unionsrechtsakt vor den nationalen Gesetzen scheinen die Ausprägungen der Annexverfahren in den einzelnen nationalen Rechtsordnungen und damit auch die dabei entstehenden Schwierigkeiten der Anwendung und Wirkung national unterschiedlich ausgeprägter Instrumente der *vis attractiva concursus* zumindest für die grenzüberschreitenden Insolvenzverfahren innerhalb der EU keine tragende Rolle mehr zu spielen. Um dennoch deren Bedeutung und den Grund für ihre zurückhaltende Anwendung im internationalen Recht zu verstehen, sei kurz vorweg auf einzelne Rechtsordnungen und deren Verwendung der Annexverfahren einzugehen.

I. Verwendung nationaler Instrumente

Die Ausprägung der insolvenzrechtlichen Annexzuständigkeit weicht unter den Mitgliedstaaten als auch im Vergleich zu außereuropäischen Staaten zum Teil erheblich voneinander ab. Dies betrifft nicht nur die Ausgestaltung der jeweiligen Regelung der Annexverfahren, sondern auch und v. a. die Reichweite der Annexzuständigkeit.

Innerhalb der EU-Mitgliedstaaten besitzen einige romanische Rechtsordnungen sehr weitreichende, wenn auch in manchen Teilen eingeschränkte Annexverfahrensregelungen. Derart umfassende Annexzuständigkeiten sind nach der italienischen Rechtsordnung in *Art. 24 I legge fallimentare*, nach der französischen Rechtsordnung in *Artt. 339, 316 Décret n° 2005-1677 (du 28 décembre 2005)* und im spanischen Recht nach *Artt. 8 f. Ley Concursal 22/2003* (reformiert durch *Ley 38/2011*) zu finden. Eine ebenfalls sehr umfassende *vis attractiva concursus* hält die englische Rechtsordnung nach *sec. 363 (1) Insolvency Act 1986* bereit. Eine explizite, aber auf ausgewählte Verfahren beschränkte Annexzuständigkeitsregelung enthält die österreichische Insolvenzordnung in *§§ 43 V, 111 IO* sowie eine fakultativ ausgestaltete Annexzuständigkeit in *§ 262 IO*. Als außereuropäischer Staat sieht die Rechtsordnung der USA in *section 157 (b) (1) (2) of title 28, United States Code,* eine Zuständigkeit des Insolvenzgerichts innerhalb der *district courts* vor, die ebenfalls in einem großen und sachlich erheblichen Umfang ausgestaltet ist.

Neben dieser starken Verwendung der Annexzuständigkeit und vielerlei Graustufen gibt es aber auch ein paar Rechtsordnungen, die eine *vis attractiva concursus* (beinahe) vollständig ablehnen und die Prozessgerichte gemäß den allgemeinen zivilverfahrensrechtlichen Regelungen entscheiden lassen. Abgesehen von den skandinavischen Rechtsordnungen[143], der schweizerischen[144] oder auch der niederländischen[145] Rechtsordnung liegt ein sehr nahes Beispiel auch in der deutschen Rechtsordnung, die ein insolvenzrechtliches Annexverfahren nicht mehr vorsieht. Dies war nicht immer so: bis zum Erlass einer einheitlichen Konkursordnung 1877 galt im gemeinen Konkursrecht noch das Prinzip der *vis attractiva concursus*, welches jedoch aufgrund von den für das Insolvenzverfahren hervorgerufenen »Schwerfälligkeiten und Verschleppungen«[146] abgeschafft worden war.[147] In Vorbereitung auf eine Reform des Insolvenzrechts sind einige Stimmen für die Ausweitung der insolvenzgerichtlichen Zuständigkeit und damit für die Wiedereinführung von Annexzuständigkeiten (v. a. für Anfechtungsklagen) laut geworden.[148] Um aber ein unbelastetes und zügiges Insolvenzverfahren sowie den besonderen Sachverstand für die jeweilige Materie auf den durch die allgemeinen Regelungen bestimmten Rechtswegen zu erhalten und Qualitätsverluste der Rechtsprechung zu vermeiden, wurden derartige Annexverfahren nicht in die deutsche Insolvenzordnung aufgenommen.[149] Auch der dem Beklagten gebührende Schutz durch die Bestimmung des allgemeinen Gerichtsstandes an seinem Wohnsitz (Grundsatz des *actor sequitur forum rei*) und die Beschränkung auf eine beaufsichtigende und kontrollierende Funktion des Insolvenzgerichts über

---

143 *Reinhart*, in: MüKo zur InsO, Art. 3 EuInsVO, 2. Aufl., Rn. 82, Fn. 6.
144 *Habscheid*, ZIP 1999, 1113 (1113).
145 *Reinhart*, in: MüKo zur InsO, Art. 3 EuInsVO, 2. Aufl., Rn. 82, Fn. 6.
146 *Baur/Stürner*, Zwangsvollstreckungs-, Konkurs- und Vergleichsrecht, Band 2, Rn. 3.30.
147 Motive zu dem Entwurf einer Deutschen Gemeinschuldordnung, II, S. 3; *Häsemeyer*, Insolvenzrecht, Rn. 2.10.
148 Entgegenstellend: *Gerhardt*, in: FS Brandner, S. 605 (614); so auch *BMJ*, Zweiter Bericht der Kommission für Insolvenzrecht (1986), Leitsatz 1.3 (S. 52 f.); hingegen wird in: *BJM*, Erster Bericht der Kommission für Insolvenzrecht (1985) z. B. in den Leitsätzen 2.2.20 III (S. 189 ff.), 2.4.9.5 (S. 282 f.) und 2.4.9.6 (S. 283 f.) eine „volle" *vis attractiva concursus* für diese Entscheidungen gefordert und als gerechtfertigt angesehen. Die spätere mangelnde Aufnahme derartiger Annexzuständigkeiten in die InsO liegt aber wohl eher nicht in den Nachteilen der *vis attractiva* selbst begründet, sondern ergibt sich aus deren materiell-rechtlicher Gestaltung, die verfassungsrechtliche Eigentumsgarantie beschneidet.
149 *Aderhold*, Auslandskonkurs im Inland, S. 303; *Pape/Uhlenbruck*, Insolvenzrecht, Rn. 734; *Häsemeyer*, Insolvenzrecht, Rn. 2.10.

den Insolvenzverwalter sprachen gegen eine Ausweitung der insolvenzgerichtlichen Zuständigkeit in Bezug auf weitere Rechtsstreitigkeiten im Rahmen der *vis attractiva concursus*.[150] Abgesehen von dieser grundsätzlichen Verneinung ist in der deutschen InsO dennoch eine insolvenzrechtliche Annexzuständigkeit, wenn auch in stark beschränkter Form, zu finden. So begründet § 180 Abs. 1 InsO, dass für Insolvenzfeststellungsklagen nach §§ 179 ff. InsO das Amtsgericht ausschließlich örtlich zuständig ist, bei dem das Insolvenzverfahren anhängig ist oder war bzw. sofern das Landgericht zuständig ist, in dessen Bezirk das Insolvenzgericht liegt. Die sachliche Zuständigkeit wird damit nicht berührt, das am Ort des Insolvenzgerichts zuständige Prozessgericht wird weiterhin nach den allgemeinen Regeln bestimmt.[151] Ebenfalls allein um die Bestimmung der örtlichen Zuständigkeit geht es auch bei § 19a ZPO. Dieser regelt durch die Anpassung an den Sitz des Insolvenzgerichts den allgemeinen Gerichtsstand eines Insolvenzverwalters; eine ausschließliche Zuständigkeit wird damit aber nicht bestimmt. Von der Normierung betroffen sind auch lediglich Passivprozesse, die Zuständigkeit für Aktivprozesse wird durch diese Norm dagegen in keiner Weise berührt.[152]

---

150 *Aderhold*, Auslandskonkurs im Inland, S. 303; *BMJ*, Zweiter Bericht der Kommission für Insolvenzrecht (1986), Leitsatz 1.3 (S. 53), an der ablehnenden Sichtweise in Bezug auf insolvenzbezogene Annexverfahren änderte sich auch durch den späteren Regierungsentwurf zur InsO vom 15.04. 1992 (BT-Drucks. 12/2443) und den Bericht des Rechtsausschusses vom 19.04.1994 (BT-Drucks. 12/7302) nichts. Siehe zur Funktion des Insolvenzgerichts aber auch § 58 InsO und die Vorgängervorschriften § 83 KO und § 8 III GesO.

151 Die Vorgängervorschrift § 146 II 2 KO wurde in: *BMJ*, Zweiter Bericht der Kommission für Insolvenzrecht (1986), Leitsatz 1.3 (S. 53) auch als „kleine" *vis attractiva concursus* bezeichnet.

152 *Thole*, ZEuP 2010, 904 (909) spricht zwar von einer wohl geplanten Novellierung des § 19a ZPO. Diese ist jedoch selbst heute noch nicht abzusehen. Eine Ausweitung auch auf Aktivprozesse des Insolvenzverwalters erfährt der § 19a ZPO aber zumindest für Anfechtungsklagen innerhalb grenzüberschreitender Insolvenzverfahren, wenn der Anfechtungsgegner seinen Sitz in einem anderen Mitgliedstaat hat. Nach BGH, Urt. v. 19.5.2009 – IX ZR 39/06, NJW 2009, 2215 (2216, Rn. 16) wird die örtliche Zuständigkeit des sachlich zuständigen Gerichts am Ort, an dem das zuständige Insolvenzgericht seinen Sitz hat, aus einer analogen Anwendung der § 19a ZPO i. V. m. § 3 InsO, Art. 102 § 1 EGInsO begründet, sofern sich aus den deutschen Zuständigkeitsbestimmungen (allgemeiner und besonderer Gerichtsstände) unmittelbar keine örtliche Zuständigkeit ergibt. Eine solche analoge Anwendung lehnt *Mock*, ZInsO 2009, 470 (473) hingegen ab.

II. Rolle nationaler *vis attractiva concursus*-Regelungen in grenzüberschreitenden Insolvenzverfahren

Bevor auf die unionsrechtliche *vis attractiva concursus* in ihrer früheren und derzeitigen Ausgestaltung in der EuInsVO eingegangen werden soll, bleibt noch kurz die Rolle der nationalen *vis attractiva concursus* im internationalen Kontext zu beleuchten, um Verwirrungen hinsichtlich eines möglichen Nebeneinanders vorzubeugen. Hierbei geht es um die Unabhängigkeit und Unbeeinflussbarkeit der Bewertung internationaler Zuständigkeitsbestimmungen von innerstaatlich gesetzten (Annex-)Kompetenzen – oder umgedreht, um die Frage, ob eine nationale *vis attractiva concursus*, die dem mitgliedstaatlichen Insolvenzgericht die örtliche und sachliche Zuständigkeit zuweist, durch die anderen Mitgliedstaaten mit der Folge anerkannt werden muss, dass auch die internationale Zuständigkeit hierdurch bestimmt wird.

1. Im Fall eines fehlenden Unionsrechtsakts

Zur Beantwortung der Frage ist besondere Genauigkeit geboten. Vermischt werden bei dieser Diskussion oft die Fälle, in denen das autonome Recht der Mitgliedstaaten zur Anwendung gelangt, mit den Konstellationen, in der unter Geltung und dem Anwendungsvorrang eines Unionsrechtsakts eine unionsrechtliche *vis attractiva concursus* bereits bereitgestellt ist. Die folgenden Erwägungen haben daher nur insofern ihre Berechtigung, als es an einer supranationalen Bestimmung, die dem Eröffnungsstaat die internationale Entscheidungskompetenz in Form der *vis attractiva concursus* zuweist, mangelt oder es sich um einen Fall außerhalb des Anwendungsbereichs des Rechtsakts handelt.

In diesem Fall hat eine ausschließliche (örtliche und internationale) Entscheidungszuständigkeit, die ein Mitgliedstaat seinen Insolvenzgerichten für Annexverfahren zuweist, für andere Staaten nicht bindend den Ausschluss der eigenen Zuständigkeit zur Folge.[153] Diese Unabhängigkeit ergibt sich aus dem Völkerrecht und der Souveränität der Staaten. Liegen keine anzuwendenden Unionsrechtsakte sowie bi- oder multilateralen Staatsverträge vor, kann jeder Staat seine internationale Zuständigkeit

---

153 *Schack*, Internationales Zivilverfahrensrecht, Rn. 1233.

selbst bestimmen, demnach sich deren Vorliegen nach der *lex fori* richtet.[154] D. h. regelt ein Staat die ausschließliche sachliche und örtliche Zuständigkeit des Insolvenzgerichts auch für Annexverfahren und beansprucht über Letztere auch die internationale Zuständigkeit, ist ein anderer Staat an diese Entscheidung nicht gebunden und seine Zuständigkeit wird dadurch nicht ausgeschlossen.[155] Auch für Anerkennung und Vollstreckung lässt sich keine Bindung ableiten.[156]

Ein anderes Bild ergibt sich allerdings dann, wenn unter Betrachtung der Rechtsnatur die fremdländische *vis attractiva concursus* nicht als zivilverfahrensrechtliche, sondern als insolvenzrechtliche Wirkung unter das Insolvenzstatut fällt.[157] Folgt in diesem Fall das innerstaatliche autonome internationale Insolvenzrecht auch noch dem Universalitätsprinzip, so entfaltet die fremdländische *vis attractiva concursus* auch im Inland Wirkung und ist dementsprechend zu berücksichtigen.

2. Im Falle eines geltenden Unionsrechtsakts

Liegt jedoch ein Rechtsakt oder ein Staatsvertrag der Europäischen Union vor, wie in diesem Fall die EuInsVO, dann gelten deren Regelungen zur internationalen Zuständigkeit für Annexverfahren in allen Mitgliedstaaten unmittelbar. Hierbei sind zwei Formen zu unterscheiden.

---

154 *Geimer*, Internationales Zivilprozessrecht, Rn. 372, 383, 924, für den Insolvenzfall: Rn. 342a; *Wenner*, in: Mohrbutter/Ringstmeier, Handbuch der Insolvenzverwaltung, § 20, Rn. 247; *Schack*, Internationales Zivilverfahrensrecht, Rn. 215, 1233. Unabhängig bleibt die Betrachtung dieser Freiheit von der Frage nach einer notwendigen Verknüpfung mit dem Staat.

155 Die nach *Kropholler*, in: Handbuch des Internationalen Zivilverfahrensrechts, Band I, Kap. III, Rn. 156 gebotene Einschränkung, nach der eine ausländische ausschließliche Zuständigkeit dann anzuerkennen ist, wenn spiegelbildlich auch Deutschland eine ausschließliche internationale Zuständigkeit beanspruchen würde, kann in den Fällen insolvenzrechtlicher Annexzuständigkeiten, mangels einer deutschen *vis attractiva concursus*, nicht greifen.

156 *Schollmeyer*, Gegenseitige Verträge, S. 108 ff.

157 Ausführlicher zur Einordnung der Rechtsnatur der nationalen *vis attractiva concursus* und deren Folgen, z. B. *Habscheid*, ZIP 1999, 1113; *Schollmeyer*, Gegenseitige Verträge, S. 99 ff., 104 ff.; *Willemer*, Vis attractiva concursus und die Europäische Insolvenzverordnung, S. 14 ff.; allgemeiner: *Herchen*, Das Übereinkommen, S. 224 f.; **für** eine insolvenzrechtliche Qualifizierung ohne weitere Begründung: *Aderhold*, Auslandskonkurs im Inland, S. 305.

a) Verweis auf nationale Regelungen

Ein Rechtsakt kann, sofern er keine eigenen Instrumentarien bereithält, auch die Regelungen der Mitgliedstaaten für anwendbar erklären. Da die EuInsVO-2000 keine ausdrückliche Zuständigkeitsregelung für Annexverfahren vorsah, dachten einige Literaturmeinungen insofern über eine kollisionsrechtliche Heranziehung der jeweiligen nationalen *vis attractiva concursus* nach, um eine Zentralisierung der Zuständigkeiten in internationalen Insolvenzverfahren dennoch herbeizuführen zu können. Begründet wurde dieser Weg über die Qualifizierung der mitgliedstaatlichen *vis attractiva concursus* als Insolvenzwirkung nach Art. 4 Abs. 1, Abs. 2 S. 2 lit. f (i. V. m. Art. 15) sowie lit. h EuInsVO-2000.[158] Aus Artt. 4 Abs. 2 S. 2 lit. f, 15 EuInsVO-2000 sollte geschlussfolgert werden können, dass, wenn allein die bereits anhängigen Rechtsstreitigkeiten den Wirkungen des Insolvenzverfahrens nach der *lex fori processus* unterstellt sind, dann *e contrario* alle noch nicht anhängigen Verfahren der *lex fori concursus* unterliegen müssen. Damit seien die Annexverfahren angesprochen. Gleiches galt für die nächste Regelung. Mit der Forderungsfeststellung in Art. 4 Abs. 2 S. 2 lit. h) EuInsVO-2000 sollte auch das Verfahren über das Bestehen der Forderung als wohl typisches Annexverfahren gemeint sein.[159] Über die Anerkennungsregelungen der Artt. 16, 17 EuInsVO-2000 würde die Eröffnung des Insolvenzverfahrens dann die Wirkung der ausschließlichen internationalen Zuständigkeit eben dieses Staates auch für die anhängenden Verfahren mit der Folge der Verdrängung fremdländischer Zuständigkeiten entfalten. Der Annahme des Vorliegens einer derartigen Regelung in der Verordnung als auch der einheitlichen Qualifizierbarkeit nationaler Vorschriften standen jedoch erhebliche Bedenken entgegen. Ganz abgesehen davon, dass dieser Heranziehung bereits Zweifel an der als insolvenzrechtlich einzuordnenden Rechtsnatur der jeweiligen nationalen *vis attractiva concursus* entgegenstehen mussten, war auch die Unterstellung unter die Kollisionsnorm des

---

158 *Haß/Herweg*, in: Haß/Huber/Gruber/Heiderhoff, EU-Insolvenzverordnung, Art. 4, Rn. 18, Fn. 37; *Fletcher*, in: Moss/Fletcher/Isaacs, The EU Regulation on Insolvency Proceedings, Rn. 4.41: zur Regelung des Art. 19 Abs. 1 DöKV *Schollmeyer*, IPrax 1998, 29 (35); kritisch *Herchen*, Das Übereinkommen, S. 224.

159 *Habscheid*, ZIP 1999, S. 1113 (1114 f.); *Schollmeyer*, IPRax 1998, S. 29 (32); kritisch *Leipold*, in: Stoll, Vorschläge und Gutachten, S. 185 (200).

Art. 4 EuInsVO-2000 nicht bedenkenlos. Übersehen wurde v. a. die (damit eröffnete) hypothetische Reichweite dieser Regelungen, die selbst im Kontext gelesen weit über das unionsrechtliche Verständnis von Annexverfahren hinausgehen und sich kaum begrenzen lassen konnte.[160] Ebenso ließen die starken Unterschiede in der Ausgestaltung der mitgliedstaatlich geregelten Annexzuständigkeiten Bedenken gegen die mit der EuInsVO bezweckten Harmonisierungsbestrebungen aufkommen. Dieser Weg war daher mit dem geltenden EU-Recht nur schwer in Einklang zu bringen.[161]

b) Vorhalten einer unionsrechtlichen Regelung

Zum anderen kann ein Rechtsakt aber auch eigene Instrumentarien bereithalten. Für den Fall der Europäischen Insolvenzverordnung ist damit ein eigenes, von den nationalen Ausprägungen unabhängiges, unionsrechtliches Instrumentarium für Annexverfahren – eine *unionsrechtliche vis attractiva concursus* – gemeint.[162] Liegt mithin ein solches unionsrechtliches Instrument vor und ist auch der Anwendungsbereich der Verordnung eröffnet[163], bleibt für die Anwendung der nationalen *vis attractiva concursus* in dem Maße kein Raum, in dem die unionsrechtliche Regelung Geltung beansprucht. Insoweit wird sie vom Anwendungsvorrang der Europäischen Insolvenzverordnung verdrängt. Sofern die Bestimmung nur die internationale Zuständigkeit regeln möchte, bleibt den nationalen Ausprägungen ihre Bedeutung für die örtliche und sachliche Zuständigkeit im jeweiligen Mitgliedstaat jedoch unbenommen. Da es nicht um die Be-

---

160 So bereits *Leipold*, in: Stoll, Vorschläge und Gutachten, S. 185 (200). Noch weitere Argumente gegen eine nach Art. 4 I, II 2 lit. f, h EuInsVO eröffnete Erstreckung der Wirkung der nationalen *vis attractiva concursus* über die Staatsgrenzen hinweg bringt *Herchen*, Das Übereinkommen, S. 223 ff. vor.
161 *Duursma-Kepplinger* in: Duursma-Kepplinger/Duursma/Chalupsky, Europäische Insolvenzverordnung, Art. 4 EuInsVO, Rn. 23; *Herchen*, Das Übereinkommen, S. 228; *Leipold*, in: FS Ishikawa, S. 221 (230); a. A. Mörsdorf-Schulte, NZI 2008, 282 (286 f.); *Schollmeyer*, IPrax 1998, 29 (35).
162 *Leipold*, in: FS Ishikawa, S. 221 (236); *Gruber*, in: Haß/Huber/Gruber/Heiderhoff, EU-Insolvenzverordnung, Art. 25, Rn. 32. Stürner, IPRax 2005, 416 (418) vermischt in seinen Ausführungen bzgl. der Bestimmung der Reichweite von Annexverfahren wohl die unionsrechtliche *vis attractiva concursus* mit den nationalen Ausprägungen und stößt daher auf unionsrechtsbezogene Schwierigkeiten.
163 Siehe dazu gleich: Kapitel 2: C. I. 2.

rücksichtigung einer *nationalen vis attractiva concursus* in den anderen Mitgliedstaaten geht, sondern um eine Zuständigkeitsbestimmung durch eine Europäische Verordnung, kann diese Regelung zugunsten einer Zuständigkeitskonzentration auch kein unzulässiger Eingriff in die Justizgrundrechte der einzelnen Mitgliedstaaten darstellen.[164] Rechtsgrundlage für die Übertragung der internationalen Zuständigkeit auf einen Mitgliedstaat und damit auch für die Einschränkung der nationalen Zuständigkeitsbestimmungen sowie die Verdrängung inländischer Gerichtsstände bildet unter EUV und AEUV der Unionsrechtsakt.

---

164 *Duursma-Kepplinger*, in: Duursma-Kepplinger/Duursma/Chalupsky, Europäische Insolvenzverordnung, Art. 4 EuInsVO, Rn. 23, Fn. 63; zur Problematik des Eingriffes in die Justizgrundrechte bei kollisionsrechtlicher Berücksichtigung der nationalen *vis attractiva concursus*: *Habscheid*, ZIP 1999, 1113 (1115).

C. Internationale Ausprägung

Die *vis attractiva concursus* findet auf internationaler Ebene Anwendung in Form einer dem internationalen Zuständigkeitsregime der Gerichte des Staates der Verfahrenseröffnung nachfolgenden Zuständigkeitsbestimmung. Eingebettet in die EuInsVO ist die *vis attractiva concursus* ein Bestandteil des europäischen Rechts. Um ihren Regelungsgehalt zu verstehen und einordnen zu können, seien einige allgemeine Ausführungen zur Europäischen Insolvenzverordnung als Sekundärrechtsakt vorangestellt bevor auf die Entwicklung der *vis attractiva concursus* im Europäischen Insolvenzrecht einzugehen ist.

I. Ausbildung eines europäischen Insolvenzrechts

1. Historischer Abriss

Um die historische Entwicklung der Aufnahme der *vis attractiva concursus* in die heutige EuInsVO-2015 darstellen zu können, seien im Folgenden ein paar kurze Ausführungen zur Geschichte des internationalen bzw. europäischen Insolvenzrechts erlaubt.

Wie die jüngste Reform der EuInsVO zeigt, hat die Entwicklung eines europäischen Insolvenzrechts bis heute noch kein Ende gefunden. Die Anfänge der Bestrebungen, Fragen zum internationalen Insolvenzrecht harmonisierend zu regeln, finden sich bereits im Jahr 1877 auf der 5. Konferenz der *Association for the Reform and Codification of the Law of Nations (seit 1895 International Law Association)*.[165] Im Laufe der Zeit und der Bemühungen um Lösungen von verschiedenster Seite unterlag v. a. die grundlegende Frage einer strikten Verfolgung des Einheitsprinzips starken Schwankungen.[166] Auf dem zehnten Kongress der Internationalen Handelskammer im Jahr 1939 kam man schließlich zu dem Ergebnis, dass in Anbetracht der Unterschiede der nationalen Konkursordnungen vorläufig allein bilaterale Verträge realisierbar seien.[167] Unbetrachtet der Ausgestaltung einzelner bilateraler Staatsverträge auf dem Gebiet der grenzüber-

---

165 *Aderhold*, Auslandskonkurs im Inland, S. 157.
166 Siehe hierzu die geschichtlichen Ausführungen von *Aderhold*, Auslandskonkurs im Inland, S. 157 ff.
167 Vgl. *Aderhold*, Auslandskonkurs im Inland, S. 160.

Kapitel 2: Die vis attractiva concursus des europäischen Insolvenzrechts

schreitenden Konkursverfahren, war zum Vorteil des gemeinschaftlichen Binnenmarktes jedoch ein multilaterales Abkommen zwischen den Mitgliedstaaten notwendig. Unter Bezugnahme auf Art. 220 4. Spiegelstrich EWGV[168] richtete die Kommission der EWG 1959/60 die Aufforderung an die Mitgliedstaaten, erneut Verhandlungen über ein Konkursübereinkommen einzuleiten.[169] Entgegen dem ursprünglichen Vorhaben, das Konkursrecht im EuGVÜ[170] mitzuregeln, wurde, wegen der besonderen Komplexität und der Problematik der Materie des Konkursrechts sowie um Verzögerungen bei der Ausarbeitung des EuGVÜ zu vermeiden, 1963 ein gesonderter Ausschuss einberufen, dem die Ausarbeitung eines EG-Konkursübereinkommens übertragen wurde.[171] Nach einem ersten Vorentwurf 1970[172], einem zweiten, überarbeiteten Entwurf 1980[173] und einem revidierten Entwurf von 1984[174] brachen die Bemühungen um eine Harmonisierung im internationalen Insolvenzrecht erneut ab.[175] Zahlreiche

---

168 Art. 220 4. Spiegelstrich EWGV (Art. 293 4. Spiegelstrich EGV durch die AEUV ersatzlos gestrichen): „Soweit erforderlich, leiten die Mitgliedstaaten untereinander Verhandlungen ein, um zugunsten ihrer Staatsangehörigen folgendes sicherzustellen: […] die Vereinfachung der Förmlichkeiten für die gegenseitige Anerkennung und Vollstreckung richterlicher Entscheidungen und Schiedssprüche.".

169 Vgl. *Duursma* in: Duursma-Kepplinger/Duursma/Chalupsky, Europäische Insolvenzverordnung, Geschichte der EuInsVO, Rn. 2 ff.

170 Das Übereinkommen über die gerichtliche Zuständigkeit und die Vollstreckung gerichtlicher Entscheidungen in Zivil- und Handelssachen vom 27.09.1968 (EuGVÜ) wurde seit dem 1. März 2002 weitgehend durch die EuGVVO, welche gem. Art. 1 II b) Konkurse, Vergleiche und ähnliche Verfahren auch von seinem Anwendungsbereich ausnimmt, ersetzt.

171 Vgl. *Lemontey*, in: Vorschläge und Gutachten. S. 93 (96 f.); *Pannen/Riedemann*, in: Pannen, EuInsVO Kommentar, EuInsVO Einleitung, Rn. 3; *Wenner/Schuster,* in: Wimmer, FK-InsO Kommentar, Anhang I, Vorbemerkungen EuInsVO, Rn. 6.

172 Vorentwurf eines Übereinkommens über den Konkurs, Vergleiche und ähnliche Verfahren, EG-Dok. – 3327/XIV/1/70-D Orig.: F – v. 16.2.1970, abgedruckt in *Kegel/Thieme*, Vorschläge und Gutachten, S. 1–42.

173 Entwurf eines Übereinkommens über den Konkurs, Vergleiche und ähnliche Verfahren, EG-Dok. – III/D/72/80-DE v. 1980, abgedruckt in *Kegel/Thieme*, Vorschläge und Gutachten, S. 45–92.

174 Entwurf eines Übereinkommens der Mitgliedstaaten der Europäischen Gemeinschaften über den Konkurs, Vergleiche und ähnliche Verfahren, Text der Ad-hoc-Gruppe beim Rat der EG nach zweiter Lesung (1984), abgedruckt in *Kegel/Thieme*, Vorschläge und Gutachten, S. 417–447.

175 Vgl. *Thieme*, in: Vorschläge und Gutachten, S. 465 (476).

C. Internationale Ausprägung

Kritikpunkte führten zu einem allgemeinen Vorbehalt Deutschlands gegen den zweiten Entwurf, dem sich später auch andere Mitgliedstaaten anschlossen.[176] Nicht zuletzt war hierunter wiederum die Frage des Einheitsprinzips zu finden, welches sich aufgrund des Erkennens einer zu komplizierten und ambitionierten Regelungsverfolgung erst im Laufe der Zeit abschwächte.[177] Trotz der wiederholten Aufnahme dieses Projekts mit konzeptionellen Änderungen scheiterte 1995 das europäische Insolvenzübereinkommen (EuInsÜ)[178],[179] sodass die bis dahin ergangenen Versuche und Ansätze erst nach 41 Jahren zu einer dem EuInsÜ beinahe wortlautgetreu entsprechenden Europäischen Insolvenzverordnung führten, die am 31. Mai 2002 in Kraft trat. Diese gut 41 Jahre waren von Hindernissen, Bedenken und Kritiken geprägt und zeigen den Grund für eine solch lange Dauer auf, die selbst heute, weitere 10 Jahre später, keine vollständige Problemlösung des internationalen Insolvenzrechts auf Unionsebene hervorzubringen vermag. Durch die Aufgabe eines strikten Einheitsprinzips und die Einschränkung der Universalität des Insolvenzverfahrens, die über die Schaffung der Möglichkeit der Eröffnung von Sekundärinsolvenzverfahren und über Sonderanknüpfungen eine zu strenge Zentralisierung vermeidet[180], konnte man sich aber zumindest einigen Raum für einen flexibleren Lösungsweg schaffen, dessen Ausfüllung auch weiterhin eine Konkretisierung erfährt.

---

176 Vgl. *Thieme*, in: Vorschläge und Gutachten, S. 465 (474).
177 *Virgos/Schmit*, in: Stoll, Vorschläge und Gutachten, S. 32 (35 f., Rn. 5); so auch: *Aderhold*, Auslandskonkurs im Inland, S. 162 f.; *Herchen*, Das Übereinkommen, S. 22 formulierte diese Wende mit dem Übereinkommen von 1995 als einen „Schritt vom Wünschenswerten zum Machbaren", der den Gedanken einer „kontrollierten" Universalität verwirklichen sollte.
178 Rat der Europäischen Union, Übereinkommen über Insolvenzverfahren v. 23.11.1995, abgedruckt in *Stoll*, Vorschläge und Gutachten, S. 3–31.
179 Das EuInsÜ scheiterte an der mangelnden Unterzeichnung Großbritanniens, der es nach Art. 220 EGV a.F. bedurft hätte. Der Grund dafür lag aber nicht im Inhalt des Übereinkommens, sondern es war eine Protestreaktion gegen das Importverbot für britisches Rindfleisch im Zeichen des BSE-Skandals, gegen das sich Großbritannien zur Wehr setzen wollte: *Gottwald*, Grenzüberschreitende Insolvenzen, S. 15; *Leible/Staudinger*, KTS 2000, 533 (535 f.).
180 *Virgos/Schmit*, in: Stoll, Vorschläge und Gutachten, S. 32 (36, Rn. 5).

2. Anwendungsbereich der Europäischen Insolvenzverordnung

Die Europäische Insolvenzverordnung regelt die Fragen grenzüberschreitender Insolvenzverfahren, sie betrifft damit Insolvenzsachverhalte mit Auslandsberührung. Verfahren mit einem rein nationalen Bezug unterfallen dem internationalen Insolvenzrecht nicht und sind innerhalb der nationalen Rechtsordnungen zu lösen. Die bei grenzüberschreitenden Insolvenzen auftretenden Fragen des internationalen Rechtsverkehrs werden nicht nur von einem Staat gestellt und können mithin auch nicht ohne entsprechende Koordination durch ein nationales Recht gelöst werden. Diese Koordination übernimmt die EuInsVO. Als Sekundärrechtsakt in Form einer Verordnung hat sie gem. Art. 288 Abs. 2 AEUV »allgemeine Geltung« und »ist in allen ihren Teilen verbindlich und gilt unmittelbar in jedem Mitgliedstaat«. Ein Akt der Umsetzung bedarf es innerhalb der einzelnen Rechtsordnungen nicht. Ihre supranationalen Regelungen können somit durch die Mitgliedstaaten nicht »verwischt« werden. Aufgrund dieser in allen Teilen verbindlichen und unmittelbaren Geltung ist sie der einflussreichste Rechtsakt im unionsrechtlichen Gefüge. Ihre Wahl bietet daher das sicherste Mittel, um eine Vereinheitlichung im Bereich des internationalen Insolvenzrechts für den Unionsraum hervorzubringen.[181]

Der sachliche Anwendungsbereich der EuInsVO war und ist in Art. 1 EuInsVO geregelt. Gem. Art. 1 Abs. 1 EuInsVO-2000 galt die Verordnung »für Gesamtverfahren, welche die Insolvenz des Schuldners voraussetzen und den vollständigen oder teilweisen Vermögensbeschlag gegen den Schuldner sowie die Bestellung eines Verwalters zur Folge haben.« Nach dem erweiterten Art. 1 Abs. 1 EuInsVO-2015 ist der Anwendungsbereich der Verordnung »für öffentliche Gesamtverfahren einschließlich vorläufiger Verfahren [eröffnet], die auf der Grundlage gesetzlicher Regelungen zur Insolvenz stattfinden und in denen zu Zwecken der Rettung, Schuldenanpassung, Reorganisation oder Liquidation a) dem Schuldner die Verfügungsgewalt über sein Vermögen ganz oder teilweise entzogen und ein Verwalter bestellt wird, b) das Vermögen und die Geschäfte des Schuldners der Kontrolle oder Aufsicht durch ein Gericht unterstellt werden oder c) die vorübergehende Aussetzung von Einzelvollstreckungsver-

---

181 *Duursma-Kepplinger* in: Duursma-Kepplinger/Duursma/Chalupsky, Europäische Insolvenzverordnung, Europarechtliche Aspekte, Rn. 9; *Kemper*, ZIP 2001, 1609 (1610).

fahren von einem Gericht oder kraft Gesetzes gewährt wird, um Verhandlungen zwischen dem Schuldner und seinen Gläubigern zu ermöglichen, sofern das Verfahren, in dem die Aussetzung gewährt wird, geeignete Maßnahmen zum Schutz der Gesamtheit der Gläubiger vorsieht und in dem Fall, dass keine Einigung erzielt wird, einem der in den Buchstaben a oder b genannten Verfahren vorgeschaltet ist.« Weiter im Text des Art. 1 Abs. 1 EuInsVO-2015 werden ebenso vorinsolvenzliche Sanierungsverfahren einbezogen, sofern »ein in diesem Absatz genanntes Verfahren in Situationen eingeleitet werden [kann], in denen lediglich die Wahrscheinlichkeit einer Insolvenz besteht« und deren Zweck folglich auf die »Vermeidung der Insolvenz des Schuldners oder der Einstellung seiner Geschäftstätigkeit« gerichtet sein muss. Gleichfalls müssen diese Bestimmungen zum Anwendungsbereich der Europäischen Insolvenzverordnung als unvollständig enttarnt werden. In sachlicher Hinsicht soll die EuInsVO das sonstige europäische Verfahrensrecht ergänzen und ist damit von der EuGVVO abzugrenzen, die gem. Art. 1 Abs. 2 lit. b) »Konkurse, Vergleiche und ähnliche Verfahren« aus ihrem Anwendungsbereich ausnimmt.[182] Um eine lückenlose Regelung auch dieser Verfahren gewährleisten zu können, muss dieser Ausschluss damit vollständig von der EuInsVO und damit deren Regelungsbereich umfasst sein, selbst wenn sich dies nicht in der Formulierung des Art. 1 EuInsVO niederschlägt. Inwiefern mithin »ähnliche Verfahren« unter den Anwendungsbereich der Europäischen Insolvenzverordnung fallen, wird im Folgenden näher zu betrachten sein.

Ist der Anwendungsbereich eröffnet, genießt die Europäische Insolvenzverordnung Anwendungsvorrang vor den autonomen internationalen Insolvenzrechten der einzelnen Mitgliedstaaten.[183] Diese autonomen internationalen Insolvenzrechte finden nur dann uneingeschränkte Anwendung, wenn es um einen Sachverhalt geht, für den die Verordnung oder die verordnungskonform auszulegende[184] Durchführungsbestimmung des Art. 102 EGInsO eine die betreffende Rechtsfrage klärende Regelung

---

182 *Adolphsen*, Europäisches Zivilverfahrensrecht, S. 296; *Schlosser*, in: Schlosser/Hess, EU-Zivilprozessrecht, Art. 1 EuGVVO, Rn. 19, 21d; *Kindler*, in: MüKo zum BGB, Art. 25 EuInsVO, Rn. 16.
183 Siehe explizit in EuGH, Urt. v. 15.7.1964, Rs. 6/64, Slg. 1964, 1253, S. 1270 – *Costa/E.N.E.L.*
184 Vgl. *Thole*, in: MüKo zur InsO, Vor Art. 102 EGInsO, Rn. 4.

Kapitel 2: Die vis attractiva concursus des europäischen Insolvenzrechts

nicht enthält[185], oder für den der zeitliche[186], der persönliche[187] oder der räumliche[188] Anwendungsbereich nicht eröffnet ist.

3. Strukturierung

Der Verordnungstext steht als Rechtsquelle nicht allein für sich. Ihm sind – anders als in deutschen Gesetzen – allgemeine Erwägungsgründe vorangestellt, die für die Deutung des Telos und mithin der Auslegung der EuInsVO einen wesentlichen Stellenwert einnehmen.

---

185 BT-Drucks. 15/16, Entwurf eines Gesetzes zur Neuregelung des Internationalen Insolvenzrechts, S. 12 f.
186 Hierfür ist auf Art. 84 Abs. 1 EuInsVO-2015 zu verweisen, der bestimmt, dass die Verordnung nur auf solche Insolvenzverfahren anzuwenden ist, die nach deren Inkrafttreten eröffnet worden sind.
187 Gem. dem Erwägungsgrund 9 EuInsVO soll die Verordnung in Bezug auf die Person des Schuldners alle Insolvenzverfahren erfassen, unabhängig davon, ob es sich um eine natürliche oder juristische Person, einen Kaufmann oder eine Privatperson handelt. Art. 1 II EuInsVO nimmt in Form einer Negativbestimmung jedoch Versicherungsunternehmen, Kreditinstitute, Wertpapierfirmen und Organismen für gemeinsame Anlagen vom Anwendungsbereich der EuInsVO aus. Der damit dennoch weiterhin offene persönliche Anwendungsbereich wird gem. Art. 4 II 2 lit. a) EuInsVO durch das Recht des Staates der Verfahrenseröffnung in der Weise konkretisiert, dass die lex fori concursus regelt, bei welcher Art von Schuldnern ein Insolvenzverfahren zulässig ist.
188 Die EuInsVO enthält keine ausdrückliche Regelung bzgl. des räumlichen Anwendungsbereichs, sie verfolgt jedoch das Interesse an einem ordnungsgemäßen Funktionierens des Binnenmarktes und will daher auch für diesen Rahmen Rechtsschutz gewähren und zur Klärung von Rechtsfragen beitragen. Auch wenn damit deutlich ist, dass ein wesentlicher mitgliedstaatlicher Bezug vorliegen muss, ist damit nicht sicher feststellbar, ab welchem Grad des Drittstaatenbezuges ein grenzüberschreitendes Insolvenzverfahren nicht mehr dem Anwendungsbereich der EuInsVO unterliegt, sondern im Verhältnis zu den Drittstaaten die nationalen Regelungen, wie z. B. die §§ 335 ff. InsO, zur Anwendung gelangen. Den Mittelpunkt der hauptsächlichen Interessen in einem Mitgliedstaat als ausreichend ansehend: High Court of Justice Leeds, ZIP 2004, 1769; *Wenner/Schuster,* in: Wimmer, FK-InsO Kommentar, Anhang I, Art. 1 EuInsVO, Rn. 10; differenzierend: *Reinhart,* in: MüKo zur InsO, Art. 1, Rn. 15 ff.; in Bezug zu Drittstaaten generell ablehnend: *Kemper,* in: Kübler/Prütting/Bork, Art. 1 EuInsVO, Rn. 15; *Leible/Staudinger,* KTS 2000, 533 (539); bereits auch schon *Virgos/Schmit,* in: Stoll, Vorschläge und Gutachten, S. 32 (38, Rn. 11 sowie 48, Rn. 44).

In Umsetzung des in Art. 5 Abs. 4 EUV formulierten Verhältnismäßigkeitsgrundsatzes ist die Verordnung auf Vorschriften hinsichtlich der Regelung der internationalen Zuständigkeit, der Anerkennung und des anwendbaren Rechts für das Insolvenzverfahren und die (dazugehörigen) Annexverfahren beschränkt.[189] Ein Eingriff des Sekundärrechtsaktes in die nationalen Rechtsordnungen der Mitgliedstaaten in Form der Realisierung eines unionsweit harmonisierten Insolvenzverfahrens- und -sachrechts erschien nicht nur vor dem Hintergrund der großen Unterschiede in den national gewachsenen Insolvenzrechtsstrukturen, sondern auch der damit potenziell einhergehenden Schwierigkeiten und Unsicherheiten in der Rechtsanwendung als verfehlt.[190] Die durch die Europäische Insolvenzverordnung bezweckte und erforderliche Koordinierung der Abwicklung von grenzüberschreitenden Insolvenzverfahren musste demzufolge auf einer anderen Ebene – der Meta-Ebene – erfolgen. Mittels Meta-Ordnungen werden die übergeordneten (zumeist getrennten) Regelungskomplexe des IZVR und des IPR, deren Regelungen allein die Zuständigkeit im bzw. die Anwendbarkeit materiellen Rechts auf den Fall bestimmen, auf nationaler, europäischer oder internationaler Stufe ausgebildet. Demgemäß bedient sich auch die EuInsVO der Instrumentarien des Internationalen Zivilverfahrensrechts und des Internationalen Privatrechts, um sie zu einer Meta-Ordnung zu verbinden, die in der Form inkomparabel ist.[191] Als Ausdruck und Spiegelbild insolvenzrechtlicher Strukturen ist sie geeignet, die gemeinschaftsadäquaten Ziele der Verordnung zu erreichen und stellt als mildestes Mittel die Erforderlichkeit der Maßnahme fest. Ihre Angemessenheit muss durch eine unionskonforme Auslegung und Anwendung erzielt werden. Dabei gilt in die Abwägung miteinzubeziehen, dass die Meta-Ordnungen mit ihren jeweiligen Parametern für Akteure und Nachfrager Orientierungs- und Lenkhilfe der rechtlichen Mobilität sind; sie bestimmen das maßgebliche Rechtsregime. Dadurch wird diesen Regelungen eine besondere Bedeutung für den Regulierungswettbewerb zu Teil.[192]

---

189 Vgl. Erwägungsgründe 6 und 8 EuInsVO.
190 Hierzu: *Becker*, ZeuP 2002, 287 (295); *Taupitz*, ZZP 111 (1998), 315 (333) sowie der durch Erwägungsgrund 22 EuInsVO-2015 gelieferte Grund der großen Unterschiede im materiellen Recht der einzelnen Mitgliedstaaten.
191 *Reinhart*, in: MüKo zur InsO, Vorbemerkung vor §§ 335 ff., Rn. 24.
192 Zur Bedeutung der Meta-Ordnung in Bezug auf den Regulierungswettbewerb: *Kerber*: WiSt 7 (2000), 368 (369 f.); *ders.*, in: Jahrbuch für neue politische Ökonomie 17 (1998), S. 199 (203 ff.).

Kapitel 2: Die vis attractiva concursus des europäischen Insolvenzrechts

Insofern ist den Meta-Ordnungen aber auch die Aufgabe zuzuschreiben, unter der Herstellung eines funktionierenden Regulierungswettbewerbs dafür zu sorgen, dass nichtnachfragende Dritte negativen externen Effekten nicht ausgesetzt werden.[193] Die Rolle nichtnachfragender Dritter und mithin die Abwendung externer Effekte sind zentraler Ansatzpunkt des Insolvenzrechts und folglich auch der EuInsVO zu unterstellen.

Neben dem Bereitstellen von Kollisionsnormen erfolgt auch eine Regelung durch Sachnormen, die die nationalen insolvenzrechtlichen Vorschriften der *lex fori concursus* ergänzen oder auch verdrängen und damit ein den unionsrechtlichen Erfordernissen entsprechendes Sachrecht hervorbringen. Hingewiesen sei dabei darauf, dass es, abgesehen von einzelnen Ausnahmen, wie dem Art. 31 EuInsVO-2015 bzgl. der Leistung an den Schuldner oder der Regelung über die Forderungsanmeldung und die Unterrichtung der Gläubiger nach den Artt. 53 f. EuInsVO-2015, nicht in der Absicht des Verordnungsgebers liegen konnte, einen bestimmten Mindeststandard an Schutz in Insolvenzsachverhalten einzuführen. Er vertraut darauf, dass die einzelnen Mitgliedstaaten einen solchen Mindestschutz bereits selbst bieten. Vielmehr dienen die kollisions- und sachrechtlichen Regelungen dem Ziel der Vereinheitlichung der rechtlichen Behandlung grenzüberschreitender Insolvenzsachverhalte (ohne das materielle oder formelle Recht zu harmonisieren), um einen größtmöglichen Gläubigerschutz, v. a. unter dem Gesichtspunkt der gleichmäßigen Gläubigerbefriedigung, zu gewährleisten.

II. Entwicklung der unionsrechtlichen vis attractiva concursus

Die Regelung einer unionsrechtlichen *vis attractiva concursus* unterlag in der Entwicklung des europäischen Insolvenzrechts starken Schwankungen sowie erheblicher Kritik. In deren Konsequenz enthielt die am 31. Mai 2002 in Kraft getretene EuInsVO-2000 weder eine ganzheitliche Regelung der *vis attractiva concursus* noch einen Katalog an unter die Annexverfahren zu subsumierenden Einzelverfahren. Aufgrund von Widerständen einiger Mitgliedstaaten gegen die Normierungen in den früheren Entwürfen war auch die Annahme einer implizierten Regelung lange Zeit umstritten.

---

193 *Kieninger*, Wettbewerb der Privatrechtsordnungen im Europäischen Binnenmarkt, S. 93 f.

C. Internationale Ausprägung

Erst mit der Reform 2015 wurde eine Zuständigkeitsregelung für diese Verfahren wieder eingefügt.

1. Die Entwürfe und ihre Kritik

Der erste Entwurf von 1970[194] enthielt mit den Regelungen in den Artt. 10-12 und 17 eine sehr ausgedehnte Annahme der Annexverfahren, für die die Gerichte des Staates der Verfahrenseröffnung ausschließlich (international) zuständig sein sollten. Im Hinblick auf mögliche Änderungen im Fortgang der Entwicklungen eines Konkursübereinkommens wollte man jedoch vor dessen Inkrafttreten eine verbindliche Übertragung auf die Auslegung des Übereinkommens über die gerichtliche Zuständigkeit und die Vollstreckung gerichtlicher Entscheidungen in Zivil- und Handelssachen sowie dessen Ausnahmeregelung in Art. 1 Abs. 2 Nr. 2 EuGVÜ für »Konkurse, Vergleiche und ähnliche Verfahren« nicht annehmen.[195] Ohne einer bestimmenden Festsetzung dieser Verfahren durch das noch ausstehende Konkursübereinkommen vorgreifen zu wollen, brachte auch der EuGH im Jahr 1979 im Rahmen seiner *Gourdain./.Nadler*-Entscheidung[196] eine nur sehr vage und ausfüllungsbedürftige Formulierung[197] für die vom EuGVÜ ausgenommenen insolvenzbezogenen Einzelverfahren[198] hervor. In dieser Entscheidung ging es darum, ob die sich aus

---

194 Vorentwurf eines Übereinkommens über den Konkurs, Vergleiche und ähnliche Verfahren, EG-Dok. – 3327/XIV/1/70-D Orig.: F – v. 16.2.1970, abgedruckt in *Kegel/Thieme*, Vorschläge und Gutachten, S. 1–42.

195 BT-Drucks. 10/61, Bericht zu dem Übereinkommen über den Beitritt des Königreichs Dänemark, Irlands und des Vereinigten Königreichs Großbritannien und Nordirland zum Übereinkommen über die gerichtliche Zuständigkeit und die Vollstreckung gerichtlicher Entscheidungen in Zivil- und Handelssachen sowie zum Protokoll betreffend die Auslegung dieses Übereinkommens durch den Gerichtshof, S. 31 ff. (42, Rn. 54).

196 EuGH, Urt. v. 22.2.1979, Rs. 133/78, Slg. 1979, 733, Rn. 2, 4 – *Gourdain./.Nadler*.

197 Siehe: *Basedow*, in: Handbuch des Internationalen Zivilverfahrensrechts, Band I, Kap. II, Rn. 112, der von einer "dehnbare[n] Formulierung" spricht, die nur durch die Heranziehung der Regelungen des Entwurfs eines Konkursabkommens Konturen gewinnt.

198 Die Formulierung „insolvenzbezogene Einzelverfahren" wird zum Teil auch in Abgrenzung zu den Annexverfahren benutzt, insofern als zwischen den insolvenzrechtlichen und den „bloß" insolvenzbezogenen Rechtsstreitigkeiten unterschieden und die Letzteren als Zivil- und Handelssachen dem EuGVVO un-

dem französischen Recht ergebende (Ausfall-)Haftungsklage *action en comblement de passif social* gegen den faktischen Leiter einer in Konkurs befindlichen französischen Gesellschaft als in einem Konkurs oder konkursähnlichem Verfahren ergangenes Urteil anzusehen und damit im Sinne der Ausnahmeregelung des Art. 1 Abs. 2 Nr. 2 EuGVÜ zu behandeln und auszunehmen ist. Die Abgrenzung des Anwendungsbereichs des EuGVÜ zu dem erhofften Konkursübereinkommen wurde hiermit demgemäß gezogen, dass »Entscheidungen, die sich auf ein Insolvenzverfahren beziehen, [...] nur dann von der Anwendung des Übereinkommens [EuGVÜ] ausgeschlossen [sind], wenn sie unmittelbar aus diesem Verfahren hervorgehen und sich eng innerhalb des Rahmens eines Konkurs- oder Vergleichsverfahrens [...] halten.« In der Ausformung von fünf Ansatzpunkten, die diesen Zusammenhang näher bestimmen sollten, fand sich die Begründung des EuGH für eine Qualifizierung der gegen den Geschäftsleiter gerichteten französischen (Ausfall-)Haftungsklage *action en comblement de passif social* als eine insolvenzbezogene Annexentscheidung, die nicht dem Anwendungsbereich des EuGVÜ unterfiel. Die Wertungen des Vorentwurfs von 1970 fanden damit in der Judikative ihre Bestätigung.

Abgesehen von einigen kleinen Veränderungen hinsichtlich der Nummerierung, inhaltlich irrelevanter Formulierungen oder auch der Aufnahme einer weiteren aus dem Konkurs entstehenden Streitigkeit als Annexzuständigkeit entsprachen die Regelungen, die dem Eröffnungsstaat die internationale Entscheidungskompetenz in Form der *vis attractiva concursus* zuwies, im Entwurf von 1980[199] dem 70er Vorentwurf weitestgehend. Entsprechend dem beibehaltenen Wortlaut »Die *Gerichte* des Konkurseröffnungsstaates sind ausschließlich *zuständig für* [...]« betrafen diese Regelungen nur die internationale Zuständigkeit. Die örtliche und

---

terstellt werden. Mit der These, dass auch die sich aus den Wechselwirkungen zwischen den Rechtsbereichen ergebenden insolvenzbezogenen Schutzvorschriften und Normen vom Insolvenzstatut und mithin durch die Regelungen der EuInsVO zu erfassen sind, ist eine solche Unterteilung jedoch unvereinbar und irreführend. Um nicht in Widerspruch mit der Formulierung aus *Gourdain./.Nadler* zu geraten, sollen unter den insolvenzbezogenen Einzelverfahren mit Blick auf die vorzunehmende Einordnung auch die Annexverfahren verstanden werden.

199 Entwurf eines Übereinkommens über den Konkurs, Vergleiche und ähnliche Verfahren, EG-Dok. – III/D/72/80-DE v. 1980, abgedruckt in *Kegel/Thieme*, Vorschläge und Gutachten, S. 45–92.

sachliche Zuständigkeit und damit die Frage des Eingreifens einer nationalen *vis attractiva concursus* blieb den autonomen Vorschriften des jeweiligen Eröffnungsstaates vorbehalten.[200] Neu war hingegen die (widersprüchliche) Unterwerfung der Anerkennung und Vollstreckung der Annexentscheidungen unter das EuGVÜ gem. Art. 67 des Entwurfs.

Auch der revidierte Entwurf von 1984[201] behielt die Theorie der *vis attractiva concursus* grundsätzlich bei, reduzierte aber den Katalog der Annexverfahren.

Den Entwürfen folgte teilweise harte Kritik, die sich aber nicht nur auf konzeptionelle Grundlagen, sondern auch auf einzelne Regelungen, wie die der *vis attractiva concursus*, konzentrierte. Dabei wurden Stimmen gegen deren Aufnahme in einen Gemeinschaftsrechtsakt vor allem auch von deutscher Seite laut.[202] Neben Deutschland sorgten in der Folge aber auch andere Staaten, wie die Niederlande, mit ihrem Widerstand für eine Versagung der Übernahme dieser Regelung in das Übereinkommen und die spätere EuInsVO. Dabei darf jedoch nicht unerwähnt bleiben, dass es gerade die Länder waren, die eine ablehnende Haltung einnahmen, welche in ihren Rechtsordnungen eine *vis attractiva concursus* nur in sehr schwacher Ausprägung oder auch gar nicht vorhielten und dementsprechend einem – zugegebenermaßen starken – Eingriff in ihr nationales Zuständigkeitsrecht befürchteten.[203] Aber auch hierbei galt nicht notwendig »Schwarz oder Weiß«. So waren die Bedenken *Jahr*'s nicht gegen jede einzelne Regelung, sondern lediglich auf die Erforderlichkeit ihrer Gesamtheit und Ausformung (z. B. der Ausschließlichkeit) gerichtet.[204] *Thieme* wandte sich bzgl. des letzten Entwurfs von 1984 v. a. gegen dessen Art. 11, der den Gerichten des Staates der Verfahrenseröffnung über das Vermögen einer juristischen Person auch die Zuständigkeit für die Insolvenzverfahren über das Vermögen der persönlich haftenden Gesell-

---

200 *Lemontey*, in: Kegel/Thieme, Vorschläge und Gutachten. S. 93 (130).
201 Entwurf eines Übereinkommens der Mitgliedstaaten der Europäischen Gemeinschaften über den Konkurs, Vergleiche und ähnliche Verfahren, Text der Ad-hoc-Gruppe beim Rat der EG nach zweiter Lesung (1984), abgedruckt in *Kegel/Thieme*, Vorschläge und Gutachten, S. 417–447.
202 Siehe hierzu die Bedenken von *Jahr*, in: Kegel/Thieme, Vorschläge und Gutachten, S. 305 ff.; ebenfalls: *Baur/Stürner*, Zwangsvollstreckungs-,Konkurs- und Vergleichsrecht, Band 2, Rn. 38.4.
203 Diese Überlegung formulierte bereits *Thieme*, in: Kegel/Thieme, Vorschläge und Gutachten. S. 213 (275).
204 *Jahr*, in: Kegel/Thieme, Vorschläge und Gutachten, S. 305 ff.

Kapitel 2: Die vis attractiva concursus des europäischen Insolvenzrechts

schafter übertrug, sofern das Recht des Staates, dem die betreffenden Gerichte unterlagen, eine solche Entscheidung zuließ. Hierbei widerstrebte ihm allerdings nicht das dabei verwendete Instrument der *vis attractiva concursus* selbst. Gelegen war ihm vielmehr an der strikten Ablehnung der »Sachrechtsvereinheitlichung auf kaltem Wege« in Bezug auf die Durchsetzung nationaler Durchgriffslösungen.[205] Er sträubte sich damit gegen die inhaltliche Regelung, die eine Durchsetzung des Anschlusskonkurses nach französischem Konzept ermöglichte. Hingegen hatten die romanischen und solche Rechtsordnungen, die traditionell selbst eine nationale *vis attractiva concursus* bereithielten, keinerlei Probleme mit dieser Regelung und nahmen sie entsprechend positiv an.[206]

2. Das gescheiterte Übereinkommen von 1995

Die erhebliche Kritik und der Widerstand fanden Gehör in dem Übereinkommen von 1995[207]. Entgegen den vorherigen Entwürfen sei darin eine ausdrückliche Zuständigkeitsregelung oder gar die Theorie zur *vis attractiva concursus* nicht mehr aufgenommen worden.[208] Der Grund für die mangelnde erneute Regelung einer umfassenden ausschließlichen Zuständigkeit bei den Gerichten des Eröffnungsstaates bleibt hingegen verborgen und kann nur erahnt werden. Die multiplen Faktoren, die eine den Kritiken entsprechende Herauslösung der vorherigen expliziten Regelung bedingt haben werden, sind dabei wohl in den unterschiedlichen nationalen Positionen zur *vis attractiva concursus*, die ein Scheitern des Übereinkommens befürchten ließen, und der starr festgelegten und teilweise sehr weiten Ausprägung des Instruments zu suchen. Dass auch die enumerative und zum Teil an Einzelverfahren ausgemachte Auflistung einen gewichtigen Bestandteil der Ablehnung ausgemacht haben wird, zeigte die über Art. 25

---

205 *Thieme*, in: Kegel/Thieme, Vorschläge und Gutachten. S. 465 (479).
206 Siehe hierzu die Verweise von: *Willemer*, Vis attractiva concursus und die Europäische Insolvenzverordnung, S. 47 f.
207 Rat der Europäischen Union, Übereinkommen über Insolvenzverfahren v. 23.11.1995, abgedruckt in *Stoll*, Vorschläge und Gutachten, S. 3–31.
208 *Virgos/Schmit*, in: Stoll, Vorschläge und Gutachten, S. 32 (61, Rn. 77), der aber im Widerspruch hierzu an gleicher Stelle (Rn. 77) davon spricht, dass die Annexverfahren „logischerweise [...] in den Anwendungsbereich des Übereinkommens über Insolvenzverfahren [nun der EuInsVO] *und* seine Zuständigkeitsvorschriften" fallen (Hervorhebungen hinzugefügt).

Abs. 1 Unterabsatz 2 EuInsÜ dennoch beibehaltene Bestimmung zu Annexentscheidungen. Danach sollten Entscheidungen, die im Rahmen des Insolvenzverfahrens getroffen wurden und in engem Zusammenhang mit diesem standen, ohne weitere Förmlichkeiten nach dem EuInsÜ anerkannt und vollstreckt werden. Der abschließende Katalog von Annexverfahren allerdings konnte aufgrund der erheblichen Unterschiede, die in den einzelnen Rechtsordnungen hinsichtlich des materiellen Rechts vorherrschten, in der Form nicht weiter verfolgt werden. Eine derartige Enumeration wäre der Komplexität dieser Materie im internationalen Kontext und auch der Entwicklungen des insolvenzbezogenen Rechts in den einzelnen Mitgliedstaaten nicht gerecht geworden. Der gebundene Katalog wurde daher anscheinend nur mit Blick auf die nötige Flexibilität gestrichen.[209] Mit der Übernahme der Formel aus der *Gourdain./.Nadler*-Entscheidung wurden aber jedenfalls die Grundlagen einer *vis attractiva concursus* nicht aufgegeben.[210]

3. Die Europäische Insolvenzverordnung-2000

Die Europäische Insolvenzverordnung aus dem Jahr 2000[211] hielt in der Folge keine ausdrückliche Regelung für Annexverfahren mehr bereit. Auf den ersten Blick schien daher lange Zeit bereits die Existenz einer unionsrechtlichen *vis attractiva concursus* zweifelhaft.

---

209 Eine Begründung für die mangelnde erneute Aufnahme hat der Verordnungsgeber nie gegeben; so bereits *Vogler*, Die internationale Zuständigkeit für Insolvenzverfahren, S. 212.
210 Siehe hierzu die Ausführungen im Bericht von *Virgos/Schmit*, in: Stoll, Vorschläge und Gutachten, S. 32 (100, Rn. 195), die Art. 25 I Unterabsatz 2 EuInsÜ im Einklang mit der *Gourdain./.Nadler*-Entscheidung als Grundlage dafür sehen, dass „derartige [Annex-]Verfahren im Anwendungsbereich des Übereinkommens über Insolvenzverfahren verbleiben". Siehe weiterführend ebenfalls EuGH, Urt. v. 12.2.2009, Rs. C-339/07, Slg. 2009, I-767, Rn. 25 f. – *Seagon./.Deko Marty Belgium*, nach dem Art. 25 I Unterabsatz 2 EuInsVO als entscheidende Bestimmung für die Existenz der unionsrechtlichen *vis attractiva concursus* angesehen wird.
211 Verordnung (EG) Nr. 1346/2000 des Rates v. 29. Mai 2000 über Insolvenzverfahren, Abl. EG Nr. L 160 v. 30.6.2000.

a) Fehlende Regelungsanordnungen für die Annexzuständigkeit

Nach Art. 3 Abs. 1 EuInsVO-2000 wurde den Gerichten des Mitgliedstaates, in dessen Gebiet der Schuldner den Mittelpunkt seiner hauptsächlichen Interessen hat, allein die internationale Zuständigkeit für die Eröffnung des Insolvenzverfahrens als Gesamtvollstreckungsverfahren übertragen. Art. 25 Abs. 1 Unterabs. 2 EuInsVO-2000 regelte explizit lediglich die Anerkennung und Vollstreckung von solchen Entscheidungen, die unmittelbar aufgrund des Insolvenzverfahrens ergehen und in engem Zusammenhang damit stehen (Annexverfahren), auch wenn diese Entscheidungen von einem anderen Gericht getroffen werden. Die EuGVVO wiederum enthält hingegen bis heute in ihrem Art. 1 Abs. 2 lit. b) eine Bereichsausnahme für Konkurs- bzw. Insolvenzsachen, deren Formulierung die EuInsVO-2000 in Erwägungsgrund 7 wiederholte. Damit schienen sich die Annexverfahren auch nicht nach der EuGVVO richten zu können. Aus diesem Dilemma entwickelten sich drei grundsätzlich nachvollziehbare Ansichten, von denen wiederum diverse einschränkende oder erweiternde Abstufungen und Ausformungen existierten.[212] Einer Meinung nach sollte die internationale Zuständigkeit dieser Entscheidungen dem Recht des angerufenen Staates folgen (Bestimmung nach autonomem Recht), einige wollten aber auch die EuGVVO (direkt oder auch analog) angewendet wissen und wieder andere schrieben hingegen bereits der EuInsVO eine ungeschriebene zuständigkeitsrechtliche Kompetenzregelung für Annexverfahren zu.

b) Regelungsvarianten zur internationalen Zuständigkeit für Annexverfahren

Im Folgenden soll zum besseren Verständnis und der Rechtfertigung der heutigen Regelung einer Annexzuständigkeit in Art. 6 EuInsVO-2015 eine kurze Darstellung der verschiedenen Möglichkeiten und Vorzüge der jeweiligen Einordnung erfolgen.

---

212 Für eine ausführliche Darstellung der Zuständigkeitsbestimmung siehe: *Lorenz*, Annexverfahren bei Internationalen Insolvenzen, S. 70 ff.

(1) Abzulehnende Zuständigkeitsbestimmung nach autonomem Recht

Entsprechend der auch vor dem Inkrafttreten der Staatsverträge und Unionsrechtsakte vorgefundenen Rechtslage plädierten einige Stimmen dafür, dass sich die internationale Zuständigkeit für Annexverfahren nach dem autonomen Recht richten sollte.[213] Hiernach waren zwei Alternativen denkbar: entweder wurde das autonome Recht des Staates des jeweils angerufenen Gerichts oder das autonome Recht der *lex fori concursus* herangezogen. Zwar beachtete diese Lösung, dass die Zuständigkeit der mit dem Insolvenzverfahren zusammenhängenden Verfahren weder eine ausdrückliche Regelung in der EuInsVO-2000 erfuhr noch dem Anwendungsbereich der EuGVVO, aus dem der Rechtsbereich bzgl. Konkursen, Vergleichen und ähnlichen Verfahren gem. Art. 1 Abs. 2 lit. b) EuGVVO ausgenommen wurde, unterlegen war. Dagegen sprach aber bereits, dass durch EuGVVO und EuInsVO-2000 eine *lückenlose Harmonisierung* der Regelungen zur internationalen Zuständigkeit bezweckt werden sollte.[214] Der Rückgriff auf das autonome Recht wäre damit nicht nur unvereinbar gewesen, sondern hätte die Absicht des Unionsgesetzgebers auch vereitelt. Sowohl bzgl. der Existenz als auch der Qualifizierung und Reichweite der Annexverfahren herrschten sehr große Unterschiede im EU-Raum, sodass eine Einheitlichkeit der Behandlung dieser Verfahren innerhalb der EU damit nicht gewährt worden wäre. Vielmehr hätte es weitergehende Kompetenzkonflikte hervorgerufen.[215] Ein weiterer, nicht zu vernachlässigender doppelter Widerspruch, lag auch in dem Umstand, dass Anerkennung und Vollstreckung dieser Annexverfahren ausdrücklich durch Art. 25 Abs. 1 Unterabs. 2 EuInsVO-2000 geregelt wurden. So hätte man

---

213 BGH NJW 2003, 2916 (2917); *Mörsdorf-Schulte*, IPRax 2004, 31 (35); *Herchen*, Das Übereinkommen, 228 f.; *Schlosser*, in: Schlosser/Hess, EU-Zivilprozessrecht, Art. 1 EuGVVO, Rn. 21e; *Wagner*, in: Lutter, Europäische Auslandsgesellschaften in Deutschland, S. 223 (288 f.).
214 *Virgos/Schmit*, in: Stoll, Vorschläge und Gutachten, S. 32 (101, Rn. 197); Siehe auch bereits: BT-Drucks. 10/61, Bericht zu dem Übereinkommen über den Beitritt des Königreichs Dänemark, Irlands und des Vereinigten Königreichs Großbritannien und Nordirland zum Übereinkommen über die gerichtliche Zuständigkeit und die Vollstreckung gerichtlicher Entscheidungen in Zivil- und Handelssachen sowie zum Protokoll betreffend die Auslegung dieses Übereinkommens durch den Gerichtshof, S. 31 ff. (42, Rn. 53).
215 *Haß/Herweg*, in: Haß/Huber/Gruber/Heiderhoff, EU-Insolvenzverordnung, Art. 3, Rn. 20; *Haubold*, IPRax 2002, 157 (160).

sich die Frage stellen müssen, aus welchem Grund die Anerkennung und Vollstreckung zwar durch die EuInsVO-2000, die internationale Zuständigkeit aber durch die autonomen Rechtsordnungen geregelt gewesen sein sollten. Viel gewichtiger aber war noch der sich daran anschließende inhaltliche Widerspruch: auch wenn es jedem einzelnen Mitgliedstaat unbenommen bliebe, die Zuständigkeit nach seiner Fasson zu regeln, wären sie demgegenüber nach der EuInsVO-2000 an eine durch einen Automatismus erleichterte Anerkennung und Vollstreckung derartiger Entscheidungen gebunden gewesen.[216] Eine Bestimmung nach autonomem Recht konnte sich unter solchen Widersprüchen nicht begründen.

(2)   Abzulehnende Zuständigkeitsbestimmung nach der EuGVVO

Andere Stimmen wollten zur Regelung der internationalen Zuständigkeit von Annexverfahren die Anwendung der EuGVVO bemühen.[217] Gegen diese Annahme gab es jedoch gewichtige Gründe vorzubringen. Die EuGVVO schließt bis heute gem. Art. 1 Abs. 2 lit. b) »Konkurse, Vergleiche und ähnliche Verfahren« von ihrem sachlichen Anwendungsbereich aus. Wird diese Rechtsmaterie von der Verordnung ausgenommen, so müssten demzufolge auch die Verfahren, die »unmittelbar aufgrund des Insolvenzverfahrens ergehen und in engem Zusammenhang damit stehen« von der Ausschlussregelung umfasst sein.[218] Die Europäische Insolvenzverordnung, die durch ihren Anwendungsbereich diese Lücke schließt, ist spezieller und geht der EuGVVO damit vor.[219] Somit musste sich auch die Auslegung der Ausnahmeregelung der EuGVVO am zu bestimmenden

---

216   Ähnlich auch: *Duursma-Kepplinger*, in: Duursma-Kepplinger/Duursma/Chalupsky, Europäische Insolvenzverordnung, Art. 25 EuInsVO, Rn. 28; *Gruber*, in: Haß/Huber/Gruber/Heiderhoff, EU-Insolvenzverordnung, Art. 25, Rn. 27; *Haß/Herweg*, in: Haß/Huber/Gruber/Heiderhoff, EU-Insolvenzverordnung, Art. 3, Rn. 20; *Haubold*, IPRax 2002, 157 (160).
217   OLG Frankfurt ZInsO 2006, 715 (716); *Klöhn/Berner*, ZIP 2007, 1418 (1420); *Leible/Staudinger*, KTS 2000, 533 (566, Fn. 233); *Lüke*, ZZP 111 (1998), 275 (292); *Nerlich*, in: Nerlich/Römermann, InsO Kommentar, Art. 3 EuInsVO, Rn. 71; *Schwarz*, NZI 2002, 290 (294).
218   So bereits die Ausführungen von EuGH, Urt. v. 22.2.1979, Rs. 133/78, Slg. 1979, 733, Rn. 4 – *Gourdain./.Nadler*.
219   Vgl. auch *Kindler*, IPRax 2009, 189 (193).

C. Internationale Ausprägung

Anwendungsbereich der EuInsVO orientieren und nicht umgekehrt.[220] Die EuGVVO wurde zeitlich nach der EuInsVO-2000 erlassen – hätte der Verordnungsgeber die Annexzuständigkeit für die im Zusammenhang mit dem Insolvenzverfahren stehenden Entscheidungen also der EuGVVO übertragen und sich damit den früheren Entwürfen zu einem Konkursübereinkommen entgegen stellen wollen, hätte er zur abschließenden Klärung, aufgrund einer fehlenden ausdrücklichen Aufnahme in die EuInsVO-2000, dies bei der Formulierung des Art. 1 Abs. 2 lit. b) EuGVVO beachten können.[221]

Hätte man eine Unterstellung auch dieser Einzelverfahren unter die Regeln der EuGVVO annehmen wollen, so wäre dies konsequenterweise einer Verneinung der Existenz des Instruments der Annexverfahren im Unionsrecht, zumindest aber ihrer Bedeutung, gleichgekommen. Durch die mit Art. 25 Abs. 1 Unterabs. 2 EuInsVO-2000 emporgehobene Stellung dieser Verfahren war eine Preisgabe des Instruments aber nicht zu folgern. Unverständlich wäre dann ebenfalls gewesen, warum der sachliche Anwendungsbereich der EuGVVO eine Zuständigkeitsregelung für die Annexverfahren mit abdecken sollte, jedoch unter den Bestimmungen für Anerkennung und Vollstreckung nicht derart weit reichte.[222] Unter dieser Annahme einer regelhaften Ausrichtung an den Zuständigkeitsbestimmungen der EuGVVO hätten sich die Annexverfahren in einen Widerspruch zu den Vereinfachungen der Anerkennung und Vollstreckung durch die EuInsVO-2000 (die Versagungsgründe der Artt. 34, 35 i. V. m. Art. 45 EuGVVO sind ausgenommen[223]) gesetzt und damit einer aus sich heraus nicht zu rechtfertigenden einseitigen Privilegierung unterstellt sehen müssen. Einer solchen Privilegierung nach Art. 25 Abs. 1 EuInsVO-2000 von Einzelverfahren, die anders als das Insolvenzverfahren kein in

---

220 *Haubold*, IPRax 2002, 157 (161).
221 *Mankowski*, in: Rauscher, Europäisches Zivilprozessrecht, Art. 1 Brüssel-I VO, Rn. 22d.
222 *Haubold*, IPRax 2002, 157 (160); ähnlich auch: *Gruber*, in: Haß/Huber/Gruber/Heiderhoff, EU-Insolvenzverordnung, Art. 25, Rn. 26.
223 Die in Art. 25 Abs. 1 Unterabs. 1 EuInsVO festgesetzte Ausnahme von Art. 34 II bezog sich auf eine in der Nummerierung abweichende Bestimmung im EuGVÜ, die sich in der EuGVVO in den Artt. 34, 35 finden ließ. Über die Regelung des Art. 68 Abs. 2 EuGVVO galten die Verweise auf das EuGVÜ fortan als Verweise auf die EuGVVO, soweit, wie hier gegeben, die Verordnung die Bestimmungen des Brüsseler Übereinkommens zwischen den Mitgliedstaaten ersetzt.

der Form grundständiges kollektives Wesen[224] besitzen, wäre man nur durch eine Gestaltung gerecht geworden, die dem Zusammenhang der Annexverfahren mit dem Insolvenzverfahren Rechnung getragen und die Entscheidung dieser Verfahren allein in die Zuständigkeit der dem Insolvenzgericht nahen Gerichte im Staat der Verfahrenseröffnung gelegt hätte, die aufgrund von Sachnähe und Kompetenz mit der im Rahmen des Insolvenzverfahrens anzuwendenden Rechtsmaterien besonders vertraut sind.[225] Unter der Geltung der EuGVVO konnte diese Gestaltung nicht verwirklicht werden. Eine im Gegensatz dazu vollständige Ausrichtung der Annexverfahren an der EuGVVO (sowohl hinsichtlich Zuständigkeits- als auch Anerkennungs- und Vollstreckungsregelung) scheiterte an dem eindeutigen Wortlaut des Art. 25 Abs. 1 Unterabs. 2 EuInsVO-2000, der die Annexverfahren ausdrücklich, zumindest hinsichtlich Anerkennung und Vollstreckung, der Regelung durch die EuInsVO-2000 überließ.[226] Eine Unterstellung der Annexverfahren unter die Zuständigkeitsbestimmung der EuGVVO konnte damit ebenso nicht überzeugen.

(3) Implizite Bestimmung der Annexzuständigkeit nach der EuInsVO-2000

Die EuInsVO-2000 enthielt *de lege lata* keine ausdrückliche Bestimmung für die internationale Zuständigkeit von Annexverfahren. Ihr konnte aber weder eine vollständige Ablehnung der Theorie der *vis attractiva concursus* noch die Verneinung ihrer besonderen Stellung in der Europäischen

---

224 Mit dem Wesen des Insolvenzverfahrens als Kollektivverfahren und der besonderen Vorschriften der individuellen Unterrichtung der Gläubiger gem. Art. 40 EuInsVO und der öffentlichen Bekanntmachung nach Art. 21 EuInsVO sowie der regelmäßigen Übereinstimmung von Verfahrensstaat und Sitzstaat der Gläubiger wurde die Privilegierung des Insolvenzverfahrens begründet.
225 So im Grunde: *Duursma-Kepplinger*, in: Duursma-Kepplinger/Duursma/Chalupsky, Europäische Insolvenzverordnung, Art. 25 EuInsVO, Rn. 32, 35.
226 Im Ergebnis auch: *Leipold*, in: FS Ishikawa, S. 221 (234); *Duursma-Kepplinger*, in: Duursma-Kepplinger/Duursma/Chalupsky, Europäische Insolvenzverordnung, Art. 25 EuInsVO, Rn. 35; Selbst *Spellenberg*, in: Kegel/Thieme, Vorschläge und Gutachten, S. 391 (397), der bzgl. Anerkennung und Vollstreckung eine differenzierte Regelung forderte, sah die Entscheidungszuständigkeit dem Vorrang des Konkursübereinkommens (dann der EuInsVO) unterfallend an.

Insolvenzverordnung unterstellt werden.[227] Bei genauerer Betrachtung fanden sich einige Anhaltspunkte für die Annahme einer ungeschriebenen, zuständigkeitsrechtlichen Kompetenzregelung für Annexverfahren, die eine Einbeziehung dieser Verfahren, als Instrument zugunsten eines effizienten grenzüberschreitenden Insolvenzverfahrens, in die Verordnung sehr wohl nahe legten. Insofern entsprach die Annahme einer dem Unionsrecht selbst entspringenden *vis attractiva concursus* nicht nur dem historisch gewachsenen Ansatz, sondern folgte auch den Grundsätzen von (beschränkter) Einheit und Universalität sowie dem im Insolvenzrecht immanenten Prinzip der *par conditio creditorum*.

(a) Grammatikalische Hinweise

Das Gegenargument aus historischer Sicht, dass die EuInsVO-2000 mangels expliziter Regelung, anders als noch die Entwürfe zu einem Konkursübereinkommen, weder eine Vorschrift noch eine Theorie zur *vis attractiva concursus* übernommen hätte[228], ließ sich mit dem erkennbaren Willen des Verordnungsgebers widerlegen.[229] Deutlich wurde dies bereits in Erwägungsgrund 6 EuInsVO-2000, der, unter der Konturierung des Regelungsbereichs dieser Verordnung, alle Vorschriften einbeziehen wollte, »die die Zuständigkeit für die Eröffnung von Insolvenzverfahren **und für** Entscheidungen regeln, die unmittelbar aufgrund des Insolvenzverfahrens ergehen und in engem Zusammenhang damit stehen«.[230] Damit erschien die Zuständigkeitsbestimmung für Annexentscheidungen als von den Vorschriften dieses Rechtsaktes mitumfasst zu sein. Erwägungsgründe sind zwar in Abgrenzung zum verfügenden Teil als nicht verbindlich anzusehen, aufgrund ihrer Aufnahme in den Text des Unionsrechtsakts (als eigenständiger Teil) aber von besonders erheblicher Bedeutung für die Aus-

---

227 Siehe auch: *Generalanwalt Colomer*, Schlussanträge v. 16.10.2008, Rs. C-339/07, Slg. 2009, I-767, Rn. 50 – *Seagon./.Deko Marty Belgium*, der ebenfalls kein vollständiges, sondern nur ein partielles Schweigen der EuInsVO annahm.
228 *Virgos/Schmit*, in: Stoll, Vorschläge und Gutachten, S. 32 (61, Rn. 77); so auch: *Reinhart*, in: MüKo zur InsO, Art. 3 EuInsVO, Rn. 90.
229 *Haß/Herweg*, in: Haß/Huber/Gruber/Heiderhoff, EU-Insolvenzverordnung, Art. 3, Rn. 24.
230 Auf diese ausdrückliche Einbeziehung der Zuständigkeitsregelung von Annexverfahren verweist auch: *Haubold*, IPRax 2002, 157 (160, Fn. 50); *Leipold*, in: FS Ishikawa, S. 221 (234).

legung der gesamten Verordnung. Als Begründung für die im verfügenden Teil angeführten Maßnahmen ist ein Bezug der Erwägungsgründe auf eine nicht enthaltene normative Bestimmung kaum vorstellbar. Es macht keinen Sinn, warum dieser Erwägungsgrund ein Relikt aus alten Entwürfen benannt haben sollte, ohne es beibehalten zu wollen. Obwohl diese Absicht im Text der Verordnung bis zur Reform 2015 keine Umsetzung erfuhr, fand sich gleichwohl die vom EuGH in der Entscheidung *Gourdain./.Nadler* aufgestellte Formel in unmittelbarer und wörtlich beinahe unveränderter Übernahme sowohl in den Erwägungsgründen als auch in Art. 25 Abs. 1 Unterabs. 2 EuInsVO-2000. Ausdrücklicher Regelungsgegenstand blieb damit zumindest die Anerkennung und Vollstreckung derartiger Entscheidungen. Eine vollständige Ablehnung des Instruments der *vis attractiva concursus* konnte daraus jedenfalls nicht geschlussfolgert werden.

(b) Systematische Hinweise

Systematisch stellte sich die Frage, warum allein eine automatische Anerkennung und Vollstreckung durch Art. 25 Abs. 1 Unterabs. 2 EuInsVO-2000 geregelt werden sollte, wenn die internationale Zuständigkeit durch die EuInsVO doch gar keine Berücksichtigung erfuhr.[231]

Anders als in Art. 25 Abs. 1 EuInsVO-2000 verwies der Verordnungsgeber in Abs. 2 für die Anerkennung aller anderen als in Abs. 1 genannten Entscheidungen auf die Regelungskompetenz der EuGVVO. Dies sollte ein lückenloses Ineinandergreifen von EuInsVO und EuGVVO sicherstellen.[232] Dem Verweis in Abs. 1 auf die Anerkennung nach Art. 16 (Abs. 1) EuInsVO-2000 und der darin enthaltenen Inbezugnahme der (direkten) Zuständigkeitsregelung in Art. 3 EuInsVO-2000 ließ sich in systematischer Hinsicht dabei entnehmen, dass zur Erhaltung eines einheitlichen zusammenhängenden Gefüges die Regelung der Anerkennung an die Regelung der internationalen Zuständigkeit gekoppelt ist und dieser folgt. Die Bestimmung der Entscheidungszuständigkeit nach der EuInsVO oder der EuGVVO entschied damit darüber, welcher Verordnung die Re-

---

231 Ähnlich: *Haß/Herweg*, in: Haß/Huber/Gruber/Heiderhoff, EU-Insolvenzverordnung, Art. 3, Rn. 24.
232 *Virgos/Schmit*, in: Stoll, Vorschläge und Gutachten, S. 32 (101, Rn. 197).

gelung der Anerkennung für diese Entscheidung unterstellt war. Ergo: unterfiel der EuInsVO die Regelung der internationalen Zuständigkeit, dann unterfiel ihr auch die Normierung der Anerkennung. Das konnte und sollte nicht bedeuten, dass Art. 25 Abs. 1 Unterabs. 2 EuInsVO-2000 eine Bestimmung der Anerkennungszuständigkeit enthielt[233], sondern nur, dass die Regelung der automatischen Anerkennung von Annexverfahren durch die EuInsVO-2000 auch auf eben jener Grundlage in der Bestimmung ihrer internationalen Zuständigkeit durch die EuInsVO-2000 fußte.[234] Dies war selbst für den Fall anzunehmen, dass die Verordnung nur eine ungeschriebene (direkte) internationale Zuständigkeitsbestimmung für die Annexverfahren enthalten haben würde.

Ebenso die Formulierung im zweiten Halbsatz des Art. 25 Abs. 1 Unterabs. 2 EuInsVO-2000: »auch wenn diese Entscheidungen von einem anderen Gericht getroffen werden« legte die Auslegung zugunsten einer zuständigkeitsrechtlichen Kompetenzregelung durch die EuInsVO-2000 nahe. Gemeint waren damit alle (anderen) Gerichte *im Eröffnungsstaat*, aber nicht auch die Gerichte der anderen Mitgliedstaaten.[235] Es sollte damit gerade nicht die Kompetenz des Eröffnungsstaates ausgeschlossen werden, sondern lediglich den Mitgliedstaaten überlassen bleiben, welche innerstaatlichen Gerichte die Streitigkeiten entscheiden durften. Dahinter

---

233 Die EuInsVO folgte von Beginn an der Konzeption, dass „die Vorschriften über die gerichtliche Zuständigkeit [als] direkte Zuständigkeitsregeln [ausgestaltet] sein sollten": *Lemontey*, in Kegel/Thieme: Vorschläge und Gutachten, 93 (103, 112); auch *Herchen*, Das Übereinkommen, S. 229 wollte aufgrund der Systematik der EUIÜ (EuInsVO) keine indirekte Zuständigkeitsregelung in Art. 25 Abs. 1 Unterabsatz 2 EuInsVO erblicken; ebenso *Duursma-Kepplinger*, in: Duursma-Kepplinger/Duursma/Chalupsky, Europäische Insolvenzverordnung, Art. 25 EuInsVO, Rn. 36; **a. A.** hingegen *Weber*, Gesellschaftsrecht und Gläubigerschutz im Internationalen Zivilverfahrensrecht, S. 61 f.
234 Siehe auch: *Generalanwalt Colomer*, Schlussanträge v. 16.10.2008, Rs. C-339/07, Slg. 2009, I-767, Rn. 49 – *Seagon./.Deko Marty Belgium*, der mit Verweis auf die Auffassung von *Virgos* und *Garcimartín*, Comentario al Reglamento Europeo de Insolvencia, Thomson-Civitas, Pamplona 2003, S. 66, darauf hinweist, dass die Bestimmungen über die gerichtliche Zuständigkeit und über die Anerkennung in einem Gegenseitigkeitsverhältnis stehen und nicht durch die Verordnung separiert werden.
235 *Haubold*, IPRax 2002, 157 (160); *Virgos/Schmit*, in: Stoll, Vorschläge und Gutachten, S. 32 (100, Rn. 194); **a. A.** *Herchen*, Das Übereinkommen, S. 230, der davon auch die Gerichte aller anderen Vertragsstaaten umfasst sieht; ebenso *Schollmeyer*, IPRax 1998, 29 (34).

stand, entsprechend dem Erwägungsgrund 15 EuInsVO-2000, die Aussage, dass die Regelung für die örtliche und sachliche Zuständigkeit in den Händen des jeweils betroffenen Mitgliedstaates verbleiben sollte. Insoweit stimmte der Gedanke der Regelung des Art. 25 Abs. 1 Unterabs. 2 EuInsVO-2000 mit Art. 3 EuInsVO-2000 überein, der allein die internationale Zuständigkeit festsetzte und die örtliche und sachliche Zuständigkeit den autonomen Regelungen des Eröffnungsstaates überließ.[236] Dies führte zu einer parallelen Erfassung von Insolvenzverfahren und in Zusammenhang mit diesen stehenden Einzelverfahren durch die EuInsVO, was in zuständigkeitsrechtlicher Hinsicht eine ungeschriebene Regelung dieser Verfahren in der EuInsVO-2000 als konsequent erscheinen ließ. Gleiches wurde auch durch einen Vergleich mit Art. 25 Abs. 1 Unterabs. 3 EuInsVO-2000 deutlich. Obwohl Art. 3 EuInsVO-2000 allein die Zuständigkeit für die Eröffnung des Insolvenzverfahrens regelte, befähigte diese Norm das Insolvenzgericht ebenfalls zur Anordnung vorläufiger Sicherungsmaßnahmen[237], trotz dessen, dass jene lediglich in Art. 25 Abs. 1 Unterabs. 3 EuInsVO-2000 eine explizite Regelung bezüglich Anerkennung und Vollstreckung erfuhren. Einen Unterschied zwischen den Unterabsätzen 2 und 3 trotz gleichen Wortlauts und Regelungsumfangs zu machen, wäre nicht einleuchtend gewesen. Mochte man dem nun entgegen halten, dass Annexverfahren aufgrund ihrer Unbestimmtheit eine viel umfangreichere Dimension einnehmen können und daher nicht mit den allein nach einem Antrag auf Insolvenzverfahrenseröffnung möglichen Sicherungsmaßnahmen vergleichbar sind, dann wurde das eigentliche Problem dahinter aber verkannt. Dieses ergab sich nämlich nicht aus der zuständigkeitsrechtlichen Handhabe der dem Insolvenzverfahren anhängenden Einzelverfahren, sondern aus der Ungewissheit seiner inhaltlichen Ausprägung und deren Ausmaßes.

---

236 Siehe zur „eingeschränkten" Reichweite der EuInsVO die einheitliche Vorgabe durch Erwägungsgrund 26 EuInsVO-2015.
237 Siehe bereits *Virgos/Schmit*, in: Stoll, Vorschläge und Gutachten, S. 32 (62, Rn. 78).

(c) Teleologische Hinweise

[1] Effektive Lückenschließung

Vor dem Hintergrund, dass die Insolvenz*materie* in ihrer Gänze von der EuGVVO ausgeschlossen wurde und es eine Rechtslücke zwischen den sachlichen Anwendungsbereichen der EuGVVO und der EuInsVO nicht geben sollte, war es dem Telos der Europäischen Insolvenzverordnung zu entnehmen, dass diese auch die Zuständigkeit für die Verfahren regeln sollte, die mit dem Insolvenzverfahren in einem engen Zusammenhang stehen.[238] Diese Sichtweise stand auch in Übereinstimmung mit dem im europäischen Gemeinschaftsrecht immanenten Grundsatz des *effet utile*. Der Zweck der EuInsVO und die beabsichtigte Vereinheitlichungswirkung für grenzüberschreitende Insolvenzverfahren konnte sich nur dann in der größtmöglichen Form entfalten, wenn sich die Bestimmungen der internationalen Zuständigkeit nicht nur auf das Insolvenzverfahren selbst bezogen, sondern auch die mit diesen in einem engen Zusammenhang stehenden Annexverfahren umfasst hätten.[239] »Effektive und wirksame grenzüberschreitende Insolvenzverfahren«[240] bedürfen zu ihrer vollständigen Erfüllung die ihren Normierungen angepasste Regelung auch der mit ihnen im Zusammenhang stehenden Verfahren. Nur durch die entsprechende Behandlung dieser Glieder des Insolvenzverfahrens können positive Effekte, wie Verfahrensbeschleunigung, Senkung von erhöhten Verfahrenskosten und Zeitaufwand mangels Auslandsverfahren zugunsten der Masse, die Durchsetzung der dem Insolvenzverfahren immanenten Gläubigergleichberechtigung sowie die Durchführung einer erfolgreichen Sanierung des Unternehmens erreicht werden.

---

238 Vgl. bereits *Virgos/Schmit*, in: Stoll, Vorschläge und Gutachten, S. 32 (100, Rn. 195); so nun auch in Erwägungsgrund 7 EuInsVO-2015 festgehalten.
239 *Gruber*, in: Haß/Huber/Gruber/Heiderhoff, EU-Insolvenzverordnung, Art. 25, Rn. 30.
240 Vgl. Erwägungsgrund 3 EuInsVO-2015.

[2] Vermeidung von einem das Insolvenzverfahren tangierenden forum shopping

Im Zusammenhang mit dem *effet utile*-Grundsatz war auch ein weiteres der erklärten Ziele der EuInsVO zu betrachten: die Vermeidung von (un-zulässigem) *forum shopping*[241]. Die Verfolgung dieses Ziels ist unabhängig davon, ob die von einem Beteiligten angestrebte Besserstellung der eigenen Position die prozessuale oder die materielle Gestaltung bzw. derartige Rechte betrifft.[242] Neben der Relevanz für und im Insolvenzverfahren kann auch die Verlagerung von Rechtsstreitigkeiten im Sinne von Annexverfahren in einen anderen Mitgliedstaat zu einer erheblich unterschiedlichen Behandlung des Verfahrens und damit in der Folge zu Gläubigerschutzbeeinträchtigungen führen, die sich in ineffizienten und unwirksamen grenzüberschreitenden Insolvenzverfahren widerspiegeln. Wären die Annexverfahren also nicht durch eine ausschließliche Zuständigkeitsbestimmung der EuInsVO-2000, die sich vereinheitlichend an das Insolvenzverfahren anlehnt, erfasst worden, so wären bei Einschlägigkeit autonomer nationaler Regelungen und der Wahl zwischen allgemeinen und besonderen Gerichtsständen die potenziellen Gefahren des *forum shoppings* eröffnet und dadurch ein reibungsloses Funktionieren des Binnenmarktes verhindert worden. Die Zielsetzung in der Vermeidung von *forum shopping* konnte damit nur durch die Einbeziehung von Annexverfahren in die EuInsVO-2000 sinnwahrend und erfolgsversprechend umgesetzt werden.

[3] Ausnahmeregelung des Art. 18 Abs. 2 EuInsVO-2000

Großes Diskussionspotenzial hatte in dieser Hinsicht auch Art. 18 Abs. 2 EuInsVO-2000, dessen Regelungsintention zwar klar zu sein schien, aber in seinen Wirkungen erheblichen Auslegungsbedarf vorwies.

Nach Art. 18 Abs. 2 EuInsVO-2000 durfte der »Verwalter, der durch ein nach Artikel 3 Absatz 2 zuständiges Gericht bestellt worden ist, […] in jedem anderen Mitgliedstaat gerichtlich und außergerichtlich geltend machen, dass ein beweglicher Gegenstand nach der Eröffnung des Insolvenz-

---

241 Vgl. Erwägungsgrund 5 EuInsVO-2015.
242 Zu dieser Umfassung des *forum shoppings*: *Reuß*, Forum Shopping in der Insolvenz, S. 8 f., 63 ff; *Saenger/Klockenbrink*, DZWIR 2006, 183 (184); siehe auch die Ausführungen von *d'Avoine*, NZI 2011, 310 (insb. 312).

verfahrens aus dem Gebiet des Staates der Verfahrenseröffnung in das Gebiet dieses anderen Mitgliedstaates verbracht worden ist. Des Weiteren kann er eine den Interessen der Gläubiger dienende Anfechtungsklage erheben.« Vor der durch diese Vorschrift scheinbar gewährten Erhebung einer Anfechtungsklage in einem anderen Mitgliedstaat als dem nach Art. 3 Abs. 2 EuInsVO-2000 zuständigem Gericht hätte der Eindruck entstehen können, dass eine *vis attractiva concursus*, deren Paradebeispiel die Insolvenzanfechtung ist, und der damit verbundene Gedanke der Zuständigkeitskonzentration gerade keinen Eingang in die EuInsVO-2000 gefunden haben.[243] Eine ausschließliche *vis attractiva concursus* im Verfahrensstaat verträgt sich nämlich nicht mit der Möglichkeit der Geltendmachung im Ausland. Zum einen stellt sich dann aber bereits die Frage, warum ein Festhalten an den geltenden Zuständigkeitsregelungen der EuGVVO noch einmal explizit in Art. 18 EuInsVO-2000 aufgenommen werden musste. Eine rein deklaratorische Regelung, dass auch und gerade die Erhebung einer Anfechtungsklage außerhalb des Eröffnungsstaates erfolgen kann, erschien unter der Annahme fehlender anderweitiger, spezifischer Zuständigkeitsbestimmungen durch die EuInsVO-2000 für andere Verfahren als das Insolvenzverfahren selbst als überflüssig, wenn nicht sogar irreführend.[244] Aufgrund der Besonderheiten und Schwierigkeiten, mit denen die grenzüberschreitenden Insolvenzverfahren aufwarten, waren doch viel eher die den allgemeinen Regeln hinzutretenden und von ihnen abweichenden Punkte von Normierungsinteresse.

Vor dem Hintergrund der von Art. 18 Abs. 2 EuInsVO-2000 in Bezug genommenen Territorialverfahren, in denen sich die Wirkungen des Verfahrens und damit auch die Befugnisse des Verwalters nur auf das Gebiet des jeweiligen Verfahrensstaates beziehen[245], wird die Regelungsabsicht jedoch deutlich. Art. 18 Abs. 2 EuInsVO-2000 machte von der Beschränkung des Territorialitätsprinzips Ausnahmen und erlaubte innerhalb des durch diese Norm gesetzten Umfangs die Überschreitung der territorialen

---

243 Diesen Einwand bringt auch *Gruber*, in: Haß/Huber/Gruber/Heiderhoff, EU-Insolvenzverordnung, Art. 25, Rn. 31 vor, allerdings ohne systematische Widerlegung.
244 Für eine deklaratorische Feststellung der allgemeinen Regeln noch *Reinhart*, in: MüKo zur InsO, 2. Aufl., Art. 18 EuInsVO, Rn. 9.
245 Vgl. Art. 27 S. 3 EuInsVO-2000 sowie Erwägungsgrund 11 EuInsVO-2000; so auch *Duursma-Kepplinger/Chalupsky*, in: Duursma-Kepplinger/Duursma/Chalupsky, Europäische Insolvenzverordnung, Art. 18 EuInsVO, Rn. 24; *Virgos/Schmit*, in: Stoll, Vorschläge und Gutachten, S. 32 (90, Rn. 165).

Kapitel 2: Die vis attractiva concursus des europäischen Insolvenzrechts

Grenzen.[246] Ziel für die Gewährung dieser Befugniserweiterung des Verwalters über die Staatsgrenzen hinweg war eine geordneten Verhältnissen entsprechende Einordnung unter das Territorialverfahren. Dabei ging es um »die Wiedererlangung von Vermögensgegenständen […], die zum Zeitpunkt der Verfahrenseröffnung von Rechts wegen im Verfahrensgebiet belegen waren oder die ohne ein betrügerisches Vorgehen zum Zeitpunkt der Verfahrenseröffnung im Verfahrensgebiet belegen gewesen wären«[247]. Zu diesem Zweck wurde auch eine sich in diesem Kontext ergebende Anfechtung benachteiligender Rechtshandlungen miteinbezogen. Dabei wurde in Art. 18 Abs. 2 S. 2 EuInsVO-2000 die Möglichkeit der Erhebung der Anfechtungsklage *in einem anderen Mitgliedstaat* aber gar nicht explizit ausgesprochen. Der Ort der Klage wurde damit weder festgesetzt, noch erweitert. Es war lediglich die Möglichkeit der Erhebung der Anfechtungsklage *unter dem Territorialinsolvenzverfahren innerhalb dieses Kontextes* eingeräumt worden, da ohne die Betrachtung der Belegenheit der beweglichen Gegenstände zum Zeitpunkt der Eröffnung des Territorialinsolvenzverfahrens die Anfechtungsklage über benachteiligende Rechtshandlungen, die mittlerweile außerhalb des Verfahrensstaates bele-

---

246 Für den Ausnahmecharakter des Art. 18 Abs. 2 EuInsVO: *Duursma-Kepplinger/Chalupsky*, in: Duursma-Kepplinger/Duursma/Chalupsky, Europäische Insolvenzverordnung, Art. 18 EuInsVO, Rn. 25; *Kindler*, in: MüKo zum BGB, Art. 18 EuInsVO, Rn. 15 f.; *Pannen/Riedemann,* in: Pannen, EuInsVO Kommentar, Art. 18 EuInsVO, Rn. 41. Entgegen dem Ausnahmecharakter dieser Norm wird leider von weiten Teilen in der Literatur vertreten, dass diese Regelung nur eine beispielhafte und damit nicht abschließende Aufzählung enthält, sodass sie demnach auch auf alle anderen Annexverfahren zu übertragen sei: statt vieler: *Gruber*, in: Haß/Huber/Gruber/Heiderhoff, EU-Insolvenzverordnung, Art. 18, Rn. 18; *Nerlich*, in: Nerlich/Römermann, InsO Kommentar, Art. 18 EuInsVO, Rn. 6; *Reinhart*, in: MüKo zur InsO, 2. Aufl., Art. 18 EuInsVO, Rn. 10. Diese Ansicht ist aus den im Text genannten Gründen jedoch abzulehnen, sodass auch die vielfach verwendete Formulierung, die Beschränkungen des Sekundärinsolvenzverfahrens und der Befugnisse des Insolvenzverwalters seien nicht territorialbezogen, sondern lediglich massebezogen, in dieser Regelung des Art. 18 Abs. 2 EuInsVO-2000 keine Stütze finden kann. Das soll aber nicht heißen, dass diese Aussage falsch wäre. Sie erschließt sich nur nicht aus der irrtümlichen Ablehnung der *vis attractiva concursus* in Art. 18 Abs. 2 EuInsVO. Auch im Territorialinsolvenzverfahren folgen die nicht im engen Zusammenhang mit dem Insolvenzverfahren stehenden Entscheidungen den allgemeinen Regelungen, sodass die internationale Zuständigkeit den Territorialinsolvenzverwalter auch ins Ausland führen kann.

247 *Virgos/Schmit*, in: Stoll, Vorschläge und Gutachten, S. 32 (109, Rn. 224).

genes oder durch diese Handlungen ins Ausland verbrachtes Vermögen (bewegliche Gegenstände)[248] betreffen, dem universalen Hauptinsolvenzverfahren unterlegen wären. Aufgrund der territorialen Wirkung ist es dem Verwalter eines Partikularverfahrens nämlich nur gestattet, ausschließlich in dem betreffenden Mitgliedstaat tätig zu werden.[249] Die Klärung dieser Einordnung unter das jeweilige Haupt- oder Territorialinsolvenzverfahren mag zwar dahingehend unerheblich sein, dass diese Vermögensgegenstände der Insolvenzmasse an sich und damit den Gläubigern trotz der Verlegung nicht abhandenkommen, jedoch muss beachtet werden, dass Haupt- und Territorialverfahren entsprechend der Eröffnung in einem jeweils anderen Mitgliedstaat gem. Artt. 4, 28 EuInsVO-2000 auch einer unterschiedlichen rechtlichen Ausgestaltung ihrer **jeweiligen** *lex fori concursus* folgen und die Vermögenswerte getrennten Massen unterliegen. Im Wirkungsbereich des Territorialverfahrens sind, das Universalitätsprinzip einschränkend, weder die insolvenzrechtlichen Grundlagen des Hauptinsolvenzverfahrens anwendbar noch stehen dem Verwalter des Hauptinsolvenzverfahrens direkte Befugnisse hinsichtlich des dem Territorialverfahren unterstehenden Vermögens zu.[250] Mit der Verbringung der Gegenstände aus dem Territorialverfahrensstaat ändert sich die rechtliche Behandlung. Mit der Änderung des anzuwendenden Rechts (v. a. in der Insolvenzanfechtung) und der uneinheitlichen Verteilungssysteme unter den

---

248 *Bierbach*, ZIP 2008, 2203 (2207) will eine Beschränkung des Art. 18 Abs. 2 S. 2 EuInsVO-2000 auf bewegliche Sachen nicht annehmen, sondern diesen auf *jegliche* Rechtshandlungen ausdehnen. Eine solche Ausdehnung ist hingegen nicht erforderlich. Art. 2 lit. g EuInsVO definiert für „Mitgliedstaat, in dem sich ein Vermögensgegenstand befindet" den Bezug, welchen die einzelnen Vermögenswerte für ihre Einordnung haben müssen. Lediglich für die körperlichen Gegenstände ist der Belegenheitsort das entscheidende Kriterium, für andere Vermögenswerte, wie Forderungen (3. Spiegelstrich), sind andere Kriterien, wie der Mittelpunkt der hauptsächlichen Interessen des zur Leistung verpflichteten Dritten, relevant. Diese Kriterien sind durch die Beteiligten kaum, zumindest nicht unkompliziert und kurzerhand, beeinflussbar, sodass ein nachträglicher Entzug dieser Vermögenswerte aus dem Territorialinsolvenzverfahren und dessen abgetrennter Masse auch nicht möglich erscheint. Eine Verhinderung dieses Entzuges, zu deren Zweck Art. 18 Abs. 2 EuInsVO-2000 dient, ist daher nicht nötig, eine Ausdehnung dieser Norm ebenso wenig.
249 *Duursma-Kepplinger/Chalupsky*, in: Duursma-Kepplinger/Duursma/Chalupsky, Europäische Insolvenzverordnung, Art. 18, Rn. 24; *Virgos/Schmit*, in: Stoll, Vorschläge und Gutachten, S. 32 (90, Rn. 165).
250 *Virgos/Schmit*, in: Stoll, Vorschläge und Gutachten, S. 32 (89, Rn. 163).

verschiedenen Massen[251] kann auch der Gläubigerschutz erhebliche und fühlbare Einschnitte erfahren, die im Sinne eines *forum shopping*[252] ungewollt in die Hände der Beteiligten (zumeist des Schuldners) fällt. Von Art. 18 Abs. 2 (S. 2) EuInsVO-2000 schien damit allein die Durchsetzung des Insolvenzstatuts[253] unter Verhinderung der Änderung des anzuwenden Statuts von Haupt- und Territorialinsolvenz bezweckt zu sein. Eröffnet wurde damit allein die Möglichkeit, im Interesse der Gläubiger das Insolvenzstatut des Territorialinsolvenzverfahrensstaates (und dessen Anfechtungsrecht nach Artt. 4 Abs. 2 S. 2 lit. m), 28 EuInsVO-2000) anzuwenden und **nicht** auch die Zuständigkeit für die Erhebung der Anfechtungsklage in einen anderen Mitgliedstaat zu verlegen. Regelungsgegenstand war damit kollisionsrechtlich das anzuwendende materielle Recht und nicht die internationale Zuständigkeit. Eine andere Ansicht, die auch in Bezug auf die Zuständigkeitsregelung und damit für die Erhebung der Klage in einem anderen Mitgliedstaat als dem Verfahrensstaat den Zusammenhang aus Art. 18 Abs. 2 S. 1 EuInsVO-2000 heranziehen wollte, musste sich eine nicht gerechtfertigte Unterscheidung von Haupt- und Territorialverfahren entgegen halten lassen. Aufgrund der reinen Erfassung der Territorialverfahren durch Art. 18 Abs. 2 EuInsVO-2000 und des Fehlens einer entsprechenden Regelung für Anfechtungsklagen in Art. 18 Abs. 1 EuInsVO-2000, der sich auf die Hauptverfahren bezieht, wären allein die Annexverfahren im Territorialverfahren einer *vis attractiva concursus* nicht unterlegen, derartige Einzelverfahren im Hauptinsolvenzverfahren wären *e contrario* hingegen an die ausschließliche Zuständigkeit des Verfahrensstaates gebunden gewesen. Eine solche Aufweichung war weder mit dem Zweck der Annexverfahren noch mit dem Unterschied von Haupt- und Territorialverfahren zu begründen. Der Gedanke der Annexverfahren wurde dementsprechend dadurch nicht berührt. Insgesamt konnte sich Art. 18 Abs. 2 EuInsVO-2000 damit nicht als ein Indiz für deren Ablehnung darbieten.

---

251 Die Bedeutung dieses Aspekts für die Gläubigerschaft macht *Bierbach*, ZIP 2008, 2203 (2206) deutlich.
252 Dies würde gegen das Ziel der EuInsVO verstoßen, *forum shopping* zu vermeiden, vgl. Erwägungsgrund 4 EuInsVO-2000.
253 *Kindler*, in: MüKo zum BGB, Art. 18 EuInsVO, Rn. 2; *Pannen/Riedemann*, in: Pannen, EuInsVO Kommentar, Art. 18 EuInsVO, Rn. 4.

c) Bestimmung nach Art. 3 EuInsVO-2000 analog

Mit den in der EuInsVO-2000 enthaltenen Anhaltspunkten für eine zuständigkeitsrechtliche Erfassung auch der Annexverfahren waren die Regelungsvarianten der Bestimmung nach autonomem Recht sowie der Bestimmung nach der EuGVVO abzulehnen. Mit der richtungsweisenden Entscheidung des EuGH im Fall *Seagon./.Deko Marty Belgium*[254] zugunsten der Erfassung von Insolvenzanfechtungsklagen durch das Zuständigkeitsregime der EuInsVO-2000, von welcher der EuGH auch bis heute nicht abgerückt ist, wurde das Problem der mangelnden Regelung von Annexverfahren höchstrichterlich entschieden. In diesem Fall machte der Insolvenzverwalter der Frick Teppichboden Supermärkte GmbH im Rahmen des in Deutschland über das Vermögen der Schuldnerin geführten Insolvenzverfahrens die Rückzahlung eines zuvor von Frick an Deko Marty Belgium NV überwiesenen Betrages i. H. v. 50.000 EUR gem. der Regelungen zur Insolvenzanfechtung nach den §§ 129 ff. InsO geltend. Der EuGH entschied – unter der Bejahung des Unterfallens der Insolvenzanfechtungsklage unter den Anwendungsbereich des Art. 3 Abs. 1 EuInsVO-2000 –, dass die Gerichte des Mitgliedstaates, in dessen Gebiet das Insolvenzverfahren über das Vermögen des Schuldners eröffnet worden ist, für eine Insolvenzanfechtungsklage gegen einen Anfechtungsgegner, der seinen satzungsmäßigen Sitz in einem anderen Mitgliedstaat hat, nach der EuInsVO-2000 international zuständig sind. Wie auch der EuGH vertraten einige Stimmen in der Literatur eine direkte Anwendung der Zuständigkeitsregelung des Art. 3 EuInsVO-2000.[255] Danach waren für die Eröffnung des Insolvenzverfahrens die Gerichte des Mitgliedstaates zuständig, in dessen Gebiet der Schuldner sein COMI hat. Vor dem Hintergrund des das Insolvenzverfahren explizit in Bezug nehmenden Wortlauts und der geschichtlichen Entwicklung der Annexverfahren erschien der dogmatisch

---

254 EuGH, Urt. v. 12.2.2009, Rs. C-339/07, Slg. 2009, I-767 – *Seagon./.Deko Marty Belgium*; siehe weiterführend auch EuGH, Urt. v. 16.1.2014, Rs C-328/12, noch unveröffentlicht, – *Schmid*, wobei der Grund des Ersuchens in diesem Fall auf einen Drittstaatenbezug ausgerichtet war.
255 EuGH, Urt. v. 12.2.2009, Rs. C-339/07, Slg. 2009, I-767, Rn. 28 – *Seagon./.Deko Marty Belgium*; *Lorenz*, Annexverfahren bei Internationalen Insolvenzen, S. 114 ff.; *Waldmann*, Annexverfahren im Europäischen Insolvenzrecht, S. 152 ff.; mit Verweis auf Lorenz auch *Wessels,* International Insolvency Law, para. 10800b.

einleuchtendere Weg dabei allerdings die Zuständigkeitsbestimmung über Art. 3 EuInsVO-2000 analog zu sein.[256]

Für diesen Weg musste zunächst eine planwidrige Regelungslücke vorgelegen haben. Wie bereits gesagt, fand sich in den Normierungen der EuInsVO-2000 keine explizite Zuständigkeitsregelung für Annexverfahren.[257] Auch der EuGVVO konnte eine Aufnahme von Regelungen der internationalen Zuständigkeit für diese Verfahren weder ausdrücklich noch indirekt aufgrund der erläuterten historischen, systematischen und teleologischen Gegenargumente entnommen werden. Keine der beiden Verordnungen schien sich damit einer Regelung der Annexverfahren anzunehmen, sodass von einer Regelungslücke zu sprechen war. Anhand einzelner Hinweise, wie die Konturierung der Reichweite der Europäischen Insolvenzverordnung gem. Erwägungsgrund 6 EuInsVO-2000[258], der die Zuständigkeitsbestimmung für Annexverfahren mit umfassen wollte, oder auch der systematischen Erwägungen hinsichtlich der Unterwerfung der Anerkennung und Vollstreckung von Annexentscheidungen unter die EuInsVO-2000, die auf einer dementsprechenden Zuständigkeitsregelung aufbauen mussten, konnte entsprechend auch von einer Planwidrigkeit dieser Regelungslücke für die Annexzuständigkeit ausgegangen werden.

Als weitere Voraussetzung für die analoge Anwendung des Art. 3 EuInsVO-2000 auf Annexentscheidungen musste auch eine vergleichbare Sach- und Interessenlage gegeben sein. Diese besteht dann, wenn auch die Annexverfahren den Interessen und dem Schutzgedanken hinsichtlich der Gläubiger folgen, die der Norm des Art. 3 EuInsVO-2000

---

[256] Hierfür plädierten unter anderem auch *Duursma-Kepplinger*, in: Duursma-Kepplinger/Duursma/Chalupsky, Europäische Insolvenzverordnung, Art. 4 EuInsVO, Rn. 22; *Haubold*, IPRax 2002, 157 (160); *Leipold*, in: FS Ishikawa, S. 221 (235 ff.); *Pannen/Riedemann*, in: Pannen, EuInsVO Kommentar, Art. 3, Rn. 110 f.; *Ringe*, ZInsO 2006, 700 (701).

[257] Aufgrund des klaren Wortlautes des Art. 3 Abs. 1 und 2 EuInsVO-2000 will *Leipold*, in: FS Ishikawa, S. 221 (235) eine extensive Auslegung richtigerweise nicht zulassen, sodass nur noch Raum für eine analoge Anwendung bleibt. Anders wird in EuGH, Urt. v. 12.2.2009, Rs. C-339/07, Slg. 2009, I-767, Rn. 28 – *Seagon./.Deko Marty Belgium* auf eine entsprechende Auslegung des Art. 3 I EuInsVO abgestellt; fortgeführt in EuGH, Urt. v. 19.4.2012, Rs. C-213/10, Rn. 27 – *F-Tex SIA/Jadecloud-Vilma*, abgedruckt in NZI 2012, 469; siehe auch BGH RIW 2014, 452 (452 f.).

[258] Vgl. zur Schlussfolgerung der Implikation der Annexzuständigkeit in die EuInsVO-2000 getragen durch Erwägungsgrund 6 EuInsVO-2000: Kapitel 2: C. II. 3. b) (3) (a).

für den geregelten Fall der Insolvenzverfahrenseröffnung zugrunde lag. Anders als die in Form eines Kollektivverfahrens ausgestalteten Insolvenzverfahren sind die Annexverfahren zwar lediglich insolvenzgeprägte Einzelverfahren. Jedoch stehen sie mit diesen in einem engen (noch näher zu spezifizierenden) Zusammenhang, der konstitutiv auf den Sachverhaltskomplex der Insolvenz des Schuldners aufbaut. Die daraus entstehenden Streitigkeiten sind Grundlage und Gegenstand der Annexverfahren, sodass ein einheitlicher Bezug in Form der Insolvenzabwicklung vorliegt. Mit der zumeist verfolgten Vermehrung oder wenigstens Erhaltung der Insolvenzmasse dienen die Annexverfahren der effektiven Durchführung des Gesamtverfahrens.[259] Den Annexverfahren liegen die berechtigten Interessen der Gläubiger zugrunde, die unter der Beachtung des durch die Gläubigergemeinschaft geschaffenen Kollektivs einer besonderen, rechtlich vereinheitlichten Behandlung bedürfen. Das Ziel einer insoweit harmonisierten Regelung insolvenzrechtlicher Abwicklung wird durch die Konzentration der Annexverfahren im Verfahrensstaat gefördert. Die Kommunikationswege werden verkürzt, die erweiterten Möglichkeiten der Kommunikation und Kooperation innerhalb eines Staates genutzt, das Insolvenzverfahren mithin beschleunigt. Dies dient der Verbesserung der Effizienz und der Wirksamkeit grenzüberschreitender Insolvenzverfahren entsprechend der Erwägungsgründe 2 und 8 EuInsVO-2000.[260] Gleichfalls wird das in Erwägungsgrund 4 EuInsVO-2000 anvisierte Ziel eines ordnungsgemäßen Funktionierens des Binnenmarktes unterstützt, indem es seinen Beitrag zur Verhinderung des *forum shoppings* leistet. Vor diesem Hintergrund ergab sich aus der Insolvenzbezogenheit und der daraus erwachsenden starken Einbindung der Annexverfahren in die Abwicklung des Insolvenzverfahrens eine sich mit diesem ergänzende Verfahrensmotivation. Der mit Art. 3 EuInsVO-2000 vergleichbaren Interessenlage konnte dementsprechend nur dadurch genügt werden, dass die Annexverfahren einer analogen Anwendung des Art. 3 EuInsVO-2000 und damit der ausschließlichen internationalen Zuständigkeit des Insolvenzverfahrensstaates unterlagen.

---

259 EuGH, Urt. v. 12.2.2009, Rs. C-339/07, Slg. 2009, I-767, Rn. 17 – *Seagon./.Deko Marty Belgium*; *e contrario* auch in EuGH, Urt. v. 19.4.2012, Rs. C-213/10, Rn. 44 – *F-Tex SIA/Jadecloud-Vilma*, abgedruckt in NZI 2012, 469.
260 EuGH, Urt. v. 12.2.2009, Rs. C-339/07, Slg. 2009, I-767, Rn. 22 f. – *Seagon./.Deko Marty Belgium*.

4. Die reformierte EuInsVO-2015

Infolge der Reformbestrebungen der jüngsten Zeit, die auf dem nach Art. 46 EuInsVO-2000 zu erstellenden Bericht über die Anwendung der Verordnung beruhen, veröffentlichte die Kommission im Dezember 2012 einen Vorschlag zur Änderung der EuInsVO[261]. Drei Jahre und ein langanhaltender Diskurs später trat die EuInsVO-2015[262] am 25. Juni 2015 in Kraft und gilt im Wesentlichen ab dem 26. Juni 2017.

a) Ausdrückliche Zuständigkeitskompetenz des Insolvenzeröffnungsstaates

In der novellierten EuInsVO findet sich, neben dem den Art. 25 Abs. 1 Unterabs. 2 EuInsVO-2000 fortführenden Art. 32 Abs. 1 Unterabs. 2 EuInsVO-2015 zur Anerkennung und Vollstreckbarkeit sonstiger Entscheidungen, ein neuer Art. 6 EuInsVO-2015, der die internationale Zuständigkeit für Annexverfahren (relativ) ausschließlich[263] den Gerichten des Staates der Verfahrenseröffnung überträgt.[264] Damit wird die *vis attractiva concursus* in Form der Annexzuständigkeit wieder rechtssicher und gesetzlich fixierend in die Europäische Insolvenzverordnung eingeführt. Das Problem einer mangelnden Regelung unter Geltung der alten

---

261 Europäische Kommission, Vorschlag für eine Verordnung des Europäischen Parlaments und des Rates zur Änderung der Verordnung (EG) Nr. 1346/2000 des Rates über Insolvenzverfahren, COM(2012) 744 final, vom 12.12.2012, unter:
http://www.europarl.europa.eu/meetdocs/2009_2014/documents/com/com_co m%282012%290744_/com_com%282012%290744_de.pdf, zuletzt aufgerufen am 15. März 2017.
262 Verordnung (EU) 2015/848 des Europäischen Parlaments und des Rates v. 20. Mai 2015 über Insolvenzverfahren (Neufassung), Abl. EU Nr. L 141 v. 5.6.2015, S. 19–72 (im Folgenden: EuInsVO-2015).
263 Siehe dazu näher unten: Kapitel 3: C. III. 1. c) (1).
264 Europäische Kommission, Vorschlag für eine Verordnung des Europäischen Parlaments und des Rates zur Änderung der Verordnung (EG) Nr. 1346/2000 des Rates über Insolvenzverfahren, COM(2012) 744 final, vom 12.12.2012, unter:
http://www.europarl.europa.eu/meetdocs/2009_2014/documents/com/com_co m%282012%290744_/com_com%282012%290744_de.pdf, zuletzt aufgerufen am 15. März 2017.

EuInsVO-2000 ist mithin gelöst. Die Formulierung der die internationale Zuständigkeit der Annexverfahren explizit betreffenden Regelung des novellierten Art. 6 Abs. 1 EuInsVO-2015 unterscheidet sich im Wortlaut der Formel nur ganz unwesentlich von Art. 25 Abs. 1 Unterabs. 2 EuInsVO-2000. So wird anstatt von »unmittelbar *aufgrund* des Insolvenzverfahrens *ergehen* und in engem Zusammenhang damit stehen« nun in Art. 6 Abs. 1 EuInsVO-2015 von »unmittelbar *aus dem* Insolvenzverfahren *hervorgehen* und in engem Zusammenhang damit stehen« gesprochen. Auswirkungen auf deren substanziellen Gehalt mit der Folge einer veränderten Norminterpretation kann diese rein sprachliche Abweichung in der deutschen Übersetzung allerdings nicht hervorbringen. Dies zeigt ein Blick auf die englische Fassung, in der die Übertragung der Formulierung wortlautgetreu erfolgte.

Art. 6 Abs. 2 EuInsVO-2015 gewährt dem Insolvenzverwalter einen besonderen, fakultativen Gerichtsstand für Aktivklagen[265] am Wohnsitz des Beklagten. Die Regelung statuiert, dass auch für die Annexstreitigkeiten ausnahmsweise von der Zuständigkeit des Verfahrensstaates abgewichen werden darf, sofern eine andere zivil- oder handelsrechtliche Klage aufgrund der anders gerichteten Zuständigkeitsbestimmungen der EuGVVO in einem anderen Mitgliedstaat erhoben werden kann. Hierfür müssen die Klagen jedoch zum einen im Zusammenhang miteinander stehen. Dieser wird durch Abs. 3 näher erläutert und ist danach dann gegeben, wenn zwischen den Klagen »eine so enge Beziehung gegeben ist, dass eine gemeinsame Verhandlung und Entscheidung zweckmäßig ist, um die Gefahr zu vermeiden, dass in getrennten Verfahren miteinander unvereinbare Entscheidungen ergehen«. Zum anderen ist darüber hinaus erforderlich, dass die Klage in dem Mitgliedstaat erhoben wird, in dem der Beklagte seinen Wohnsitz hat und die Gerichte dieses Mitgliedstaates auch nach der EuGVVO für diese Klage zuständig sind. Andernfalls ist ein Abweichen der Annexzuständigkeit vom Staat der Verfahrenseröffnung nicht zulässig.

Die Zuständigkeitsregelung für Annexverfahren in Art. 6 EuInsVO-2015 gilt ebenso i. R. von Partikular- und Sekundärinsolvenzverfahren.[266]

---

265 *Mankowski*, in: Mankowski/Müller/J. Schmidt, EuInsVO 2015, Art. 6, Rn. 34; *Thole*, in: MüKo zur InsO, Art. 6 EuInsVO, Rn. 10.
266 Vgl. zur alten Rechtslage bzgl. der Anwendung des Art. 3 Abs. 2 EuInsVO-2000 auf Annexverfahren: EuGH, Urt. v. 11.6.2015, Rs. C-649/13, noch unveröffentlicht, Rn. 32 f. – *Nortel Networks SA*. So aber auch schon der Heidel-

Kapitel 2: Die vis attractiva concursus des europäischen Insolvenzrechts

Eine Beschränkung auf das Hauptinsolvenzverfahren lässt sich weder dem Wortlaut noch Sinn und Zweck entnehmen.[267] Dabei gilt die in Partikularinsolvenzverfahren i. w. S. bestehende, territorial beschränkte Wirkung auf das im Mitgliedstaat der Verfahrenseröffnung belegene Vermögen auch für das anhängende Annexverfahren. Insofern ist es nur dann als Annex des Partikularinsolvenzverfahrens i. w. S. anzusehen, als es sich auf das im Gebiet des jeweiligen Mitgliedstaates belegene Vermögen des Schuldners bezieht.[268] Im Falle eines Kompetenzkonflikts zu der Frage, ob der Vermögensgegenstand dem Haupt- oder Sekundärinsolvenzverfahren unterfällt, wird vorgeschlagen, den Rechtsstreit an dem Verfahren anzulagern, an deren Ort die nachteiligen Auswirkungen der Rechtshandlung endgültig eintreten werden.[269] Andere sehen eine Auflösung in der analogen Anwendung der Litispendenzregeln der Artt. 29 ff. EuGVVO, die das Prioritätsprinzip bereits auf der Ebene der Rechtshängigkeit statuieren.[270] Noch pragmatischer wäre es auf die Koordinierungsbemühungen der reformierten EuInsVO zu verweisen: Sollte ein dem Sekundärinsolvenzverfahren zu unterstellender Vermögensgegenstand bereits in einem zum Hauptinsolvenzverfahren ergehenden Annexverfahren geltend gemacht worden sein, so bleibt es zwar trotz der späteren Eröffnung des Sekundärinsolvenzverfahrens bei der Zuständigkeit der Gerichte des Hauptverfahrensstaates – entsprechend der Maßgabe des Prinzips der *perpetuatio fori* –, jedoch wird der Rechtsstreit durch den Insolvenzverwalter des Sekundärinsolvenzverfahrens fortgesetzt.[271]

---

berg-Luxembourg-Vienna-Report: *Laukemann*, in: Hess/Oberhammer/Pfeiffer, European Insolvency Law, Rn. 569 ff.; 580.

267 *Mangano*, in: Bork/Mangano, European Cross-Border Insolvency Law, Rn. 3.81; *J Schmidt*, EWiR 2015, 515 (516).

268 Vgl. *Lienau*, in: Wimmer/Bornemann/Lienau, Die Neufassung der EuInsVO, Rn. 272.

269 *Brinkmann*, IILR 2013, 371 (381 f.).

270 Siehe Anmerkung zu EuGH, Urt. v. 11.6.2015, Rs. C-649/13 – *Nortel Networks SA*: *Fehrenbach*, NZI 2015, 667 (667); *Mankowski*, in: Mankowski/Müller/J. Schmidt, EuInsVO 2015, Art. 6, Rn. 33.

271 *Laukemann*, in: Hess/Oberhammer/Pfeiffer, European Insolvency Law, Rn. 571; *Mangano*, in: Bork/Mangano, European Cross-Border Insolvency Law, Rn. 3.82.

b) Regelung der örtlichen und sachlichen Zuständigkeit

Für die Annexzuständigkeit kann zwischen einer »vollen« und einer »beschränkten« Form unterschieden werden. Eine volle *vis attractiva concursus* würde sowohl die internationale Zuständigkeit des Eröffnungsstaates als auch ebenfalls die örtliche und sachliche Zuständigkeit des nationalen Insolvenzgerichts für die mit dem Insolvenzverfahren zusammenhängenden Entscheidungen bewirken.[272] Liegt nur eine beschränkte *vis attractiva concursus* vor, so ist der Staat der Eröffnung des Insolvenzverfahrens zwar international zuständig, aber das Insolvenzgericht erlangt nicht notwendig auch gleichzeitig die örtliche und sachlich Zuständigkeit für die Annexverfahren. Letztere Variante liegt grundsätzlich auch der unionsrechtlichen *vis attractiva concursus* zugrunde. Die Regeln der EuInsVO zur Annexzuständigkeit waren und sind (allein) auf die Bestimmung der internationalen Zuständigkeit begrenzt, die innerstaatlichen Zuständigkeiten, d. h. die örtliche und sachliche Zuständigkeit für die Annexverfahren, unterliegen den Regeln des jeweiligen Eröffnungsstaates.[273] Welches inländische Gericht die Entscheidung bzgl. der Annexverfahren trifft, wird nicht durch die europäische Verordnung bestimmt, sondern bleibt dem nationalen Gesetzgeber vorbehalten. Diese Auslegung geht einher mit Erwägungsgrund 26 EuInsVO-2015, wonach die Regelungen der innerstaatlichen Zuständigkeiten in der Hand des betreffenden, international zuständigen Mitgliedstaates verbleiben, sodass auch bei einer nationalen *vis attractiva concursus* die Zuständigkeit weder durch einen Verweis auf die allgemeinen Zuständigkeitsvorschriften noch durch die autonomen Zuständigkeitsbestimmungen anderer Mitgliedstaaten umgangen werden kann.[274] Jede andere Auslegung würde dem Zweck der EuInsVO zur Herstellung und Wahrung des internationalen Entscheidungseinklanges sowie der Vermeidung von *forum shopping* entgegenstehen. Letzterem liegt auch

---

272 *Schollmeyer*, Gegenseitige Verträge, S. 99; *ders.*, IPRax 1998, 29 (29, Fn. 1).
273 Vgl. bereits die Vorgabe durch Erwägungsgrund 26 EuInsVO-2015; so auch *Ringe*, in: Bork/Van Zwieten, Commentary on the European Insolvency Regulation, Rn. 6.32; *Haubold*, IPRax 2002, 157 (160); *Leipold*, in: FS Ishikawa, S. 221 (237).
274 Derartig ausufernde Gedanken zur Frage der Berücksichtigung der nationalen *vis attractiva* scheinen vor dem Hintergrund, dass Deutschland insolvenzrechtliche Annexverfahren nicht kennt, gerechtfertigt. Aus dem Blickwinkel einer Rechtsordnung, die Annexverfahren selbst im Insolvenzverfahren regeln, erscheinen sie sicher als mehr oder minder überflüssig.

die Gefahr positiver sowie negativer Kompetenzkonflikte zugrunde, die bei der Bestimmung der internationalen Zuständigkeit nach nationalem autonomen Recht entstehen und ohne einheitliche Regelung wieder aufkommen würden. Zum Nachteil des Insolvenzverfahrens käme es zu Kooperationshindernissen und – noch gewichtiger – zur Schädigung der Masse.

Eine Ausnahme macht der Verordnungsgeber allerdings in Art. 11 Abs. 2 EuInsVO-2015. Hiernach wird die Zuständigkeit für die Zustimmung zu einer Beendigung oder Änderung von Verträgen über unbewegliche Gegenstände dem Gericht zugewiesen, das das Hauptinsolvenzverfahren eröffnet hat. Abweichend von der für die Regelung der Annexzuständigkeit in Art. 6 EuInsVO-2015 gewählten Formulierung der »Gerichte des Mitgliedstaates« umfasst die für diesen Fall besonders geregelte *vis attractiva concursus* nicht nur die internationale, sondern auch die örtliche und sachliche Zuständigkeit des Insolvenzgerichts.[275] Unabhängig der innerstaatlichen Zuständigkeitsbestimmungen wird hier bereits eine Regelung durch die EuInsVO getroffen.

c) Gefahren im Falle des Fehlens nationaler Durchführungsgesetze

Ein erheblicheres Potenzial zur Umgehung der Entscheidungskompetenz des Eröffnungsstaates, das wiederum der unterschiedlichen Behandlung der insolvenzrechtlichen Annexzuständigkeiten in den einzelnen Rechtsordnungen geschuldet ist, liegt in den Fällen vor, in denen die *lex fori concursus* eine *vis attractiva concursus* bzw. eine ähnliche Bestimmung zur örtlichen Zuständigkeit für den Fall einer Verfahrenskonzentration nicht kennt. Hält der international zuständige Staat der Insolvenzverfahrenseröffnung keine eigene Zuständigkeitsregelung für Annexverfahren bereit und ist für diese auch kein anderweitiger (allgemeiner oder besonderer) Gerichtsstand einschlägig, müsste die Klage mangels örtlicher Zuständigkeit (im Inland) als unzulässig abgewiesen werden und die internationale Zuständigkeit – die ein anderer Staat nicht entgegen der EuInsVO nach autonomen Regeln oder der EuGVVO beanspruchen kann und nach seinem autonomen Recht, sofern es selbst einer *vis attractiva concursus-*

---

275 *Garcimartin*, ZEuP 2015, 694 (718); *Mankowski*, in: Mankowski/Müller/J. Schmidt, EuInsVO 2015, Art. 11, Rn. 45.

Regelung folgt, auch nicht beanspruchen will – dadurch leer laufen.[276] Zuständigkeitslücken und negative Kompetenzkonflikte wären die Folge. Dieser für den Kläger unzumutbare Ausfall jeglichen Rechtsschutzes muss durch den nationalen Gesetzgeber, der der internationalen Zuständigkeit für Annexverfahren durch entsprechende Regelungen der innerstaatlichen Zuständigkeiten Rechnung zu tragen hat, beseitigt werden.[277] Geschieht dies nicht, liegt nicht nur eine europarechtswidrige Handlung vor, vielmehr würde – unter Annahme der insolvenzrechtlichen Natur der *vis attractiva concursus* – auch Grundlage und Zweck der Verweisung des Eröffnungsstaates auf seine internationale Zuständigkeit für Annexverfahren ausgehöhlt.

Der deutsche Gesetzgeber ist insofern tätig geworden und will mit dem Entwurf eines Gesetzes zur Durchführung der Verordnung (EU) 2015/848 über Insolvenzverfahren[278] die »örtliche Zuständigkeit für Annexklagen« in einem Art. 102c § 6 EGInsO einer Regelung zuführen. Gem. Abs. 1 wird, im Falle der Eröffnung eines deutschen Insolvenzverfahrens, der Gerichtsstand für Annexverfahren durch den Sitz des Insolvenzgerichts bestimmt, sofern sich nicht bereits aus anderen Vorschriften eine örtliche Zuständigkeit ergibt. Die sachliche Zuständigkeit richtet sich hingegen weiter nach den Bestimmungen des allgemeinen Prozessrechts. Damit bleibt eine Zuständigkeitskonzentration am Insolvenzgericht glücklicherweise aus. Eine durch die Rechtsordnung des jeweiligen Mitgliedstaates vorgesehene volle Annexzuständigkeit des Insolvenzgerichts erscheint der

---

276 Vgl. BGH NJW 2009, 2215 (2216, Rn. 15 ff.), nach dem zur Verhinderung einer solchen nationalen Zuständigkeitslücke die örtliche Zuständigkeit des sachlich zuständigen Gerichts am Ort, an dem das zuständige Insolvenzgericht seinen Sitz hat, aus einer analogen Anwendung der § 19a ZPO i. V. m. § 3 InsO, Art. 102 § 1 EGInsO begründet wird, sofern sich aus den deutschen Zuständigkeitsbestimmungen (allgemeiner und besonderer Gerichtsstände) unmittelbar keine örtliche Zuständigkeit ergibt. Siehe zu dieser Problematik auch die Ausführungen von: *Mock*, ZInsO 2009, 470 (473), der eine analoge Anwendung ablehnt.

277 Siehe den Vorschlag von *Mock*, ZInsO 2009, 470 (474) zur Aufnahme einer Regelung der örtlichen Zuständigkeit für Insolvenzanfechtungsklagen in Art. 102 EGInsO. Wobei eine entsprechende Regelung auf alle Einzelverfahren, die unter die Annexzuständigkeit fallen, erweitert werden müsste. Zum erforderlichen Tätigwerden des nationalen Gesetzgebers bereits: *Leipold*, in: FS Ishikawa, S. 221 (237).

278 BT-Drucks. 18/10823, Entwurf eines Gesetzes zur Durchführung der Verordnung (EU) 2015/848 über Insolvenzverfahren.

Idee der Beschleunigung des Insolvenzverfahrens entgegen zu stehen, da eine Verzögerung durch die (zeitliche) Überforderung des Insolvenzgerichts verursacht werden kann.[279] Den Zielen der Europäischen Insolvenzverordnung würde eine volle *vis attractiva concursus* jedenfalls widerstreben. Allerdings wäre sie auch nicht ausgeschlossen. Werden die Entscheidungen im Rahmen der Annexverfahren nach Art. 32 Abs. 1 Unterabs. 2 EuInsVO-2015 »*auch*« dann anerkannt, »wenn diese Entscheidungen von einem anderen Gericht getroffen werden«, dann muss dies erst Recht für Entscheidungen bzgl. Annexverfahren gelten, die durch das gleiche Gericht, d. h. das Insolvenzgericht, gefällt werden. Der Mitgliedstaat Deutschland hat sich für eine solch volle Annexzuständigkeit jedoch nicht entschieden.

Aber auch für die Fälle der in Zusammenhang mit einer anderen zivil- oder handelsrechtlichen Klage stehenden Verfahren regelt Art. 102c § 6 Abs. 2 EGInsO die innerstaatliche Zuständigkeit. Der hinzutretenden europäischen Regelung des Art. 6 Abs. 2, 3 EuInsVO-2015 nachempfunden, ist »für Klagen nach Artikel 6 Absatz 1 der Verordnung (EU) 2015/848, die nach Artikel 6 Absatz 2 der Verordnung in Zusammenhang mit einer anderen zivil- oder handelsrechtlichen Klage gegen denselben Beklagten stehen, […] auch das Gericht örtlich zuständig, das für die andere zivil- oder handelsrechtliche Klage zuständig ist.«

III. Erste Reichweitenbestimmung der vis attractiva concursus

Ist damit nun zwar geklärt, dass die Annexverfahren einer expliziten Zuständigkeitsregelung der EuInsVO unterstellt sind, bleibt die Frage nach der inhaltlichen Reichweite der einzubeziehenden Annexverfahren weiterhin offen. Die Frage nach der Bestimmung ist gleichzeitig auch die Frage nach der Abgrenzung der EuInsVO zur EuGVVO. Es sind die Annexverfahren, die die Rechtslücke, die zwischen beiden Verordnungen klafft, ausfüllen. Um eine vollständige Lückenschließung zu gewähren, muss sich die Auslegung des Art. 6 Abs. 1 EuInsVO-2015 mit der des Ausnahmetatbestandes in Art. 1 Abs. 2 lit. b) EuGVVO, der für den Anwen-

---

279 Dies wendet auch *Herchen*, Das Übereinkommen, S. 221 ein.

dungsbereich der EuGVVO »Konkurse, Vergleiche und ähnliche Verfahren« ausnimmt, exakt decken.[280]

1. Offene Formulierung des EuGH seit der Entscheidung Gourdain./.Nadler

Eine Konkretisierung, wie der Anwendungsbereich der EuInsVO hinsichtlich der Einbeziehung von Annexverfahren zu bestimmen ist, stand bereits mit dem Inkrafttreten der Verordnung auf unsicheren Füßen. Um die Abgrenzung der Anwendungsbereiche des ehemaligen EuGVÜ zu dem erhofften Konkursübereinkommen mit Inhalt zu füllen, war erstbetrachtend in der *Gourdain./.Nadler*-Entscheidung eine Formulierung getroffen worden, welche die Trennlinie demgemäß zog, dass »Entscheidungen, die sich auf ein Insolvenzverfahren beziehen, [...] nur dann von der Anwendung des Übereinkommens [EuGVÜ] ausgeschlossen [sind], wenn sie unmittelbar aus diesem Verfahren hervorgehen und sich eng innerhalb des Rahmens eines Konkurs- oder Vergleichsverfahrens [...] halten.«[281] Diese Formulierung hat sich bis heute gehalten und ist nicht substanziell erweitert oder geändert worden. So enthielt auch Art. 25 Abs. 1 Unterabs. 2 EuInsVO-2000 eine bloße Wiederholung. Ebenso hat der neue Art. 6 EuInsVO-2015 keine spürbaren Neuerungen erfahren. Leider war und ist diese Formulierung aber so unbestimmt und offen, dass sie die insolvenzbezogenen Einzelverfahren unter der *vis attractiva concursus* nicht rechtssicher zu definieren vermag. Die fünf in der Begründung der *Gourdain./.Nadler*-Entscheidung genannten Anhaltspunkte für die Einordnung der streitgegenständlichen Haftungsklage sind zwar als Ansatz einer Konkretisierung dieser Formel einzustufen, aber leider nur in eingeschränktem Maße dienlich. Ohne eine Differenzierung zwischen den beiden bereits grammatikalisch erkennbaren Kriterien vorzunehmen, wurden

---

280 In einer Rechtsprechungslinie diesbezüglich: EuGH, Urt. v. 22.2.1979, Rs. 133/78, Slg. 1979, 733, Rn. 3 – *Gourdain./.Nadler*; EuGH, Urt. v. 12.2.2009, Rs. C-339/07, Slg. 2009, I-767, Rn. 19 f. – *Seagon./.Deko Marty Belgium*; EuGH, Urt. v. 2.7.2009, Rs. C-111/08, Slg. 2009, I-5655, Rn. 20 ff. – *SCT Industri./.Alpenblume*; EuGH, Urt. v. 10.9.2009, Rs. C-292/08, Slg. 2009, I-8421, Rn. 23 ff. – *German Graphics*.
281 EuGH, Urt. v. 22.2.1979, Rs. 133/78, Slg. 1979, 733, Rn. 4 – *Gourdain./.Nadler*.

Kapitel 2: Die vis attractiva concursus des europäischen Insolvenzrechts

die folgenden Punkte zur Identifizierung eines Annexverfahrens als maßgeblich angesehen:
- die ausschließliche Zuständigkeit des Konkursgerichts,
- die alleinige Prozessführungsbefugnis des Konkurs- oder Vergleichsverwalters (neben dem Insolvenzgericht von Amts wegen),
- der Blick auf das Interesse der Gesamtheit der Gläubiger,
- das Vorliegen einer Haftungsvermutung zu Lasten der rechtmäßigen oder faktischen Geschäftsführer und
- der modifizierte Verjährungsbeginn.

Ihrer Übertragbarkeit als Kriterien für eine Qualifikation stehen erhebliche Zweifel entgegen. Bis auf den Dienst im Interesse der Gesamtheit der Gläubiger sind diese Ansatzpunkte nicht geeignet, um daraus einen engen Zusammenhang zum Insolvenzverfahren schließen zu können. So sind Beweislastumkehr und Verjährungsmodifikationen zu weit verbreitet und den Insolvenzverfahren zwar dienlich, der Materie aber nicht eigen.[282] Die einschlägige Zuständigkeit des jeweiligen nationalen Insolvenzgerichts kann kein für die Unionsebene gültiges Kriterium bieten.[283] Die EuInsVO regelt, wie bereits erörtert, allein die internationale Zuständigkeit.[284] Die Bestimmung der örtlichen und sachlichen Zuständigkeit bleibt den Regelungen der Mitgliedstaaten vorbehalten und kann eine ganz unterschiedliche Ausgestaltung erfahren. Auch die alleinige Tatsache der Beteiligung des Insolvenzverwalters als Partei im Verfahren oder die bloße Folge der Masseanreicherung erscheinen nicht als geeignete Kriterien der Qualifikation.[285] Sie sind zwar stringente Folge der Geltendmachung von Forderungen während des Insolvenzverfahrens und damit Konsequenz des eröffneten Insolvenzverfahrens, als alleinige Bedingung aber bloß formaler As-

---

282 Ähnlich *Lüke*, in: FS Schütze, S. 467 (474 ff.), der die (an einer Stelle differierenden) Ansatzpunkte der gerichtlichen Entscheidung einer Prüfung auf den nötigen Zusammenhang unterzog, wobei er ihre Nichthaltbarkeit feststellte.
283 *Haas*, NZG 1999, 1148 (1151); siehe auch bereits schon *Schlosser*, in: FS Weber, 395 (406).
284 Siehe bereits oben: Kapitel 2: C. II. 4. b).
285 Im Hinblick auf die Relevanz der Beteiligung des Insolvenzverwalters blieb der EuGH im *German Graphics*-Urteil, EuGH, Urt. v. 10.9.2009, Rs. C-292/08, Slg. 2009, I-8421, Rn. 33 – *German Graphics* seiner vorherigen Rechtsprechungslinie treu. Bereits in EuGH, Urt. v. 2.7.2009, Rs. C-111/08, Slg. 2009, I-5655, Rn. 28 – *SCT Industri./.Alpenblume* lag die entscheidende Maßgabe, trotz eines anders gelagerten Anscheines, nicht in der Beteiligung des Konkursverwalters.

pekt eines Insolvenzzusammenhangs. Dennoch blieb der EuGH dem Kriterium des beteiligten Insolvenzverwalters auch in diversen späteren Entscheidungen treu und betonte es als ausschlaggebendes Kriterium für die Qualifikation der Annexverfahren.[286] Davon unabhängig brachten auch diese weiteren Entscheidungen des EuGH, die die Anwendungsbereiche der EuGVVO und der EuInsVO abzugrenzen versuchten[287], die Ausfüllung der Formel und die Klärung der Frage, was den *engen Zusammenhang* ausmacht, nicht weiter voran. Bis heute wurde die Ausfüllungsbedürftigkeit dieser Formel nicht durch den EuGH beseitigt, sondern durch teilweise widersprüchlich anmutende Einzelfallentscheidungen, deren Kriterienwahl alles andere als konstant blieb, noch verstärkt.[288]

2. Die geforderte enge Reichweite

Die ausschließliche internationale Zuständigkeit des Staates der Insolvenzverfahrenseröffnung bringt die Verdrängung des nach den allgemeinen Regeln gegebenen Beklagtengerichtsstandes mit sich. Dieser ist auch im Internationalen Zivilverfahrensrecht als Grundsatz des *actor sequitur forum rei* zum Schutz des Beklagten vor den Risiken einer unbegründet gegen ihn gerichteten Klage allgemein anerkannt.[289] Eine zu weite Ausdehnung der Annexverfahren würde daher diesen hochzuhaltenden Grundsatz einschränken, was zu der weithin verbreiteten Forderung nach einer

---

286 EuGH, Urt. v. 19.4.2012, Rs. C-213/10, Rn. 32 ff. – *F-Tex SIA/Jadecloud-Vilma*, abgedruckt in NZI 2012, 469; EuGH, Urt. v. 18.7.2013, Rs. C-147/12, Rn. 25 f. – *ÖFAB/Koot und Evergreen*, abgedruckt in ZIP 2013, 1932.
287 Hierunter zu nennen sind die Entscheidungen: EuGH, Urt. v. 12.2.2009, Rs. C-339/07, Slg. 2009, I-767 – *Seagon./.Deko Marty Belgium*; EuGH, Urt. v. 2.7.2009, Rs. C-111/08, Slg. 2009, I-5655, – *SCT Industri./.Alpenblume*; EuGH, Urt. v. 10.9.2009, Rs. C-292/08, Slg. 2009, I-8421 – *German Graphics*; sowie EuGH, Urt. v. 19.4.2012, Rs. C-213/10 – *F-Tex SIA/Jadecloud-Vilma*, abgedruckt in NZI 2012, 469.
288 Siehe dazu eingehend unten: Kapitel 3: C. II. 3.
289 *Pfeiffer*, Internationale Zuständigkeit und prozessuale Gerechtigkeit, S. 596; *Wolff*, Private Internationale Law, S. 62 f.; für das deutsche internationale Zuständigkeitssystem bezogen auf die Wohnsitzanknüpfung: *Geimer*, Internationales Zivilprozessrecht, Rn. 298, 1138.

engen Auslegung des Art. 1 Abs. 2 lit. b) EuGVVO und damit eingeschränkten Ausdehnung der Annexverfahren führte.[290]

Der EuGH konnte sich bislang noch zu keiner durchgängig konsequenten und einheitlichen Linie bzgl. der Reichweite der Annexverfahren durchringen. Der Grund hierfür mag in der Unentschlossenheit oder auch in der nicht vollendeten Berichtigung missglückter Entscheidungen liegen. So war der EuGH in der Auslegung der Ausnahmeregelung des Art. 1 Abs. 2 lit. b) EuGVVO zwar zu Beginn noch zurückhaltend, fasste hingegen diese Negativbestimmung in *SCT Industri./.Alpenblume* – schon beinahe uferlos – weit. Das ersuchende Gericht wollte mit seiner Vorlagefrage in dieser Sache wissen, ob eine gerichtliche Entscheidung, die die Wirksamkeit der Übertragung von Geschäftsanteilen durch den Konkursverwalter und der sich daran anknüpfenden Rückforderungsklage betraf, von den anderen Mitgliedstaaten anerkannt werden muss oder ob diese Entscheidung gem. Art. 1 Abs. 2 lit. b) EuGVVO aus dem Anwendungsbereich der Verordnung über die gerichtliche Zuständigkeit und die Anerkennung und Vollstreckung von Entscheidungen in Zivil- und Handelssachen auszunehmen ist. In Anerkennung einer zur Ausnahmeregelung des Art. 1 Abs. 2 Nr. 2 EuGVÜ konstanten Auslegung des gleichlautenden Art. 1 Abs. 2 lit. b) EuGVVO knüpfte der EuGH den für die Bestimmung der Annexverfahren erforderlichen engen Zusammenhang allein an die Teilhabe insolvenzrechtlicher Bestimmungen unter dem Schirm eines Insolvenzverfahrens, was eine Ausbreitung der zu qualifizierenden Annexverfahren befürchten ließ, die sich weder durch ihren Zweck noch durch die beteiligten Interessen rechtfertigen konnte.[291] Der darauffolgenden Entscheidung im Fall *German Graphics* lag die Frage zugrunde, ob die sich auf einen Eigentumsvorbehalt gestützte Klage eines Verkäufers gegen

---

290 So spricht der EuGH in seinem *German Graphics*-Urteil, EuGH, Urt. v. 10.9.2009, Rs. C-292/08, Slg. 2009, I-8421, Rn. 25 – *German Graphics* von einem „nicht weit[en]" Anwendungsbereich der EuInsVO, fortgeführt in: EuGH, Urt. v. 4.9.2014, Rs. C-157/13, Rn. 22 – *Nickel & Goeldner*, abgedruckt in NZI 2014, 919; sich auf die EuGH-Entscheidung berufend: *Lienau*, in: Wimmer/Bornemann/Lienau, Die Neufassung der EuInsVO, Rn. 278; Ohne erweisliche Stütze spricht *Hess*, Europäisches Zivilprozessrecht, § 9, Rn. 40 vom Gegenteil, wenn er mit seiner Aussage „im Interesse der *vis attractiva concursus* will die h.M. Art. 4 Abs. 2 EuInsVO[-2000] weit interpretieren" von einer weiten Ausdehnung der Annexverfahren ausgeht.

291 *Oberhammer*, IPRax 2010, 317 (323) spricht von einer „fast unlimitierte[n] zuständigkeitsrechtliche[n] *vis attractiva concursus*".

einen Käufer, über dessen Vermögen das Insolvenzverfahren eröffnet worden ist, vom Anwendungsbereich der EuGVVO für den Fall ausgeschlossen ist, dass sich die unter Eigentumsvorbehalt stehende Sache im Staat der Verfahrenseröffnung befindet. Auch in diesem Fall ging es mithin um eine aus insolvenzrechtlichen Bestimmungen resultierende Beteiligung des Insolvenzverwalters an einem unter dem Schirm des Insolvenzverfahrens erfolgenden Rechtsstreit. In konsequenter Fortführung seiner Rechtsprechung hätte der EuGH damit auch hier das Vorliegen eines Annexverfahrens unter Anwendung des Ausschlusstatbestandes des Art. 1 Abs. 2 lit. b) EuGVVO bejahen müssen. Dem war jedoch nicht so. In dieser Entscheidung erinnerte der EuGH vielmehr wiederum daran, mit dem Willen des Gemeinschaftsgesetzgebers den Anwendungsbereich der EuGVVO unter dem Begriff der »Zivil- und Handelssachen« weit zu fassen, und mahnte mithin, der vorherigen Entscheidung im Fall *SCT Industri./.Alpenblume* zuwider, dass der Anwendungsbereich der EuInsVO und damit auch die Annexverfahren »*nicht weit* ausgelegt werden« dürften.[292]

Diese Forderung mag in der Konsequenz zwar richtig sein und in Erwägungsgrund 6 EuInsVO-2000 eine Stütze finden, sagt aber über die Zuordnung zu den Annexverfahren noch nichts aus. Daraus kann lediglich geschlussfolgert werden, dass nicht jegliche Verfahren, die auch nur im Entferntesten in einem Zeitraum mit dem Insolvenzverfahren und dem Betroffensein auch bloß einer der Beteiligten des Insolvenzverfahrens zusammenfallen, bereits als Annexverfahren zu qualifizieren sind. Nur ist dieser Schluss weder überraschend noch kann er ausreichend eingrenzen. Vielmehr sagt er lediglich, dass nur die Einzelverfahren unter die Annexverfahren zu subsumieren sind, die ausreichend mit dem Insolvenzverfahren und seinen Zielen zusammenhängen. Eine enge Auslegung kann damit nur so eng sein, wie es die Bedeutung und Tragweite der Annexverfahren erfordert.

---

292 EuGH, Urt. v. 10.9.2009, Rs. C-292/08, Slg. 2009, I-8421, Rn. 23 ff. – *German Graphics*; fortgeführt in: EuGH, Urt. v. 4.9.2014, Rs. C-157/13, Rn. 22 – *Nickel & Goeldner*, abgedruckt in NZI 2014, 919.

3. Kaum Klarheit durch die Reform

Ebenfalls ohne Gewinn für die inhaltliche Bestimmung der Annexverfahren bleibt die Reform der EuInsVO. Trotz des nun in Art. 6 EuInsVO-2015 kodifizierten internationalen Zuständigkeitsregimes der Gerichte des Staates der Verfahrenseröffnung für Annexverfahren bleibt die Reichweite der *vis attractiva concursus* weiterhin im Unklaren.[293] Zur abstrakten Bestimmung der Verfahren wird die die Annexverfahren umschreibende Formulierung aus Art. 25 Abs. 1 Unterabsatz 2 EuInsVO-2000 beinahe wortlautgetreu übernommen. Die geringfügige Abweichung im ersten Teil entspricht der Fassung in der *Gourdain./.Nadler*-Entscheidung. Eine Konkretisierung dahingehend, welche Einzelverfahren unter die *vis attractiva concursus* zu stellen sind, kann aus der Novellierung nur bedingt geschlossen werden. Auch aus der Erweiterung der Aussage in Erwägungsgrund 7 EuInsVO-2015 ergibt sich hierfür keine Auflösung. Die klarstellende Formulierung, dass für die von der EuGVVO ausgenommenen »Konkurse, Vergleiche und ähnliche Verfahren« die EuInsVO gelten solle und damit die Vermeidung von Rechtslücken angestrebt wird, stellt sich lediglich als deklaratorische Wiederholung des bereits Bekannten dar.

Der zu Art. 6 EuInsVO-2015 neu eingefügte Erwägungsgrund 35 gewährt leider keine Definition, sondern beschränkt sich auf die Wiedergabe bereits bekannter Beispiele für ein Annexverfahren.[294] Die Benennung der Anfechtungsklage sowie der Klagen auf Vorschüsse von Verfahrenskosten in Erwägungsgrund 35 EuInsVO-2015 geben lediglich den Stand bisheriger Übereinstimmungen wieder. Die aus diesen Beispielen zu schlussfolgernde Notwendigkeit eines zugrunde liegenden Insolvenzsachverhaltes bringt keine neuen Erkenntnisse.[295] Lediglich das Negativbeispiel des Erwägungsgrundes 35 S. 3 EuInsVO-2015, der Klagen wegen der Erfüllung von Verpflichtungen aus einem Vertrag, der vor der Eröffnung des Verfahrens vom Schuldner geschlossen worden ist, von den Annexverfahren ausnimmt, kann einen neuen Anhaltspunkt für die Einordnung der Einzel-

---

293 Klärungsbedarf sieht hierfür ebenfalls *Parzinger*, NZI 2016, 63 (65).
294 *Lienau*, in: Wimmer/Bornemann/Lienau, Die Neufassung der EuInsVO, Rn. 274; ebenso *Ringe*, in: *Bork/Van Zwieten*, Commentary on the European Insolvency Regulation, Rn. 6.18.
295 Siehe aber *Lienau*, in: Wimmer/Bornemann/Lienau, Die Neufassung der EuInsVO, Rn. 278, der diesen Aspekt aus den Positivbeispielen des Erwägungsgrundes 35 S. 2 der neuen EuInsVO-2015 zieht.

verfahren hervorbringen. Lässt sich daraus doch schließen, dass – in Abkehr von der Entscheidung des EuGH im Fall *Gourdain./.Nadler* – zumindest die Prozessführungsbefugnis des Insolvenzverwalters nach dem Willen des Verordnungsgebers kein Indiz für das Vorliegen eines unmittelbaren und engen Zusammenhangs darstellen soll.[296] Viel mehr Klarheit geben aber auch diese Regelungen nicht preis.

Auch die zum Zwecke der Zuständigkeitsbegründung am Beklagtenwohnsitz bei im Zusammenhang stehenden Verfahren nach Art. 6 Abs. 3 EuInsVO-2015 gewährte Klarstellung, was unter einem engen Zusammenhang zu verstehen ist, kann keine weitere Hilfestellung geben. So ist damit gerade nicht der enge Zusammenhang der Annex- mit dem Insolvenzverfahren nach Art. 6 Abs. 1 EuInsVO-2015 gemeint. Einer direkten Anwendung der Bestimmung des Art. 6 Abs. 3 EuIOnsVO-2015 auf die in Abs. 1 erfolgende Formulierung der Annexverfahren ist aufgrund der expliziten Bezugnahme auf Abs. 2 – »zum Zwecke des Absatz 2« – bereits der Weg abgeschnitten. Aber auch einer Übertragung des Gedankens, was einen engen Zusammenhang ausmachen soll, fehlt die Vergleichbarkeit. So findet die Durchführung einer »gemeinsame[n] Verhandlung und Entscheidung [...], um die Gefahr zu vermeiden, dass in getrennten Verfahren miteinander unvereinbare Entscheidungen ergehen« im Verhältnis von Insolvenz- zu Annexverfahren, anders als bei zwei im Zusammenhang stehenden Einzelklagen, gerade keinen Anknüpfungspunkt. Aufgrund der unterschiedlichen Ausrichtung von Gesamtvollstreckungs- und Einzelverfahren können schon keine einheitlichen Entscheidungen ergehen. Eine Gefahr der Widersprüchlichkeit gibt es dementsprechend auch nicht. Insofern *Waldmann* diese Bestimmung für die Qualifikation der Annexverfahren mit der Begründung nutzbar machen möchte, dass von dem Insolvenzgericht anders als vom Zivilgericht eine effektivere Entscheidungsfindung zu erwarten ist,[297] verkennt er, dass die EuInsVO die innerstaatliche Zuständigkeit und mithin die Frage, ob das Insolvenz- oder ein anderes Zivilgericht des Mitgliedstaates sachlich (sowie auch örtlich) zuständig ist, gerade nicht regeln will.[298] Eine dahingehende Wirkung hat die EuInsVO nicht angestrebt – eine dahingehende Wirkung kann demzufolge auch Art. 6

---

296 *Lienau*, in: Wimmer/Bornemann/Lienau, Die Neufassung der EuInsVO, Rn. 276.
297 *Waldmann*, Annexverfahren im Europäischen Insolvenzrecht, S. 170.
298 Siehe bereits oben: Kapitel 2: C. II. 4. b); siehe auch EuGH, Urt. v. 12.2.2009, Rs. C-339/07, Slg. 2009, I-767, Rn. 27 – *Seagon./.Deko Marty Belgium*.

Abs. 3 EuInsVO-2015 für die Frage des Verhältnisses zwischen Insolvenz- und Annexverfahren nicht zeitigen.

Alles in allem wird mit der Kodifikation durch die Reform die Kontroverse um die Reichweite der *vis attractiva concursus* kein Stück entschärft. Abgesehen von der nun vom Verordnungsgeber ausdrücklich statuierten Zuständigkeitskonzentration werden die Annexverfahren und die Handhabung der *vis attractiva concursus* nicht weiter konkretisiert. Vielmehr hat die Untersuchung des Instruments der Annexverfahren durch die erneute Einfügung in den Verordnungstext an Bedeutung gewonnen.

D. *Zusammenfassung*

Der Begriff der vorliegend betrachteten *vis attractiva concursus* beschreibt sehr plastisch, um was es bei dem Instrument der Annexzuständigkeit eigentlich geht: um die Anziehungskraft der Insolvenz. Zur Herbeiführung einer (Verfahrens-)Konzentration aller den Insolvenzsachverhalt in einem systematisch-sachlichen Zusammenhang betreffenden Aspekte werden die Annexverfahren dem Zuständigkeitsregime des Insolvenzverfahrensstaates unterstellt. Das Insolvenzverfahren zieht mithin diejenigen Einzelverfahren unter sein Forum, die die Voraussetzungen des engen Zusammenhangs erfüllen. Das insofern allein verfahrensrechtlich ausgeprägte Instrument der *vis attractiva concursus* findet nunmehr nach der Reform der Europäischen Insolvenzverordnung seine Kodifikation in Art. 6 EuInsVO-2015. Hiernach sind nun explizit »die Gerichte des Mitgliedstaates, in dessen Hoheitsgebiet das Insolvenzverfahren nach Art. 3 EuInsVO eröffnet worden ist, [...] für alle Klagen, die unmittelbar aus dem Insolvenzverfahren hervorgehen und in engem Zusammenhang damit stehen, wie beispielsweise Anfechtungsklagen« zuständig. Damit wird die auch bereits bisher schon erfolgende Anwendung der unionsrechtlichen *vis attractiva concursus* legislativ festgeschrieben. Die insoweit erfolgende Statuierung gibt die Rechtsprechung des EuGH zur Abgrenzung zwischen EuInsVO und EuGVVO wieder.[299] Danach unterfallen die Annexverfahren dem Zuständigkeitsregime des Insolvenzeröffnungs-

---

299 Vgl. auch *Mankowski*, in: Mankowski/Müller/J. Schmidt, EuInsVO 2015, Art. 6, Rn. 1; *Moss/Smith*, in: Moss/Fletcher/Isaacs, The EU Regulation on Insolvency Proceedings, 3. Ed., Rn. 8.86.

staates. Was allerdings unter diesem unmittelbaren und engen Zusammenhang zu verstehen ist, blieb bislang offen. Die Bestimmung der Reichweite der Annexverfahren hat auch durch die Reform nicht an Klarheit gewonnen.

Nun kann man sich mit Blick auf das folgende Kapitel fragen, wie ein Instrument, dessen Reichweite noch nicht bestimmt ist, die Reichweite des Insolvenzstatuts konkretisieren soll. Aber gerade dies ist der zweite, sich aus dem Gleichlauf von Verfahrens- und Kollisionsrecht ergebende Effekt. Denn erst die daraus folgende Übereinstimmung eröffnet den Blick auf die eigentliche, inhaltliche Ausprägung der Annexverfahren.

Kapitel 3: Die Übertragbarkeit des Instruments der vis attractiva concursus

Im Mittelpunkt der folgenden Betrachtung steht die Frage, inwieweit die *vis attractiva concursus* auch innerhalb des Insolvenzkollisionsrechts zur Konkretisierung des insolvenzrechtlichen Begriffsverständnisses fruchtbar gemacht werden kann. Mit der klarstellenden Aufnahme einer Zuständigkeitsregelung zu den Annexverfahren in das Regime der EuInsVO-2015 steht zwar insoweit fest, dass für die Qualifikation dieser Einzelverfahren weiterhin ein enger Zusammenhang mit dem Insolvenzverfahren ausschlaggebend ist. Über dessen Inhalt ist damit aber gleichfalls noch nichts ausgesagt. Würde dem Art. 6 EuInsVO-2015 entsprechend seines Regelungsgehalts lediglich eine rein prozessuale Dimension zugeschrieben, wäre ein verfahrensrechtliches Begriffsverständnis die notwendige Folge. Damit einher ginge auch die Trennung dessen, was auf der einen Seite i. S. des Verfahrens- und auf der anderen Seite i. S. des Kollisionsrechts als insolvenzrechtlich zu gelten hat. Eine Übertragung der Qualifikationsentscheidung auf die kollisionsrechtliche Ebene könnte in diesem Fall nicht erfolgen. Gleichfalls ist aber – anders als im nationalen Kontext, in dem die Frage des anwendbaren Rechts keine Rolle spielt und ein solch rein verfahrensbezogenes Konstrukt seine Berechtigung hat, – die Verkürzung der für grenzüberschreitende Insolvenzsachverhalte verwendeten unionsrechtlichen *vis attractiva concursus* auf einen rein formellen Gehalt nicht apodiktisch. Eine heterogene Ausbildung des insolvenzrechtlichen Verständnisses im Internationalen Zivilverfahrens- und Kollisionsrecht ist dann nicht anzunehmen, wenn deren Anknüpfungs- und Qualifikationsentscheidungen innerhalb der EuInsVO homogene Strukturen zugrunde liegen, aus denen sich eine innere Konnexität schlussfolgern lässt. Entscheidende Bedeutung kommt dabei dem Aspekt der Symmetrie zu, d. h. ob der für die Begründung der internationalen Zuständigkeit des Eröffnungsstaates für Annexverfahren herangezogene Insolvenzbezug im selben Maße auch für die Verweisung auf das materielle Recht eben dieses Mitgliedstaates abgebildet werden kann. Die Antwort auf diese Frage hängt davon ab, ob ein Gleichlauf zwischen internationaler Zuständigkeit und anzuwendendem materiellen Recht[300], wie ihn die Europäische Insolvenzverordnung bereits für das Gesamtvollstreckungsverfahren vorgibt, auch für die Annexverfahren existiert. Denn nur dann gilt Folgendes:

Sofern ein Gleichlauf zwischen Annexzuständigkeit und materiell anzuwendendem Recht zu bejahen ist, kann sich der geforderte enge Zusammenhang der Annexverfahren zu dem Insolvenzverfahren nicht in rein prozessualen Aspekten (wie z. B. anhand der Geltendmachung durch den Insolvenzverwalter) erschöpfen. Geboten ist vielmehr eine materielle Deutung, die mit den Wertungen des IPR übereinstimmt. Neben den Auswirkungen auf die Einordnung der Annexverfahren folgt dem aber auch ein Einfluss auf die unter das Insolvenzstatut zu subsumierenden Rechtsinstitute. In Übertragung des Instruments der *vis attractiva concursus* auf die kollisionsrechtliche Ebene – in Form der Nutzung als Bündel von Element-Kollisionsnormen – wird schließlich auch eine sachrechtliche Determinierung des von der Europäischen Insolvenzordnung abgedeckten Insolvenzbereichs in ihren Randbereichen möglich.

Inwieweit ein solcher die Übertragung der Qualifikationsentscheidung auf die kollisionsrechtliche Ebene ermöglichender Gleichlauf zu schlussfolgern ist, soll im Folgenden untersucht werden.

A. Die internationale Fungibilität der Privatrechtsordnungen

Aufgrund der grundsätzlichen Austauschbarkeit der Rechtsordnungen und der sich daran anschließenden unterschiedlichen Konzepte des Internationalen Zivilverfahrens- und Kollisionsrechts kann ein Gleichlauf nur die Ausnahme sein. Ein solcher muss daher auf Interessenerwägungen beruhen, die nicht den allgemeinen Wertungen folgen.

I. Die Frage der Korrelation von formellem und materiellem Recht

Formelles und materielles Recht sind grundsätzlich voneinander zu trennen und auch trennbar. Ihre Regelungsmaterien sind von funktional, struk-

---

300 Damit wird nach der gegenwärtigen Bedeutung der in der Geschichte des internationalen Privatrechts ursprünglich „starren Verbundenheit von forum und ius" gesucht. Für einen kurzen Abriss siehe: *Heldrich*, Internationale Zuständigkeit und Anwendbares Recht, S. 1 ff.

turell und zumeist auch kodifikatorisch unterschiedlichem Charakter. Gleichwohl sind sie über eine innere Korrelation miteinander verbunden.[301] Regelt auf der einen Seite das materielle Recht die inhaltlichen Rechte und Pflichten, so werden für deren Verwirklichung auf der anderen Seite im Rahmen des formellen Rechts Verfahren installiert, die Rechtsschutz gewähren. Damit dient das formelle Recht der Durchsetzung des materiellen Rechts, welches ohne die Existenz des formellen Rechts nicht geordnet und mit nachhaltiger Wirksamkeit geltend gemacht werden könnte. Dabei ist das Wesen der »dienende[n] Funktion«[302] aber grundsätzlich unabhängig von seiner konkreten nationalen Ausprägung zu sehen. Es ist nicht so eng zu verstehen, dass lediglich das gleichstaatliche formelle Recht diese Funktionsrichtung hat, vielmehr können auch Verfahrensrechte anderer Staaten diese Aufgabe erfüllen, sofern sie abstrakt und losgelöst von ganz bestimmten materiell-rechtlichen Regelungen stehen. Der Zusammenhang zwischen formellem und materiellem Recht ist damit im Allgemeinen nicht so stark, dass ihre Geltendmachung einen Gleichlauf erfordert.[303] Daher besteht auch für die Übernahme fremdländischen materiellen Rechts unter das eigene Verfahren kein absolutes Hindernis. Die fehlende innere Abhängigkeit zwischen beiden Rechtsbereichen führt auf grenzüberschreitender Ebene daher zur Fungibilität bzw. der Austauschbarkeit privatrechtlicher Rechtsordnungen. Damit wird der international zuständige Forumstaat in Anwendung eines unionsrechtlich gesetzten oder seines eigenen autonomen Kollisionsrechts nicht darauf beschränkt, sich allein seines innerstaatlichen Rechts zu bedienen. Unbesehen der durch die kollisionsrechtlichen Interessen geforderten Anknüpfung, besteht zumindest die Möglichkeit, das materielle Recht eines jeden vom Sachverhalt berührten Staates zur Anwendung zu bringen. Dabei stützt sich die Anwendung und verfahrensrechtliche Durchsetzung fremdländischen materiellen Rechts auf die Anerkennung der rechtlichen Qualität fremden Regelungsgehalts und ihrer Zulassung als echte (grundsätzlich

---

301 Zum Ganzen: *Arens*, AcP 173 (1973), 250; *Zöllner*, AcP 190 (1990), 471.
302 *v. Bar/Mankowski*, IPR I, § 5 Rn. 69. Die Formulierung der „dienenden Funktion des Prozessrechts" entspringt: *Boehmer*, Die Grundlagen der Bürgerlichen Rechtsordnung I, S. 95.
303 A. A. (wenn auch mit Ausnahmen) *Grunsky*, ZZP 89 (1976), 241 (249, 253, 254 ff.).

gleichwertige) Alternative zum eigenen Recht.[304] Insofern beruht diese Austauschbarkeit nicht auf einer bloßen Gleichgültigkeit in der Entscheidung, welches Recht zur Anwendung gelangen soll, sondern ist vielmehr das Ergebnis einer grundsätzlichen Anerkennung anderer Rechtsordnungen[305] und mithin die Grundlage für die Annahme der internationalen Fungibilität.[306] Dadurch wird auch die Durchsetzung materieller Gerechtigkeit grundsätzlich nicht gehemmt.

II. Konzeptionelle Unterschiede zwischen dem Internationalen Zivilverfahrens- und Kollisionsrecht

Vor diesem Hintergrund stellen die Materien des Internationalen Zivilverfahrensrechts (IZVR) als auch des Internationalen Privatrechts (IPR) getrennt voneinander Instrumente zur Verfügung, die der Regelung des internationalen Rechtsverkehrs dienen und (territorial) das Gericht bzw. das Sachrecht bestimmen, welches für grenzüberschreitende Sachverhalte zur

---

[304] *Schurig*, Kollisionsnorm und Sachrecht, S. 52 ff., auf S. 54, 56 konkludiert er schließlich, dass das IPR die notwendige Folge der Anerkennung anderer Rechtsordnungen als im Ganzen gleichwertig sei; *Sonnenberger*, in: MüKo zum BGB, 5. Aufl., Einleitung IPR, Rn. 35.

[305] Anders *Schurig*, RabelsZ 54 (1990), 217 (230), der die Annahme von Austauschbarkeit mit einer Gleichgültigkeit gegenüber der Entscheidung, welches Recht kollisionsrechtlich angewandt werden soll, gleichsetzt. In der Folge dieser Gleichstellung sieht *Kuckein*, Die „Berücksichtigung" von Eingriffsnormen im deutschen und englischen internationalen Vertragsrecht, S. 142 den Aufbau des IPR auf der Austauschbarkeit als widerlegt an. Dies hebt er mit der Aussage hervor, dass andernfalls die Auswahl der maßgeblichen Rechtsordnung vergebene Mühe und das IPR insgesamt überflüssig wären.

[306] Vgl. *v. Bar/Mankowski*, IPR I, § 4, Rn. 92, der der Fremdrechtsanwendung und dem IPR den Gedanken der Austauschbarkeit zugrunde legt, indem er das Interesse des Forumstaates an einer funktionierenden Zivilrechtsordnung auch bei der Anwendung ausländischen Rechts als gewahrt ansieht; *Kropholler*, Internationales Privatrecht, S. 18, der die Fungibilität nationaler Privatrechtsnormen trotz Wandlung des IPR für weiterhin existent hält; siehe auch *Geimer*, Internationales Zivilprozessrecht, Rn. 38, der eine Parallele ins IZPR zieht und diese deutlich, unter Abstellung auf merkliche Unterschiede in den Rechtsordnungen, als Fiktion ausmacht; einschränkend: *Neuhaus*, Grundbegriffe des IPR, S. 33. Die grundsätzliche Fungibilität der Privatrechtsordnungen ablehnend: *Kuckein*, Die „Berücksichtigung" von Eingriffsnormen im deutschen und englischen internationalen Vertragsrecht, S. 142; *Schurig*, RabelsZ 54 (1990), 217 (230).

Kapitel 3: Die Übertragbarkeit des Instruments der vis attractiva concursus

Anwendung gelangen soll. Der Regelungsgegenstand im IZVR und IPR ist daher nicht der Gleiche. Die Bestimmungen zur internationalen Zuständigkeit oder zum Verfahrensrecht enthalten nicht auch den Verweis auf das anzuwendende materielle Recht. Umgedreht verweist eine Kollisionsnorm des IPR lediglich auf das materiell anzuwendende Recht, legt aber nicht das Gerichtsverfassungs- oder das Verfahrensrecht fest.[307] Bedingt durch die unterschiedlichen Regelungsgegenstände und der darauf aufbauenden differierenden Interessenwahrnehmung fallen die Konzeptionen von IZVR und IPR grundsätzlich auseinander.

Dies gilt unabhängig der jeweils in Frage kommenden Rechtsquelle. Neben den einzelnen autonomen nationalen Rechtsordnungen, enthalten auch das Völkergewohnheitsrecht, völkerrechtliche Verträge und v. a. auch die Sekundärrechtsakte der Europäischen Union Regelungen zu IZVR und IPR.[308] Für die vorliegende Thematik ist der Fokus allein auf letztere, in der Ausprägung der Europäischen Insolvenzverordnung und der Verordnung über die gerichtliche Zuständigkeit und die Anerkennung und Vollstreckung von Entscheidungen in Zivil- und Handelssachen zu legen.

1. Der zeitliche Rahmen

Resultierend aus den unterschiedlichen Regelungsgegenständen von IZVR und IPR wird für die der Verweisung unterliegenden Anknüpfungskriterien ein unterschiedlicher zeitlicher Ansatz[309] entscheidend. So sind für die Suche nach dem materiell maßgebenden Recht die Umstände des Sachverhalts im Zeitpunkt des Geschehens, für die Bestimmung der internationalen Zuständigkeit die Verhältnisse im Verfahren und die Anforderungen dessen bei Klageerhebung (bzw. bei Vorliegen der die Zuständigkeit begründenden Umstände bis zum Schluss der letzten mündlichen Verhandlung)[310] bestimmend. Nichts anderes gilt für die Wahl der Parteien hinsichtlich Gerichtsstand und Recht. Zu dem Zeitpunkt, zu welchem

---

307 *Geimer*, Internationales Zivilprozessrecht, Rn. 49 f.
308 Ausführlicher zu den Rechtsquellen: *Geimer*, Internationales Zivilprozessrecht, 5. Kapitel.
309 *Grunsky*, ZZP 89 (1976), 241 (253 f.); *Mankowski*, in: FS Heldrich, S. 867 (875 f.); *Neuhaus*, Grundbegriffe des IPR, S. 424.
310 *Rauscher*, IPR, Rn. 2148.

A. Die internationale Fungibilität der Privatrechtsordnungen

dem Kläger ein im Rahmen konkurrierender Zuständigkeiten weitreichendes Wahlrecht hinsichtlich der Bestimmung des maßgeblichen Gerichtsstandes zusteht (*forum shopping*)[311], kann es eine direkte Rechtswahl unter mehreren in Beziehung zum Sachverhalt stehenden Rechten *im Nachhinein* grundsätzlich nicht mehr geben.[312] Die Möglichkeit eines weiten, nachträglichen *law shoppings* vermag aufgrund einer mangelnden Rechtssicherheit und Überschaubarkeit ex ante sowie eines scheinbar fehlenden Nähebezuges die Grundfesten des IPR auszuhöhlen.

2. Die Beziehung zum Sachverhalt

IZPR und IPR suchen auch im Sachverhalt einen jeweils anderen Bezugspunkt, der die Wahl des zuständigen Gerichts sowie des anzuwendenden Rechts bestimmen soll. Deutlich wird dies, wenn man sich vor Augen hält, in welches Verhältnis der betroffene Lebenssachverhalt zum Recht und zum Gericht zu setzen ist[313]: Das anzuwendende materielle Recht gestaltet die rechtliche Beziehung der Parteien des zugrunde liegenden Rechtsverhältnisses unmittelbar, wodurch das materielle Recht in ein direktes Verhältnis zum Sachverhalt tritt. Das anwendende Gericht gibt hierfür lediglich die Form vor, indem es das Verfahren bereitstellt. Das formelle Recht tritt damit inhaltlich und zeitlich erst über das bereitzustellende Verfahren mit dem Sachverhalt in eine nur nachträgliche und mittelbare Beziehung. Auf die Wertungen des internationalen Zuständigkeits- und Verfahrens- sowie des Kollisionsrechts muss dies durchschlagen. Das IZPR sucht damit lediglich nach einem, den Zwecken des Verfahrens entsprechenden Bezugspunkt im Sachverhalt, wodurch dieser in seine einzelnen Aspekte aufgespalten wird und mithin einer Vielzahl von Anknüpfungen offen steht. Dem IPR hingegen ist der Sachverhalt als Ganzes zu unterstellen, um dessen eigene »Natur« herausfiltern zu können. Die Folge ist damit ei-

---

311   Mit deren Möglichkeit im autonom gesetzten Recht auch die indirekte Bestimmung des anzuwendenden materiellen Rechts hinzutritt.
312   Unbenommen davon bleiben natürlich die im Zuge der Parteiautonomie bestehende Möglichkeit der individualvertraglichen Rechtswahl im *Vorhinein* (vor/bei Vertragsschluss) sowie die im Gesellschaftsrecht vor dem Hintergrund der Gründungstheorie ermöglichte mittelbare Rechtswahl durch die Wahl der Rechtsform.
313   Die Andersartigkeit der Stellung von Recht und Gericht zum Sachverhalt benennt auch: *Kropholler*, Internationales Privatrecht, S. 48.

ne grundsätzliche Exklusivität der Anknüpfung. Ganz konkret ergibt sich dies aus Folgendem:

a) Wahl des international zuständigen Gerichts im IZVR

Das IZVR lässt sich definieren als die Gesamtheit aller, einer Rechtsquelle entspringender, zivilverfahrensrechtlicher Normen, die auf Sachverhalte unter Auslandsbezug zur Anwendung kommen.[314] Zu den im internationalen Zivilverfahrensrecht zu regelnden Bestandteilen gehören v. a. die internationale Zuständigkeit, die Anerkennung und Vollstreckung ausländischer Verfahren und Entscheidungen sowie das Verfahrensrecht unter Auslandsbezug und seine Besonderheiten.

Bedeutung erlangt hierbei, in welche (territoriale) Beziehung das Gericht zum Sachverhalt tritt. Im Gegensatz zum IPR wird der Sachverhalt allerdings nur insofern relevant als er den sachlichen *Gegenstand des Verfahrens* bildet. Er ist hingegen nicht selbst Gegenstand rechtlicher Bewertung und Regelung; seine bereits vorgelagerte materiell-rechtliche Einbettung wird hierdurch nicht berührt. Das Gericht tritt erst mit dem Prozess und damit dem materiell-rechtlich zu bestimmenden Geschehen, dem Sachverhalt, nachfolgend auf die Bühne.[315] Betrachtet werden mithin die jeweiligen Umstände einer prozessualen Durchsetzung, die sich auf einzelne und unterschiedlich zu gewichtende territoriale Bezüge zum Gerichtstand stützen. Die daraus folgenden Interessenerwägungen führen schließlich zu der Entscheidung, welcher Staat als international zuständig anzusehen ist.

b) Das anzuwendende Verfahrensrecht

Der Bestimmung des Verfahrensrechts kommt eine wesentliche Rolle für die erfolgreiche Durchsetzung materiell-rechtlicher Ansprüche zu. Ihre Ausformung in den einzelnen Staaten unterscheidet sich nicht nur in sachlicher, sondern auch in tatsächlicher Hinsicht. So sind Verfahrensdauer,

---

314 *Geimer*, Internationales Zivilprozessrecht, Rn. 9; *Nagel/Gottwald*, Internationales Zivilprozessrecht, § 1, Rn. 2.
315 *Kropholler*, in: Handbuch des Internationalen Zivilverfahrensrechts, Band I, Kap. III, Rn. 127.

aber auch Komponenten, wie Ausbildung, rechtliche Traditionen, Mentalität oder andere menschliche Eigenschaften nicht identisch.[316]

(1) Regelung innerhalb der EuInsVO

Über die *lex fori*-Anknüpfung des Art. 7 EuInsVO-2015, der nicht zwischen Insolvenzverfahrens- und materiellem Insolvenzrecht differenziert[317], wird für das Insolvenzverfahren selbst die Anwendung des nationalen Verfahrensrechts des jeweiligen Forumstaates angeordnet. Für die Frage, welches Verfahrensrecht für die Annexverfahren maßgeblich ist, verbleibt es, unabhängig eines evtl. Gleichlaufs, bei den allgemeinen Grundsätzen.

(2) Grundsatz der lex fori

Die Wahl des anzuwendenden Verfahrensrechts wird vorrangig durch – vom Sachverhalt unabhängige – Zweckmäßigkeitserwägungen[318] und Verfahrensinteressen geprägt, die ihren Ausdruck in dem Grundsatz der *lex fori* finden, wonach ein Gericht grundsätzlich das jeweilige Verfahrensrecht des eigenen Staates anwendet.[319] Das Gericht kann zwar das ausländische Recht ermitteln und daraufhin auf den Sachverhalt anwenden, einem fremden Recht aber für sich selbst als Institution der Rechtspflege nur

---

316 *Geimer*, Internationales Zivilprozessrecht, Rn. 1926 f.
317 *Duursma-Kepplinger* in: Duursma-Kepplinger/Duursma/Chalupsky, Europäische Insolvenzverordnung, Art. 4 EuInsVO, Rn. 9.
318 *Geimer*, Internationales Zivilprozessrecht, Rn. 322, spricht hierbei von einem „Gebot der praktischen Vernunft", beschränkt den Grund der Anwendung der *lex fori* in Rn. 323 aber zu eng auf die „Zweckmäßigkeit"..
319 Zum Grundsatz der *lex fori* im IZVR: *Bar/Mankowski*, IPR I, § 5, Rn. 75 ff.; *Geimer*, Internationales Zivilprozessrecht, Rn. 319 ff., 3364; *Hoffmann/Thorn*, IPR, § 3, Rn. 5; *Kegel/Schurig*, Internationales Privatrecht, S. 1055 f.; *Nussbaum*, Deutsches Internationales Privatrecht, S. 384; im Grunde auch: *Geimer*, Internationales Zivilprozessrecht, Rn. 319 ff., 3364, der aber i. R. der Ausnahmen von diesem Prinzip eine großzügigere Anwendung ausländischen Verfahrensrechts, unter differenzierter Betrachtung der einzelnen Bereiche des IZVR, fordert.

Kapitel 3: Die Übertragbarkeit des Instruments der vis attractiva concursus

schwer und ungenügsam entsprechen.[320] Die Rechtfertigung der grundsätzlichen[321] Anwendung der *lex fori*, ohne auf die Notwendigkeit eines Verfahrenskollisionsrechts zurückgreifen zu müssen, kann dabei zwar nicht darauf gestützt werden, dass nur durch eine *lex fori*-Anwendung die fundamentalen Prozessmaximen und Verfahrensgrundsätze des Verfahrensstaates die Sicherung der Verfahrensgerechtigkeit gewährleisten können.[322] Mit einer solchen Argumentation würde man den ausländischen Verfahrensrechten nämlich grundsätzlich die Sicherstellung von Verfahrensgerechtigkeit absprechen. Jedoch ergibt sich die Rechtfertigung aus dem notwendigen Interesse an einer größtmöglichen Effizienz des Verfahrens und der Rechtssicherheit.[323] Gerichtsverfassung und Verfahrensorganisation sind so eng mit dem staatlichen System verknüpft, dass eine Trennung von internationaler Zuständigkeit und anzuwendendem Verfahrensrecht zu erheblichen Schwierigkeiten führen würde. Müsste das zuständige Gericht ausländisches Gerichtsverfassungs- und Verfahrensrecht nach § 293 ZPO ermitteln und vollständig anwenden, würden aufgrund der teilweise erheblichen Änderungen (z. B. im Verfahrensgang oder in der Art der Entscheidungsfindung) »bei Gericht« gewichtige Probleme auftreten und z. T. sogar Unmöglichkeiten bestehen, die zu einem erheblichen Verlust an Effizienz des Verfahrens führen.[324] Dies wirkt sich sowohl in der Dauer als auch in der Entstehung von Fehlern aus.[325]

---

320 Mit der Negierung einer Verfahrenserschwernis bei der Anwendung ausländischen Verfahrensrechts verkennt *Grunsky*, ZZP 89 (1976), 241 (244) den Unterschied in der Behandlung eines vom Prozess abgrenzbaren Sachverhalts und eines diesen gegenwärtig umgebenden Verfahrens, wenn er die Anwendung ausländischen materiellen Rechts mit der Anwendung ausländischen Verfahrensrecht gleichstellt.
321 Vgl. hierzu *v. Bar/Mankowski*, IPR I, § 5, Rn. 81 f., der die Berücksichtigung ausländischen Verfahrensrechts in Normen wie § 723 II ZPO als „Ausdruck eines allgemeineren Phänomens" betrachtet, welches nicht nur auf die Fälle einer ausdrücklichen Anordnungen des geschriebenen deutschen Verfahrensrechts beschränkt sein soll.
322 Dies scheint hingegen unter der Überschrift „Deutsches Recht für deutsche Verfahren" eines der Argumente von *v. Bar/Mankowski*, IPR I, § 5, Rn. 78 zu sein.
323 *v. Bar/Mankowski*, IPR I, § 5, Rn. 78; *Geimer*, Internationales Zivilprozessrecht, Rn. 323; *Nagel/Gottwald*, Internationales Zivilprozessrecht, § 1, Rn. 41.
324 *v. Bar/Mankowski*, IPR I, § 5, Rn. 78; *Geimer*, Internationales Zivilprozessrecht, Rn. 322; *Kegel/Schurig*, Internationales Privatrecht, S. 1055 f.
325 *v. Bar/Mankowski*, IPR I, § 5, Rn. 78.

(3) Verfahrenskollisionsrecht

Gegner der grundsätzlichen Anwendung der *lex fori* und Befürworter eines Verfahrenskollisionsrechts weisen dementgegen darauf hin, dass die Anwendung ausländischen Verfahrensrechts einer solchen Problembehaftung überhaupt nicht ausgesetzt wäre.[326] Das mag für einzelne verfahrensrechtliche Normen auch richtig sein, kann jedoch für die Grundmauern des Verfahrensrechts nicht gelten. Ausländisches Verfahrensrecht ist nicht lediglich auf einen institutionell abgrenzbaren Sachverhalt anzuwenden, wie dies auf die Anknüpfung im IPR zutrifft, sondern die »richtende Person« muss dieses Recht auf sich selbst und auf einen Prozess anwenden, indem sie sich unmittelbar befindet (was sich nicht nur wegen des systemgebundenen Verfahrensapparats um einiges hindernisreicher darstellt).

Es muss zwar zugegeben werden, dass durch die teilweise starke Verknüpfung von Verfahrens- und materiellem Recht die Anwendung ausländischen Verfahrensrechts in Ausnahme zum *lex fori*-Grundsatz zuweilen auch notwendig erscheint, da das ausländische materielle Recht ansonsten durch das inländische formelle Recht nicht entsprechend durchgesetzt werden könnte. Jedoch kann zum einen eine von der nationalen Einordnung verschiedene »materiellrechtsfreundliche« Qualifikation[327], die durch die Ausweitung der Einordnung als materielles Recht die ausländischen Verfahrensnormen über das Kollisionsrecht des IPR zur Anwendung bringt[328], durch den internationalen Bezug des Sachverhalts und der hierdurch hervorgebrachten besonderen Interessenlage gerechtfertigt werden. Die damit ermöglichten Ausnahmen von der Anwendung der *lex fori* führen dazu, dass der funktionale Zusammenhang (von formellem und materiellem Recht) gewahrt bleibt. Anderseits kann vom Grundsatz der *lex fori* aber auch durch eine Anpassung der inländischen Verfahrensnormen abgewichen werden, sodass das drohende Versagen des ausländischen materiellen Rechts, mangels Anwendung des darauf abgestimmten

---

326 *Grunsky*, ZZP 89 (1976), 241 (244); *Szászy*, International Civil Procedure, S. 225.
327 Siehe zu diesem Ansatz die Ausführungen zur herrschenden Meinung von *Grunsky*, ZZP 89 (1976), 241 (247); zur funktionellen Qualifikation: *Neuhaus*, Grundbegriffe des IPR, S. 129 f.; *Basedow*, in: Materielles Recht und Prozessrecht, S. 131 (132 ff.); *Nagel/Gottwald*, Internationales Zivilprozessrecht, § 1, Rn. 41, 43, 48, der die Qualifikation nach dem Telos durchführt.
328 Diesen Ansatz in Frage stellend: *Grunsky*, ZZP 89 (1976), 241 (247).

Kapitel 3: Die Übertragbarkeit des Instruments der vis attractiva concursus

Verfahrensrechts, berücksichtigt und verhindert wird.[329] Hierfür sei nur das passende Beispiel der auch in einem deutschen Verfahren möglichen »Trennung von Tisch und Bett« nach ausländischem Recht[330] anzuführen.

Aber auch der mit dem Vorschlag eines Verfahrenskollisionsrechts häufig lesbare Hinweis auf die Vermeidung der Probleme bei der Einordnung materiell- und formell-rechtlicher Normen kann nicht überzeugen.[331] Ganz abgesehen von den Gefahren des Zusammentreffens mehrerer nicht aufeinander abgestimmter Verfahrensrechte, ändert sich durch die Etablierung eines Verfahrenskollisionsrechts an der grundlegenden Problematik, welche Rechtsordnung als Maßgebliche bestimmt werden soll, damit das materielle Recht nicht mangels Durchsetzbarkeit versagt, nichts. Die verfahrenskollisionsrechtliche Entscheidung ist ebenso durch die Schwierigkeiten und die besondere Interessenlage bei Grenzüberschreitung motiviert, sodass eine Berücksichtigung eines funktionalen Zusammenhangs auch in Form von Ausnahmen von der grundsätzlichen *lex fori*-Anwendung erfolgen kann.[332]

---

[329] v. Bar/Mankowski, IPR I, § 5, Rn. 93 ff.; Nagel/Gottwald, Internationales Zivilprozessrecht, § 1, Rn. 51.

[330] Siehe hierzu: BGHZ 47, 324 (325, 333 f., 338 f.).

[331] Bedenken gegen ein dafür herangezogenes Abstützen auf eine rechtskonstruktive Abgrenzung lassen sich *Neuhaus*, Grundbegriffe des IPR, S. 129 f., 396 entnehmen; das Problem der genauen Trennung von materiellem und formellem Recht in Bezug auf die Frage nach der Notwendigkeit eines Verfahrenskollisionsrechts ohne erkennbare Wertung aufgreifend: *Geimer*, Internationales Zivilprozessrecht, Rn. 53 f., 333; **a. A.** zum Problem der Abgrenzung mit Ausführungen zu den verschiedenen Ansichten: *Grunsky*, ZZP 89 (1976), 241 (245 ff.), der dieses Problem durch die These umgeht, „dass es überhaupt nur sachrechtsbezogene Verfahrensnormen gibt" und daher in der Regel das dem materiellen Recht zugehörige Verfahrensrecht (mit dem Ergebnis eines Gleichlaufes) anzuwenden ist.

[332] Ansatz von *Neuhaus*, Grundbegriffe des IPR, S. 129 f., 396, der die grundsätzliche *lex fori*-Anknüpfung aufschwämmt, indem er im Wege der Methode der funktionellen Qualifikation bestimmte verfahrensrechtliche Fragen wegen ihres engen Zusammenhangs „als Zubehör" des materiellen Rechts ansieht, aber auch umgekehrt dem Prozessrecht bestimmte materiell-rechtliche Fragen zuschlägt; siehe dazu weiter *ders.*, RabelsZ 20 (1955), 201 (237 ff.). Zur Lösung könnte lediglich eine funktionsbezogene oder gar vollständig verfahrensrechtliche *lex causae*-Anknüpfung beitragen - richten sich formelles und materielles Recht nach ein und derselben Rechtsordnung, wird eine diesbezügliche qualifikatorische Trennung nicht mehr relevant: Vertreten von *Grunsky*, ZZP 89 (1976), 241 (249, 253, 254 ff.), der damit im Ergebnis zu einem Gleichlauf (mit Ausnahmen zugunsten der *lex fori*) kommt.

c)   Wahl des materiellen Rechts im IPR

Der Gegenstand des IPR lässt sich definieren als die Gesamtheit der Normen, die in Sachverhalten mit einem grenzüberschreitenden Bezug bestimmen, nach welcher der berührten Rechtsordnungen der Fall materiellrechtlich zu lösen ist und damit das materielle Recht welcher Rechtsordnung zur Anwendung gelangt (Kollisions- oder Verweisungsrecht).[333] Neben diesen Kollisionsnormen gibt es im IPR auch Sachnormen, die Aspekte des auslandsbezogenen Sachverhalts selbst bereits materiell-rechtlich regeln, und Normen, die sowohl Kollisionsrecht als auch Sachrecht in sich vereinen.[334] Entscheidend für die vorliegende Arbeit ist hierfür der Blick auf die in die Europäische Insolvenzverordnung implementierten Kollisionsregelungen, die einen Anwendungsvorrang vor den autonomen nationalen Regelungen zu Insolvenzsachverhalten mit grenzüberschreitendem Bezug enthalten und harmonisierte Regelungen hervorbringen.

Das von *v. Savigny* geprägte Verständnis des IPR, das Rechtsverhältnis habe seinen »Sitz« in dem Recht, welchem es »seiner eigentümlichen Natur nach angehört«[335] und zu dem es insofern die engste Beziehung hat, kann als ein Fundament für das sich mit der Zeit mitentwickelnde IPR betrachtet werden.[336] Anders als das Verfahrensrecht steht das materielle Recht in einem direkten Verhältnis zum Sachverhalt, es betrifft die Parteien des zugrunde liegenden Rechtsverhältnisses unmittelbar, indem es deren rechtliche Beziehung direkt regelt. Aus diesem Grund soll – im Rahmen des Strebens nach kollisionsrechtlicher Gerechtigkeit – auch die Verweisung über das Moment erfolgen, das den jeweils engsten (oder zumindest einen engen) Bezug zwischen Lebenssachverhalt und Recht her-

---

333   *Kegel/Schurig*, Internationales Privatrecht, S. 4; *Kropholler*, Internationales Privatrecht, S. 1.
334   *Kropholler*, Internationales Privatrecht, S. 109 f.
335   *v. Savigny*, System des heutigen Römischen Rechts, S. 28, 108.
336   *Sonnenberger*, in: MüKo zum BGB, 5. Aufl., Art. 3 EGBGB, Rn. 9 sieht in der Begründung der Bundesregierung (BT-Drucks. 10/504, S. 35) zu Art. 3 I 1 EGBGB a.F., für dessen Neufassung sich in der in Rede stehenden Hinsicht nichts ändert, ein grundsätzliches Bekenntnis zum von *Savigny* geprägtem Verständnis des IPR und mithin die Vorgabe einer „Leitlinie für die Fortentwicklung des IPR" im Rahmen von auf Typisierungen beruhenden Kollisionsnormen. *Kühne*, in: FS Heldrich, S. 815 (816) sieht in der Theorie der internationalprivatrechtlichen Gerechtigkeit eine dogmatische Weiterentwicklung des savignyschen Ansatzes.

ausstellt.[337] Dabei geht es im IPR nicht darum, auf die Rechtsordnung zu verweisen, die das *materiell* beste und gerechteste Ergebnis herbeiführen kann[338] (sofern es dies unter subjektiver Betrachtung überhaupt gibt), sondern es geht darum, das Recht auszuwählen, dass der räumlichen Prägung des grenzüberschreitendenden Sachverhalts am besten gerecht wird (kollisionsrechtliche Gerechtigkeit), weil es die der Natur des Sachverhalts entspringende (engste) sachliche oder persönliche Verbindung zu einem Territorium aufgreift.[339] Dies stellt den Grundsatz der engsten Verbindung[340] dar und gibt den Maßstab vor, an dem die kollisionsrechtlichen Interessen zu messen sind, um der diesbezüglichen Interessenlage am besten *gerecht* werden und damit den Aspekt der Gerechtigkeit herbeiführen zu können.

3. Der Unterschied typisierter Interessenverfolgung

An den aufgezeigten Maßstäben, die sich aus der jeweiligen Beziehung zum Sachverhalt ergeben, orientieren sich auch die im IZVR und im IPR jeweils unterschiedlich verfolgten Verfahrens- und Rechtsanwendungsinteressen. Diese sind aufgrund der jeweils abstrakt-generell geregelten Rechtsverhältnisse entsprechend typisiert.

---

337 Zum Gerechtigkeitsgehalt des IPR siehe: *v. Bar/Mankowski*, IPR I, § 7, Rn. 92; *Kegel/Schurig*, Internationales Privatrecht, S. 131 ff.; *Kropholler*, Internationales Privatrecht, S. 24 f.
338 Vgl. *Kühne*, in: FS Heldrich, S. 815 (816 ff.) sieht die Gründe für eine Erschütterung der Anerkennung einer auf der grundsätzlichen Gleichwertigkeit der Rechtsordnungen aufbauenden Austauschbarkeit in: der Materialisierung, der Parteiautonomie und der Europäisierung.
339 *Kegel/Schurig*, Internationales Privatrecht, S. 131; *v. Hein*, in: MüKo zum BGB, Einleitung IPR, Rn. 29; *Neuhaus*, Grundbegriffe des IPR, S. 43, 165 f., der richtigerweise darauf hinweist, dass es hierbei nicht um die tatsächliche, „sichtbarste" Nähe zum Raum geht, sondern die räumliche Prägung eines Sachverhaltes entscheidend ist, der durch die Rechtsordnung (des Raumes) bestimmt wird, in der die „Natur" des Rechtsverhältnisses zu verorten ist.
340 Zu diesem Prinzip, seinen Funktionen und Ausnahmen: *Kropholler*, Internationales Privatrecht, S. 25 ff.

A. Die internationale Fungibilität der Privatrechtsordnungen

a)   Verfahrenserwägungen im IZVR

Mit der Zwecksetzung des Verfahrens in der Durchsetzung von Ansprüchen leiten vordergründig Partei- und Verfahrensinteressen die Begründung der internationalen Zuständigkeit.[341] Hier stehen sich auf der Seite des Klägers der Justizgewährleistungsanspruch, und auf der Seite des Beklagten, dessen Schutz und Interesse, nicht an jedem beliebigen Ort verklagt werden zu können, gegenüber.[342] Der Beklagtenschutz wird dabei nicht nur durch die Entscheidungszuständigkeit, sondern darüber hinaus auch durch die internationale Anerkennungszuständigkeit (nach den nationalen Rechten) gewährleistet.[343] Durch die Zuständigkeitsregelung nach dem Prinzip des *actor sequitur forum rei* als allgemeine Gerichtsstandsbestimmung wird der Beklagte einseitig begünstigt.[344] Dieser Grundsatz verliert aber dann seine rechtfertigende Grundlage, wenn der Kläger die schwächere Partei ist und eine dem Beklagten begünstigende Zuständigkeit der Rechtsverfolgung unangemessen hohe Hindernisse bereiten würde.[345] Im Gegensatz zum allgemeinen Gerichtsstand, der allzuständig ist, treten folglich zum Schutz des Justizgewährleistungsanspruchs des Klägers ein oder mehrere besondere Ausweichzuständigkeiten hinzu, die an die Umstände und besonderen Aspekte des Lebenssachverhaltes anknüpfen und mithin streitgegenstandsbezogenen sind.[346] So wird den unterschiedlichen Verfahrensinteressen auf mehreren Seiten durch die Zulassung einer, wenn nötig, Vielzahl von Gerichtsständen (allgemeiner und besonderer Gerichtsstände, wobei diese mit der Bestimmung eines ausschließlichen Gerichtsstandes verdrängt werden) Rechnung getragen.

Eine Rolle für die Zuständigkeitsbestimmung spielen ebenfalls parteiunabhängige Verfahrens- und Vollstreckungsinteressen. Diese Zweckmäßigkeitserwägungen stützen sich verstärkt auf den Sachverhalt, wenn auch nur hinsichtlich seiner tatsächlichen und nicht rechtlichen Umstände. So

---

341   Für eine ausführliche Untersuchung der die internationale Zuständigkeitsfrage bestimmenden Interessen und daraus zu ermittelnden Kriterien siehe: *Pfeiffer*, Internationale Zuständigkeit und prozessuale Gerechtigkeit, v. a. S. 167 ff., 185 ff.
342   *Geimer*, Internationales Zivilprozessrecht, Rn. 904, 1042, 1126; *Mankowski*, in: FS Heldrich, S. 867 (876).
343   *Geimer*, Internationales Zivilprozessrecht, Rn. 904 ff.
344   *Geimer*, Internationales Zivilprozessrecht, Rn. 1127.
345   *Geimer*, Internationales Zivilprozessrecht, Rn. 1128.
346   *Mankowski*, in: FS Heldrich, S. 867 (872).

ist die Sachnähe des Gerichts zu dem sich aus dem Lebenssachverhalt ergebenden Verfahrensgegenstand ein relevanter Anknüpfungspunkt (wie z. B. für den Gerichtsstand der belegenen Sache). Der Grund ist die der Rechtsfindung notwendigerweise vorweggehende Aufklärung des streitigen Sachverhalts. Mit den sich gegenüberstehenden Parteien im Verfahren wird daher oft nicht die Rechtsanwendung zum entscheidenden Problem, sondern die Ermittlung des maßgeblichen Sachverhalts. Aufgrund von streitigen Tatsachen ist die Sachverhalts- und Beweisnähe für die Effizienz sowie für die Ökonomie des Verfahrens und den gewährten Rechtsschutz zur Durchsetzung eigener Rechte von wesentlicher Bedeutung und für die Funktionswahrnehmung im Zuständigkeitsrecht mithin bestimmend.[347]

Die aufgezeigten in die Zuständigkeitsbestimmung einfließenden Erwägungen dienen im Ergebnis der notwendigen prozessualen Gerechtigkeit.[348] Daneben spielen aber auch politische, marktwirtschaftliche sowie eigenstaatliche Motive zur Begründung der internationalen Zuständigkeit eine Rolle. Eine Übereinstimmung mit derartigen Interessen, die ähnlich auch im IPR erwogen werden, mag zur Rechtfertigung eines Gleichlaufes allerdings nur unter bestimmten, dem Gleichlauf selbst dienenden Erwägungen beitragen können.

b) Rechtsanwendungsinteressen im IPR

Im Gegensatz zu den Verfahrens- und Zweckmäßigkeitserwägungen im IZVR verfolgt das Kollisionsrecht einen funktionellen[349] Ausgleich zwischen den divergierenden Interessen an der Anwendung bestimmter materiell-rechtlicher Normkomplexe und dient damit vordergründig den (typi-

---

347 *Heldrich*, Internationale Zuständigkeit und Anwendbares Recht, S. 177; *Mankowski*, in: FS Heldrich, S. 867 (873); *Neuhaus*, Grundbegriffe des IPR, S. 425; *Pfeiffer*, Internationale Zuständigkeit und prozessuale Gerechtigkeit, S. 106 ff.
348 *Geimer*, Internationales Zivilprozessrecht, Rn. 905, 1126.
349 Vgl. *Kegel/Schurig*, Internationales Privatrecht, S. 131 zum „funktionellen Zusammenhang" von kollisionsrechtlicher und materiell-rechtlicher Gerechtigkeit.

sierten) privaten Rechtsanwendungsinteressen.[350] Einen ersten entscheidenden Schritt in eine methodische Einteilung der Rechtsanwendungsinteressen nahm bereits *Kegel*[351], mit der Unterscheidung in Partei-, Verkehrs- und Ordnungsinteressen, vor. Trotz der daran geübten und zuzustimmenden Kritik[352], die sich im Kern auf eine Negierung der vorgenommenen Systematisierung und strikten Klassifizierung[353] der Interessen konzentrierte, jedoch nicht die Notwendigkeit der Interessenbetrachtung an sich ablehnte, erscheint eine (zumindest vordergründige) Aufteilung in private und allgemeine Rechtsanwendungsinteressen (inklusive staatlicher und politischer Belange)[354] nicht nutzlos. Ohne in Verfolgung der weiteren Entwicklungen der »Interessen- und Wertungsjurisprudenz« die einzelnen Interessen den jeweiligen Obergruppen zuzuordnen oder eine strikte Differenzierung der gegenständlichen Interessen hinsichtlich ihrer Verwendung in der Bewertung vorzunehmen, soll eine sich anschließende Aufzählung der wesentlichen Interessen genügen. Hervorzuheben ist v. a.: die Beachtung der personellen Verbundenheit mit einer Rechtsordnung[355], was sich z. B. in der Achtung personeller oder kultureller Identität[356] spezifizieren kann, die kollisionsrechtliche Privatautonomie[357], die Durchsetzbarkeit von Entscheidungen[358], der Einklang mit Sinn und Zweck des

---

350 *Kropholler*, Internationales Privatrecht, S. 32; *Lüderitz*, FS Kegel, S. 31 (35); *Sonnenberger*, in: MüKo zum BGB, 5. Aufl., Einleitung IPR, Rn. 86; *Flessner*, Interessenjurisprudenz im internationalen Privatrecht, S. 60 ff.
351 In *Kegel/Schurig*, Internationales Privatrecht, S. 135 ff. werden die erheblichen Interessen weiterhin drei wesentlichen Typen zugeordnet: Parteiinteressen, Verkehrsinteressen und Ordnungsinteressen. Aber auch *Lüderitz*, FS Kegel, S. 31 (36 ff.) teilt die privaten Rechtsanwendungsinteressen ein in: Ermittlungs-, materielles Anpassungs- und Kontinuitätsinteresse.
352 *Neuhaus*, RabelsZ 25 (1960), 375 (377 f.); *ders.*, Grundbegriffe des IPR, S. 45; *Sonnenberger*, in: MüKo zum BGB, 5. Aufl., Einleitung IPR, Rn. 88 f.
353 Eine Überschneidung negiert aber auch Kegel, entgegen einiger Stimmen der Literatur, nicht vollständig: *Kegel/Schurig*, Internationales Privatrecht, S. 139.
354 Siehe hierzu eingehend: *Kegel/Schurig*, Internationales Privatrecht, S. 148 ff.; zur Relevanz des staatlichen Rechtsanwendungsinteresses bereits *Schurig*, Kollisionsnorm und Sachrecht, S. 96 (Fn. 206), 282 ff., 297 ff.
355 *Kegel/Schurig*, Internationales Privatrecht, S. 135.
356 *Looschelders* RabelsZ 65 (2001), 463 (468 f.); siehe aber auch die Ausführungen von *Jayme*, IPRax 1996, 237 (in der Materie des internationalen Kindschaftsrechts).
357 *Lüderitz*, FS Kegel, S. 31 (36 ff., 48 f.).
358 *Kegel/Schurig*, Internationales Privatrecht, S. 138, 144, der dieses Interesse in seiner Bedeutung als Stütze für die Anknüpfung an die *lex rei sitae* erörtert;

betroffenen Sachnormkomplexes[359] und damit die Beachtung der Wertungen aus dem materiellen Recht sowie der Stellung der betroffenen Rechtsgüter, die Rechtssicherheit[360], die Vorhersehbarkeit[361] und der Schutz des Rechtsverkehrs[362], die Konfliktminimierung[363] und mithin der Entscheidungseinklang[364], die Vereinbarkeit mit den Grundfreiheiten der Union sowie das Interesse an der Einsparung von Kosten und der Sicherheit in der Anwendung des materiellen Rechts[365].

Die Wahl des Anknüpfungsmoments für die jeweilige Norm erfolgt anhand der Wertungen, die der Normgeber für den jeweils zu regelnden Fall auf der Grundlage typisierter[366] Rechtsverhältnisse und Lebenssachverhalte trifft. Diese Wertungen bauen zum einen auf den verschiedenen Rechtsanwendungsinteressen (als Gegenstand der Bewertung) als auch zum anderen auf dem Verhältnis der Interessen untereinander (die damit den Maßstab der Abwägung bilden) auf.[367] Hierfür betont *Flessner* die Notwendigkeit einer »realistischen« Interessenjurisprudenz, die »in erster Linie für die Feststellung, oder genauer: für die Bereitschaft zur Wahrnehmung von Interessen, und für ihre Einbeziehung in den Bewertungs- und Abwägungsvorgang« herangezogen werden muss.[368] Die Wahrnehmung der Realität ist für die Rechtssetzung unverzichtbar. Das Erfordernis der stetigen Anpassung der Interessen und Interessenbewertung für die engste Verbindung an die Rechtswirklichkeit[369] darf jedoch nicht dahingehend

---

andeutend ebenso *Kegel*, FS Drobnig, S. 315 (331 ff.); W*engler* ZÖR 23 (1943/1944), 471 (476 ff.).
359 W*engler* ZÖR 23 (1943/1944), 471 (480 ff.).
360 *Kegel/Schurig*, Internationales Privatrecht, S. 143; *Kropholler*, Internationales Privatrecht, S. 30, der die im Folgenden aufgezählten Interessen als Teilaspekte zur Rechtssicherheit zusammenfasst.
361 *Kegel/Schurig*, Internationales Privatrecht, S. 143.
362 *Kegel/Schurig*, Internationales Privatrecht, S. 138.
363 Vgl. W*engler* ZÖR 23 (1943/1944), 471 (483 ff.).
364 *Kegel/Schurig*, Internationales Privatrecht, S. 139 ff.
365 Siehe zu diesen ökonomischen Rechtsanwendungsinteressen: *Kegel/Schurig*, Internationales Privatrecht, S. 143 f.
366 Siehe hierzu die Argumentation von *Kropholler*, Internationales Privatrecht, S. 111 ff.
367 *Kegel/Schurig*, Internationales Privatrecht, S. 133; *Flessner,* Interessenjurisprudenz im internationalen Privatrecht, S. 53; ähnlich: *Schurig, Kollisionsnorm und Sachrecht,* S. 185.
368 *Flessner,* Interessenjurisprudenz im internationalen Privatrecht, S. 52 f.
369 Vgl. *Lüderitz,* FS Kegel, S. 31 (48 f.); *Sonnenberger,* in: MüKo zum BGB, 5. Aufl., Einleitung IPR, Rn. 94; bereits im Hinblick auf das sich im Verlauf der

falsch verstanden werden, dass auf die konkreten Interessen des Einzelfalles abzustellen wäre.[370] Für die Rechtsbildung zieht die Typisierung der Rechtsverhältnisse vielmehr auch die Typisierung der Interessen respektive der Interessenlage notwendig mit sich und erfordert ihre Feststellung unter Abstraktion, Generalisierung und Präsumtion.[371] Dies bedingt schon die notwendige Abstraktheit der Kollisionsnormen. Bei einer konkreten kollisionsrechtlichen Reflexion des Einzelfalles wäre die unausweichliche Gefahr einer starken Einschwämmung materieller Interessen, die zur Verwischung der Grenze zwischen selbstständigem IPR und materieller Rechtsfindung führt, zu befürchten. Grundlage der Verweisung würde nicht mehr die standardisierte Beziehung des Sachverhalts zu einer Rechtsordnung bilden, sondern die vom Inhalt des materiellen Rechts beeinflusste und der Disposition der Beteiligten offenstehende Interessenlage. Eine im Interesse der Allgemeinheit liegende Ausrichtung anhand objektiver Kriterien wäre unmöglich. Die Folge der starken Heterogenität der Entscheidungen läge in der Abträglichkeit für die rechtssichere Handhabung.[372] Aus diesem Grund zwingt das Gebot der Rechtssicherheit im internationalen Rechtsverkehr auch dazu, das materielle Ordnungsinteresse am internationalen Entscheidungseinklang durch die Wahrnehmung typisierter Rechtsanwendungsinteressen zu verfolgen. Damit ist eine kollisionsrechtliche Entscheidung aufgrund einer für jeden Einzelfall gesondert zu bestimmenden, konkreten Interessenlage grundsätzlich abzulehnen.[373] Eine statuierte Ausnahme zur Wahrung der Einzelfallgerechtigkeit ergibt sich hinlänglich aus den Ausweichklauseln, die das Recht zur Anwendung berufen, das eine wesentlich engere Verbindung zum Sachverhalt aufweist

---

	Zeit ändernde Sachrecht mitsamt seiner Werte: *Schurig*, RabelsZ 54 (1990), 217 (232).
370	Darauf aber abstellen wollend: *Flessner,* Interessenjurisprudenz im internationalen Privatrecht, S. 52, 57 ff., et passim.
371	*Schurig*, Kollisionsnorm und Sachrecht, S. 96 f., 185.
372	*Lüderitz*, FS Kegel, S. 31 (40), der aufgrund des Gebots der Rechtssicherheit einen Zwang zur Entwicklung und Anwendung von Kollisionsnormen sieht, die unabhängig von konkreten Einzelinteressen auf der der Grundlage von typisierten Interessenkonstellationen verweisen.
373	*Kegel/Schurig*, Internationales Privatrecht, S. 134; *Kropholler*, Internationales Privatrecht, S. 31 f.; *Sonnenberger*, in: MüKo zum BGB, 5. Aufl., Einleitung IPR, Rn. 31 f.; *Neuhaus* Grundbegriffe des IPR, S. 111, 167.

als das Recht, auf das mittels standardisierten Anknüpfungsmomenten verwiesen wird.[374]

c) Verfahrensbezogene Parteiinteressen vs. materielles Ordnungsinteresse am internationalen Entscheidungseinklang

Damit stehen sich im IZVR und im IPR unterschiedliche Interessen und Erwägungen zur Bestimmung des maßgeblichen Anknüpfungsmoments gegenüber, die grundsätzlich nicht kompatibel sind. Mag es zwar auch im Zuständigkeitsrecht das Ideal eines räumlichen Bezuges zwischen zuständigem Gericht und Streitgegenstand oder Beklagtem geben, so kann dem die Wirklichkeit wohl aber nicht pointiert standhalten.[375] Die (teilweise exorbitanten) Gerichtsstände werden aus den Gründen generiert, wesentlichen Verfahrens- und Parteiinteressen gerecht werden zu können.[376] Bereits die im deutschen System für den allgemeinen Gerichtsstand verhaftete Zuständigkeitsanknüpfung nach dem Grundsatz *actor sequitur forum rei*[377], die als internationale (nicht ausschließliche) Allzuständigkeit auf den Wohnsitzstaat des Beklagten für alle gegen ihn gerichteten Klagen verweist, verwirklicht (entgegen dem Justizgewährleistungsanspruch des Klägers) allein die Verfahrensinteressen des Beklagten. Da insofern auch die Einnahme der Parteirollen einer zufälligen, zumindest aber doch einer gewissen Willkür der Parteien untersteht, kann eine solch einseitig veränderbare Anknüpfung an die jeweilige Parteirolle *im Verfahren* dem Grundsatz des engsten Bezuges zum *Sachverhalt* nicht vergleichbar gegenüber stehen.

---

374 Zu nennen sind aus dem deutschen IPR die Artt. 41 Abs. 1, 46 EGBGB und aus den unionsrechtlichen Sekundärrechtsakten der Union die Art. 4 Abs. 3 ROM I-VO und Art. 4 Abs. 3 ROM II-VO. Ebenso wird auch eine auf den Einzelfall abstellende Heranziehung der engsten Verbindung als ergänzendes Anknüpfungsmoment, wie in Art. 4 Abs. 4 ROM I-VO, verwendet. *Geisler*, Die engste Verbindung im internationalen Privatrecht, S. 59 ff., schreibt der engsten Verbindung insofern neben der Position als Anknüpfungs*prinzip* auch die Funktionen als Anknüpfungs*norm* und *Ausweich*klausel zu.
375 *Geimer*, JZ 1984, 979; *ders.*, Internationales Zivilprozessrecht, Rn. 1133 ff.
376 *Geimer*, Internationales Zivilprozessrecht, Rn. 904 ff.
377 *Geimer*, Internationales Zivilprozessrecht, Rn. 298; *Pfeiffer*, Internationale Zuständigkeit und prozessuale Gerechtigkeit, S. 596 ff.

A. Die internationale Fungibilität der Privatrechtsordnungen

Ebenso verhält es sich mit Anknüpfungsgegenständen, die im IPR keine Rolle spielen können. Als prägnantes Beispiel sei nur der Gerichtsstand der Widerklage (§ 33 ZPO, Art. 6 Nr. 3 EuGVVO) genannt, der an den, im IZVR gegebenen und im IPR nicht existierenden, Gegenstand der (genauer bestimmten) Widerklage anknüpft. Dieser Gerichtsstand ist »Ausdruck prozessökonomischer Überlegungen par excellence«[378]. Zu einem weiteren exorbitanten Gerichtsstand (nach deutschem Recht) führt – vor dem Hintergrund einschränkender Vorbehalte gegenüber der Anerkennung ausländischer Entscheidungen und der vereinfachten Ermöglichung der Vollstreckung von im Inland belegenem Vermögen – das Streben nach Wahrung des Justizgewährleistungsanspruchs zu dem besonderen Gerichtsstand des Vermögens nach § 23 ZPO.[379] Deren Hauptzweck besteht nicht darin, einer dem Sachverhalt nahen Bindung zum Gerichtsstand zu entsprechen, sondern die internationale Zuständigkeit Deutschlands herbeizuführen.[380] Mit jedem weiteren (besonderen) Gerichtsstand wächst der Grad der möglichen Abweichung.

Unter der Verfolgung von Verfahrens- und v. a. von Parteiinteressen auf dem Weg der pragmatischen Zurverfügungstellung einer Vielzahl an internationalen Zuständigkeiten will und kann das IZVR nicht primär der Verfolgung eines Ordnungsinteresses in Form eines internationalen Entscheidungseinklanges dienen.[381] Gerade dessen Erreichen ist als Basis für Vorhersehbarkeit und Gleichberechtigung jedoch ein wesentliches Interesse des IPR. Die weichen Faktoren des IZVR führen, entgegen dem starren Element des Sachverhalts im IPR, zu einer anders gelagerten Priorisierung. In der Folge der Verwendung äußerer, dem Sachverhalt selbst nicht entnommener Faktoren, wie Parteirolle oder staatliche Eigeninteressen, ist eine Entwicklung international stereotyper Verweisungsentscheidungen in vergleichbaren Sachverhalten nicht erreichbar und ein internationaler Entscheidungseinklang *a priori* zum Scheitern verurteilt. Einer zu starken Ausweitung von Entscheidungsdivergenzen im IZVR beugt lediglich der (unzureichende) Riegel des Anerkennungsrechts in den Fällen vor, in de-

---

378 *Mankowski*, in: FS Heldrich, S. 867 (874).
379 *Geimer*, Internationales Zivilprozessrecht, Rn. 1134 ff.
380 OLG Saarbrücken NJW 2000, 670 (671); *Roth*, in: Stein/Jonas, ZPO, § 23, Rn. 1.
381 *Mankowski*, in: FS Heldrich, S. 867 (870 f.).

Kapitel 3: Die Übertragbarkeit des Instruments der vis attractiva concursus

nen *dieselbe* Sache im Raum steht.[382] Aber weder dies noch die Verdrängung heimwärtsstrebender Zuständigkeitsbestimmungen einzelner Staaten durch völkerrechtliche oder supranationale Regelungen[383] können oder wollen die unterschiedlichen Konzepte von IZVR und IPR einander annähern.

4. Mehrfachanknüpfungen vs. Einheitsanknüpfungen

Der vorgenannte Aspekt abweichender Interessenwahrnehmung führt direkt zu einem weiteren, bedeutenden Unterschied zwischen IZVR und IPR. Im IZVR wird den Parteien – zur Gewährung eines angemessenen Rechtsschutzes – in der Regel der Zugang zu mehreren internationalen[384] Gerichtsständen eröffnet.[385] Neben einem allgemeinen Gerichtstand stehen dem Kläger zumeist auch besondere Gerichtsstände zur Verfügung, die unter seinem Wahlrecht in Konkurrenz miteinander treten, sofern sie nicht durch das Vorliegen der ausschließlichen Zuständigkeit eines Gerichts sämtlich verdrängt werden. Die damit jeden Sachverhalt (unabhängig seines konkreten Inhalts) grundsätzlich flankierende Mehrfachanknüpfung würde die auf einer engsten Verbindung mit dem Sachverhalt beruhende Zuordnung zu nur einer Rechtsordnung und die ihr folgende Einheitsanknüpfung im IPR pervertieren. Würde das Kollisionsrecht dem sinngemäß folgen, müsste mit der Loslösung vom Gegenstand bzw. der »Natur« des Sachverhalts das dem IPR zugrunde liegende Ziel der kollisionsrecht-

---

382 Vgl. *Mankowski*, in: FS Heldrich, S. 867 (871), der dabei von einem „Erzwingen von Harmonie" spricht.

383 So wird sogar der exorbitante Gerichtsstand des § 23 ZPO gem. Art. 3 Abs. 2 EuGVVO i. V. m. Anhang I EuGVVO für Personen, die ihren Wohnsitz im Hoheitsgebiet eines Mitgliedstaates haben, ausdrücklich ausgeschlossen.

384 Ein Mangel ausreichender Bestimmung der internationalen Zuständigkeiten in den nationalen autonomen Verfahrensordnungen wird durch den Rückgriff auf die Regelungen der örtlichen Zuständigkeiten in analoger Anwendung gelöst.

385 *v. Bar/Mankowski*, IPR I, § 5, Rn. 169; *Geimer*, Internationales Zivilprozessrecht, Rn. 1043; *Kropholler*, in: Handbuch des Internationalen Zivilverfahrensrechts, Band I, Kap. III, Rn. 125; *Mankowski*, in: FS Heldrich, S. 867 (869); im Hinblick auf eine mögliche Verlagerung des IPR in die Zuständigkeit sähe *Kropholler*, Internationales Privatrecht, S. 48 ein grundlegendes Problem in der Frage nach einer hinreichenden Begrenzung der Zuständigkeiten zur Verhinderung des Erschleichens eines einer Partei günstigen Rechts.

lichen Gerechtigkeit, verkörpert im Prinzip der engsten Verbindung, in der Konsequenz weitestgehend aufgegeben werden. Dies gilt, obwohl auch das Kollisionsrecht ausnahmsweise Mehrfachanknüpfungen in verschiedenen Ausprägungen enthalten kann[386]. Der Unterschied hierbei ist jedoch, dass auch für diese Ausnahmen die Relevanz der engen Verbindung zum Sachverhalt nicht aufgegeben wird. Die Mehrfachanknüpfung ist lediglich die Konsequenz der Unsicherheit, welches Kriterium den superlativisch höchsten Grad der Bindung (des engsten Bezuges) umsetzt. Kommen mehrere Kriterien in Frage, welche alle einen ähnlich engen Bezug haben, so wird versucht, dem Sachverhalt durch eine »vorsorgliche« Mehrfachanknüpfung gerecht zu werden.[387] Ebenso sind auch die uneinheitlichen Verweisungen der verschiedenen autonomen Kollisionsrechte mit der sich unterscheidenden Bewertung der Bindungsnähe zu erklären. Dennoch bleibt es für das IPR im Grundsatz bei einer (ideell-ergebnisbezogenen) Einheitsanknüpfung, die für einen Sachverhalt schlussendlich auch nur ein materielles Recht – nämlich dasjenige, zu der die engste Verbindung besteht – als maßgebliches vorsieht.[388]

Die den allgemeinen Gerichtsstand im IZVR kennzeichnende Allzuständigkeit steht der Exklusivität der engsten Verbindung im IPR damit unvereinbar gegenüber.[389] Dem Bedürfnis nach der Gewährung von Rechtssicherheit und verbindlichen rechtlichen Regelungen im IPR könnte eine zur Auswahl gestellte Menge an Rechtsordnungen unmöglich gerecht

---

386 Bei Kollisionsnormen mit Mehrfachanknüpfungen können die Anknüpfungsmomente alternativ, kumulativ, fakultativ, gekoppelt, subsidiär oder auch korrigierend bereit stehen, was zur Berufung verschiedener Rechtsordnungen bzgl. eines Sachverhalts führen kann. Siehe hierzu ausführend: *Kropholler*, Internationales Privatrecht, S. 138 ff.

387 *Kropholler*, Internationales Privatrecht, S. 28, 139; *Mankowski*, in: FS Heldrich, S. 867 (876), der richtigerweise dahingehend ausführt, dass die Mehrfachanknüpfung lediglich den „Auswahl"-prozess, aber grundsätzlich nicht das Ergebnis für den konkreten Sachverhalt betrifft.

388 *Mankowski*, in: FS Heldrich, S. 867 (868 f.); für die Maßgeblichkeit lediglich einer Rechtsordnung im Ergebnis: *Pfeiffer*, Internationale Zuständigkeit und prozessuale Gerechtigkeit, S. 114; vgl. auch *Kropholler*, in: Handbuch des Internationalen Zivilverfahrensrechts, Band I, Kap. III, Rn. 125, der in Fn. 277 hingegen die Bedeutung des Unterschiedes zwischen der Zulassung mehrerer Gerichtsstände und der Mehrfachanknüpfung im IPR fälschlich herunterspielt.

389 Deutlich auch: *Mankowski*, in: FS Heldrich, S. 867 (873).

werden.[390] Umgedreht kann aber auch eine den IPR-Vorstellungen entsprechende Konzentration in Form der Bereitstellung nur eines Gerichtsstandes die für das IZVR nötige Rechtsschutzgewährung zugunsten aller Beteiligten in der Regel nicht ausreichend tragen. Die Konzepte von IPR und IZVR fallen demzufolge mit Einheitsanknüpfung und Mehrfachanknüpfung weit auseinander.

III. Grenzen der Fungibilität

Einem Gleichlauf zwischen internationaler Zuständigkeit und anzuwendendem materiellen Recht steht die konzeptionelle Verschiedenheit von IZVR und IPR mithin grundsätzlich entgegen. Das heißt aber nicht, dass einer übereinstimmenden Verweisung Tür und Tor versperrt wäre. Auch die Fungibilität hat aufgrund der Vielgestaltigkeit der Rechtsordnungen Grenzen. Hierbei sei v. a. auf die Erreichung bestimmter materieller Ergebnisse durch das Günstigkeitsprinzip, welches die Austauschbarkeit der Rechtsordnungen im Kollisionsrecht beschränkt, hingewiesen.[391] Eine Ausnahme erfolgt ebenso durch die Hinnahme ordnungspolitischer Einflüsse (politischen und sozialen Gestaltungszielen) in die Privatrechtsnormen.[392] Damit angesprochen sind v. a. Eingriffsnormen[393], die im Falle einer positiven Qualifizierung gesondert anzuknüpfen sind.[394] Gem.

---

390 Ähnlich: *Pfeiffer*, Internationale Zuständigkeit und prozessuale Gerechtigkeit, S. 115 f.

391 *v. Bar/Mankowski*, IPR I, § 7, Rn. 103 ff; *Kropholler*, Internationales Privatrecht, S. 141; *De Boer*, in: International Conflict of Laws for the Third Millennium, S. 193 (197), der hiervon in Zusamenhang mit „ policy"-orientierten Steuerungsinstrumenten spricht.

392 *Sonnenberger*, in: MüKo zum BGB, 5. Aufl., Einleitung IPR, Rn. 36, zeigt, dass eine strikte Grenzziehung zwischen Privatrecht und öffentlichem Recht nicht möglich ist; so bereits: *Schurig*, RabelsZ 54 (1990), 217 (227 ff.), der auf S. 232 davon ausgeht, dass die „politische" oder „ordnungsrelevante" Struktur einer Sachnorm an deren potenzieller Anwendbarkeit nichts ändert.

393 Zur Prägung des Begriffs der „Eingriffsnormen": *Neuhaus*, Grundbegriffe des IPR, S. 33 ff.

394 Die Fragen der Anwendbarkeit und Berufung von Eingriffsnormen sowie die Behandlung der damit möglichen Zweigleisigkeit des Kollisionsrechts im „klassischen" IPR sind sehr strittig und sollen hier, aufgrund mangelnder Relevanz für die folgende Thematik, keine weitergehenden Ausführungen erfahren. Allg. zur Bestimmung, Anwendung und Berufung von Eingriffsnormen: *v. Bar/Mankowski*, IPR I, § 4, Rn. 91 ff.; *Kegel/Schurig*, Internationales Privat-

Art. 9 Abs.1 Rom I-VO ist eine Eingriffsnorm »eine zwingende Vorschrift, deren Einhaltung von einem Staat als so entscheidend für die Wahrung seines öffentlichen Interesses, insbesondere seiner politischen, sozialen oder wirtschaftlichen Organisation, angesehen wird, dass sie ungeachtet des nach Maßgabe dieser Verordnung auf den Vertrag anzuwendenden Rechts auf alle Sachverhalte anzuwenden ist, die in ihren Anwendungsbereich fallen«.[395] Auch wenn die Einordnung als Eingriffsnorm mit großer Vorsicht geschehen muss[396], da das Kollisionsrecht sonst gehaltlos zu werden droht, ergibt sich aus der Wahrung des (inländischen) öffentlichen Interesses und Gemeinwohls eine besondere kollisionsrechtliche Interessenlage, die ein Abweichen von den sonst geltenden kollisionsrechtlichen Bestimmungen und damit auch der grundsätzlichen Austauschbarkeit materiellen Rechts rechtfertigt.

Inwieweit sich die Beschränkung der Fungibilität auch unter dem Gleichlauf von materiellem Recht und Annexzuständigkeit rechtfertigt, ist anhand der verfolgten Interessen in der Europäischen Insolvenzverordnung im Folgenden zu prüfen.

IV. Zwischenergebnis

Mit der Stellung des materiellen und formellen Rechts zum Lebenssachverhalt ist ein grundlegender Unterschied zwischen dem Internationalen Zivilverfahrens- und Kollisionsrecht herausgestellt. Bedingt durch die unterschiedlichen Regelungsgegenstände und der darauf aufbauenden diffe-

---

recht, S. 148 ff.; *Kropholler*, Internationales Privatrecht, S. 18 ff.; *Schurig*, RabelsZ 54 (1990), 217 (226 ff., insb. 233 ff.); *Sonnenberger*, in: MüKo zum BGB, 5. Aufl., Einleitung IPR, Rn. 35 ff.

395 Die zuvor offene und nicht aussagekräftige Formulierung, was unter Eingriffsnormen zu verstehen ist, wurde durch die genauere, materiell-rechtliche Definition des Art. 9 Abs. 1 Rom I-VO viel klarer und zeigt einer zuvor bestehenden Uferlosigkeit gewisse Grenzen auf, die auch über den sachlichen Anwendungsbereich der Rom I-VO hinaus wirken: *Sonnenberger*, in: MüKo zum BGB, 5. Aufl., Einleitung IPR, Rn. 41 ff.

396 Vgl. die kritische Betrachtung von *v. Bar/Mankowski*, IPR I, § 4, Rn. 93 ff; *Kühne*, in: FS Heldrich, S. 815 (826, 829 f.), der v. a. auf eine zu starke Ausweitung der Eingriffsrechte abstellt; im Ergebnis auch: *Thorn*, IPRax 2002, 349 (346); siehe auch die Ausführungen von *Sonnenberger*, in: MüKo zum BGB, 5. Aufl., Einleitung IPR, Rn. 44, 45 mit Blick auf die Beschränkung ausufernder Qualifizierungen durch Art. 9 Abs. 1 Rom I-VO.

Kapitel 3: Die Übertragbarkeit des Instruments der vis attractiva concursus

rierenden Interessenwahrnehmung fallen die Konzeptionen beider Bereiche teilweise weit auseinander. Sie verfolgen jeweils ihre eigenen, nicht untereinander austauschbaren Gerechtigkeitsvorstellungen.[397] Folglich wird auch die Wahrnehmung ihrer jeweiligen Funktionen durch eine eigenständige Anknüpfung an voneinander unabhängige Momente sichergestellt.[398] Eine gleichlaufende Verbindung von IZVR und IPR kann daher – zumindest grundsätzlich – nicht das Ergebnis sein.[399]

Aber was wäre eine Regel ohne Ausnahmen. Dass die grundsätzliche Trennung von IZVR und IPR also kein abschließender Befund sein kann, zeigt bereits die Existenz übereinstimmender Anknüpfungsergebnisse in der europäischen Rechtssetzung. Gleichsam muss der Regelungskomplex, für den ein Gleichlauf von internationaler Zuständigkeit und anwendbarem Recht existiert, besonderen Interessenerwägungen folgen, die die vorgenannten Unterschiede aufheben und eine Einheitsanknüpfung bewirken. Inwieweit sich daher eine synchrone Bestimmung der Kollisionsfrage, welches materielle Recht zur Anwendung gelangen soll, und der zivilprozessualen Entscheidung, welcher Mitgliedstaat für die Eröffnung dieses Verfahrens international zuständig ist, neben der *lex fori concursus*-Regelung der EuInsVO für das Insolvenzverfahren auch für die Annexverfahren schlussfolgern lässt, soll der folgende Abschnitt herausstellen.

---

397 *Neuhaus*, RabelsZ 20 (1955), 201 (256).
398 *Geimer*, Internationales Zivilprozessrecht, Rn. 39, 1042.
399 Sowohl einen positiven als auch einen negativen Gleichlauf im Grundsatz ablehnend: statt vieler: *Geimer*, Internationales Zivilprozessrecht, Rn. 1041 ff., 1064 ff, 1955 f.

B. Die Universalität des Insolvenzverfahrens nach der EuInsVO

Das Insolvenzverfahren nach der EuInsVO folgt den soeben beschriebenen typisierten Interessenerwägungen nicht. Als Verfahren dient es nicht allein der Durchsetzung des Sachverhalts, sondern es ist Gegenstand des Sachverhalts. Die damit einhergehende Abhängigkeit wird durch den Grundsatz der beschränkten Universalität wahrend umgesetzt. Sie führt zu einem Gleichlauf.

I. Mögliche Gleichlaufkonstellationen

Ein Gleichlauf von internationaler Zuständigkeit und anwendbarem Recht hat zur Folge, dass in Fällen mit Auslandsbezug die Gerichte das ihnen vertraute, heimische Recht anwenden. Mag auch die Begrifflichkeit des Gleichlaufs noch nichts darüber aussagen, ob ein solcher bewusst verfolgt worden oder rein zufällig entstanden ist. So erschöpft sich ein »echter« Gleichlauf aber jedenfalls nicht in der bloßen Parallelität, sondern ist darüber hinaus von einem Bindungsverhältnis zwischen Zuständigkeits- und Kollisionsrecht gekennzeichnet – unabhängig davon, welcher Art oder Reichweite.[400]

Für die Ausformung eines solchen Gleichlaufs auf der bereits beschriebenen Meta-Ebene stehen vier potenzielle Konstellationen zur Verfügung:[401] Allen gemein ist dabei die Entsprechung der Anknüpfungsergebnisse, die sowohl für die internationale Zuständigkeit als auch für das anzuwendende materielle Recht in ein und dasselbe Rechts-Regime führen.

---

400 Siehe hierzu *Kropholler*, Internationales Privatrecht, S. 612 ff., der davon ausgeht, dass der Gleichlauf, aufgrund einer hierfür notwendigen Abhängigkeit der Zuständigkeit vom anwendbaren Recht, weit über die bloße Parallelität der Anknüpfungen hinausgeht – damit aber nur eine Form des (strengen) Gleichlaufs meint. Ein Gleichlauf ist nicht nur i. R. der Anknüpfung an die *lex fori* oder der *forum legis* sowie i. R. eines zufälligen Gleichlaufes denkbar, sondern auch als bewusster Gleichlauf (ohne Abhängigkeits- und Vorrangverhältnis) nur aufgrund bestimmter, inhaltlich verbundener Faktoren – siehe dazu im Folgenden.

401 Siehe *Heldrich*, Internationale Zuständigkeit und Anwendbares Recht, S. 13 f.; siehe hierzu auch die Ausführungen Pfeiffers zur Gleichlauftheorie: *Pfeiffer*, Internationale Zuständigkeit und prozessuale Gerechtigkeit, S. 91 ff.; ebenso *Neuhaus*, RabelsZ 20 (1955), 201 (247 ff.); ähnlich auch *Schröder*, Internationale Zuständigkeit, S. 504 f.

Kapitel 3: Die Übertragbarkeit des Instruments der vis attractiva concursus

Zu differenzieren sind sie hingegen anhand der Gestalt des zwischen den einzelnen Anknüpfungen auszumachenden Bindungsverhältnisses. Insoweit beruhen zwei Konstellationen auf einer nach außen sichtbaren Abhängigkeitsstellung, eine Konstellation auf einer (wie auch immer gearteten) inneren Verbundenheit und die vierte Konstellation auf reinem Zufall. Diesem letzten »zufälligen« Gleichlauf, der lediglich übereinstimmende Verweisungsergebnisse hervorbringt, liegt kein bewusster Akt der Überschneidung zugrunde, womit es bereits an der Grundlage seiner Existenz fehlt. Den anderen drei als echte Gleichläufe zu qualifizierenden Konstellationen ist jedoch die Übereinstimmung des Anknüpfungsmoments als auch des -gegenstandes immanent. Gleichwohl entbehrt auch die vierte Variante nicht jeder Bedeutung für die vorliegende Untersuchung. Gerade ihre Abgrenzung erleichtert den Blick auf die aus den echten Gleichläufen zu ziehenden Konsequenzen.

1. Der Gleichlauf unter Abhängigkeitsstellung

Es gibt zwei Konstellationen, die ihre innerlich gesetzte Abhängigkeitsstellung auch nach außen tragen, indem die Anknüpfungsentscheidung der einen Meta-Norm auf das Ergebnis der Anknüpfungsentscheidung der anderen verweist. Diese können als strenge Gleichläufe klassifiziert werden. Erfolgt dabei die Anknüpfung an die *lex fori*, so wird das anzuwendende materielle Recht anhand der Maßgabe des international zuständigen Forums bestimmt. Konträr hierzu beruht mit der Anknüpfung an das *forum legis* die Entscheidung für das international zuständige Gericht auf der Bestimmung des materiell anwendbaren Rechts.[402] Diese Gleichläufe finden ihre Stütze in der Erwägung, eine größtmögliche Verfahrenseffektivität herzustellen, die darauf beruht, dass die materiellen Rechtsfragen durch das (eigene) Forum entschieden werden, welches hierfür am fähigsten erscheint.[403] Gleichzeitig steht ihnen das Bedenken entgegen, der Funktions-

---

402 Vgl. hierzu insbesondere die Ansicht v. *Bar*, Theorie und Praxis des internationalen Privatrechts, II, (1889), S. 427, der in der Maßgeblichkeit des anzuwendenden materiellen Rechts den „Kern der Competenzgründe" für die internationale Zuständigkeit der Gerichte eines Staates erkennt.

403 *Pfeiffer*, Internationale Zuständigkeit und prozessuale Gerechtigkeit, S. 97, mit Verweis auf *Traynor*, Tex. L. Rev. 37 (1959), 657 (663 f.) zur Gleichlauftheorie kraft *forum legis*-Anknüpfung.

richtung des jeweils anderen Bereichs nicht ausreichend gerecht werden zu können. So könne es mit der Maßgeblichkeit der Zuständigkeit für das Kollisionsrecht, dem durch eine *lex fori*-Anknüpfung die Selbstständigkeit abgesprochen werde, nicht einhergehen, die dem Kollisionsrecht anvertrauten Aufgaben und Wertungen schließlich vollständig dem Zuständigkeitsrecht zu übertragen.[404] Dem Gang in die entgegengesetzte Richtung über die Annahme einer *forum legis*-Konstellation wird derselbe Einwand entgegen gehalten. Die Maßgeblichkeit der Verweisungsentscheidung des materiellen Rechts für die internationale Zuständigkeit könne mangels Beachtung verfahrensbezogener Interessen der Gewährung eines effektiven Rechtsschutzes nicht gerecht werden.[405] Im autonomen nationalen Kollisionsrecht kommt der Verlust allseitiger Kollisionsnormen hinzu: (allseitig offene) Verweisungen auf fremdes Recht würden wertlos werden, weil damit die Entscheidungszuständigkeit der eigenen Gerichte und damit auch die Anwendung des eigenen Rechts ausgeschlossen würde. Funktionsträchtig blieben mithin lediglich die einseitigen Verweisungen auf das eigene materielle Recht.[406] Diesen Bedenken sei allerdings entgegen gesetzt, dass es sich bei diesen Gleichläufen um seltene Ausnahmen handelt, die zwei Seiten einer inneren funktionalen und wertungsmäßigen Vereinigung der zuständigkeits- und kollisionsrechtlichen Anknüpfungsentscheidung belegen.

---

404 *Peterson*, U. Colo. L. Rev. 59 (1988), 37 (39 f.) lehnt einen Gleichlauf i. S. der *lex fori*, aufgrund der großen Unterschiede und der Bedenken hinsichtlich der Übernahme von Wertungsproblemen des Kollisionsrechts durch das Zuständigkeitsrecht, ab.
405 *Heldrich*, Internationale Zuständigkeit und Anwendbares Recht, S. 57; vgl. auch *v. Bar/Mankowski*, IPR I, § 5, Rn. 152, 155, der hierbei auch auf einen dogmatisch falschen Schluss hinweist, der sich daraus ergibt, dass Gerichtsstände, weil sie keinen Anknüpfungsgegenstand des Privatrechts bilden, damit auch nicht den IPR-Regelungen unterliegen können.
406 Würde man daher die Allgemeingültigkeit eines solchen Gleichlaufs annehmen, wodurch die Fungibilität der Rechtsordnungen abgelehnt werden, zumindest aber ihren praktischen Nutzen verlieren würde, so führte dies gleichzeitig dazu, das System allseitiger Kollisionsnormen und damit das Kollisionsrecht in seiner jetzigen Funktion aufgeben zu müssen: ähnlich *v. Bar/Mankowski*, IPR I, § 5, Rn. 152; *Heldrich*, Internationale Zuständigkeit und Anwendbares Recht, S. 57.

2. Der Gleichlauf aufgrund innerer Interferenz

Die dritte Konstellation stellt einen Gleichlauf von internationaler Zuständigkeit und materiellem Recht unter der autonomen Funktionswahrnehmung der beiden Regelungsbereiche her. Für einen einheitlichen Regelungsgegenstand bedient sich diese Konstellation bewusst einheitlicher Anknüpfungsmomente in Zuständigkeits- und Kollisionsnorm.[407] Dem liegt der Gedanke zugrunde, dass die Verfolgung paralleler Vorstellungen im IZVR und im IPR nicht notwendig an eine Abhängigkeitsstellung gebunden sein muss. Ohne einer solchen Bedingtheit zu bedürfen, beruht die erfolgende Harmonisierung der Anknüpfungsentscheidungen gleichwohl auf inneren Interferenzen, die sowohl aus der Verfolgung einheitlicher Interessen sowie homogener Wertungen und Erwägungen in beiden Bereichen als auch aus deren gegenseitiger Ergänzung resultieren können.[408] Im Gegensatz zu den ersten beiden Variationen wird die innere Verbundenheit allerdings nicht unmittelbar nach außen sichtbar. Die Frage, ob in der Verwendung der gleichen Anknüpfungsmomente eine bewusste Harmonisierung bzw. Anpassung angestrebt wurde, kann dann nur durch eine Untersuchung der verfolgten Interessen und Wertungen beantwortet werden. Aber auch in dieser Konstellation manifestiert sich der Gleichlauf zumindest mittelbar nach außen: Soll die innere Verbundenheit tatsächlich durchgreifen, müssen die konkurrierenden Anknüpfungen besonderer Gerichtsstände ausscheiden. Ein echter und damit bewusster Gleichlauf wird nur unter der Bedingung entstehen können, dass, entsprechend der kollisionsrechtlichen Verweisung auf die (eine) engst verbundene Rechtsordnung, auch die internationale Zuständigkeit auf eine *ausschließliche oder zumindest relativ ausschließliche* Zuständigkeit beschränkt wird.[409] Diese muss sich auf das eine – aufgrund inhaltlich gleicher oder ergänzender Wertung – (mit dem IPR einheitliche) Anknüpfungsmoment der engsten Verbindung stützen.

---

407 Die Notwendigkeit einer Koordination für die „echten" Gleichlaufkonstellationen – ohne weiteres Eingehen auf den Inhalt der Koordination – festhaltend: *Heldrich*, Internationale Zuständigkeit und Anwendbares Recht, S. 13 f, 63 f.

408 *v. Bar/Mankowski*, IPR I, § 5, Rn. 145, die die Parallelität der Anknüpfungsmomente dann als gegeben ansehen, „soweit sie Ausdruck paralleler Wertungen [aus den jeweils vorgelagerten Gerechtigkeitsvorstellungen] sind".

409 *Heldrich*, Internationale Zuständigkeit und Anwendbares Recht, S. 62.

Pfeiffer bezeichnete diesen bewussten, inneren Gleichlauf als »phänotypisch«.[410] Dieser Stempel wird einer solchen Konstellation wohl aber nicht vollends gerecht. Zu stark erscheint die Gleichsetzung mit dem nur zufälligen Gleichlauf, obgleich es hierbei doch einen bewussten Harmonisierungswillen und nicht lediglich eine nur äußerlich (zufällige) Übereinstimmung gibt. Auch *Lüttringhaus/Weber*[411] verwendeten diese Bezeichnung, meinten damit aber lediglich die harmonisierte Auslegung der Tatbestände und die einheitliche Qualifikation der jeweilgen Rechtsfragen unter dem Anknüpfungsgegenstand. Für die Einordnung als bewusster Gleichlauf bedarf es hingegen zusätzlich der Verweisung über ein identisches Anknüpfungsmoment. Erst wenn die Interessen nur über ein und dasselbe Anknüpfungsmoment durchgesetzt werden können, ist die Übertragung von Wertungsprinzipien möglich, die eine Rückwirkung auf die Art und Weise der Auslegung und Qualifikation zulassen.

3. Die Abgrenzung zum lediglich zufälligen Gleichlauf

Im Gegensatz zu den vorhergehenden Konstellationen steht die vierte Variante eines nur zufälligen Gleichlaufs. Mangels innerer Verbundenheit oder Abstimmung sind einheitliche Ergebnisse lediglich die Folge von Zufälligkeiten. Am deutlichsten wird dies für die Fälle, in denen zwar die Verweisungsergebnisse der internationalen Zuständigkeitsbestimmung und materiellen Rechtsverweisung in einem Staat zusammenlaufen, dies jedoch für differierende Regelungsgegenstände geschieht. Hier gibt es schon keinen Zusammenhang der Verweisungen. Gleiches gilt für einen Gleichlauf, der für einen identischen Regelungsgegenstand, aber mittels Verwendung unterschiedlicher Anknüpfungsmomente erreicht wird. Eine Überschneidung ist dann lediglich das Resultat einer rein zufälligen Belegenheit der Anknüpfungsmomente im selben Staat. Die maßgeblichen Aspekte sind dabei aber nicht nur inhaltlich, sondern auch äußerlich different.

Ebenso sichert aber auch die bloß äußerliche Übereinstimmung der Anknüpfungsmomente im IZVR und IPR noch keinen bewussten Gleichlauf. Es mögen sich die anknüpfungsentscheidenden Kriterien in weiten Teilen

---

410 *Pfeiffer*, Internationale Zuständigkeit und prozessuale Gerechtigkeit, S. 95.
411 *Lüttringhaus/Weber*, RIW 2010, 45 (50).

zwar formal ähneln. So kann sowohl im IZVR als auch im IPR für die Verweisung auf Kriterien, wie den Parteiwillen (Gerichtsstandvereinbarung/Rechtswahl), Staatsangehörigkeit, Ort des gewöhnlichen Aufenthalts oder Wohnsitz, Sitz einer Gesellschaft, Niederlassung einer Partei, Belegenheitsort, Leistungsort/Erfüllungsort oder auch der Handlungs- oder Erfolgsort, zurück gegriffen werden. Selbst bei der Wahl identischer Anknüpfungsmomente ist jedoch nicht festgesetzt, aus welchem Grunde dieser Anknüpfungspunkt zur Berufung des zuständigen Staates bzw. maßgeblichen Rechts ausgewählt worden ist.[412] Entsprechend der sich im Allgemeinen unterscheidenden Zielkonzeptionen von IZVR und IPR können einheitliche Anknüpfungsmomente dennoch auch Folge unterschiedlicher Interessenwahrnehmungen, -erwägungen und -bewertungen sein. Aber selbst in den Fällen, in denen eine übereinstimmende Motivation zu einer einheitlichen Verweisung im internationalen Zuständigkeits- und Kollisionsrecht führt, liegt ein bewusster Gleichlauf nur dann vor, wenn die zu Gerichtsstand und anwendbarer Rechtsordnung führenden Verweisungen ausschließlicher Natur sind und den Parteien keine Wahl lassen.[413]

So ist das Aufgreifen einheitlicher Anknüpfungsmomente auch im Deliktsrecht zu beobachten. Sowohl im internationalen Zivilverfahrens- als auch im Kollisionsrecht wird u. a. an den Erfolgsort angeknüpft. Eine Exklusivität dieser Anknüpfungen besteht dabei allerdings weitgehend nicht. Unter der Erwägung, dass der Verweis auf den Erfolgsort den Interessen der Geschädigten am meisten entspricht, wird im EU-Kollisionsrecht nach der allgemeinen Kollisionsnorm des Art. 4 Abs. 1 Rom II-VO im Grundsatz auf diesen abgestellt. Auf der Suche nach der engsten Verbindung werden in den Absätzen 2 und 3 allerdings auch hiervon abweichende Differenzierungen angeboten.[414] Dass diesen ein Wahlrecht nicht zugrunde liegt,[415] ändert an der Offenheit gegenüber anderen Anknüpfungsmomenten nichts. Demgegenüber räumt das deutsche autonome Kollisionsrecht gem. Art. 40 Abs. 1 S. 1 EGBGB dem Verletzten gleich ein Wahlrecht hinsichtlich Handlungs- und Erfolgsort ein. Ebenso folgt die unionsrechtliche Zuständigkeitsbestimmung in Art. 7 Nr. 2 EuGVVO dem Ubiqui-

---

412 Vgl. die Ausführungen von *Mankowski*, in: FS Heldrich, S. 867 (877 ff.) zu den Unterschieden in der Verwendung einheitlicher Anknüpfungsmomente.
413 *Heldrich*, Internationale Zuständigkeit und Anwendbares Recht, S. 62 f.
414 Vgl. *Kropholler*, in: Handbuch des Internationalen Zivilverfahrensrechts, Band I, Kap. III, Rn. 128.
415 Vgl. nur *Dörner*, in: Schulze, BGB, Art. 4 Rom II-VO, Rn. 4.

tätsprinzip und ermöglicht die Heranziehung sowohl des Handlungs- als auch des Erfolgsorts.[416] Ein Gleichlauf für die Fälle der unerlaubten Handlung ist mangels Exklusivität mithin nur ein Produkt rein zufällig gleicher Ergebnisse der Bewertungsentscheidungen, die jedoch gerade nicht auf die Herbeiführung eines bewussten, inneren Gleichlaufs gerichtet sind.

II. Der Gleichlauf in der EuInsVO

Für das Gesamtvollstreckungsverfahren findet sich in der Europäischen Insolvenzverordnung ein strenger Gleichlauf, der sich aufgrund des untrennbaren Zusammenhangs von formellem und materiellem Recht unter dem Insolvenzverfahren in dem Anknüpfungsmoment einer *lex fori-concursus*-Verbindung niederschlägt.

1. Der innere untrennbare Zusammenhang von formellem und materiellem Insolvenzrecht

Es gibt Rechtsbereiche, in denen durch die rechtliche Gestaltung eine innere Abhängigkeit von materiell-rechtlichen und formell-rechtlichen Regelungen besteht, wodurch ein Austausch mit dem fremdländischen Recht unmöglich und damit die grundsätzliche Fungibilität der Rechtsordnungen aufgehoben wird. Dies wird vor allem in den Rechtsbereichen eine Rolle spielen, in denen eine bestimmte materiell-rechtliche Folge ohne die Mitwirkung des Gerichts (desselben Staates) nicht zu erreichen ist[417]; bereits das materielle Recht damit an die Einflussnahme des Gerichts anknüpft. Sind das formelle und das materielle Recht aufeinander zugeschnitten, d. h. kann das materielle Recht erst durch die Anwendung des gleichstaatlichen Verfahrensrechts durchgesetzt werden oder ist das Verfahren an gleichstaatlichen materiellen Instrumenten ausgerichtet, kann die Unter-

---

416 EuGH, Urt. v. 30.11.1976, Rs. C-21/76, Slg. 1976, 1735 (1746) – *Bier/Mines de potasse d'Alsace*; zur entsprechenden Norm in der alten Fassung: BGHZ 167, 91,(98, Rn. 21); *Geimer/Schütze*, EuZVR, Art. 5, Rn. 179 ff.; *Kropholler*, EuZPR, Art. 5, Rn. 81.
417 Als Beispiel seien hierfür die Nachlassangelegenheiten zu nennen: *v. Bar/Mankowski*, IPR I, § 5, Rn. 151 zur Begründung der Gleichlauftheorie in Nachlasssachen.

stellung unter verschiedene Rechtsordnungen zu erheblichen Spannungen führen.[418] Hintergrund ist, dass nicht nur ein reiner Funktionszusammenhang besteht, sondern sich die Funktionen von formellem und materiellem Recht im Ergebnis überlagern. Eine Trennung würde nicht allein den Funktionsverlust eines Bereichs, sondern des gesamten Regelungszieles mit sich führen.

Eine solche funktionelle Untrennbarkeit formellen und materiellen Rechts ist auch für den Bereich des Insolvenzrechts zu bejahen.[419] Dies folgt bereits aus der organisatorischen Abwicklung der Insolvenz eines Schuldners im Rahmen eines die Gesamtvollstreckung beinhaltenden Kollektivverfahrens.[420] So stellt sich der einer materiell-rechtlichen Bewertung unterliegende Sachverhalt nicht lediglich als Gegenstand eines Verfahrens dar, sondern das Verfahren konstituiert erst den vollen Sachverhalt. Die damit einhergehende Funktionseinheit der (formellen und materiellen) Abwicklung wird durch die charakteristische innere Verknüpfung formellen und materiellen Rechts[421] fest statuiert.

2. Der Anknüpfungsgegenstand des Gesamtvollstreckungsverfahrens

Geltung hat der innere Zusammenhalt von formellem und materiellem Insolvenzrecht allerdings nur unter dem Schirm des Insolvenzverfahrens.

---

418 *Nagel/Gottwald*, Internationales Zivilprozessrecht, § 1, Rn. 42; *Heldrich*, Internationale Zuständigkeit und Anwendbares Recht, S. 31 ff., der hierbei vom materiellen Recht als Annex des Verfahrensrechts spricht; *Reuß*, Forum shopping in der Insolvenz, S. 154 f.; *Ringe*, EBOR 9 (2008) 579 (615 f.).
419 Mit der Anwendung der *lex fori concursus* sowohl hinsichtlich der verfahrensrechtlichen als auch der materiell-rechtlichen Wirkungen des Insolvenzverfahrens auf die davon betroffenen Personen und Rechtsverhältnisse, vgl. Erwägungsgrund 66 S. 4 EuInsVO-2015, wird deutlich, dass auch der europäische Verordnungsgeber von einer Untrennbarkeit ausgeht. Bedenken hinsichtlich einer Vermischung von formellen und materiellem Insolvenzrecht aus verschiedenen Rechtsordnungen äußernd: *Reuß*, Forum Shopping in der Insolvenz, 154 f.; ebenso *Ringe*, EBOR 9 (2008), 579 (615 f.). Für das deutsche Insolvenzrecht: *Baur/Stürner*, Zwangsvollstreckungs-,Konkurs- und Vergleichsrecht, Band 2, Rn. 1.11; *Pape*, in: Uhlenbruck, InsO, § 1, Rn. 2.
420 *Reinhart*, in: Müko zur InsO, Vorbemerkung vor §§ 335 ff., Rn. 24.
421 Insofern auch bezeichnet als „Gemengelage": *Hanisch*, in: FS Walder, 483 (493). Kritisch zu dieser verwobenen Beziehung aber: *Habscheid*, Grenzüberschreitendes (internationales) Insolvenzrecht der Vereinigten Staaten von Amerika und der Bundesrepublik Deutschland, S. 458.

Hierzu finden sich die Normen zur Regelung der internationalen Zuständigkeit für die Eröffnung des (Haupt-)Insolvenzverfahrens sowie die das anwendbare Recht bestimmende Grundkollisionsnorm in den Art. 3 Abs. 1 S. 1 und Art. 7 Abs. 1 EuInsVO-2015. Beide Vorschriften beziehen sich ausdrücklich auf das Insolvenzverfahren als einheitlichen Regelungsgegenstand. Dieses wird in Art. 2 Nr. 4 EuInsVO-2015 näher definiert und konkretisiert für jeden Mitgliedstaat in Anhang A aufgeführt. Es umfasst die vom Anwendungsbereich der Verordnung gedeckten Gesamtverfahren, Art. 1 EuInsVO-2015. Gemeint ist hiermit das die Gesamtvollstreckung beinhaltende Kollektivverfahren.

3. Das Anknüpfungsmoment der lex fori concursus

Die aus der Sicht des Normgebers wesentlichste Beziehung des Sachverhalts zu einer der betroffenen Rechtsordnungen wird im Anknüpfungsmoment umschrieben.[422] Durch das in diesem festgehaltene Kriterium kann auf Rechtsfolgenseite der Verweisungsnormen die Entscheidung, welche Rechtsordnung für den Sachverhalt maßgebend bzw. welcher Staat zuständig ist, ausgemacht werden. Mit der in der Grundkollisionsnorm des Art. 7 Abs. 1 EuInsVO-2015 erfolgenden Bezugnahme auf den »Staat der Verfahrenseröffnung« wird für die Bestimmung des anwendbaren Rechts auf die Regelung der Zuständigkeit in Art. 3 EuInsVO-2015 verwiesen. Anwendbar ist danach das »Insolvenzrecht des Mitgliedstaates, indem das Verfahren eröffnet wird«. In Form dieser Anknüpfung an die *lex fori concursus* statuiert die Verordnung einen strengen Gleichlauf. Die Entscheidung über das anwendbare materielle Recht ist folglich synchronisierend der Regelung für die internationale Zuständigkeit nach Art. 3 EuInsVO-2015 anheimgestellt.

a) Art. 3 EuInsVO-2015 – Anknüpfung an das COMI

Art. 3 EuInsVO-2015 regelt unionsweit einheitlich die Frage der internationalen Zuständigkeit für die Eröffnung eines Insolvenzverfahrens. Die

---

422 *v. Hein*, in: MüKo zum BGB, Einleitung IPR, Rn. 57; *Kropholler*, Internationales Privatrecht, S. 105.

Bestimmung der örtlichen und sachlichen Zuständigkeit unterliegt allerdings weiterhin den Kompetenzen der einzelnen Mitgliedstaaten.[423] Unter der Determinierung einzelner Wirkungsformen unterscheidet die Vorschrift zwischen dem Hauptinsolvenzverfahren (Abs. 1) sowie den Sekundär- und Partikularinsolvenzverfahren i. e. S. (Abs. 2, 3 und 2, 4). Als Anknüpfungsmoment für die Eröffnung des Hauptinsolvenzverfahrens verweist die Verordnung auf den Mittelpunkt der hauptsächlichen Interessen des Schuldners, das COMI. Die in ihrer Wirkung territorial beschränkten Insolvenzverfahren i. S. von Art. 3 Abs. 2 knüpfen dagegen an das Vorliegen einer Niederlassung an, wodurch dem Schutz inländischer Interessen und dem Vertrauen der Gläubiger in den Inlandsbezug gedient wird.[424]

(1) Das COMI

Für die Feststellung des COMI ist an den Ort anzuknüpfen, an dem der Schuldner – nach außen, **für Dritte feststellbar** – gewöhnlich der **Verwaltung seiner Interessen** nachgeht. Diese früher bereits in Erwägungsgrund 13 EuInsVO-2000 vorzufindende Formulierung hat durch die Novellierung der Verordnung Eingang in den Text gefunden, Art. 3 Abs. 1 Unterabs. 1 EuInsVO-2015, und fungiert nunmehr als Definition des schuldnerischen Interessenmittelpunktes. Gem. Erwägungsgrund 28 EuInsVO-2015 sei für die »Beantwortung der Frage, ob der Mittelpunkt der hauptsächlichen Interessen des Schuldners für Dritte feststellbar ist« besonders zu berücksichtigen »welchen Ort die Gläubiger als denjenigen wahrnehmen, an dem der Schuldner der Verwaltung seiner Interessen nachgeht.« Entscheidend sind damit nach außen sichtbare Handlungen und Abwicklungsgesichtspunkte des Schuldners sowie die Entfaltung geschäftlicher Tätigkeit und die Belegenheit von Vermögenswerten. Anzuknüpfen ist damit (regelmäßig) an den Ort des effektiven Verwaltungssitzes.[425] Den Streit zwischen den zwei Grundtendenzen zur Feststellung des

---

423 Siehe dazu bereits oben: Kapitel 2: C. II. 4. b).
424 Vgl. Erwägungsgrund 40 EuInsVO-2015; sowie auch *Virgos/Schmit*, in: Stoll, Vorschläge und Gutachten, S. 32 (59, Rn. 71);
425 *Duursma-Kepplinger* in: Duursma-Kepplinger/Duursma/Chalupsky, Europäische Insolvenzverordnung, Art. 3 EuInsVO, Rn. 24; *Geyrhalter/Gänßler*, NZG 2003, 409 (413); *Huber*, ZZP 114 (2001), 133 (141); sehen das COMI als Synonym zu dem für die *Sitztheorie* maßgeblichen Verwaltungskriterium. Zur

COMI hat die bereits zuvor herrschende *Business-Activity-Theorie*[426], die an die *Umsetzung* der head-office-Entscheidungen anknüpft, mithin für sich entschieden. Der *Mind-of-Management-Theorie*[427] ist der Boden endgültig entzogen. Dieses bereits in den EuGH-Entscheidungen *Eurofood*[428], *Interedil*[429] und *Rastelli Davide*[430] in diesem Sinne vorgelegte Verständnis ist durch die Reform kodifiziert worden.

(2) Grundlage des COMI in den Gläubigerinteressen

Im Zentrum der für das COMI erfolgenden Anknüpfung an die Kriterien der Interessenverwaltung und deren Feststellbarkeit für Dritte stehen die durch das Insolvenzrecht zu schützenden Interessen der Gläubiger.[431] Dies wird mit einem Blick auf die Insolvenz, wie sie sich für diese Gläubigergruppe *ex ante* darstellt, deutlich: Der Insolvenzfall ist ein konkretes Risiko, dessen wirtschaftliche und rechtliche Folgen ein potenzieller Gläubiger in seine Risikokalkulation miteinbeziehen können muss. Dies ist ihm aber nur dann möglich, wenn er den Interessenmittelpunkt und mithin das international zuständige Forum (sowie damit das anwendbare materielle

---

Kongruenz der Ergebnisse der Sitztheorie und der COMI-Anknüpfung: *Eidenmüller*, in: Eidenmüller, Ausländische Kapitalgesellschaften im deutschen Recht, § 9, Rn. 11; *Häsemeyer*, Insolvenzrecht, Rn. 35.27a.

426 Statt Vieler: High Court Dublin ZIP 2004, 1223 (*Eurofood/Parmalat II*); AG Mönchengladbach ZIP 2004, 1064; *Bähr/Riedemann*, ZIP 2004, 1066 (1067); *Herchen*, ZInsO 2004, 825 (827 f.);.*Mankowski*, EWiR 2005, 637 (638); *Pannen/Riedemann*, NZI 2004, 646 (651).

427 So noch High Court of Justice Leeds ZIP 2003, 1362 (*ISA I/Daisytek*); Tribunale di Parma ZIP 2004, 1220 (*Eurofood/Parmalat I*); AG München ZIP 2004, 962 (*Hettlage*); *Paulus*, ZIP 2003, 1725 (1727); ders., EWiR 2004, 493 (494).

428 EuGH, Urt. v. 2.5.2006, Rs. C-341/04, Slg. 2006, I-3813 – *Eurofood IFSC Ltd.*

429 EuGH, Urt. v. 20.10.2011, Rs. C-396/09, Slg. 2011, I-9915 – *Interedil.*

430 EuGH, Urt. v. 15.12.2011, Rs. C-191/10, Slg. 2011, I-13209 – *Rastelli Davide.*

431 Die Interessen der Gläubiger werden dabei durch eine Vielzahl an Normen geschützt, die der Herbeiführung der optimalen Befriedigung dienen. Dies wird vor allem in den Artt. 7 Abs. 2, 20 Abs. 2 S. 2, 21 Abs. 2 S. 2, 45 und 47 Abs. 2 EuInsVO-2015 deutlich. Die Gewährleistung der gleichmäßigen Gläubigerbefriedigung findet seine explizite Integration in Art. 23 Abs. 1 und insbesondere Abs. 2 sowie Erwägungsgrund 63 EuInsVO-2015, aber auch für die Koordination von Haupt- und Sekundärinsolvenzverfahren, wie in Art. 46 Abs. 1 EuInsVO-2015, bildet es die Grundlage.

Recht) kennen bzw. erkennen kann.[432] Nur so ist die nötige Rechtssicherheit und Vorhersehbarkeit bezüglich der Bestimmung der internationalen Zuständigkeit im Hauptinsolvenzverfahren garantiert.[433]

(3) Vermutung für den Satzungssitz

Art. 3 Abs. 1 Unterabs. 2 EuInsVO-2015 enthält eine widerlegliche Vermutung für Gesellschaften und juristische Personen, wonach bis zum Beweis des Gegenteils der Mittelpunkt der hauptsächlichen Schuldnerinteressen am Ort des satzungsmäßigen Sitzes liegt. Die Beachtung einer Abweichung des tatsächlichen Interessenmittelpunktes vom Satzungssitz hat von Amts wegen zu erfolgen, sofern die Lokalisierung dem Gericht nach dem Verfahrensrecht des einzelnen Mitgliedstaates obliegt.[434] Mit der Auslegung als Zweifelsregelung[435] wird vermieden, allzu leicht auf eine – wenn auch der Feststellbarkeit für Dritte leicht zugängliche (weil formelle) – inhaltlose Hülle des Satzungssitzes abzustellen, die jeder tatsächlichen Verbindung zwischen Sachverhalt und Staat entbehrt. Denn erst diese tatsächliche Verbindung trägt dem Zusammenschluss der Gläubigergemeinschaft in einem universalen Kollektivverfahren Rechnung und vermag es, eine ausschließliche Zuständigkeit zu begründen.

---

432   Grundlegend: *Fletcher*, in: Moss/Fletcher/Isaacs, The EC Regulation on Insolvency Proceedings, Rn. 3.10; *Kübler*, in: FS Gerhardt, S. 527 (551 f.); *Virgos/Schmit*, in: Vorschläge und Gutachten, 32 (60, Rn. 75).
433   EuGH, Urt. v. 2.5.2006, Rs. C-341/04, Slg. 2006, I-3813, Rn. 33 – *Eurofood IFSC Ltd*; EuGH, Urt. v. 20.10.2011, Rs. C-396/09, Slg. 2011, I-9915, Rn. 49 – *Interedil*.
434   Für Deutschland: BGH NJW 2012, 936 Rn. 10 ff.; *Gottwald*, Grenzüberschreitende Insolvenzen, 20; *Huber*, ZZP 114 (2001), 133 (141); *Kayser* ZIP 2013, 1353; *Vallender*, NJW 2012, 1633 (1634); einschränkend und einen Anhaltspunkt in Form des „leisesten Zweifels" fordernd: *Duursma-Kepplinger* in: Duursma-Kepplinger/Duursma/Chalupsky, Europäische Insolvenzverordnung, Art. 3 EuInsVO, Rn. 25; *Fletcher*, in: Moss/Fletcher/Isaacs, The EC Regulation on Insolvency Proceedings, Rn. 3.12.
435   Dafür : *Huber*, ZZP 114 (2001), 133 (141); *Kindler*, in: MüKo zum BGB, Art. 3 EuInsVO, Rn. 25, 27; *Pannen/Riedemann*, in: Pannen, EuInsVO Kommentar, Art. 3, Rn. 33; **a. A.** wohl *Mankowski*, in: Mankowski/Müller/J. Schmidt, EuInsVO 2015, Art. 3, Rn. 44, insb. 47.

b) Art. 7 EuInsVO-2015 – Anknüpfung an den Verfahrensstaat

Die Vorschrift des Art. 7 Abs. 1 EuInsVO-2015 enthält die Grundkollisionsnorm für das Insolvenzverfahren. Anwendbar ist danach das Insolvenzrecht des Mitgliedstaates, in dem das Verfahren eröffnet wird. Mit dem hierdurch erfolgenden Verweis auf den durch Art. 3 EuInsVO-2015 bestimmten Verfahrensstaat wird die Entscheidung über das anwendbare materielle Recht der Regelung durch das Internationale Zivilverfahrensrecht überlassen. Die dem Kollisionsrecht obliegenden Funktionen müssen mithin durch das Verfahrensrecht getragen werden. Zur Verfolgung kollisionsrechtlicher Gerechtigkeit ist die Einbeziehung von Wertungen und Interessen daher der Ausgestaltung der internationalen Zuständigkeit anheimgestellt.[436] Grundlage des so gefundenen Mittelpunktes bleibt damit die Erwägung der engsten Verbindung, die die Wertungen des Kollisionsrechts in sich aufnimmt.

(1) Ziel der gemeinschaftlichen Gläubigerbefriedigung

Mit der Maßgeblichkeit des über Artt. 3 und 7 EuInsVO-2015 zur Anwendung gebrachten Rechts des Mitgliedstaates, in dem das COMI belegen ist, wird ein das Insolvenzrecht prägender Aspekt in die Verweisungsentscheidung überführt. Für das Insolvenzrecht liegt, unabhängig davon inwieweit die nationalen Insolvenzverfahren darüberhinausgehende Ziele verfolgen, das tragende Charakteristikum in der gemeinschaftlichen Gläubigerbefriedigung unter der Regulierung des Gläubigerkonflikts.[437] Die sich darin widerspiegelnde prozessuale als auch – in einem für die vollständige Befriedigung aller Gläubiger unzureichenden Vermögen liegende – materielle Konzentration der Gläubiger stellt den Aspekt des Sachverhalts dar, der die engste Verbindung zu einer Rechtsordnung ausmacht.

---

436 *Pfeiffer*, Internationale Zuständigkeit und prozessuale Gerechtigkeit, S. 113; vgl. auch *Nagel/Gottwald*, Internationales Zivilprozessrecht, § 1, Rn. 47, der aus diesem Aufbau zumindest fordert, dass „IZPR und IPR […], soweit erforderlich, auf gleichen Wertungen aufbauen und aufeinander abgestimmt" sind; *v. Bar/Mankowski*, IPR I, § 5, Rn. 121, kommen zu einer Verknüpfung von IZVR in Bezug auf das Anerkennungsrecht und dem Kollisionsrecht, jedoch ohne daraus einen Gleichlauf zu schlussfolgern.
437 *Häsemeyer*, Insolvenzrecht, Rn. 2.01.

Kapitel 3: Die Übertragbarkeit des Instruments der vis attractiva concursus

Damit ist der Ort zu lokalisieren, der als am stärksten von der Tätigkeit des Insolvenzschuldners betroffen erscheint,[438] weil an diesem der Schuldner offensichtlich und für Dritte erkennbar in wirtschaftlicher Aktivität am Rechtsverkehr teilnimmt. Gläubigerorientiert bedeutet dies, an die spürbare Marktpräsens[439] der Gesellschaft anzuknüpfen. Es ist auf den Ort abzustellen, an dem der Schuldner – nach außen, **für Dritte feststellbar** – gewöhnlich der **Verwaltung seiner Interessen** nachgeht. Dies geht einher mit dem Gedanken, dass an diesem Ort sowohl ein wesentlicher Teil des schuldnerischen Vermögens als auch eine überwiegende Vielzahl an Gläubigern zu vermuten sind.[440] Dieser Ort findet seinen Ausdruck im COMI. Dabei korrespondiert dieser Mittelpunkt der hauptsächlichen Interessen des Schuldners nicht nur mit dem im IPR geltenden Grundsatz der engsten Verbindung,[441] sondern findet vielmehr den Grund seiner Anknüpfung darin.

(2) Einbeziehung materiell-rechtlicher Interessen

Damit werden materiell-rechtliche Interessen und Wertungen in die kollisions- und verfahrensrechtliche Anknüpfungsentscheidung überführt. Wie oben bereits angedeutet, besteht hinsichtlich ihrer Bedeutung allerdings dahingehend Einigkeit, dass das Kollisionsrecht die materiellen Gerechtigkeitsvorstellungen weder unmittelbar erfüllen kann noch soll.[442] Die

---

438 *Borges*, ZIP 2004, 733 (739).
439 Zur Anknüpfung an die Marktpräsens im Wirtschaftskollisionsrecht: *Schnyder*, Wirtschaftskollisionsrecht, Rn. 104 f., 120 f.
440 *Duursma-Kepplinger* in: Duursma-Kepplinger/Duursma/Chalupsky, Europäische Insolvenzverordnung, Art. 3 EuInsVO, Rn. 12; *Kübler*, in: FS Gerhardt, S. 527 (552) unter Bezugnahme auf den Erwägungsgrund 13, S. 3 und 4 der Initiative der Bundesrepublik Deutschland und der Republik Finnland – dem Rat am 26.5.1999 vorgelegt – im Hinblick auf die Annahme einer Verordnung des Rates über Insolvenzverfahren, Abl C 221/8.
441 *Hanisch*, FS Jahr, S. 455 (458); *Haß/Herweg*, in: Haß/Huber/Gruber/Heiderhoff, EU-Insolvenzverordnung, 2005, Art. 3, Rn. 7; *Leible/Staudinger*, KTS 2000, 533 (543); *Taupitz*, ZZP 111 (1998), 315 (326).
442 Vgl. hierzu die im Kern konformen Ansätze von: *Schurig*, Kollisionsnorm und Sachrecht, S. 99 sowie weiterhin *Kegel/Schurig*, Internationales Privatrecht, S. 145 ff., die zwar die materiell-rechtlichen Interessen als einen „Rohstoff" für die die kollisionsrechtliche Gerechtigkeit bildenden Interessen betrachten und damit die Wertungen des materiellen Rechts einbeziehen, der *unmittelbaren*

sachrechtlichen Belange der größtmöglichen und gleichmäßigen Gläubigerbefriedigung scheinen auf der Meta-Ebene daher grundsätzlich keine Rolle spielen zu dürfen. So legte bereits *Rabel* mit seinen Ausführungen den Grundstein für eine konsequente Trennung von IPR und materiellem Recht und damit auch für die Ungebundenheit des Kollisionsrechts von materiell-rechtlich bezogenen Interessen.[443] Es kann ganz grundsätzlich nicht darum gehen, materiell-rechtliche Ergebnisvorstellungen durch eine diesen Erwägungen *inhaltlich* entsprechende Rechtsordnung umzusetzen,

---

Durchsetzung materiell-rechtlicher Vorstellungen und Gerechtigkeitserwägungen aber nur im Rahmen des *ordre public*-Vorbehalts den Vorrang einräumen, hingegen für die kollisionsrechtliche Entscheidung nicht gestatten; *Neuhaus*, Grundbegriffe des IPR, S. 44 ff. und *Kropholler*, Internationales Privatrecht, S. 29, 33 f. lassen ein Durchschlagen inländischer materiell-rechtlicher Wertungen auf die Entscheidungen des Kollisionsrechts zu, jedoch nur in der Form der Umsetzung auf eine besondere kollisionsrechtliche Weise, mit der Folge einer Parallelität kollisionsrechtlicher und materiell-rechtlicher Werturteile – wohingegen das materielle Recht im Rahmen der Überprüfung des Ergebnisses der Anwendung des fremden Rechts eine unmittelbare Berücksichtigung zum Ausgleich erfährt; nach *v. Bar*, JZ 1985, 961 (964 ff.), der das IPR nicht „auf rein räumliche Ordnungsvorstellungen reduzieren" möchte, ist es bei Entwicklung und Einsatz von Anknüpfungsmomenten erforderlich, die unter Sachrechtsvergleichung gefundenen materiellen Wertungen und Gerechtigkeitsvorstellungen aufzunehmen, um dem Sachrecht schließlich standhalten zu können; eine großzügigere Einbeziehungen schlägt vor: *Flessner,* Interessenjurisprudenz im internationalen Privatrecht, S. 55 f., 84 ff., der die Bereitschaft des IPR zur Einbeziehung sowohl kollisionsrechtlicher als auch materiell-rechtlich motivierter Rechtsanwendungsinteressen in den Abwägungsvorgang fordert, wobei er die Einbeziehung des Interesses an der Anwendung eines ganz bestimmten Rechts, das auf deren „besseren" materiell-rechtlich geregelten Inhalt basiere, als für die Norm*bildung* allseitiger Kollisionsnormen „praktisch undurchführbar" hält, hingegen einen „Qualitätsvergleich" im Rahmen der *Rechtsanwendung* für kollisionsrechtlich berechtigt bzw. sogar erwünscht ansieht; am weitesten scheint Juenger zu gehen: *Juenger*, NJW 1973, 1521 (1525), der nach dem *better-law approach* einem vorrangigen Abstellen auf die Rechtsordnung mit der besseren materiell-rechtlichen Regelung zugeneigt ist und damit (entsprechend eines teleologischen Ansatzes) vorschlägt, die kollisionsrechtliche Entscheidung an den vorzugwürdigen, auf materielle Werte bezogene Interessen auszurichten; beobachtend zeigt *Junker*, IPRax 1998, 65 (66 ff.), die Entwicklung der Betrachtung materieller Wertung für das IPR im Laufe der Zeit auf, die von einem rein „räumlich beste[n] Recht" zu einem an den materiellen Schutzzwecken orientiertem „fürsorgliche[n] Kollisionsrecht" verlief.

443 *Rabel*, RabelsZ 5 (1931), 241 (287), der auch von der „Emanzipierung des Kollisionsrecht" spricht (283).

um zugunsten einer Partei oder auch nur eines Beteiligten das Recht zu berufen, welches dieser Person einen ganz bestimmten (den erwünschten) Anspruch gewährt oder zu seinen Gunsten bestimmte Regelungen bereit hält.[444] Im Zweifel wäre dies ohnehin stets die eigene Rechtsordnung, die materielle *lex fori*, und das Kollisionsrecht damit ad absurdum geführt.[445] Zum einen würde eine solche Verweismethode bereits die unmittelbare Anwendung des Rechts beinhalten. Dem Sachverhalt einem materiellrechtlichen Ergebnis zuzuführen, ist jedoch Aufgabe des Rechts, auf das verwiesen wird und nicht des IPR. Zum anderen bliebe die zuvor zu klärende Frage offen, welcher Partei, welchem Beteiligten oder ganz allgemein welcher Regelung man den Vorzug geben soll, sodass eine von den materiellen Aspekten zu trennende kollisionsrechtliche Entscheidung nicht ausbleibt. Das Recht, zu dem der Sachverhalt in Beziehung steht, wird vorgefunden und nicht durch das materielle Ergebnis vorherbestimmt. Damit verbietet sich auch eine vorausgehende oder prophylaktische inhaltliche Bewertung der verwiesenen Rechtsordnungen. Derartige materiellrechtlich bezogene Interessen können daher für die Rechtsfolgensetzung der Kollisionsnormen keine unmittelbare Wirkung entfalten.[446] Verwiesen werden dürfte damit jedenfalls nicht auf das Insolvenzrecht, welches den Gläubigern die größtmögliche und verteilungsgerechteste Befriedigung ihrer Ansprüche bringt.

Gleichfalls ist es aber auch notwendig und unumgänglich, das Sachrecht und mithin auch materielle Aspekte zur Bildung der Kollisionsnormen heranzuziehen. Ganz abgesehen von der faktischen Verhaftung materieller Wertungen in der Denkweise des kollisionsrechtlichen Gesetzge-

---

444 Außer Betrachtung bleibt das im Zusammenhang mit alternativen Anknüpfungen auftretende *Günstigkeitsprinzip*, dass das materielle Ergebnis unmittelbar einbezieht.
445 Siehe hierzu auch die Aussage von: *v. Bar/Mankowski*, IPR I, § 7, Rn. 258 über den Einfluss des *ordre public*-Vorbehalts: „[Der *ordre public*-Vorbehalt] ist zugleich aber auch, wenn er im Übermaß benutzt wird [und damit die eigenen Grundsätze und Wertvorstellungen die Oberhand gewinnen], der Tod allen Verweisungsrechts."
446 Verwiesen werden soll an dieser Stelle nur noch einmal beispielhaft auf die Ausführungen von: *Kegel/Schurig*, Internationales Privatrecht, S. 133, 145, der richtigerweise auf den *ordre public*-Vorbehalt hinweist, welcher zum Schutz der inländischen Rechtsordnung die passende Stelle für die unmittelbare Aufnahme materiell-rechtlich bezogener Interessen darstellt.

B. Die Universalität des Insolvenzverfahrens nach der EuInsVO

bers[447], dienen die jeweiligen Gegenstände des Sachrechts grundlegend bereits als tatbestandliche Anknüpfungsgegenstände. So wird das Rechtsverhältnis, auf welches das Kollisionsrecht für seine Verweisungsentscheidung abstellt, dem Inhalt des Sachrechts entnommen und, abgesehen von der autonomen Begriffsbestimmung, durch dieses charakterisiert und eingeordnet. Viel gewichtiger noch ist aber eine Umsetzung materiellrechtlich bezogener Interessen für die Setzung der Rechtsfolge der Kollisionsnormen in Form der Beeinflussung der Ausbildung des jeweiligen Anknüpfungsmoments. Dabei wird derjenige Aspekt des Sachverhalts als Träger der engsten Beziehung zum Recht ausgemacht, der auch den Regelungen des materiellen Rechts innewohnt. Die materielle Regelung wird allerdings nicht hinsichtlich ihres Ergebnisses, sondern lediglich mit ihrer grundsätzlichen Wertung überführt. Nur dies trägt die Funktion des Anknüpfungsmomentes für die Verweisung.[448] So zeigt sich z. B. in der Maßgeblichkeit des Rechts des Handlungsortes im deutschen autonomen Deliktskollisionsrecht nach Art. 40 Abs. 1 S. 1 EGBGB die Einbeziehung des das materielle Recht prägenden Aspekts des Handlungsunrechts in die Verweisungsentscheidung.[449] Darüber hinausgehend weist die nach Abs. 1 S. 2 hinzutretende bzw. verdrängende Anknüpfung an das Recht

---

447 *Kropholler*, Internationales Privatrecht, S. 34; *Fetsch*, Eingriffsnormen im EG-Vertrag, S. 38 sieht (nur) eine Ausstrahlungswirkung materiell-rechtlicher Interessen auf die kollisionsrechtlichen Interessen.
448 Siehe hierzu die beispielhaften Ausführungen von: *Kropholler*, Internationales Privatrecht, S. 34; so bereits *Neuhaus*, Grundbegriffe des IPR, S. 44 f.; auf das Ergebnis, die materiell-rechtlichen Interessen lediglich in der Form der Berücksichtigung der grundlegenden Wertung des materiellen Rechts einzubeziehen, kommt anscheinend auch: *Kegel/Schurig*, Internationales Privatrecht, S. 145.
449 Für die Anknüpfung an den Handlungsort im Deliktsrecht wird das materiellrechtlich bezogene Interesse an der Verfolgung des Handlungsunrechts nicht in der Form berücksichtigt, dass die Rechtsordnung zur Anwendung berufen wird, die eine derartige Handlung als rechtswidrig betrachtet und mit (den einschneidensten) Rechtsfolgen belegt. Sondern die betreffende Handlung bildet den entscheidenden Aspekt des Lebenssachverhalts in Bezug auf die Rechtsgutsverletzung ab und gibt damit richtungsweisend den engsten Bezug des Sachverhalts zum Recht des Handlungsortes (als der den jeweiligen Normen unterliegende Rechtsverkehr) vor. Zur Behandlung des deliktsrechtlichen IPR auf der Grundlage von Erwägungen bzgl. der Anknüpfungsgerechtigkeit siehe: *v. Bar*, JZ 1985, 961 (964 ff.).

des Erfolgsortes,[450] der auf die eintretende Verletzung eines Rechtsgutes abstellt,[451] darauf hin, dass die Veränderungen in der Betrachtung der materiell-rechtlichen Haftungsbegründung auch auf das IPR und mithin auf die Suche nach der engsten Beziehung durchschlagen.

Internationalverfahrens- und kollisionsrechtliche Regeln können also nicht unabhängig von und blind gegenüber den sachrechtlichen Zielen stehen. Vielmehr dienen sie dazu, diese sachrechtlichen Ziele zumindest mittelbar durch ihre Ausgestaltung bestmöglich und in einem angemessenen Ausgleich der verschiedenen Interessen, vor dem Hintergrund des Bezuges zu mehreren Rechtsordnungen, zu verwirklichen.[452] Folglich knüpfen auch die Kollisionsnormen an die Schutzzwecke des materiellen Rechts an.[453]

(3)   Auswirkung auf die Verweisungsentscheidung für das international zuständige Forum

Innerhalb der EuInsVO wird der das Insolvenzrecht prägende Aspekt der größtmöglichen und gleichmäßigen Gläubigerbefriedigung in eben dieser Form durch die Verweisungsentscheidung auf den Ort des COMI umgesetzt. Dem Verständnis einer relativen[454] Gleichbehandlung, die die Ver-

---

450   Im EU-Kollisionsrecht wird gem. der allgemeinen Kollisionsnorm des Art. 4 Abs. 1 Rom II-VO im Grundsatz auf den Erfolgsort abgestellt.
451   Hinter der Entscheidung der Anknüpfung an den Erfolgsort steht der materielle Aspekt des Rechtsgüterschutzes. *Junker*, in: MüKo zum BGB, Art. 40 EGBGB, Rn. 24; *Mankowski*, in: FS Heldrich, S. 867 (883).
452   *Brüning*, Die Beachtlichkeit des fremden ordre public, S. 178; vgl. auch *Schnyder*, Wirtschaftskollisionsrecht, Rn. 6 ff., 159, 162 ff., der auf die erforderliche Sachrechtsabhängigkeit im internationalen Wirtschaftskollisionsrecht ausführlicher eingeht. Auch das Insolvenzrecht stellt einen an Bedeutung immer weiter zunehmenden Teil des Wirtschaftsrechtes dar, sodass die darauf bezogenen Ausführungen auch auf das Insolvenzrecht übertragbar gemacht werden können; siehe auch: *Kegel/Schurig*, Internationales Privatrecht, S. 132, 145.
453   *Schnyder*, Wirtschaftskollisionsrecht, Rn. 159.
454   Im Gegensatz dazu steht die absolute oder (proportionale) Gleichbehandlung, unter der die Befriedigung aller Gläubiger entsprechend dem Verhältnis ihrer Forderungsbeträge ohne Beachtung von Vorrechten und Vorzugspositionen, wodurch auf alle Gläubiger die gleiche Insolvenzquote entfällt, zu verstehen ist. Siehe hierzu z. B. § 39 Abs. 1 InsO hinsichtlich der Verteilung innerhalb

schiedenheit der einzelnen Gläubiger(vor)rechte beachtet und diesen entspricht,[455] wird dabei auf beiden Ebenen –sowohl durch neben das Hauptinsolvenzverfahren tretende Partikularinsolvenzverfahren als auch durch Sonderanknüpfungen für bestimmte Rechte und Rechtsverhältnisse – Rechnung getragen und mithin die Einbeziehung materieller Wertungen in Ausgleich gebracht.[456] Insofern wird der kollisionsrechtlichen Gerechtigkeit eine *dienende* Funktion zugunsten der materiell-rechtlichen Gerechtigkeitsverwirklichung zuteil.[457] Über die der inneren Verbindung des Insolvenzverfahrens Rechnung tragende Verweisung des Art. 7 EuInsVO-2015 auf den Verfahrensstaat werden die Wertungen und Interessen des Kollisionsrechts bereits mit der Entscheidung über die internationale Zuständigkeit wahrend umgesetzt.

c) Äußere Manifestation des strengen Gleichlaufs

Das in der Konsequenz einer solchen inneren Abhängigkeitsstellung liegende einheitliche Anknüpfungsergebnis von internationaler Zuständigkeit und anzuwendendem materiellen Recht im Verfahrensstaat wird auch nach außen durch die *lex fori*-Anknüpfung sichtbar getragen.

(1) Evidenz des strengen Gleichlaufs

Die inneren Zusammenhänge formellen und materiellen Rechts tragen ihr Spiegelbild in der nach außen manifestierten Abhängigkeitsstellung der *lex fori*. Die in Art. 3 Abs. 1 EuInsVO-2015 zu findende Zuständigkeitsbestimmung des für die Eröffnung des Insolvenzverfahrens international zuständigen Gerichts legt als Anknüpfungsmoment und damit Verwei-

---

einer Gruppe. Zur Verwendung des Begriffs siehe *Wiórek*, Das Prinzip der Gläubigergleichbehandlung im Europäischen Insolvenzrecht, S. 79.
455 *Smid/Leonhardt*, in: Leonhardt/Smid/Zeuner, InsO Kommentar, § 1, Rn. 34;
456 Vgl. Erwägungsgrund 22 EuInsVO-2015.
457 *Kropholler*, Internationales Privatrecht, S. 29; *Sonnenberger*, in: MüKo zum BGB, 5. Aufl., Einleitung IPR, Rn. 77 a.E.; lediglich einen *funktionellen Zusammenhang* annehmend: *Kegel/Schurig*, Internationales Privatrecht, S. 131; eine Zielstellung erkennt: *Neuhaus*, Grundbegriffe des IPR, S. 42; *Schurig*, RabelsZ 54 (1990), 217 (230, Fn. 54), der auf den funktionalen Aspekt für die „Gesamt-Gerechtigkeit" verweist.

sungsergebnis den Mittelpunkt der hauptsächlichen Schuldnerinteressen, das *COMI*, fest. Demgegenüber knüpft die systematisch daran anschließende Grundkollisionsregelung des Art. 7 Abs. 1 EuInsVO-2015 nicht mittels einer lediglich parallelen Übereinstimmung an das COMI an, sondern verweist als Anknüpfungsmoment auf den durch Art. 3 EuInsVO-2015 gefundenen Verfahrensstaat. Anwendbares Recht ist mithin stets die *lex fori concursus*. Das Recht des Staates der Verfahrenseröffnung gelangt dementsprechend selbst dann zur Anwendung, wenn das COMI des Schuldners tatsächlich gar nicht in diesem Staat belegen ist. Als Folge einer der Effektivität des Insolvenzverfahrens zuträglichen Konzentrationswirkung, die durch den Verordnungsgeber höher bewertet wurde als die Anknüpfung des Insolvenzstatuts an das tatsächliche COMI, entsteht ein strenger Gleichlauf im Rahmen des Insolvenzverfahrens.

(2)   Einheitliche Unterstellung formell- und materiell-rechtlicher Wirkungen

Unter Betrachtung der charakteristischen inneren Verknüpfung formellen und materiellen Rechts sah bereits *Berges* die grundlegende Ursache für ein EWG-Konkursabkommen in der »materiellrechtlich-verfahrensrechtliche[n] Verflechtung der Konkursprobleme« und der Verzahnung des »Insolvenzrecht[s] in allen EWG-Ländern mit dem materiellen Recht in mannigfacher Weise«.[458] Die Exekutive folgte dieser Ansicht und trug dem starken funktionalen Zusammenhang in der zu betrachtenden Europäischen Insolvenzverordnung insofern Rechnung, als dass sowohl für die formell- als auch für die materiell-rechtlichen Wirkungen des Insolvenzverfahrens einheitlich auf das Recht des Staates der Verfahrenseröffnung, die *lex fori concursus*, verwiesen wird.[459] Eine Differenzierung zwischen

---

458   *Berges*, KTS 26 (1965), 73 (73).
459   Vgl. Erwägungsgrund 66 S. 4 EuInsVO-2015. Die Regelanknüpfung an die *lex fori concursus* sieht sowohl die EuInsVO als auch das deutsche autonome internationale Insolvenzrecht vor: *Dahl*, in: Andres/Leithaus/Dahl, InsO Kommentar, § 335, Rn. 6; *Duursma-Kepplinger* in: Duursma-Kepplinger/Duursma/Chalupsky, Europäische Insolvenzverordnung, Art. 4 EuInsVO, Rn. 9; *Fritz/Bähr*, DZWIR 2001, 221 (226); *Geimer*, Internationales Zivilprozessrecht, Rn. 3367, 3373 f., 3536; *Reinhart*, in: MüKo zur InsO, § 335, Rn. 11; die in den genannten Rechtsquellen festgelegte Regelanknüpfung ist aber auch

B. Die Universalität des Insolvenzverfahrens nach der EuInsVO

Insolvenzverfahrens- und materiellem Insolvenzrecht wird von Art. 7 EuInsVO-2015 nicht vorgenommen.[460] Dies ist mit der Anknüpfung an den Verfahrensstaat aber auch nur konsequent. Dadurch wird ein Auseinanderreißen eines formell und materiell aufeinander abgestimmten Rechts nicht nur vermieden, sondern bewusst verhindert und die Durchsetzbarkeit des anzuwendenden Rechts ermöglicht.[461] Ebenso die Abgrenzungsschwierigkeiten zwischen Rechtsfragen des internationalen Privat- und solchen des internationalen Verfahrensrechts, die sich im Hinblick auf Doppelqualifikationen stellen, werden umgangen.[462] Schließlich wird die Beständigkeit der Bindung durch die Ausgestaltung der Kollisionsnormen des Art. 7 EuInsVO-2015 in Form einer Sachnorm- und keiner Gesamtverweisungen gesichert.[463] D.h. mangels Einbeziehung des Kollisionsrechts des verwiesenen Staates[464] ist eine Rück- oder Weiterverweisung ausgeschlossen.

---

unter rechtsvergleichender Betrachtung allgemein anerkannt: *Reinhart*, in: MüKo zur InsO, § 335, Rn. 9.

460 *Duursma-Kepplinger* in: Duursma-Kepplinger/Duursma/Chalupsky, Europäische Insolvenzverordnung, Art. 4 EuInsVO, Rn. 9. Bedenken hinsichtlich einer Vermischung von formellen und materiellen Insolvenzrecht aus verschiedenen Rechtsordnungen äußert auch: *Ringe*, EBOR 9 (2008), 579 (615 f.); ebenso *Reuß*, Forum Shopping in der Insolvenz, 154 f.

461 Siehe nur das Beispiel der Verjährung, die im *Common Law* dem Prozessrecht zugeschlagen, aber deutschen Recht hingegen als Institut des materiellen Rechts angesehen wird: *Basedow*, in: Materielles Recht und Prozessrecht, S. 131 (136).

462 *Hanisch*, in: FS Walder, S. 483 (495); *Herchen*, Das Übereinkommen, S. 224.

463 *Duursma-Kepplinger* in: Duursma-Kepplinger/Duursma/Chalupsky, Europäische Insolvenzverordnung, Art. 4 EuInsVO, Rn. 2; *Leible/Staudinger*, KTS 2000, 533 (549); *Huber*, ZZP 114 (2001), 133 (151); *Reinhart*, in: MüKo zur InsO, Art. 4 EuInsVO, Rn. 1; anders noch zum EuInsÜ: *Hanisch*, in: FS Walder, S. 483 (493); ebenso für das deutsche autonome internationale Insolvenzrecht: *Brinkmann*, in: Schmidt, Insolvenzordnung, § 335 InsO, Rn. 11; *Kolmann/Keller*, in: Gottwald, Insolvenzrechts-Handbuch, § 133, Rn. 2; **a. A.** *Geimer*, Internationales Zivilprozessrecht, Rn. 3375; *Reinhart*, in: MüKo zur InsO, vor §§ 335 ff., Rn. 38 f.; *Drobnig*, in: Stoll, Stellungnahmen und Gutachten zur Reform des deutschen Internationalen Insolvenzrechts, S. 51 (56) zur Regelung im deutschen internationalen Insolvenzrecht.

464 Siehe hierzu auch die ausdrückliche Formulierung: „Diese Verordnung [EuInsVO] sollte für den Insolvenzbereich [...] die nationalen Vorschriften des internationalen Privatrechts ersetzen" im Erwägungsgrund 66 S. 1 EuInsVO-2015.

(3) Das Prinzip der eingeschränkten Universalität

Der EuInsVO liegen die Prinzipien der Einheit und der eingeschränkten Universalität zugrunde. In ihnen spiegelt sich die inkomparable Verbindung von formellem und materiellem Insolvenzrecht, was den beschriebenen strengen Gleichlauf untermauert. Trotz gewichtiger Überschneidungen kann das Universalitätsprinzip von dem in Art. 3 Abs. 1 EuInsVO-2015 manifestierten Einheitsprinzip getrennt betrachtet werden: Letzteres ist insofern im Sinne der Eröffnung eines *einzigen* Insolvenzverfahrens für das Gebiet der gesamten Union (unbetrachtet der hierfür nötigen universalen Geltung) zu verstehen. Obwohl es im Laufe der Entwicklung der Europäischen Insolvenzverordnung in seiner absoluten Form aufgegeben wurde[465], liegt es den Regelungen als richtungsweisendes Gebot weiterhin zugrunde[466]. Für das Universalitätsprinzip verbleibt sodann das Verständnis, dass sich sowohl der Geltungsanspruch als auch die Wirkungen eines Insolvenzverfahrens über die Grenzen des Eröffnungsstaates hinaus auch in anderen Staaten, in denen Vermögen des Schuldners belegen ist, fortsetzen und die Abwicklung des Verfahrens damit einheitlich nach der *lex fori concursus*, d. h. nach dem Insolvenzrecht des Staates der Verfahrenseröffnung, erfolgt.[467] Dabei setzt das Universalitätsprinzip den dem Insolvenzrecht immanenten Gedanken der Gläubigergleichbehandlung um.[468] Insofern nämlich die Insolvenz eines Schuldners die Grenzen eines Staates überschreitet, ist auch die grenzüberschreitende Ausprägung der Chancengleichheit und der Verteilungsgerechtigkeit, d. h. der Herstellung gleicher Bedingungen für alle Gläubiger ungeachtet dessen, aus welchem Staat sie kommen, notwendige Folge eines das gesamte Vermögen des Schuldners betreffenden Verfahrens. Eine unionsweit einheitliche Regelung muss sich daher auf die (grenzüberschreitende) Geltung einer einzigen Rechtsordnung (des Verfahrensstaates) stützen können. Dennoch bedarf auch dieser Grundsatz diverser Einschränkungen. Die in Erwägungs-

---

465 In seiner absoluten Form war der Grundsatz der Einheit zuletzt im Zweiten Entwurf von 1980 enthalten.
466 Siehe hierzu Erwägungsgrund 23 S. 6 EuInsVO-2015 und die darauf aufbauenden Regelungen im Text.
467 *Gottwald/Kolmann*, in: Gottwald, Insolvenzrechts-Handbuch, § 129, Rn. 5 f.; *Smid*, Internationales Insolvenzrecht, § 1, Rn. 12 ff.; So auch schon: *Herchen*, Das Übereinkommen, 49.
468 BGHZ 95, 256 (264).

grund 23 S. 2 und Art. 20 EuInsVO-2015 formulierte universale Geltung des Hauptinsolvenzverfahrens und seine damit angeordnete Wirkungserstreckung können dem grenzüberschreitenden Bezug eines internationalen Insolvenzverfahrens nur dann gerecht werden, wenn sie nicht ausnahmslos gelten. Diese Folgerung findet ihren faktischen Grund in der sehr unterschiedlichen Ausprägung des materiellen Rechts der einzelnen Mitgliedstaaten.[469] Eine Rolle spielen hierbei v. a. die uneinheitlichen Systeme der Sicherungsrechte und die unterschiedliche Ausgestaltung der Vorrechte der einzelnen Gläubigergruppen.[470] Vor dem Hintergrund der nötigen Berücksichtigung von Vertrauensschutz und Rechtssicherheit ist ein einziges, universal geltendes Insolvenzverfahren daher als nicht sachgerecht anzusehen.[471] Dabei geht es um die durch das Recht gegebene Sicherheit und Verlässlichkeit der Rechtsordnung.[472] Der Schutz berechtigter Erwartungen formt mithin ein materielles Wertungskriterium, welches aus Gründen der Vorhersehbarkeit und Berechenbarkeit einer bestimmten Rechtsordnung nicht nur dazu zwingt, im Grundsatz an die *lex fori concursus* und mithin an das COMI anzuknüpfen, sondern auch in einzelnen erforderlichen Punkten Durchbrechungen zuzulassen. Um die Interessen aller Gläubiger angemessen schützen zu können, sind daher Ausnahmen vom Universalitätsprinzip und der damit einhergehenden ausnahmslosen Anwendung des Rechts des Staates der Verfahrenseröffnung, der *lex fori concursus*, erforderlich. Dem wird durch die Möglichkeit der Sonderanknüpfung für bestimmte Rechte und Rechtsverhältnisse sowie der Sekundärinsolvenzverfahren und Partikularinsolvenzverfahren (i. w. S.) Rechnung getragen.[473] Unter dem hiernach geltenden Territorialitätsprinzip entfaltet

---

469 *Gottwald/Kolmann*, in: Gottwald, Insolvenzrechts-Handbuch, § 129, Rn. 9; *Kolmann*, Kooperationsmodelle, 464 f.; vgl. auch Erwägungsgrund 22 EuInsVO-2015.

470 *Virgos/Schmit*, in: Stoll, Vorschläge und Gutachten, S. 32 (39, Rn. 12); *Pannen/Riedemann*, in: Pannen, EuInsVO Kommentar, EuInsVO Einleitung, Rn. 37; vgl. auch Erwägungsgrund 22 EuInsVO-2015.

471 *Herchen*, Das Übereinkommen, S. 50 f.; *Kolmann*, Kooperationsmodelle, 464 f.; *Virgos/Schmit*, in: Stoll, Vorschläge und Gutachten, S. 32 (39, Rn. 12 f.); vgl. aber auch Erwägungsgründe 22 und 67 EuInsVO-2015.

472 Siehe die Ausführungen zur Rechtssicherheit von: *Schmidt-Aßmann*, in: Isensee/Kirchhof, Hdb. des Staatsrechts, § 24, Rn. 81.

473 Für diese Kombination aus universalem Haupt- und territorialen Partikularinsolvenzverfahren im weiten Sinne sowie Sonderanknüpfungen existieren verschiedene Begriffe, die das der EuInsVO innewohnende Universalitätsprinzip kennzeichnen. So wird auch von einer „modifizierten Universalität": *Pan-*

das Insolvenzverfahren rechtliche Wirkungen lediglich innerhalb des Staates der Verfahrenseröffnung.[474] Mit der Beschränkung der Universalität durch die Zulassung von Territorialität in konkret geregelten Fällen wird dem Schutzbedürfnis hinsichtlich territorialer Unterschiede und damit auch verbreiteter Gläubigerinteressen Rechnung getragen. Nur eine differenzierende Anknüpfung der Insolvenzkollisionsregelungen kann die Folgen abmildern, die dadurch hervortreten, dass sich trotz Berührung mehrerer Staaten und damit mehrerer Rechtsordnungen das Insolvenzverfahren und seine Wirkungen mit universaler Geltung nach der *lex fori* richten.[475]

III. Zwischenergebnis

Die das Gesamtvollstreckungsverfahren prägende Konnexität materiellen und formellen Rechts findet mithin seine notwendige Umsetzung in der *lex fori concursus*-Anknüpfung. Die damit erzielte Ausschließlichkeit der Anwendung des materiellen Rechts des Verfahrensstaates manifestiert den strengen Gleichlauf zwischen internationaler Zuständigkeit und anzuwendendem Recht, der auf einer inneren funktionalen und wertungsmäßigen Vereinigung der beiden Bereiche beruht. Der Gleichlauf der zuständigkeits- und kollisionsrechtlichen Anknüpfungsentscheidungen ist mithin Ausdruck prägender Strukturen im internationalen Insolvenzrecht. Die Frage, ob ein solcher echter Gleichlauf auch für die Annexverfahren anzunehmen ist, ist im Folgenden unter der Betrachtung der dem Insolvenzverfahren anhängenden kontradiktorischen Verfahren zu klären.

---

nen/Riedemann, in: Pannen, EuInsVO Kommentar, EuInsVO Einleitung, Rn. 34, 37; von einer „kontrollierten Universalität": *Kindler,* in: Kindler/Nachmann, Handbuch Insolvenzrecht in Europa, 1. Teil, § 1, Rn. 3; oder von einem „Kombinationsmodell": *Ludwig,* Neuregelungen des deutschen Internationalen Insolvenzverfahrensrechts, S. 41, 145 f. gesprochen. Vgl. zur Ausfüllung auch Erwägungsgrund 22 EuInsVO-2015.

474 *Gottwald/Kolmann,* in: Gottwald, Insolvenzrechts-Handbuch, § 129, Rn. 5; *Reinhart,* in: MüKo zur InsO, Vor §§ 335 ff., Rn. 20.

475 *Kolmann,* Kooperationsmodelle, 464 f.; zur Zentralisierung von Regelungen im Binnenmarktkollisionsrecht: *Grundmann,* RabelsZ 64 (2000), 457 (470 f.).

C. Behandlung kontradiktorischer Verfahren in der EuInsVO

Die EuInsVO unterteilt innerhalb der Regelung des Art. 32 EuInsVO-2015 drei Arten von Entscheidungen: zum einen die originären »insolvenzrechtlichen« Entscheidungen in Abs. 1 Unterabs. 1, die zur Durchführung und Beendigung des Insolvenzverfahrens ergehen, zum zweiten die in Abs. 1 Unterabs. 2 geregelten insolvenzgeprägten Entscheidungen und zum dritten die in Abs. 2 erwähnten »anderen«, insolvenzunabhängigen Entscheidungen, die nur bei Gelegenheit der Insolvenz ergehen. Im Gegensatz zu der letzten Gruppe, für die aufgrund ihrer für die insolvenzrechtliche Abwicklung inkohärenten Rolle auf die Regelungen der Verordnung in Zivil- und Handelssachen, (EU) 1215/2012, verwiesen wird, verbleiben die insolvenzgeprägten Entscheidungen im Regelungsbereich der EuInsVO. Die damit angesprochenen Annexverfahren unterfallen nach der Reform ausdrücklich der internationalen Zuständigkeitskompetenz des Insolvenzverfahrensstaates gem. Art. 6 Abs. 1 EuInsVO-2015 und folgen in akzessorischer Anknüpfung der Vorschrift des Art. 3 Abs. 1 EuInsVO-2015 für das Insolvenzverfahren. Der Normierung ihrer internationalen Zuständigkeit schließt sich jedoch anders als für das Insolvenzverfahren selbst keine Regelung zum anwendbaren materiellen Recht an. Eine kollisionsrechtliche Vorschrift zu den Streitgegenständen der Annexverfahren ist in den Regelungsbereich der EuInsVO-2015 nicht aufgenommen worden. Ebenso wenig findet sich eine parallele Erwähnung der für die Annexverfahren verwendeten Formulierung der »Entscheidungen, die unmittelbar aufgrund eines Insolvenzverfahrens ergehen und in engem Zusammenhang damit stehen« in der Bestimmung des Art. 7 EuInsVO-2015. Eine kollisionsrechtliche Abdeckung kann auch nicht dadurch erzeugt werden, dass mit einer unter der EuInsVO-2000 noch vertretenen analogen Anwendung des Art. 3 bezüglich der Annexzuständigkeit eine simultane Erstreckung des Anwendungsbereichs der Grundkollisionsnorm angenommen und die materiell-rechtliche Behandlung dieser Einzelverfahren damit den Anordnungen der *lex fori concursus* gem. Art. 7 EuInsVO-2015 entnommen wird.[476] Unabhängig davon, dass dieser (doppelte) Analogieschluss mit der heutigen eigenständigen Regelungen für die Annexzuständigkeit nicht mehr haltbar ist, wäre die Konsequenz dieser Annahme aber

---

476 Anders aber *Mayer*, Insolvenzantragspflicht und Scheinauslandsgesellschaften, S. 139.

auch die Anordnung einer in Wahrheit nicht gegebenen Übereinstimmung mit sämtlichen Regelungsgegenständen des Insolvenzstatuts. Die kollisionsrechtliche Komponente der Annexverfahren wird damit von der EuInsVO in keiner Form geregelt, womit ihre Bestimmung ohne die vorliegende Untersuchung weiterhin den Einzelfallentscheidungen der Rechtsprechung obläge und damit nicht automatisch auf andere Entscheidungen übertragen werden könnte.

I. Einordnung kontradiktorischer Annexverfahren

1. Grundsätzliche Trennung von IZVR und IPR

Das in seiner Struktur vom Gesamtvollstreckungsverfahren zu trennende kontradiktorische Annexverfahren ist durch eine Konnexität von formellem und materiellem Recht, wie sie dem Insolvenzverfahren eigen ist, nicht gekennzeichnet. Die Durchsetzung materiellen Rechts ist grds. nicht an die Anwendung eines gleichstaatlichen Verfahrensrechts oder an dessen prozessuale Instrumente gebunden. Für die Annexverfahren ist folglich auch eine strenge Gleichlaufannahme unter Abhängigkeitsstellung, wie sie dem Verhältnis der Artt. 3 und 7 EuInsVO-2015 entspricht, abzulehnen. Ebenso scheint eine Trennung von verfahrensrechtlicher und kollisionsrechtlicher Qualifizierung eines Sachverhalts als »insolvenzrechtlich« unter Ausschluss materiell-rechtlicher Bezugspunkte zumindest möglich. Schließlich stehen einer Harmonisierung der kollisionsrechtlichen Qualifikation eines Sachverhaltes und dessen verfahrensrechtlicher Einordnung aufgrund der abstrakt unterschiedlichen Interessenverfolgung im IZVR und im IPR einige Bedenken entgegen.[477] Würde man dementsprechend auch einen Qualifikationszusammenhang zwischen den den Annexverfahren unterfallenden Regelungsgegenständen und des auf sie anzuwenden materiellen Rechts verneinen, wäre – aufbauend auf dem herkömmlichen Verständnis von Regelungsrichtung und verfahrensrechtlicher Zwecksetzung der *vis attractiva concursus* als Instrument des IZVR – demzufolge auch eine verfahrensrechtliche Qualifikation denkbar, die

---

477 Für die Unabhängigkeit der qualifikatorischen Einordnungen bei insolvenzbezogenen Sachverhalten: Zimmer, Internationales Gesellschaftsrecht, S. 420; siehe auch *Wagner*, in: Lutter, Europäische Auslandsgesellschaften in Deutschland, S. 223 (283).

allein den formellen Aspekt des Insolvenzverfahrens aufgreift und die Auswahl der Kriterien allein auf solche mit einem rein verfahrensrechtlichen Bezug beschränkt. Zu denken wäre z. B. an das Abstellen auf die Parteistellung des Insolvenzverwalters im Verfahren.[478]

In der Folge wäre – mangels einer entsprechenden Regelung in der EuInsVO – die kollisionsrechtliche Betrachtung der Annexverfahren dem Regime der Europäischen Insolvenzverordnung entzogen. Das anwendbare Recht würde mithin nicht automatisch der *lex fori concursus* unterfallen, sondern erst über die allgemeinen kollisionsrechtlichen Regelungen des Insolvenzverfahrensstaates zu bestimmen sein. Diese Annahme ist auch recht naheliegend, wenn man noch einmal an die grundsätzliche Fungibilität der Regelungen des Privatrechts im internationalen Rechtsverkehr zurückdenkt.

2. Rechtsaktübergreifendes Verständnis

Dem entgegen einzelne Autoren mit der Erforderlichkeit eines rechtsaktübergreifenden, einheitlichen Verständnisses der Anwendungsbereiche und Bestimmungen (eingeschlossen der übereinstimmenden Auslegung der Begrifflichkeiten) innerhalb des europäischen Zuständigkeits- und Kollisionsrechts. Eine einheitliche Auslegung der Funktionsbegriffe im IZVR und im IPR hätte auch im internationalen Insolvenzrecht eine zumindest *phänotypische* Übereinstimmung zwischen den Regelungsgegenständen der internationalen Annexzuständigkeit und dem anwendbaren materiellen Recht zur Folge.[479]

In den Erwägungsgründen 7 sowohl der Rom I- als auch der Rom II-Verordnung wird ausdrücklich angeordnet, dass das Internationale Zivilverfahrensrecht mit dem Kollisionsrecht »im Einklang stehen« soll. Mit

---

478 So auch bereits in der *Gourdain./.Nadler*-Entscheidung als Begründungspunkt herangezogen: EuGH, Urt. v. 22.2.1979, Rs. 133/78, Slg. 1979, 733, Rn. 5 – *Gourdain./.Nadler*.
479 *Lüttringhaus/Weber*, RIW 2010, 45 (50); ähnlich auch *Weber*, Gesellschaftsrecht und Gläubigerschutz im Internationalen Zivilverfahrensrecht, S. 100, mit Verweis auf die Begriffsübernahme von *Pfeiffer*, Internationale Zuständigkeit und prozessuale Gerechtigkeit, S. 95. In der vorliegend erfolgenden Einteilung sei von einem Gleichlauf aber nur dann auszugehen, wenn auch eine bewusste Übereinstimmung der Anknüpfungsmomente vorliegt. Siehe dazu bereits oben: Kapitel 3: B. I. 2.

der Forderung nach einer einheitlichen Auslegung der verwendeten Begriffe sowie in ihrer Folge der übereinstimmenden Qualifizierung der Sachverhalte im IZVR und im IPR wird eine bereichs- und rechtsaktübergreifende Harmonisierung im Unionsrecht verfolgt. Dieser Harmonisierungswille ist Ausdruck einer unionsrechtlichen Entscheidung und nicht lediglich einer einzelnen Verordnung. Warum also sollte dann nicht auch innerhalb der Europäischen Insolvenzverordnung ein Auslegungs- und Qualifikationszusammenhang zwischen Zivilverfahrens- und Kollisionsrecht bestehen?[480]

3. Einheit des Insolvenzverfahrens unter der EuInsVO

Dies erscheint auch vor dem Hintergrund der Einordnung der Annexverfahren in die EuInsVO stimmig. Im Rahmen der europäischen Zuständigkeitsordnung werden die Annexverfahren als »insolvenzrechtlich« über die Ausnahmeregelung des Art. 1 Abs. 2 lit. b EuGVVO für »Konkurse, Vergleiche und ähnliche Verfahren« vom sachlichen Anwendungsbereich der EuGVVO ausgenommen und zur effektiven Lückenschließung dem sachlichen Anwendungsbereich der EuInsVO unterstellt. Der Grund hierfür findet sich in der Notwendigkeit einer externen Regelung für die spezielle Materie des Insolvenzrechts.

Unterfallen diese Einzelverfahren im Hinblick auf die Zuständigkeit damit der insolvenzrechtlichen Materie, so erscheint es, unter dem Blickwinkel eines rechtsaktübergreifenden, einheitlichen Verständnisses und dem in der EuInsVO enthaltenen Gedanken der Einheit des Insolvenzverfahrens, nur konsequent, ihre Übereinstimmung mit dem kollisionsrechtlichen Begriffsverständnis des Insolvenzrechts anzunehmen und sie dem Insolvenzstatut unterzuordnen. Die Verhinderung von Lücken kann nur dann erreicht werden, wenn beide Verordnungen von einem einheitlichen (insolvenzrechtlichen) Begriffsverständnis ausgehen, denn nur so können die Ausnahmen vom Anwendungsbereich der EuGVVO für »Konkurse, Vergleiche und ähnliche Verfahren« nach Art. 1 Abs. 2 lit. b durch die EuInsVO umfassend abgedeckt werden. In notwendiger Konsequenz

---

480 Dies fragt sich auch *Weber*, Gesellschaftsrecht und Gläubigerschutz im Internationalen Zivilverfahrensrecht, S. 100.

dieser Übereinstimmung muss man schließlich von der Einheitlichkeit kollisions- und verfahrensrechtlicher Qualifikation ausgehen.

II. Das Verhältnis der vis attractiva concursus zur Kollisionsnorm des Art. 7 EuInsVO-2015

Unter der Prämisse eines einheitlichen Verständnisses der insolvenzverfahrens- und der insolvenzkollisionsrechtlichen Qualifikation stellt sich die verfahrensrechtliche Problematik der *vis attractiva concursus* als zu der kollisionsrechtlichen Frage, welche Regelungen des Sachrechts im Insolvenzstatut zu konzentrieren sind, analog dar. Ob oder inwiefern daher die *vis attractiva concursus* anhand der bereits unter Art. 7 Abs. 2 S. 2 EuInsVO-2015 benannten Beispiele zu bestimmen ist und sich damit in der Regelung dieser Kollisionsnorm erschöpft, soll der folgende Abschnitt herausstellen.

1. Das Paradebeispiel der Anfechtungsklage

Die Anfechtungsklage, deren Begehr es ist, eine bestimmte Rechtshandlung durch Anfechtung anzugreifen, kann als ein anerkanntes (und stets zitiertes) Beispiel für ein Annexverfahren benannt werden. Aber auch sachrechtlich richtet sich die Insolvenzanfechtung nach dem Recht des Verfahrensstaates. Als explizit genanntes Beispiel unter lit. m findet sie sich im Katalog der Kollisionsnorm des Art. 7 Abs. 2 S. 2 EuInsVO-2015 (vormals Art. 4 Abs. 2 S. 2 EuInsVO-2000) wieder. Eine zumindest partielle Übereinstimmung der Annexverfahren mit Art. 7 EuInsvO-2015 ist damit offenkundig anzunehmen.

Dieses typische Beispiel eines Annexverfahrens nehmen einige Stimmen in der Literatur zum Anlass, die Regelungsgegenstände der Annexverfahren anhand des Art. 7 EuInsVO-2015 und seiner aufgezählten Beispiele zu bestimmen.[481] Dabei erfolgt die Annahme einer derartigen Ori-

---

481 *Safferling/Chr. Wolf*, in: Geimer/Schütze, Internationaler Rechtsverkehr in Zivil- und Handelssachen, Art. 1 EuGVÜ, Rn. 19 (Fn. 100); *Mankowski*, in: Rauscher, Europäisches Zivilprozessrecht, Art. 1 Brüssel-I VO, Rn. 18a nimmt zumindest die Gegenstände des Art. 4 Abs. 2 S. 2 EuInsVO aus der EuGVVO heraus; weitergehend *Balz*, EWiR 1996, 841 (842), der bezugnehmend auf die

Kapitel 3: Die Übertragbarkeit des Instruments der vis attractiva concursus

entierung an der Kollisionsnorm leider weitgehend als pauschale Feststellung eines Gleichlaufs mit den Gegenständen des Katalogs oder, sogar darüber hinausgehend, dem Insolvenzstatut in Gänze – ohne eine weitere, tiefgründige Eruierung vorzunehmen. Die Herstellung einer Übereinstimmung mit Art. 7 EuInsVO-2015 erscheint dadurch fälschlicherweise vielmehr als ein bequemer Weg der Einordnung denn als die Heranziehung eines inneren Gleichlaufgedankens. Abgesehen von Einzelnen reagiert die Gegenseite in ähnlicher Form, wenn sie die Ablehnung eines Gleichlaufes ohne nähere Differenzierung und alternativer Kriterienbildung für die Qualifikation der *vis attractiva concursus* feststellt.[482] Im Ergebnis ist einem Gleichlauf der Annexverfahren mit sämtlichen Regelungsbeispielen des Art. 7 Abs. 2 S. 2 EuInsVO-2015 jedoch entschieden entgegen zu treten.

2. Keine Übertragung des Katalogs des Art. 7 Abs. 2 EuInsVO-2015

a) Fehlende Konformität der Kataloge

Ähnlich dem kollisionsrechtlichen Beispielkatalog in Art. 7 Abs. 2 S. 2 EuInsVO-2015 enthielten die Entwürfe zu einem Übereinkommen über den Konkurs, Vergleiche und ähnliche Verfahren von 1970 (mit geänder-

---

vis attractiva concursus einen Gleichlauf von Sachrecht und Verfahren im Staat des Konkursforums zugrunde legt; ähnlich weit *Lüttringhaus/Weber*, RIW 2010, 45 (50 f.). Einige Autoren greifen für die insolvenzrechtliche Qualifikation eines Rechtsinstituts unter die Kollisionsnorm des Art. 4 EuInsVO auf Überlegungen zur Bestimmung der unter die Annexverfahren fallenden Einzelverfahren zurück, ohne einen Gleichlauf der Reichweiten von Insolvenzstatut und Annexzuständigkeit heranzuziehen: *Eidenmüller*, RabelsZ 70 (2006), 474 (483); *Mankowski*, RIW 2004, 481 (486); *Weller*, Europäische Rechtsformwahlfreiheit und Gesellschafterhaftung, S. 276.

482 Keine Abhängigkeit zwischen Insolvenzstatut und den Annexverfahren sehen: *Berner/Klöhn*, ZIP 2007, 106 (110); *Bruhns*, Das Verfahrensrecht der internationalen Konzernhaftung, S. 122 f.; *Lemontey*, in: Kegel/Thieme, Vorschläge und Gutachten. S. 93 (130, Rn. 51) hinsichtlich der Regelungen im Entwurf von 1980; *Strobel*, Die Abgrenzung zwischen EuGVVO und EuInsVO, S. 165 f.; *Stürner*, IPRax 2005, 416 (418); *Wagner*, in: Lutter, Europäische Auslandsgesellschaften in Deutschland, S. 223 (283); *Zimmer*, Internationales Gesellschaftsrecht, S. 295 f.; gleichfalls eine weitgehende Parallelität bejahend *Willemer*, Vis attractiva concursus und die Europäische Insolvenzverordnung, S. 145 f.

ter Nummerierung auch im Entwurf von 1980) zunächst noch einen enumerativen Katalog der unter die *vis attractiva concursus* zu subsumierenden Rechtsfragen. Unter den Normen der Artt. 10-12 und 17 waren Streitigkeiten aufgelistet, die nun mehr oder weniger auch in Art. 7 Abs. 2 S. 2 EuInsVO-2015 zu finden sind. Dies betrifft u. a. Rechtsfragen, die ein Aussonderungsverlangen von im Mitgliedstaat der Verfahrenseröffnung belegenen Sachen, die Feststellung von Forderungen zur Insolvenztabelle oder auch Streitigkeiten über den Fortbestand laufender Verträge des Schuldners zum Inhalt haben (Art. 17 Nr. 5, 8 und 9 des Entwurfs von 1970 sowie Art. 7 Abs. 2 S. 2 lit. b), e) und h) EuInsVO-2015). Beide Kataloge existierten aber nie zeitgleich. Erst mit dem gescheiterten Übereinkommen von 1995, durch welches die explizite Vorschrift und der Katalog zur *vis attractiva concursus* verworfen und auch mit der EuInsVO-2000 nicht wieder eingeführt worden war, erfolgte die Ergänzung der vormals abstrakten kollisionsrechtlichen Grundnorm um einen Beispielkatalog im heutigen Stil.

Ein Aufgreifen dieser Entwicklung, um eine Anlehnung der Annexverfahren an den heutigen Katalog des Art. 7 Abs. 2 S. 2 EuInsVO-2015 zu gestalten, scheitert jedoch bereits grundlegend an den divergierenden Regelungsausrichtungen und den Umfängen beider Kataloge. Unter der Überschrift der Zuständigkeitsbestimmung wurden die Annexverfahren einst in einem enumerativen Katalog zusammengefasst. Der die Frage des anzuwendenden materiellen Rechts berührende Katalog des heutigen Art. 7 Abs. 2 S. 2 EuInsVO-2015 enthält hingegen lediglich eine beispielhafte Aufzählung. Wollte man nun die Annexzuständigkeit auf die explizit benannten Beispiele des Katalogs beschränken, bliebe fraglich, warum gerade nur sie die Annexverfahren abbilden und andere, möglicherweise einschlägige Rechtsfragen außen vor bleiben sollten.[483] Der Konstatierung dieser Eingrenzung würde jegliche Grundlage fehlen.

b) Gefahr der ungewollten und unkontrollierten Ausweitung

Wollte man daher auf eine Eingrenzung entsprechend der Aufzählung in Art. 7 Abs. 2 S. 2 EuInsVO-2015 verzichten, stünde dem bereits der ur-

---

483 Siehe schon *Strobel*, Die Abgrenzung zwischen EuGVVO und EuInsVO, S. 165.

sprünglich abschließende Charakter des Annexkatalogs entgegen. Die Konsequenz und die Gefahr einer solchen Gleichlaufannahme der Annexzuständigkeit mit Art. 7 Abs. 1 und 2 S. 2 EuInsVO-2015 ohne Vornahme einer weiteren Differenzierung wäre mithin in dem Vorliegen eines unbeschränkten Automatismus zu sehen. Kommt im Rahmen eines Einzelverfahrens eine unter das Insolvenzstatut zu subsumierende Frage, gleich welchen Gewichts oder Inhalts, auf, läge die Zuständigkeit für dieses Verfahren beim Mitgliedstaat der Verfahrenseröffnung. Eine Anwendung der *lex fori concursus* würde die Annexzuständigkeit unmittelbar und vollumfänglich begründen. Die Annexverfahren wären damit – und zwar entgegen ihrer Statuierung in Art. 6 Abs. 1 EuInsVO-2015 – systemwidrig *forum legis* anzuknüpfen. Die dem Instrument der *vis attractiva concursus* mit der Anknüpfung an den Staat der Verfahrenseröffnung in Art. 6 Abs. 1 EuInsVO-2015 gegebene (wenn auch beschränkte) Freiheit, ihre gegenständliche Ausrichtung und Reichweite selbst zu wählen, ginge mithin verloren. Sie wäre an die Bestimmung durch Art. 7 EuInsVO-2015 gebunden. Einer solch vorbehaltlosen Verweisung auf die Kollisionsnorm stünde ebenso der Beklagtenschutz[484] aufgrund der Verdrängung des den allgemeinen Regeln folgenden Beklagtengerichtsstandes für Nicht-Annexverfahren entgegen. Ein nicht abschließender Katalog, wie Art. 7 Abs. 2 S. 2 EuInsVO-2015, eröffnet mithin eine potenzielle Reichweite von zu erfassenden Rechtsfragen, die für eine gleichlaufende Annexzuständigkeit nicht haltbar sein können. Bei einer Übernahme blieben Unsicherheiten über Umfang und Einordnung der nicht in den Beispielkatalog aufgenommenen Regelungsinstrumente bestehen. Eine konkrete Bestimmung oder Bestimmbarkeit wäre nicht gegeben, was eine erneute Qualifizierungsfrage auf den Plan riefe.

Aus den Ausführungen *Haubold's* ergibt sich nichts anderes: aus ihnen kann die Ablehnung einer an Art. 7 EuInsVO-2015 orientierten (kollisionsrechtlichen) Qualifikation für die Bestimmung der *vis attractiva concursus* aus dem Bedenken geschlussfolgert werden, dass mit dem Umweg über das Kollisionsrecht die Annexzuständigkeit zu stark ausgeweitet werden würde.[485] Eine über Art. 7 EuInsVO-2015 geschlossene Parallele mit dem anzuwendenden materiellen Insolvenzrecht des Verfahrensstaates enthält zwar *prima facie*, scheinbar ausnahmslos, den für die Annexver-

---

484 Siehe bereits oben: Kapitel 3: A. II. 3. a).
485 *Haubold*, IPRax 2002, 157 (163, Fn. 96).

fahren nötigen engen Zusammenhang mit dem Insolvenzverfahren. Schließlich dienen all diese Rechtsfragen auch in jeweiliger Form der Abwicklung der Insolvenz und folglich einem insolvenzspezifischen Zweck. Ein pauschales Abnicken ist dennoch nicht zulässig. Eine Anwendung muss sowohl in Relation zu Art und Zweck des Instruments der *vis attractiva concursus* stehen als auch an Regelungsinhalt und –ziel der EuInsVO angepasst sein. Nicht jeder beispielhaft im Katalog des Art. 7 Abs. 2 S. 2 EuInsVO-2015 aufgezählte Aspekt des Insolvenzverfahrens kann die Anforderungen eines solchen Instruments erfüllen, die es rechtfertigen, den Anwendungsbereich anderer unionsrechtlicher Bestimmungen oder gar ganzer Verordnungen (in diesem Fall der EuGVVO) einzuschränken. Nicht in jedem Fall als Annexverfahren zu klassifizieren sind die bereits genannten, in den Katalogen sogar übereinstimmend aufgenommenen Rechtsfragen, die ein Aussonderungsverlangen von im Mitgliedstaat der Verfahrenseröffnung belegenen Sachen[486], die eine Feststellung von Forderungen zur Insolvenztabelle oder auch eine Streitigkeit über den Fortbestand laufender Verträge des Schuldners zum Inhalt haben.[487] In diesen Fällen ist eine insolvenzrechtliche Fragestellung in der Hauptsache zumeist gar nicht Streitgegenstand.

Infolge mangelnder Kontinuität und Konformität beider Kataloge wäre eine Parallelisierung lediglich ein inkonsequenter Versuch, die gegebenen Strukturen aus den Entwürfen auf bequeme Art beizubehalten. Trotz einiger potenzieller Übereinstimmungen der Kataloge kann eine pauschale Substituierung durch den heutigen Katalog den zu bestimmenden Umfang der Annexverfahren daher nicht festsetzen.

3. Die Haltung der Rechtsprechung zum Verhältnis der vis attractiva concursus zu Art. 7 EuInsVO-2015

Ähnlich sieht dies anscheinend auch die Rechtsprechung. Obwohl sich der EuGH in einer seiner Entscheidungen negativ zum Vorliegen eines Ab-

---

[486] Zur Ablehnung einer darauf gerichteten Klage als Annexverfahren EuGH, Urt. v. 10.9.2009, Rs. C-292/08, Slg. 2009, I-8421, Rn. 37 – *German Graphics*; anders noch die Bestimmung des Art. 15 Nr. 5 des Entwurfs von 1980.
[487] Vgl. bereits *Jahr*, in: Kegel/Thieme, Vorschläge und Gutachten, S. 311 ff. zu den entsprechenden Bestimmungen des Art. 15 Nr. 5, 8 und 7 lit. a des Entwurfs von 1980.

hängigkeitsverhältnisses zwischen den Annexverfahren und dem durch die Kollisionsnorm des Art. 7 EuInsVO-2015 repräsentierten Insolvenzstatut geäußert hat,[488] ergibt sich aus der Zusammenschau der in dieser Hinsicht ergangenen Entscheidungen gleichfalls ein interessanter Einblick, der die Sinnhaftigkeit der vorliegenden Arbeit stützt.

a) Entscheidungserheblichkeit des materiellen Insolvenzrechts

Eine rein verfahrensrechtliche Qualifikation der Annexverfahren sieht sich dem Zweifel ausgesetzt, ob eine solch qualifikatorische Separation im Insolvenzrecht, welches Verfahren und materielles Recht wie kein anderer Rechtsbereich verknüpft, überhaupt möglich und ob es mit den in der EuInsVO zum Ausdruck kommenden Grundsätzen, allen voran dem Universalitätsprinzip, in Einklang zu bringen ist. Derartige Bedenken empfand wohl auch der EuGH. In seiner primären *Gourdain./.Nadler*-Entscheidung stellte er u. a. darauf ab, dass die streitentscheidende Norm eines Annexverfahrens ihren »rechtlichen Grund einzig und allein im Konkursrecht« haben müsse.[489] In einer weiteren Vorlageentscheidung des EuGH bzgl. *SCT Industri./.Alpenblume*[490] wurde dieses Verständnis gestützt. Die Qualifikation als Annexverfahren beruhte dort darauf, dass in dem betroffenen Ausgangsverfahren mit der in Rede stehenden (materiellen) Verfügungs- und Verwaltungsbefugnis des Insolvenzverwalters im Hinblick auf die Wirksamkeit einer Übertragung von Gesellschaftsanteilen das materielle Insolvenzrecht entscheidungserheblich war.[491] Für die Einordnung der Annexverfahren griff der EuGH damit auf die Qualifikationsentscheidung im materiellen Recht zurück.

---

488 Der EuGH nahm in seiner *German Graphics*-Entscheidung explizit Stellung zum Verhältnis der EuGVVO zur EuInsVO und damit indirekt auch zur Frage des Gleichlaufs der Annexzuständigkeit.
489 EuGH, Urt. v. 22.2.1979, Rs. 133/78, Slg. 1979, 733, Rn. 4, 6 – *Gourdain./.Nadler*.
490 EuGH, Urt. v. 2.7.2009, Rs. C-111/08, Slg. 2009, I-5655, Rn. 27 – *SCT Industri./.Alpenblume*.
491 So der nachvollziehbare Eindruck von *Fehrenbach*, ZEuP 2013, 353 (379). Dabei soll die von einigen Autoren vorgebrachte und in diversen Punkten gerechtfertigte Kritik an der Entscheidung im Fall *SCT Industri./.Alpenblume* mangels Relevanz an dieser Stelle zunächst noch keine Betrachtung erfahren.

b) Abkehrende Entscheidungen des EuGH

Von diesen Erwägungen ausgehend ist es mehr als verwunderlich, dass der EuGH in seiner jungen *F-Tex*-Entscheidung, in der die Abtretung eines insolvenzrechtlichen Anfechtungsanspruchs an die (einzige) Gläubigerin zentraler Ansatzpunkt war, von seinem Standpunkt abzuweichen schien, indem er für die Abgrenzung der Anwendbarkeit von EuInsVO und EuGVVO und damit für die Frage des Vorliegens eines Annexverfahrens die den Anspruch geltend machende Person als vordergründig ausschlaggebend anführte.[492] Trotz der auf eine Insolvenzanfechtung gestützten gerichtlichen Klage, deren Annexverfahrenseigenschaft in einer früheren Entscheidung – basierend auf der materiell-rechtlichen Grundlage im Insolvenzrecht – bestätigt wurde[493] und die als das prägnanteste Beispiel eines Annexverfahrens gilt, wollte der EuGH nun nur noch für den Fall von einem unter die EuInsVO fallenden Annexverfahren ausgehen, in dem der Verwalter selbst klagende Partei ist und die Geltendmachung nicht durch dessen Rechtsnachfolger erfolgt. In den Vordergrund trat damit ein rein verfahrensrechtlicher Bezug.

Noch deutlicher wurde der Rückzug in eine gesonderte verfahrensrechtliche Qualifikation aber in dem vorhergehenden *German Graphics*-Urteil,[494] in dem es um die auf einen Eigentumsvorbehalt gestützte Klage des Verkäufers gegen den insolventen Käufer ging. In diesem Verfahren stellte sich der EuGH augenscheinlich gegen die Einbeziehung kollisionsrechtlicher Wertungen, indem er vorbrachte, dass Art. 4 Abs. 2 S. 2 lit. b) EuInsVO-2000 als (bloße) Kollisionsnorm »keine Auswirkungen auf den Anwendungsbereich der Verordnung Nr. 44/2001 [EuGVVO]« habe. In der Konsequenz hat der EuGH damit eine Unabhängigkeit der für die Bestimmung der internationalen Annexzuständigkeit relevanten Abgrenzung zwischen EuGVVO und EuInsVO von der kollisionsrechtlichen Einordnung unter das Insolvenzstatut nach Art. 4 Abs. 1 und 2 EuInsVO-2000 (mittlerweile Art. 7 EuInsVO-2015) determiniert und mithin die Einordnung der Annexverfahren von der kollisionsrechtlichen Bewertung im eu-

---

492 EuGH, Urt. v. 19.4.2012, Rs. C-213/10, Rn. 36 f., 44 – *F-Tex SIA/Jadecloud-Vilma*, abgedruckt in NZI 2012, 469.
493 EuGH, Urt. v. 12.2.2009, Rs. C-339/07, Slg. 2009, I-767, Rn. 28 – *Seagon./.Deko Marty Belgium*.
494 Vgl. EuGH, Urt. v. 10.9.2009, Rs. C-292/08, Slg. 2009, I-8421, Rn. 37 – *German Graphics* auf die dritte Vorlagefrage des *Hoge Raad der Nederlanden*.

Kapitel 3: Die Übertragbarkeit des Instruments der vis attractiva concursus

ropäischen Insolvenzrecht qualifikatorisch getrennt. Die insolvenzkollisionsrechtliche Qualifikation dürfte hiernach keinen Einfluss (mehr) auf die insolvenzverfahrensrechtliche Einordnung haben.

c) Die verdeckte Linie des EuGH

Der vormals dem materiellen Insolvenzrecht zugewandte Qualifikationsansatz des EuGH für die Bestimmung der Annexverfahren fand in den Entscheidungen *German Graphics* und *F-Tex* aber nur scheinbar ein abruptes Ende. Die oberflächlichen Differenzen in der Judikatur des EuGH sind vielmehr seinem Ansatz am Streitpunkt geschuldet, der anders als der Streitgegenstand einer willkürhaften Unbeständigkeit ausgesetzt ist.[495] Trotz eines homogenen Ansatzes der Definition der *Gourdain./.Nadler*-Formel führen einander gleichende Streitgegenstände hiernach zu einer beliebigen und divergierenden Bestimmung des Zuständigkeitsregimes.

Betrachtet man die vorgenannten Entscheidungen der unionsrechtlichen Rechtsprechung genauer, kommt ein materiell-rechtlicher Ansatz für die Bestimmung der Annexverfahren dennoch durchgängig zum Tragen. Ungeachtet des in der *F-Tex*-Entscheidung stark hervortretenden formellen Aspektes des fehlenden Zusammenhangs zwischen der *Geltendmachung* des abgetretenen Anspruches und dem Insolvenz*verfahren*, steht hinter der im Ergebnis ablehnenden Einordnung als Annexverfahren faktisch dennoch auch ein materiell-rechtlicher Begründungsansatz. So hat der EuGH die Annahme einer internationalen Zuständigkeit des Verfahrensstaates für die vorliegende Klage zwar am fehlenden zweiten Merkmal eines engen Zusammenhangs aufgrund der Unterschiede zur Geltendmachung der Forderung durch den Verwalter scheitern lassen.[496] Für die Bejahung des ersten Merkmals und mithin die Frage der Unmittelbarkeit stellte er jedoch auf die sachrechtliche Vergleichbarkeit der abgetretenen mit der ursprünglichen Klage ab. Hierfür stützte er sich auf das Vorliegen einer im Wesentlichen bestehenden Äquivalenz beider Klagen hinsichtlich Ursprung und Inhalt.[497] Allein die Aufnahme dieser Ausführungen machen mithin deut-

---

495 Im Ergebnis auch *Lüttringhaus/Weber*, RIW 2010, 45 (48).
496 EuGH, Urt. v. 19.4.2012, Rs. C-213/10, Rn. 43 f. – *F-Tex SIA/Jadecloud-Vilma*, abgedruckt in NZI 2012, 469.
497 EuGH, Urt. v. 19.4.2012, Rs. C-213/10, Rn. 39 i. V. m. 40 – *F-Tex SIA/Jadecloud-Vilma*, abgedruckt in NZI 2012, 469; **a. A.** Cranshaw, ZInsO

lich, dass der EuGH auch den materiell-rechtlichen Aspekten eine gesicherte Bedeutung für die Abgrenzung der Annexverfahren beimisst. Schließlich wurde der für diese *F-Tex*-Entscheidung doch so essentielle Träger in Gestalt des involvierten Verwalters als Partei des Annexverfahrens bereits in der erwähnten *German Graphics*-Entscheidung als ein nicht ausreichender Faktor für die Einordnung angesehen.

Auch die Ablehnung einer Auswirkung der Regelungen in Art. 7 Abs. 1 und Art. 4 Abs. 2 S. 2 lit. b) EuInsVO-2000 auf die verfahrensrechtliche Qualifikation der Annexverfahren steht einer einheitlichen Bestimmung nicht unausweichlich entgegen. Lediglich aus den einzelnen Normen ist ein Rückschluss auf eine einheitliche Qualifikation nicht zu ziehen. So ist eine Übertragung des Norminhalts von Art. 7 EuInsVO-2000 bereits aufgrund seines materiell-rechtlichen Regelungsgehalts als Sachnorm[498] nicht geeignet. Auch die Kollisionsregelung des Art. 4 Abs. 2 S. 2 lit. b) EuInsVO-2000 bezieht sich einschränkend lediglich auf den Aspekt der Bestimmung der Massezugehörigkeit und ist damit ebenso wenig verallgemeinerbar, wie eine Entscheidung im Einzelfall nicht ungesehen auf jeden weiteren Fall übertragbar ist. Die Aufhebung einer im Kern konsistenten Rechtsprechungslinie kommt darin jedenfalls nicht notwendig zum Ausdruck. Verschließt man sich der Interpretation, dass hierin lediglich eine Einzelfallbewertung für eines der Beispiele des nicht enumerativen Katalogs des Art. 4 Abs. 2 EuInsVO-2000 und nicht die Verwerfung eines einheitlichen Qualifikationsansatzes *in toto* liegt, dann sieht man sich der Widersprüchlichkeit der Entscheidungen offen gegenüber. Denn in Weiterführung der Rechtsprechung zu *Gourdain./.Nadler, Seagon./.Deko Marty Belgium, SCT Industri./.Alpenblume* liegt auch *German Graphics* die

---

2012, 1237 (1241), der in seiner Entscheidungsbesprechung vortrug, der EuGH würde (i. R. seiner Würdigung der Unterschiede in der Geltendmachung der abgetretenen Forderung) von der verfehlten Annahme ausgehen, dass sich der Charakter des Insolvenzanfechtungsanspruchs in der Hand des Zessionars inhaltliche ändere.

498 EuGH, Urt. v. 10.9.2009, Rs. C-292/08, Slg. 2009, I-8421, Rn. 35 – *German Graphics*; (mit Parallelproblem in Art. 5 EuInsVO) *Duursma-Kepplinger*, in: Duursma-Kepplinger/Duursma/Chalupsky, Europäische Insolvenzverordnung, Art. 5 EuInsVO, Rn. 18 ff., Art. 7 EuInsVO, Rn. 17; *Herchen*, ZInsO 2002, 345 (347); *Huber*, ZZP 114 (2001), 133 (157 f.); *Leible/Staudinger*, KTS 2000, 533 (550 f.); *Reinhart*, in: MüKo zur InsO, Art. 5 EuInsVO, Rn. 13; *Taupitz*, ZZP 111 (1998), 315 (334 f.); *Westpfahl/Goetker/Wilkens*, Grenzüberschreitende Insolvenzen, Rn. 376.

Einbettung eines lückenlosen Ineinandergreifens der sachlichen Anwendungsbereiche von EuInsVO und EuGVVO zugrunde. Eine generalisierende und vollständige Negierung eines Qualifikationszusammenhangs durch den EuGH kann damit nicht angenommen werden.[499] Dies gilt erst Recht vor dem Hintergrund von zwei noch recht jungen Entscheidungen des EuGH. In der Vorlageentscheidung betreffend das Verfahren über das Vermögen der *G.T. GmbH* ging es um die Frage, ob die Gerichte des Verfahrensstaates auch für solche Streitigkeiten zuständig sind, die sich aus einem Rückzahlungsverlangen des Insolvenzverwalters gegen den Geschäftsführer der insolventen Gesellschaft hinsichtlich solcher Beträge ergeben, die der Geschäftsführer nach Eintritt der Zahlungsunfähigkeit der Gesellschaft oder nach Feststellung ihrer Überschuldung geleistet hat.[500] Der EuGH bejahte die Annexzuständigkeit nach (vormals noch) Art. 3 Abs. 1 EuInsVO-2000 und stützte sich dabei auf die von den allgemeinen Regeln des Zivil- und Handelsrechts abweichende, materiellrechtliche Regelung des hier einschlägigen § 64 GmbHG. Mit einem Verweis auf die Begründung in *G.T. GmbH* bejahte der EuGH ein Jahr später in der Vorlageentscheidung betreffend den Fall *Kornhaas* die insolvenzrechtliche Qualifikation der Regelung des § 64 GmbHG ebenfalls für die Ebene des Kollisionsrechts.[501] Unter Bezugnahme auf die *Gourdain*-Formel wies der EuGH den Streitgegenstand der Masseschmälerungshaftung damit nicht nur unter dem Gesichtspunkt der Annexzuständigkeit dem Anwendungsbereich der EuInsVO zu, sondern unterstellte die Regelung mit einheitlicher Begründung ebenso dem Insolvenzstatut. Dass der EuGH nach diesen parallelen Entscheidungen nicht von einem einheitlichen Qualifikationsansatz ausgehen soll, ist folglich kaum vorstellbar.

4. Zwischenergebnis

Die inhaltliche Bestimmung der *vis attractiva concursus* kann in der Kollisionsnorm des Art. 7 EuInsVO-2015 keinen Anker finden. Ein Verweis auf die Kollisionsnorm ist für die Qualifizierung der Annexverfahren we-

---

499 So aber anscheinend *Lüttringhaus/Weber*, RIW 2010, 45 (51).
500 EuGH, Urt. v. 4.12.2014, Rs. C-295/13, Rn. 26 – *G.T. GmbH*, abgedruckt in BeckEuRS 2014, 406797.
501 EuGH, Urt. v. 10.12.2015, Rs. C-594/14, Rn. 17, 21 – *Kornhaas*, abgedruckt in ZIP 2015, 2468.

der aus Abs. 1 noch aus Abs. 2 zu schließen. Es muss konstatiert werden, dass der Verordnungsgeber mit der Aufgabe eines Katalogs von als Annexen zu qualifizierenden Einzelverfahren seinen Willen manifestiert hat und die Verwerfung insoweit als Indiz gegen die Ersetzung durch einen neuen Katalog i. S. des Art. 7 Abs. 2 EuInsVO-2015 angeführt werden kann. Dieser ist nicht darauf ausgerichtet, Annexverfahren wesens- und bestimmungsgerecht zu regeln. Die sich darin spiegelnden Element-Kollisionsnormen verfolgen einen anderen Ansatz als die *vis attractiva concursus*. Ihr Gegenstand erschöpft sich nicht in der das Insolvenzstatut unvollständig wiedergebenden Aufzählung des Art. 7 Abs. 2 EuInsVO-2015. Der Schluss von dem Beispiel der Insolvenzanfechtung auf eine durchgängige Übereinstimmung der den Annexverfahren und dem Insolvenzstatut unterfallenden Regelungsgegenständen geht insoweit fehl. So erklärt sich auch erst unter dieser Prämisse die wahre Sinnhaftigkeit der Entscheidung des EuGH im Fall *German Graphics*, wonach Art. 4 Abs. 2 S. 2 lit. b) EuInsVO-2000 als (bloße) Kollisionsnorm »keine Auswirkungen auf den Anwendungsbereich der Verordnung Nr. 44/2001 [EuGVVO]« hat. Das soll aber nicht heißen, dass ein Gleichlauf völlig ausgeschlossen ist und nicht umgedreht von den Annexverfahren auf die Auslegung des Insolvenzstatuts geschlossen werden könnte. Kann die den Annexverfahren zugrunde liegende Qualifikationsentscheidung auch auf das Insolvenzkollisionsrecht übertragen werden, dann sind all die der *vis attractiva concursus* zu unterstellenden Rechtsfragen auch dem Insolvenzstatut zugehörig. Die *vis attractiva concursus* bildet insofern eine der Konkretisierung des Insolvenzstatuts dienende Bündelung von Element-Kollisionsnormen.

Nach den parallelen Entscheidungen in den Fällen *G.T. GmbH* und *Kornhaas*, für deren einheitlichen Qualifikationsansatz beiderseits auf die Formel der *vis attractiva concursus* abgestellt wurde, wird damit mehr als deutlich, dass die zweite Vorlagefrage des *Hoge Raad der Nederlanden* im Fall *German Graphics*, ob

> »Art. 1 Abs. 2 Buchst. b der Verordnung Nr. 44/2001 in Verbindung mit Art. 7 Abs. 1 der Verordnung Nr. 1346/2000 dahin auszulegen [ist], dass der Umstand, dass sich eine von einem Eigentumsvorbehalt erfasste Sache zu dem Zeitpunkt, zu dem ein Insolvenzverfahren über das Vermögen des Käufers eröffnet wird, im Mitgliedstaat der Verfahrenseröffnung befindet, dazu führt, dass eine auf diesen Eigentumsvorbehalt gestützte Klage des Verkäufers, wie die von German Graphics, als eine Klage anzusehen ist, die im Sinne von Art. 1 Abs. 2 Buchst. b der Verordnung Nr. 44/2001 den Konkurs betrifft und daher vom sachlichen Anwendungsbereich dieser Verordnung ausgeschlossen ist?«

Kapitel 3: Die Übertragbarkeit des Instruments der vis attractiva concursus

weder vergebens ist noch von einer »Fehlleistung«[502] zeugt. Ein Qualifikationszusammenhang zwischen Annexverfahren und materiellem Recht stellt sich auch für den EuGH nicht als abwegig dar. Andernfalls wäre sowohl seine Begründung für die Qualifikation als Annexverfahren, für die er auf die Rechtsgrundlage der Streitigkeit verweist, als auch seine Entscheidung im Fall *Kornhaas* inkonsequent. Einer Übereinstimmung von den unter die *vis attractiva concursus* zu subsumierenden, insolvenzbezogenen Annexverfahren und Teilen des Insolvenzstatuts wäre jedoch dann entgegen zu treten, wenn unterschiedliche Regelungsziele und eine differierende Interessenverfolgung von IZVR und IPR innerhalb der EuInsVO eine spezifisch verfahrensrechtliche Qualifikation der Annexverfahren gebieten.[503]

III. Die Gourdain-Formel als Ansatz einer einheitlichen insolvenzrechtlichen Qualifikation

Ein einheitlicher Qualifikationszusammenhang zwischen Annexverfahren und materiellem Recht und damit auch ein einheitliches Verständnis der als insolvenzrechtlich zu qualifizierenden Sachverhalte ist nur dann anzunehmen, wenn die Wahl des Anknüpfungsmoments in den Regelungen zur Annexzuständigkeit, Art. 6 EuInsVO-2015, und zum Insolvenzstatut, Art. 7 EuInsVO-2015, bewusst einheitlich erfolgte, weil damit übereinstimmende bzw. sich ergänzende Interessen verfolgt wurden. Erst über diese homogenen Strukturen des Internationalen Zivilverfahrens- und Kollisionsrechts lassen sich Rückschlüsse auf die Auslegung des in der *Gourdain*-Formel verkörperten Anknüpfungsgegenstandes ziehen.

---

502 So Oberhammer, ZIK 2010, 6 (9), der den der dritten Vorlagefrage zugrunde liegenden Gedanken als eine „Fehlleistung" durch Vermengung von anwendbarem Recht und internationalem Zivilverfahrensrecht betrachtet, wobei er es jedoch versäumt, die Spezifika des internationalen Insolvenzrechts und der EuInsVO im Besonderen zu würdigen.

503 *Bruhns*, Das Verfahrensrecht der internationalen Konzernhaftung, S. 122 f.; *Mankowski*, in: FS Heldrich, 2005, S. 867 (868 ff.); für das Vorliegen von Parallelen: *Hess*, IPRax 2006, 348 (357).

1. Das übereinstimmende Anknüpfungsmoment der vis attractiva concursus an den Verfahrensstaat

Die in der Verordnung über Art. 6 EuInsVO-2015 mittlerweile explizit geregelte Annexzuständigkeit verweist, ebenso wie die Grundkollisionsnorm des Art. 7 EuInsVO-2015, auf den Staat der Verfahrenseröffnung. Inwieweit dies Ausdruck einer bewussten Gleichlaufentscheidung des Verordnungsgebers ist, muss anhand der jeweils verfolgten Interessen und aufgestellten Wertungen überprüft werden.

a) Parallele Anknüpfung an den Verfahrensstaat

Die das Insolvenzverfahren prägende Verzahnung von Verfahren und Sachrecht liegt den unter die Annexverfahren zu subsumierenden Einzelverfahren nicht zugrunde. Eine strenge Abhängigkeit der Annexzuständigkeit vom anwendbaren materiellen Recht (*forum legis*) oder umgekehrt des anwendbaren materiellen Rechts von der Annexzuständigkeit (*lex fori*) gibt es daher nicht. Dennoch stellen die Regelungen zu den Annexverfahren keine Irregularität zu den sonstigen Anknüpfungsentscheidungen der EuInsVO dar. Systematisch fügen sie sich in die für das Insolvenzverfahren bestehende Konzeption ein. Sowohl die Vorschrift zur Anerkennung und Vollstreckung als auch die in Art. 6 EuInsVO-2015 neu eingefügte Bestimmung der internationalen Zuständigkeit verweisen auf die Gerichte des Mitgliedstaates, in dem das Insolvenzverfahren eröffnet worden ist und folgen mithin der Maßgabe des durch Art. 3 Abs. 1 EuInsVO-2015 bestimmten international zuständigen Forums. Damit laufen diese Regelungen parallel zu der ebenfalls an den Verfahrensstaat anknüpfenden Bestimmung des Insolvenzstatuts nach Art. 7 EuInsVO-2015. Sowohl für die Berufung des international zuständigen Forums für die Annexverfahren als auch für die Entscheidung, welches materielle Recht für den Insolvenzbereich zur Anwendung gelangen soll, wählte der Verordnungsgeber mithin einheitlich den Staat der Verfahrenseröffnung als Anknüpfungsmoment.

Damit ist gleichfalls aber noch nichts über das Bestehen einer Korrelation ausgesagt. So könnte die Anknüpfung an den Verfahrensstaat auch lediglich einen Gleichlauf der Zuständigkeiten für das Kollektiv- und das anhängende Einzelverfahren begründen wollen. Inwieweit daher dem Gleichlauf von Annexzuständigkeit und Insolvenzstatut eine bewusste Harmonisierungsentscheidung zugrunde gelegt wurde oder die sich äußerlich überschneidenden Verweisungsergebnisse mithin nur zufällig erwuchsen, ist unter dem Vorliegen einer ausschließlichen Zuständigkeit anhand der verfolgten Interessen zu messen.[504]

b) Einheitliche Motivlage der Anknüpfungen

Mit der Anknüpfung an den Verfahrensstaat folgt die Zuständigkeitsverweisung der Annexverfahren dem Forum, nicht dem Recht. Ein Gleichlauf scheint damit für den Verordnungsgeber nur in verfahrensrechtlicher Hinsicht von Bedeutung gewesen zu sein, die materielle Komponente dahinter jedoch zurück zu fallen. Das ist nicht verwunderlich, da die Annexverfahren gerade nicht von einer inneren Untrennbarkeit formellen und materiellen Rechts geprägt sind; das Ziel damit auch nicht in der Normierung einer Abhängigkeitsstellung von Zuständigkeit und anzuwendendem materiellen Recht auf der Meta-Ebene lag.

Ein bewusster Gleichlauf und ein einheitliches Verständnis des Insolvenzbegriffs innerhalb der Europäischen Insolvenzverordnung sind aber auch dann anzunehmen, wenn die *vis attractiva concursus* der effektiven Abwicklung der schuldnerischen Insolvenz und mithin insolvenz- und verordnungsspezifischen Zwecken dienen soll. Bedeutung erlangt damit die Funktion der Anknüpfung an den Verfahrensstaat. Ob hierdurch nur allgemein verfahrensrechtliche oder doch vielmehr ganzheitlich insolvenzrechtliche Interessen durchgesetzt werden sollten, muss im Folgenden eruiert werden.

(1) Verfolgung verfahrensbezogener Interessen

Die Anknüpfung der Annexverfahren an den Eröffnungsstaat und der sich mithin ergebende Gleichlauf mit dem Insolvenzverfahren sind prozessökonomisch. Mit der Verortung der internationalen Zuständigkeit innerhalb des Staates der Eröffnung des Insolvenzverfahrens können Synergieeffekte mit den anhängenden Einzelverfahren zur Beschleunigung der ge-

---

504 Von „unter der EuInsVO ohnehin ‚zufällig' gleiche[n] Anknüpfungspunkte[n] im IZVR und IPR" sprechen *Lüttringhaus/Weber*, RIW 2010, 45 (50).

richtlichen Entscheidung erzeugt und genutzt werden.[505] Dies soll Kommunikationswege verkürzen, Kooperationsmöglichkeiten schaffen und die Arbeit des Verwalters in grenzüberschreitenden Insolvenzverfahren erleichtern. Mit der Konzentration der einzelnen Verfahren im Staat der Insolvenzeröffnung werden außerdem die erhöhten Kosten der Separierung dieser Verfahren und ihrer Rechtsverfolgung im Ausland vermieden.[506] *Flessner* hob diese Erleichterung für das »eröffnete Sanierungsverfahren« bereits in seiner Stellungnahme zum Entwurf von 1980 hervor.[507] Vor dem Hintergrund des mit der Reform der EuInsVO angestrebten Bedeutungszuwachses für die Rettung und Sanierung des schuldnerischen Unternehmens[508] erfährt dieser positive Effekt ein noch größeres Gewicht. Eine ausschließliche internationale Zuständigkeit trägt auch dazu bei, exorbitante Gerichtsstände – die einen gebührenden Bezug zwischen Jurisdiktion und streitgegenständlichem Sachverhalt teils vermissen lassen – auszuräumen.[509]

All diese prozessbezogenen Gesichtspunkte werden im Zusammenhang mit der Rechtfertigung der Annexverfahren dutzendfach vorgetragen und hinsichtlich ihrer Realisierbarkeit hinterfragt. Sie alle dienen als bloße Zweckmäßigkeitserwägungen aber lediglich dem Verfahren, nicht jedoch der Abwicklung der Insolvenz des Schuldners auf seiner inhaltlichen Ebene.

(2) Zweckmäßigkeitserwägungen als lediglicher Nebenzweck

Dabei kann man annehmen, dass es dem Verordnungsgeber bei der Aufnahme einer *vis attractiva concursus* um mehr als nur die Verfolgung von Zweckmäßigkeiten ging. Mögen Sie auch als zusätzliche Argumente zur Rechtfertigung der Beibehaltung einer solchen Regelung unter dem

---

505 So schon EuGH, Urt. v. 12.2.2009, Rs. C-339/07, Slg. 2009, I-767, Rn. 22 f. – *Seagon./.Deko Marty Belgium;* ebenso *Trunk*, Internationales Insolvenzrecht, S. 379; *Willemer*, Vis attractiva concursus und die Europäische Insolvenzverordnung, S. 126.
506 *Thole*, ZEup 2010, 904 (912).
507 *Flessner*, in: Kegel/Thieme, Vorschläge und Gutachten. S. 403 (406).
508 Vgl. Erwägungsgründe 10 und 11 EuInsVO-2015.
509 Vgl. den Vorlagebeschluss des BGH v. 21.6.2007 im Fall *Seagon./.Deko Marty Belgium:* BGH NZI 2007, 538 (540, Rn. 16); allg. hierzu *Kropholler*, Internationales Privatrecht, S. 671.

Kapitel 3: Die Übertragbarkeit des Instruments der vis attractiva concursus

Zweck der Verbesserung der Effizienz und der Beschleunigung der Insolvenzverfahren dienen,[510] so sind sie aber wohl eher nicht als Hauptzweck der Anordnung anzusehen.[511] Könnten sie doch schon allein keinen ausreichenden Grund für die Abkehr vom im internationalen Zivilverfahrensrecht allgemein anerkannten Grundsatz des *actor sequitur forum rei* liefern. Nach diesem Grundsatz wird zum Schutz des Beklagten vor den Risiken einer unbegründet gegen ihn gerichteten Klage das Gericht an seinem allgemeinen Gerichtsstand für alle gegen ihn gerichteten Klagen international zuständig.[512] Die Geltung einer *vis attractiva concursus* unterläuft dieses Prinzip des allgemeinen internationalen Gerichtsstandes, indem sie eine starre (relativ ausschließliche) Zuständigkeit des das Insolvenzverfahren eröffnenden Mitgliedstaates begründet. Die ablehnende Haltung gegenüber der *vis attractiva concursus* wird daher vielfach mit dem (territorialen) Schutz dieser beklagten Personen begründet.[513] Gleichzeitig wird aber auch eine mögliche Beeinträchtigung des Justizgewährleistungsanspruches vorgebracht.[514] Diesem Bedenken ist jedoch entgegenzuhalten, dass die Regelungen zur Anerkennung der Entscheidungen unter der EuInsVO eine ausreichende Absicherung des Klägers garantieren. *Herchen* sieht aufgrund der immer weiter fortschreitenden Europäisierung und Vereinheitlichung von Wirtschaftsraum und Recht, die durch die international am Wirtschaftsleben Beteiligten auch aktiv genutzt werden, die Verfolgung eigener Rechte im Ausland als zumutbar an, sofern eine

---

510 Siehe hierzu EuGH, Urt. v. 12.2.2009, Rs. C-339/07, Slg. 2009, I-767, Rn. 22 f. – *Seagon./.Deko Marty Belgium.*
511 Kritisch zur Rechtfertigung der Annexzuständigkeit aufgrund eines Effizienzgewinns: *Fehrenbach*, IPRax 2009, 492 (494); *Hau*, KTS 2009, 382 (384).
512 *Pfeiffer*, Internationale Zuständigkeit und prozessuale Gerechtigkeit, S. 596; *Wolff*, Private Internationale Law, S. 62 f.; für das deutsche internationale Zuständigkeitssystem bezogen auf die Wohnsitzanknüpfung: *Geimer*, Internationales Zivilprozessrecht, Rn. 298, 1138.
513 Siehe entsprechend für die Ablehnung einer nationalen *vis attractiva concursus* in Deutschland: *Schollmeyer*, Gegenseitige Verträge, S. 107; aber auch *Jahr*, in: Kegel/Thieme, Vorschläge und Gutachten, S. 305 (316 f), der hierfür aus den Motiven zur Konkursordnung die für ihn auch heute noch gültige Feststellung zitiert, dass sich „aus der Natur und den Endzielen des Konkurses [...] kein genügender Grund [ergibt], ein solches Ausnahmerecht zu schaffen und Personen, welche gänzlich außerhalb des Konkurses stehen, ihrem ordentlichen Richter zu entziehen.".
514 Vgl. zu diesem Bedenken: *Herchen*, Das Übereinkommen, S. 221 f.

ausdrückliche Anordnung der Zuständigkeit besteht.[515] Diese wurde durch die Reform 2015 geschaffen.

Eine Abweichung von dem allgemeinen Grundsatz des Beklagtengerichtsstandes bedarf jedoch einer über bloße Zweckmäßigkeiten hinausgehenden Rechtfertigung. So finden sich z.B. in den Abschnitten zwei bis sieben des zweiten Kapitels der EuGVVO neben der Bestimmung der allgemeinen internationalen Zuständigkeit am Wohnsitz des Beklagten auch alternative (besondere und ausschließliche) Gerichtsstände, die dem Gedanken einer besonderen Sachnähe oder dem Interesse an einer geordneten Rechtspflege folgen.[516] Der Beklagte muss diesen ausschließlichen Gerichtsstand mangels eigener Schutzbedürftigkeit hinnehmen. Gleiches ist für die Annexverfahren zu beobachten. Bei diesen steht nicht der Beklagte im Mittelpunkt, sondern der Schutz der Gläubiger in ihrer Gesamtheit. Die Partei- und Verfahrensinteressen des Einzelnen treten in den Hintergrund.[517] Die *vis attractiva concursus* unterwandert damit die im IZVR maßgeblich verfolgten verfahrensrechtlichen Interessen des Beklagtenschutzes und der Beweisnähe zugunsten der Durchsetzung internationalinsolvenzrechtlicher Interessen.[518]

(3) Ziel der Wahrung und Durchsetzung von Gläubigerinteressen

Der bezweckte Schutz der Gläubigerinteressen ändert die Gewichtung der für die Anknüpfungsentscheidung maßgebenden Erwägungen zugunsten einer vom Beklagtengerichtsstand abweichenden Zuständigkeit und legt mithin offen, dass den Annexverfahren eine besonders enge Beziehung

---

515 *Herchen*, Das Übereinkommen, S. 228.
516 Vgl. hierzu Erwägungsgrund 16 EuGVVO.
517 *Herchen*, Das Übereinkommen, S. 221, benennt vor allem die erheblichen Belastungen für Kleingläubiger, die durch erhebliche Kosten-, Kommunikations- und Aufwandshindernisse von der rechtlichen Verfolgung ihrer Ansprüche abgehalten werden könnten. Ein solches Risiko, dass in den grenzüberschreitenden Insolvenzverfahren nur noch Großgläubiger und andere vermögende Gläubiger teilnehmen könnten, besteht zumindest.
518 Unter Verweis auf Art. 18 EuInsVO-2015 sei der Besorgnis um den Beklagtenschutz aber insoweit entgegenzutreten, als dass bereits anhängige Rechtsstreitigkeiten, auch solche mit Annexcharakter, dem Prozessstaat unterlegen bleiben. Im Falle der Anhängigkeit sind die Beklagteninteressen gegenüber dem Gläubigerschutz damit als höherwertig eingestuft.

Kapitel 3: Die Übertragbarkeit des Instruments der vis attractiva concursus

zum Staat der Verfahrenseröffnung, besser noch zum Staat des COMI, und der darin umgesetzten kollisionsrechtlichen Interessenerwägungen[519] zugrunde liegt.

Für die Anknüpfungsentscheidung der Annexverfahren wird der Sachverhaltskomplex der Insolvenz dabei wohl nicht aufgrund der Nähe zum Gericht (es geht nicht um die Beweisnähe), sondern hinsichtlich seiner Bedeutung für die Abwicklung des insolventen Zustandes relevant. Erwachsen diese Verfahren doch erst aus der insolvenzrechtlichen Behandlung des wirtschaftlich angeschlagenen Schuldners. Das mit der Insolvenz einhergehende Unvermögen, die Forderungen sämtlicher Gläubiger vollständig befriedigen zu können, betrifft die Interessen aller Gläubiger und verlangt mithin nach einer »Kollektivierung von Rechtsausübung und Rechtsdurchsetzung«[520]. Zur Auflösung dieses Gläubigerkonflikts sind durch die Anknüpfung an den über das COMI gefundenen Verfahrensstaat sowohl die Kollisionsregelung als auch die Attraktivzuständigkeit bestrebt.[521] Mit der Anbindung an den durch Art. 3 Abs. 1 EuInsVO-2015 als maßgeblich bestimmten Mittelpunkt der hauptsächlichen Interessen des Schuldners wird an den Ort angeknüpft, an dem der Schuldner mit der hauptsächlichen Verwaltung seiner wirtschaftlichen Aktivitäten auch seine Beziehung zu der Gläubigergesamtheit unterhält und an dem mithin in dieser Situation, in der die vollständige Befriedigung aller Gläubiger gefährdet ist bzw. ein ausreichendes Haftungsvermögen nicht mehr vorliegt, die Gläubigergemeinschaft als Ganzes betroffen ist. Mit der dabei von der *vis attractiva concursus* ausgehenden Konzentrationswirkung der Annexverfahren im Eröffnungsstaat sollen eine einheitliche Abwicklung und widerspruchsfreie Entscheidungen hervorgebracht werden, was unter dem Gesichtspunkt der Gläubigergleichbehandlung der Verwirklichung materieller Gerechtigkeit dient.[522] Dabei wird der internationale Entscheidungseinklang, die sog. internationale Harmonie, zur Förderung von Rechtssicherheit umso wichtiger, je alltäglicher es ist und werden soll, sich über

---

519 Siehe dazu oben: Kapitel 3: B. II. 3. b).
520 Zur Wortwahl in anderem Zusammenhang: *Eidenmüller*, Unternehmenssanierung zwischen Markt und Gesetz, S. 202.
521 Vgl. hierzu allgemein die Erwägungsgründe 5, 23 und 66 der EuInsVO-2015. Die Annexverfahren als *Bestandteile* des Insolvenzverfahrens ansehen: *Willemer*, Vis attractiva concursus und die Europäische Insolvenzverordnung, S. 92 mit Verweis auf *Leipold*, in: FS Ishikawa, S. 221 (235).
522 Im Grunde schon *Berges*, KTS 26 (1965), 73 (74); kritisch: *Herchen*, Das Übereinkommen, S. 220.

die Staatgrenzen zu bewegen, was v. a. für einen Binnenmarkt wie die EU gilt, dessen Zielsetzung sich »im Rahmen der Verwirklichung des Binnenmarkts« auf »den Aufbau eines Raums der Freiheit, der Sicherheit und des Rechts«[523] richtet.[524] Derselbe (Insolvenz-)Sachverhalt soll nicht durch verschiedene Jurisdiktionen unterschiedlich beurteilt werden.[525] Alle Gläubiger sollen den gleichen Bedingungen unterliegen und die gleichen Chancen erhalten. Dieses Bedürfnis nach Homogenität in der Beurteilung von grenzüberschreitenden Insolvenzsachverhalten wird allerdings nur dann wahrend umgesetzt, wenn zur Vermeidung einer Rechtszersplitterung auch all die Einzelentscheidungen im Verfahrensstaat konzentriert werden, die in einem engen Zusammenhang mit dem Insolvenzverfahren stehen. Unter dem Verständnis, dass die Verfolgung insolvenzrechtlicher Interessengerechtigkeit nur unter der Einheit mit dem Insolvenzverfahren gelingen kann, nimmt die *vis attractiva concursus* daher eine der Interessenverfolgung des Insolvenzkollisionsrechts entsprechende Anknüpfung an die engste Verbindung zum Sachverhalt wahr und läuft folglich mit der Anknüpfung der Grundkollisionsnorm des Art. 7 Abs. 1 EuInsVO-2015 konform. Die *vis attractiva concursus* ist damit auch Ausfluss des Grundsatzes der *par conditio creditorum*. Unabhängig von den ebenso eintretenden Vorteilen für die Masse und der sich daraus ergebenden Erhöhung der Befriedigungsaussichten der Gläubigerschaft[526] ist eine Verfahrenskonzentration folglich aber gerade mit Blick auf die Effizienz und die Wirksamkeit grenzüberschreitender Insolvenzverfahren[527] erforderlich. Den von der Verordnung verfolgten Zielen wäre es eher abträglich, würden die insolvenzbezogenen Einzelverfahren unter den Mitgliedstaaten (entsprechend der allgemeinen Zuständigkeitsregelungen) aufgeteilt werden.[528]

---

523 Vgl. *Präambel* EU-Vertrag.
524 *Sonnenberger*, in: MüKo zum BGB, 5. Aufl., Einleitung IPR, Rn. 94; auf die europarechtliche Gebotenheit im Hinblick auf die Gläubigergleichbehandlung verweist: *Kemper*, ZIP 2001, 1609 (1610).
525 Der internationale Entscheidungseinklang als Leitprinzip des IPR erlangt auch im internationalen Zivilverfahrensrecht Bedeutung.
526 EuGH, Urt. v. 12.2.2009, Rs. C-339/07, Slg. 2009, I-767, Rn. 17 – *Seagon./.Deko Marty Belgium*; *e contrario* auch in EuGH, Urt. v. 19.4.2012, Rs. C-213/10, Rn. 44 – *F-Tex SIA/Jadecloud-Vilma*, abgedruckt in NZI 2012, 469.
527 Erwägungsgründe 3 und 8 EuInsVO-2015.
528 EuGH, Urt. v. 12.2.2009, Rs. C-339/07, Slg. 2009, I-767, Rn. 2224 – *Seagon./.Deko Marty Belgium*; siehe auch *Laukemann*, in: Hess/Oberhammer/Pfeiffer, European Insolvency Law, Rn. 574, der die Bedeutung der *vis attractiva concursus* für das ordnungsgemäße Funktionieren des Binnenmarktes her-

Kapitel 3: Die Übertragbarkeit des Instruments der vis attractiva concursus

Die unionsrechtliche *vis attractiva concursus* stellt sich mithin als ein Instrument dar, das dem Insolvenzrecht ganzheitlich dient und selbst von einem insolvenzrechtlichen Charakter getragen ist.[529]

c) Äußere Manifestation eines bewussten Gleichlaufs

Neben dem Vorliegen einer übereinstimmenden Motivation für eine einheitlich erfolgende Verweisung von internationaler Zuständigkeit und anzuwendendem Recht ist ein bewusster Gleichlauf aber nur dann anzunehmen, wenn den Parteien keine Wahl eröffnet wird, weil die zum internationalen Gerichtsstand führende Verweisung ausschließlicher Natur ist.[530]

(1) Vorliegen eines relativ ausschließlichen Gerichtsstandes

Für die Annexverfahren fehlte in der alten Fassung der EuInsVO eine ausdrückliche Zuständigkeitsregelung. Da die EuGVVO aufgrund ihres Ausschlusses insolvenzrechtlicher Verfahren in Art. 1 Abs. 2 lit. b EuGVVO keinen internationalen Gerichtsstand für die Annexverfahren begründete und auch ein Rückgriff auf nationales Recht unter dem Anwendungsvorrang unionsrechtlicher Regelungen verwehrt war, musste eine Zuständigkeitsbestimmung über eine analoge Anwendung des Art. 3 Abs. 1 EuInsVO-2015 erfolgen.[531] Hervorgebracht wurde damit die Bestimmung einer ausschließlichen internationalen Entscheidungszuständigkeit des Staates der Insolvenzverfahrenseröffnung,[532] die aber ebenso für die Sekundär-

---

vorhebt: „the *vis attractiva concursus-concept* is supposed to prevent unlawful forum shopping and thereby ensure the proper functioning of the internal market"; im Ganzen ebenso *Gruber*, in: Haß/Huber/Gruber/Heiderhoff, EU-Insolvenzverordnung, Art. 25, Rn. 30.

529 Für eine insolvenzrechtliche Qualifizierung, wenn auch in Bezug auf die nationale Ausprägung der *vis attractiva concursus*, plädieren ebenfalls: *Aderhold*, Auslandskonkurs im Inland, S. 305; *Schollmeyer*, Gegenseitige Verträge, S. 165.
530 *Heldrich*, Internationale Zuständigkeit und Anwendbares Recht, S. 62 f.
531 Siehe dazu bereits oben: Kapitel 2: C. II. 3. c).
532 Bereits *Generalanwalt Colomer*, Schlussanträge v. 16.10.2008, Rs. C-339/07, Slg. 2009, I-767, Rn. 65 – *Seagon./.Deko Marty Belgium* plädierte für eine „relative ausschließliche Zuständigkeit"; daraufhin auch BGH NJW 2009, 2215

C. Behandlung kontradiktorischer Verfahren in der EuInsVO

und Partikularinsolvenzverfahren der Absätze 2-4 Anwendung finden musste. Die reformierte EuInsVO enthält nun in Art. 6 EuInsVO-2015 eine explizite Regelung zur internationalen Zuständigkeit für Annexverfahren. Gem. Absatz 1 sind die »Gerichte des Mitgliedstaates, in dessen Hoheitsgebiet das Insolvenzverfahren eröffnet worden ist«, für alle Verfahren, »die unmittelbar aus dem Insolvenzverfahren hervorgehen und in engem Zusammenhang damit stehen«, zuständig. Diese Zuständigkeit wird lediglich für die in den Absätzen 2 und 3 enthaltene Ausnahme durchbrochen. Nur sofern die unter die Annexverfahren fallende Klage »im Zusammenhang mit einer anderen zivil- oder handelsrechtlichen Klage gegen denselben Beklagten« steht, wird dem Insolvenzverwalter die Möglichkeit eingeräumt, »beide Klagen bei den Gerichten in dem Mitgliedstaat, in dessen Hoheitsgebiet der Beklagte seinen Wohnsitz hat, [... zu] erheben«. Bedingung hierfür ist allerdings, dass das betreffende Gericht nach der EuGVVO auch zuständig ist und den allgemeinen Beklagtengerichtsstand des Wohnsitzes gewährt. Die konkurrierenden Anknüpfungen besonderer Gerichtsstände werden hierdurch allerdings nicht reanimiert. Die Attraktivzuständigkeit des Verfahrensstaates ist entgegen der Bestimmung allgemeiner und besonderer Gerichtsstände nicht disponibel. Mit der bezweckten Zuständigkeitskonzentration am Insolvenzgerichtsstand wird dementsprechend eine relativ ausschließliche Entscheidungszuständigkeit für Annexverfahren begründet.[533] Die Maßgeblichkeit des mit dem IPR einheitlichen Anknüpfungsmoments an dem Ort des schuldnerischen Interessenmittelpunktes wird nur für den Vorteil des Effizienzgewinnes in den Fällen des durch Abs. 2 und 3 näher bestimmten Zusammenhangs zurückgestellt.[534]

(2216, Rn. 16); aber auch *Haß/Herweg*, in: Haß/Huber/Gruber/Heiderhoff, EU-Insolvenzverordnung, Art. 3, Rn. 26.

533 Für eine ausschließliche Annexzuständigkeit plädieren: *Mangano*, in: Bork/Mangano, European Cross-Border Insolvency Law, Rn. 3.75; *Mankowski*, in: Mankowski/Müller/J. Schmidt, EuInsVO 2015, Art. 6, Rn. 27 ff.; **a. A.** als lediglich besonderen, fakultativen Gerichtsstand einstufend: *Ringe*, in: Bork/Van Zwieten, Commentary on the European Insolvency Regulation, Rn. 6.37 f.

534 Erwägungsgrund 35 S. 4 EuInsVO-2015.

(2) Rechtfertigung der Ausschließlichkeit

Eine fehlende Ausschließlichkeit stünde der Idee der Attraktivzuständigkeit auch entgegen. Unter der mit den Annexverfahren erfolgenden Koordinierung des Insolvenzverfahrens werden sowohl positive als auch negative Kompetenzkonflikte unter den Mitgliedstaaten vermieden.[535] Ebenso entgegnet sie durch die Verhinderung von *forum shopping*[536] einer opportunistischen Wahl des Gerichtsstandes durch den Kläger. Die gegen die *vis attractiva concursus* oft vorgebrachten Argumente der Verzögerung und Verschleppung des Insolvenzverfahrens, der Überbelastung der Insolvenzgerichte, ihrer mangelnden Sachkunde sowie der Überschreitung der Kontrollfunktion mögen für die nationalen Ausprägungen vielleicht Bedeutung haben, können aber für das unionsrechtliche Instrument nicht tragen. Die in der EuInsVO geregelte Attraktivzuständigkeit betrifft allein die internationale Zuständigkeit des Mitgliedstaates, in dessen Hoheitsgebiet das Insolvenzverfahren eröffnet wird. Die örtliche und sachliche Zuständigkeit der innerstaatlichen Gerichte wird hiervon nicht berührt, es bleibt bei einer diesbezüglichen Bestimmung durch die einzelnen Mitgliedstaaten.[537] Sofern nicht durch die nationalen Regelungen des jeweiligen Mitgliedstaates eine Zuweisung an das Insolvenzgericht (nationale *vis attractiva concursus*)[538] getroffen worden ist, wird das Insolvenzgericht nicht zusätzlich mit den Entscheidungen über insolvenzgeprägte Streitigkeiten belastet. Das Argument der Umgehung der Fachgerichte (Änderung der Rechtswegzuständigkeit) mit einem Verlust an gerichtlicher Kompetenz kann dann nicht durchgreifen.[539] Der besondere Sachverstand anderer

---

535 Vgl. *Klöhn/Berner*, ZIP 2007, 1418 (1419).
536 Erwägungsgrund 5 EuInsVO-2015.
537 Die vorgenannten Argumente würden allenfalls für den Fall der Bestimmung einer „vollen" *vis attractiva concursus* greifen können. Siehe dazu: Darstellung in *BMJ*, Zweiter Bericht der Kommission für Insolvenzrecht (1986), Leitsatz 1.3 (S. 52).
538 Am Beispiel der französischen Rechtsordnung ist eine derartige Zentralisierung der innerstaatlichen Zuständigkeiten mit der jeweiligen Aufgabenverteilung der Gerichte abgestimmt. Eine Verzögerung des Insolvenzverfahrens sowie die Verwischung der insolvenzgerichtlichen Kontrollfunktion werden durch die Verteilung der Funktionen des Insolvenzgerichts auf ein Kollegialorgan verhindert: *Aderhold*, Auslandskonkurs im Inland, S. 305.
539 Besonders sensible Bereiche, die dem Insolvenzgericht als sachliche „Exoten" ohne weitere Leugnung fern liegend sind, wie z. B. das Arbeitsrecht, werden

Gerichte bleibt erhalten.[540] Abgezielt wird lediglich auf das internationale Forum zur Bestimmung des erkennenden Mitgliedstaates. Auch darin zeigt sich noch einmal, dass die *vis attractiva concursus* mit der zur Kollisionsnorm synchronen Bindung an den Staat der Verfahrenseröffnung keine lediglich zufällige Parallelisierung, sondern einen bewussten Gleichlauf zur Durchsetzung insolvenzrechtsspezifischer Zwecke verfolgt.

2. Der Anknüpfungsgegenstand der vis attractiva concursus in der Gourdain-Formel

Der Anknüpfungsgegenstand der unionsrechtlichen *vis attractiva concursus* in den Art. 6 Abs. 1 und Art. 32 Abs. 1 Unterabs. 2 EuInsVO-2015 wird durch die der *Gourdain./.Nadler*-Entscheidung vom 22. Februar 1979[541] entlehnte (auslegungsbedürftige[542]) Formel bestimmt. Hiernach fallen Entscheidungen unter die Anwendung des Europäischen Insolvenzübereinkommens, »wenn sie unmittelbar aus diesem Verfahren hervorgehen und sich eng innerhalb des Rahmens eines Konkurs- oder Vergleichsverfahrens [...] halten«[543]. Diese Formel ist als Kriterium für die Abgrenzung des Insolvenzbereichs zur EuGVVO (damals Brüsseler Übereinkommen von 1968) aufgestellt und bis heute ohne (große) Veränderungen oder weiteres Eingehen immer wieder übernommen worden. Unter der Formel werden Streitigkeiten zusammengefasst, die als insolvenzrechtlich oder insolvenzgeprägt zu qualifizieren sind.[544] Was darunter zu verstehen ist, bedarf der Auslegung. Diese kann nun vor dem Hintergrund der verfolgten Interessen und Wertungen unter der bewussten Entscheidung für einen Gleichlauf von Annexzuständigkeit und anzuwendendem Insolvenzrecht vorgenommen werden.

---

aus der universellen Wirkung des Hauptinsolvenzverfahrens und mithin auch der Attraktivzuständigkeit ohnehin ausgenommen.
540 *Trunk*, Internationales Insolvenzrecht, S. 378.
541 EuGH, Urt. v. 22.2.1979, Rs. 133/78, Slg. 1979, 733 – *Gourdain./.Nadler*.
542 Siehe oben: Kapitel 2: C. III. 3.
543 EuGH, Urt. v. 22.2.1979, Rs. 133/78, Slg. 1979, 733, Rn. 4 – *Gourdain./.Nadler*.
544 Statt vieler siehe nur: *Duursma-Kepplinger* in: Duursma-Kepplinger/Duursma/Chalupsky, Europäische Insolvenzverordnung, Art. 25 EuInsVO, Rn. 52; *Jahr*, ZZP 79 (1966), 347 (348 f.); *Lorenz*, Annexverfahren bei Internationalen Insolvenzen, S. 57 ff.; *Trunk*, Internationales Insolvenzrecht, S. 380 f.

Kapitel 3: Die Übertragbarkeit des Instruments der vis attractiva concursus

a) Autonome Auslegung der Anknüpfungsgegenstände

Die kollisionsrechtlichen Wertungen für die Heranziehung des materiellen Rechts i. R. grenzüberschreitender Insolvenzverfahren weichen von der Einordnung insolvenzrechtlicher Normen im nationalen Recht ab, oder wie *von Bar* es allgemein formulierte: »die Töpfe des Sachrechts sind für die Deckel des IPR nicht konstruiert«[545]. Dies muss ebenso für das internationale Zivilverfahrensrecht gelten. Der Harmonisierungsgedanke der unionsrechtlichen Verordnung kann nicht einseitig national-beschränkte Interessen eines bestimmten Mitgliedstaates verfolgen. Dementsprechend können und dürfen die Regelungen der Europäischen Insolvenzverordnung auch nicht aus der Sicht eines nationalen Sachrechtsgehalts – der einzelnen mitgliedstaatlichen *leges concursi* – ausgelegt werden, sondern müssen einer grundsätzlich autonomen Auslegung folgen, die auf einem von den speziellen Schutzbedürfnissen der jeweiligen nationalen Rechtsordnungen unabhängigen Verständnis aufbaut.[546] Die Funktionsbegriffe der Verweisungsnormen werden hierbei nicht in der Bewertung durch das materielle Recht der jeweiligen Rechtsordnung, sondern vielmehr entsprechend der jeweiligen unionsrechtlichen Interessen ausgelegt.[547] Die dafür anzulegenden Kriterien sind mithin autonom zu bestimmen – die Konkretisierung der Rechtsbegriffe ist aus der Europäischen Insolvenzverordnung heraus zu deuten.

Die in Art. 7 Abs. 1 EuInsVO-2015 erfolgende Verweisung auf das nationale Insolvenzrecht und die darunter zu fassenden Regelungen der Mitgliedstaaten stehen dazu nur scheinbar in einem Widerspruch. Da bei der

---

545 *v. Bar/Mankowski*, IPR I, § 7, Rn. 167 a.E.; ebenfalls verwiesen durch *Hanisch*, in FS Jahr, S. 455 (460).
546 BGH NZI 2015, 85 (86); *Paulus*, EuInsVO-Kommentar, Art. 4, Rn. 4; *Mankowski*, RIW 2004, 481 (486); *Reinhart*, in: MüKo zur InsO, Art. 4 EuInsVO, Rn. 3; **a. A.** *Kemper*, in: Kübler/Prütting/Bork, Art. 4 EuInsVO, Rn. 5, der unter der Begründung, dass Art. 4 EuInsVO-2000 ausdrücklich auf das Insolvenzrecht des Mitgliedstaates (in dem das Verfahren eröffnet wird) verweist, auf die Maßgabe der nationalen Interpretation des Insolvenzrechtsbegriffs abstellt.
547 Vgl. allgemein *Kegel/Schurig*, Internationales Privatrecht, S. 343 ff.; *Oppermann/Classen/Nettesheim*, Europarecht, § 9, Rn. 165 ff.; für das internationale Insolvenzrecht siehe bereits die Ausführungen in EuGH, Urt. v. 22.2.1979, Rs. 133/78, Slg. 1979, 733, Rn. 3 – *Gourdain./.Nadler*; siehe auch *Weller*, Europäische Rechtsformwahlfreiheit und Gesellschafterhaftung, S. 237; sowie *Reinhart*, Sanierungsverfahren im internationalen Insolvenzrecht, S. 169 ff.

Qualifikation eines mitgliedstaatlichen Rechtsinstituts unter den autonomen Kriterien des Unionsrechts nicht an der jeweiligen nationalen Einordnung und Systematik hängen geblieben werden darf, ist die Regelung der Grundkollisionsnorm des Art. 7 Abs. 1 EuInsVO-2015 nur insofern zu verstehen, als dass allein der konkrete Anwendungsinhalt der Norm nach dem nationalen Recht zu beachten bleibt.[548] Die Frage, ob die Norm zur Anwendung gelangt, ist jedoch anhand der Zuordnung zu einer (Element-)Kollisionsnorm und damit über unionsrechtlich autonom zu bestimmende Kriterien auszumachen. Der Verweis dient mithin lediglich der Bestimmung der Rechtsordnung, aber nicht der Einordnung ihrer jeweiligen Normen anhand nationaler Auslegung. So wurde auch die französische (Ausfall-) Haftungsklage *action en comblement de passif social* in der *Gourdain./.Nadler*-Entscheidung für die Behandlung des dem EuGH vorliegenden grenzüberschreitenden Insolvenzsachverhalts insolvenzrechtlich eingeordnet, obwohl sie im französischen Recht als delikts- oder aber auch gesellschaftsrechtlich eingestuft wird.[549] Reglungen und Normen, die trotz eines wesentlichen Insolvenzbezuges anhand des nationalen Maßstabs als dem Gesellschaftsrecht angehörig qualifiziert werden, können damit über den im Unionsrecht anzuwendenden autonomen Ansatz einer davon abweichenden Anknüpfung an das Insolvenzstatut unterfallen. Grundlage ist der dem europäischen Gemeinschaftsrecht immanente Grundsatz des *effet utile*, der die Auslegung der Rechtsakte der Union in einer Form erfordert, in der eine gemeinschaftsweite praktische Wirksamkeit dieser Akte sichergestellt und nicht beeinträchtigt wird.[550] Nur auf diese Weise ist ein internationaler Entscheidungseinklang hervorzubringen.

b) Anwendung der Auslegungsmethoden

Neben den herkömmlichen Auslegungsmethoden verfolgt im Unionsrecht auch die rechtsvergleichende Auslegung die speziellen Bedürfnisse dieser

---

548 *Haubold*, IPRax 2002, 157 (162); siehe auch die Beachtung der Vorgaben des nationalen Rechts in der *F-Tex*-Entscheidung: EuGH, Urt. v. 19.4.2012, Rs. C-213/10, Rn. 46 – *F-Tex SIA/Jadecloud-Vilma*, abgedruckt in NZI 2012, 469.
549 An diesem Beispiel ausführend hierzu *Haas*, NZG 1999, 1148 (1152); *Junker*, RIW 1986, 337 (345).
550 EuGH, Urt. v. 15.5.1990, Rs. 365/88, Slg. 1990, I-1845, Rn. 20 – *Hagen*; *Habersack*, Europäisches Gesellschaftsrecht, § 3, Rn. 57.

Ebene. Wegen der bereits ausgemachten Unterschiede der nationalen zur unionsrechtlichen *vis attractiva concursus* kann ein Abstellen hierauf jedoch keinen großen Gewinn bringen.[551] Auf ein weiteres Eingehen wurde daher verzichtet.

(1) Grammatikalische Auslegung

Die Formulierung der die internationale Zuständigkeit der Annexverfahren explizit betreffenden Regelung des novellierten Art. 6 Abs. 1 EuInsVO-2015 unterscheidet sich im Wortlaut der Formel nur unwesentlich von Art. 25 Abs. 1 Unterabs. 2 EuInsVO-2000. So wird anstatt von »unmittelbar *aufgrund* des Insolvenzverfahrens *ergehen* und in engem Zusammenhang damit stehen« nun in Art. 6 Abs. 1 EuInsVO-2015 von »unmittelbar *aus dem* Insolvenzverfahren *hervorgehen* und in engem Zusammenhang damit stehen« gesprochen. Auswirkungen auf deren substanziellen Gehalt mit der Folge einer veränderten Norminterpretation zeitigt die Abweichung in der deutschen Übersetzung nicht. Dies wird mit Blick auf die englische Fassung untermauert, in der die Übertragung der Formulierung in die novellierte Fassung wortlautgetreu erfolgte. Die Formel besteht weiterhin aus zwei Tatbestandsvoraussetzungen, die *prima facie* zunächst kaum einen unterschiedlichen Bezug aufzuweisen scheinen. Eine solch identische Aussage und uniforme Auslegung beider Elemente ergibt jedoch weder einen formalen Sinn noch einen Mehrwert für das Instrument selbst. Unter Aufspaltung der Formel ist daher eine differenzierende Auslegung beider Elemente vorzunehmen.

(a) Das Element der Unmittelbarkeit

Das erste Element einer » unmittelbar aufgrund des Insolvenzverfahrens ergehen«-den bzw. im neuen Art. 6 EuInsVO-2015 gleichbedeutend als »unmittelbar aus dem Insolvenzverfahren hervorgehen«-den Entscheidung scheint, aufgrund der verwendeten Wortverbindung, eine rein *formellrechtliche* Kausalverbindung zu dem bereits eröffneten Insolvenz*verfahren* vorauszusetzen. Unter Berücksichtigung der geforderten Unmittelbar-

---

551 Siehe hierzu bereits oben: Kapitel 2: B.

keit müsste diese dabei allerdings mehr als nur die bloße Geltendmachung innerhalb eines Insolvenzverfahrens oder »in direkter Beziehung zu diesem«[552] beinhalten. Die Entscheidung müsste dem Insolvenzprozess vielmehr selbst anlasten. Aufgrund dessen, dass die zur Eröffnung, Durchführung oder Beendigung des Insolvenzverfahrens ergehenden Entscheidungen aber bereits als »insolvenzrechtliche« Entscheidungen über Art. 32 Abs. 1 Unterabs. 1 EuInsVO-2015 abgedeckt werden, kann dem Unmittelbarkeitskriterium des Unterabs. 2 eine solche Interpretation i. S. einer aus dem Prozess selbst erwachsenden Entscheidung aber gar nicht mehr zukommen. Eine rein formelle Abhängigkeit ist damit nicht ausreichend, um den Inhalt dieses Unmittelbarkeitselements wiederzugeben. Die Formulierung deutet mithin vielmehr auf eine inhaltliche Komponente, was sich auch noch innerhalb der Wortlautgrenze hält. Die Regelung müsste dementsprechend wörtlich vielmehr eine »unmittelbar *aus der Insolvenz des Schuldners* hervorgehen«[553]-de Rechtsfrage oder Streitigkeit fordern. In diese Richtung kann auch die Entscheidung des EuGH im Fall *Nickel & Goeldner* gelesen werden, insofern hierbei für dieses Element nicht auf einen prozessualen Kontext abgestellt, sondern ein materieller Ansatz gewählt worden war.

(b) Das Element des engen Zusammenhangs

Im Gegensatz dazu ist das zweite Element »in engem Zusammenhang damit stehen« nach der Rechtsprechung des EuGH (zumindest größtenteils) auf eine prozessuale Komponente gerichtet.[554] Selbst wenn man dem nicht folgen möchte, ist diesem Element aber jedenfalls die Konturierung der Bindung der Einzelklage zum Kollektivverfahren anheimgestellt. Das Annexverfahren muss sich nach dem Wortlaut »eng innerhalb des Rahmens«[555] des Insolvenzverfahrens halten. Klagen, die lediglich »bei Gele-

---

552 Was *Virgos/Schmit*, in: Stoll, Vorschläge und Gutachten, S. 32 (100, Rn. 196) für den erforderlichen Insolvenzbezug ausreichen ließen.
553 Vgl. die Präzisierung der ersten Voraussetzung in EuGH, Urt. v. 19.4.2012, Rs. C-213/10, Rn. 38 – *F-Tex SIA/Jadecloud-Vilma*, abgedruckt in NZI 2012, 469.
554 Siehe hierzu nur: EuGH, Urt. v. 19.4.2012, Rs. C-213/10, Rn. 42 ff. – *F-Tex SIA/Jadecloud-Vilma*, abgedruckt in NZI 2012, 469.
555 Siehe die Formulierung in EuGH, Urt. v. 22.2.1979, Rs. 133/78, Slg. 1979, 733, Rn. 4 – *Gourdain./.Nadler*.

genheit« des Insolvenzverfahrens erhoben werden, sollen durch dieses Kriterium ausgesondert werden. Sind diese »insolvenzunabhängigen« Entscheidungen doch auch bereits über Art. 32 Abs. 2 EuInsVO-2015 dem Anwendungsbereich der EuInsVO entzogen. Der vom Text abweichende Wortlaut in Erwägungsgrund 6 EuInsVO-2015, der von Verknüpfung anstelle von Zusammenhang spricht, ist bereits aufgrund der in der englischen Fassung nicht zu findenden Abweichung unerheblich. Ob hiermit aber ein rein prozessualer Aspekt der Bindung zwischen Einzel- und Gesamtverfahren gemeint sein kann, wie es die Entscheidungen des EuGH teilweise nahe legen, muss durch die weitere Auslegung eruiert werden.

(c) Das kumulative Vorliegen beider Merkmale

Deutlich hervor geht aus der Formulierung ebenfalls, dass sie zwei Elemente in sich trägt, die aufgrund der Verbindung durch das Wort »und« kumulativ vorliegen müssen und dementsprechend als zwei Voraussetzungen auch nicht denselben Bezugspunkt aufweisen können.

(2) Historische Auslegung

Wurde oben bereits einmal die historische Entwicklung der EuInsVO in den Blick genommen, sollen die Ausführungen nun im Folgenden allein unter dem Aspekt der Ausprägung einer unionsrechtlichen *vis attractiva concursus* erfolgen.

(a) Die Entwürfe

Wie oben bereits ausgeführt[556] enthielt der erste Entwurf von 1970 anstelle einer abstrakten Formulierung eine in den Regelungen der Artt. 10-12 und 17 sehr ausgedehnte und konkrete Auflistung von Annexverfahren, für die die Gerichte des Staates der Insolvenzverfahrenseröffnung ausschließlich (international) zuständig sein sollten. Die abschließende Aufzählung von unter die Annexverfahren zu subsumierenden Einzelverfah-

---

556 Siehe bereits oben: Kapitel 3: C. II. 2. a).

ren umfasste z. B. in Art. 12 Haftungsklagen gegen die Leitungsverantwortlichen der Gesellschaften und juristischen Personen. Unter der Überschrift des Abschnittes IV, »Die sich aus dem Konkurs ergebenden Klagen«, fanden sich in Art. 17 Entscheidungen über die Unwirksamkeit bestimmter Rechtshandlungen des Schuldners, Entscheidungen über Anfechtungsklagen sowie auf Pflichtverletzungen des Konkursverwalters gestützte Klagen und Feststellungsklagen. Mit einer abschließenden Aufzählung der Annexverfahren verfolgte man die Rechtslücken zu schließen, die zwischen den Anwendungsbereichen des Übereinkommens zum Zivilverfahrensrecht, dem EuGVÜ, und eines sich in der Entwicklung befindlichen Konkursübereinkommens hervortraten.[557] Soweit der Anwendungsbereich des Konkursübereinkommens dabei reichte, sollte die Anwendung des EuGVÜ ausgeschlossen sein.[558] Daraus ließ sich auch die Feststellung ziehen, dass die unter diesem Anwendungsbereich erfolgende Qualifikation einheitlich innerhalb des Konkursübereinkommens für den verfahrens- und kollisionsrechtlichen Bereich verlaufen musste. So sollten die enumerativ aufgezählten Annexverfahren, mögen ihre Klauseln auch einer einschränkenden Auslegung bedurft haben, wohl auch unter kollisionsrechtlicher Betrachtung dem Insolvenzrecht unterstellt sein, sodass sie in Ergänzung um das weitere (materielle) Insolvenzrecht das Insolvenzstatut hätten abbilden können. Die benannte Einschränkung war dabei nur logische Konsequenz und belief sich auf eine Reduzierung solcher Regelungen, die keinem inneren sachlich-systematischen Zusammenhang folgten. Einigen Klauseln, wie jene, die die persönliche Haftung des Verwalters betraf[559] und nur die Verletzung seiner insolvenzspezifischen (Amts-)Pflichten umfassen konnte, war dies implizit zu unterstellen; anderen Klauseln, wie »Klagen, die gegen den Ehegatten des Gemeinschuldners erhoben werden *und sich auf eine konkursrechtliche Bestimmung stützen*«[560] formulierten

---

557 Vgl. BT-Drucks. 10/61, Bericht zu dem Übereinkommen über den Beitritt des Königreichs Dänemark, Irlands und des Vereinigten Königreichs Großbritannien und Nordirland zum Übereinkommen über die gerichtliche Zuständigkeit und die Vollstreckung gerichtlicher Entscheidungen in Zivil- und Handelssachen sowie zum Protokoll betreffend die Auslegung dieses Übereinkommens durch den Gerichtshof, S. 31 ff. (42, Rn. 53).
558 *Kropholler*, EuZPR, Art. 1, Rn. 31; *Basedow*, in: Handbuch des Internationalen Zivilverfahrensrechts, Band I, Kap. II, Rn. 111.
559 Art. 17 Nr. 7 Vorentwurf von 1970.
560 Art. 17 Nr. 6 Vorentwurf von 1970, Hervorhebungen erfolgten durch den Autor.

dies sogar explizit. Für den Rest war eine Sinn und Zweck entsprechende Einschränkung vorzunehmen.

Der Entwurf von 1980 blieb zwar weitestgehend unverändert, enthielt aber, neben der Normierung der internationalen Zuständigkeit, nun auch die Unterwerfung der Annexverfahren unter die Regelung der Anerkennung und Vollstreckung. Die Wahrnehmung ihrer Funktion änderte sich damit. Der *vis attractiva concursus* war nun scheinbar die Aufgabe einer zuständigkeits- bzw. verfahrensrechtlichen Vorschrift zugeschreiben, womit es den kollisionsrechtlichen Bestimmungen des Eröffnungsstaates überlassen blieb, das für die Annexverfahren maßgebende materielle Recht zu bestimmen. *Lemontey* sah dies in seinem Bericht zum Entwurf von 1980 ebenfalls so, konstatierte aber gleichwohl auch eine unmittelbare Anwendung des materiellen Rechts des Eröffnungsstaates auf die im enumerativen Katalog der verfahrensrechtlichen *vis attractiva concursus* aufgezählten Streitigkeiten.[561] Der Grund lag für ihn in »der dem Konkurs eigenen Attraktion und [...] seinem Zweck«[562]. Dennoch ging er in Bezug auf das für Annexstreitigkeiten maßgebende materielle Recht nicht von einer festen Bindung oder einem durchgängigen Gleichlauf aus. Überzeugen konnte seine hierfür herangezogene Grundlage im 1980'er Verordnungstext allerdings nicht. *Lemontey* sah die fehlende Relevanz der der *vis attractiva concursus* unterliegenden Verfahren für den Inhalt des Konkursstatuts in der Regelung des früheren Art. 37 für Anfechtungsklagen begründet. Diese Sonderregelung berief als Ausnahme zur Grundkollisionsnorm des 1980'er Art. 18 Abs. 2 nicht das Recht des Eröffnungsstaates zur Anwendung, sondern verwies davon abweichend auf das Recht des Staates, das auf die Rechtshandlung anwendbar sei. Damit schien die Anfechtungsklage zuständigkeitsrechtlich zwar unter den Entwurf von 1980 zu fallen, kollisionsrechtlich jedoch davon ausgeschlossen zu sein. Dabei hatte diese Vorschrift des Art. 37 konsequenterweise nicht die Insolvenzanfechtungstatbestände der einzelnen Mitgliedstaaten im Blick, sondern konnte allein die allgemeinen Anfechtungsklagen des gemeinen Rechts umfassen.[563] Da diese aber weder insolvenzrechtlich noch insolvenzbezogen und auch nur bei Gelegenheit der Insolvenz anwendbar sind, sind sie

---

561 *Lemontey*, in: Kegel/Thieme, Vorschläge und Gutachten. S. 93 (130, Rn. 51).
562 *Lemontey*, in: Kegel/Thieme, Vorschläge und Gutachten. S. 93 (130, Rn. 51).
563 *Hanisch*, in: Kegel/Thieme, Vorschläge und Gutachten. S. 319 (335 f.); siehe selbst *Lemontey*, in: Kegel/Thieme, Vorschläge und Gutachten. S. 93 (159 f. Rn. 93).

C. Behandlung kontradiktorischer Verfahren in der EuInsVO

auch zuständigkeitsrechtlich nicht als Annexverfahren zu qualifizieren. Der Verweis geht damit ins Leere und eröffnet vielmehr den Raum für eine gegenteilige Argumentation. Wollte Art. 37 lediglich die Anfechtungsklagen des gemeinen Rechts aus der Regelung des Art. 18 II ausklammern, so wären all die Verfahren, die dem Katalog der *vis attractiva concursus* unterfielen und auf »konkursrechtlichen Vorschriften beruhen«, mangels einer gegenteiligen Regelung (entsprechend § 37) auch von der Bestimmung der Grundkollisionsnorm und damit vom Insolvenzstatut erfasst.[564] Ein Gleichlauf zwischen den unter das verfahrensrechtliche Instrument der *vis attractiva concursus* fallenden Verfahrensgegenständen und dem Insolvenzstatut wäre damit gegeben. Bereits aus der Vorschrift des § 37 des Entwurfs lässt sich daher schlussfolgern, dass ein (zumindest teilweiser) Gleichklang der Annexverfahren und der kollisionsrechtlichen Generalklausel mit Auswirkung auf die Auslegung in der Verordnung angelegt ist.

Auch der revidierte Entwurf von 1984 warf die *vis attractiva* nicht über Bord. Aufgehoben wurde jedoch gem. Art. 10a die Annexzuständigkeit für Haftungsklagen gegen die Leitungsverantwortlichen der Gesellschaften und juristischen Personen. Dieses Verfahren wurden dem EuGVÜ unterstellt. Obwohl diese Ausklammerung laut den Erläuterungen[565] dem Urteil des EuGH im Fall *Gourdain./.Nadler* Rechnung tragen sollte, schuf sie gerade mit Blick auf diese Entscheidung einen Widerspruch, der eine der Rechtssicherheit abträgliche Anwendungslücke im internationalen Zivilverfahrens- und Konkursrecht hervorrief. Entstanden ist ein widersprüchlicher und unsicherer Zustand aus den Gegensätzen eines Urteils, welches dieses Annexverfahren dem Konkursübereinkommen unterstellte, und eines Konkursübereinkommens, welches dieses Verfahren dem EuGVÜ überantwortete. Neben dieser neuen ablehnenden Haltung bzgl. der Annexqualität wurde eine bereits im Vorentwurf von 1970 enthaltene

---

564 Hierfür bleibt die überschießende Weite des Katalogs in Art. 15 des Entwurfs von 1980, die auch in Bezug auf die verfahrensrechtliche *vis attractiva concursus* als nicht vertretbar zu werten ist, außer Betracht.
565 Erläuterungen zu den Änderungen des Entwurfs eines Übereinkommens der Mitgliedstaaten der Europäischen Gemeinschaften über den Konkurs, Vergleiche und ähnliche Verfahren nach der zweiten Lesung der Ad-hoc-Gruppe beim Rat der Europäischen Gemeinschaften [verfasst in BMJ], abgedruckt in: *Kegel/Thieme*, Vorschläge und Gutachten, S. 449 ff.

Kapitel 3: Die Übertragbarkeit des Instruments der vis attractiva concursus

Konzentrationswirkung der Zuständigkeit für Anschlusskonkurse[566] demgegenüber aber wieder zu neuem Leben erweckt. Als bloßer Entwurf erlangte das Konkursübereinkommen nie Geltung.

(b) Das Übereinkommen und die Verordnung

Mit dem gescheiterten Übereinkommen von 1995 begann schließlich das Ende der Inklusion eines abgesteckten Katalogs von Annexverfahren. Dieser und die Übereinstimmung mit dem materiell anzuwendenden Recht wurden mit Blick auf die nötige Flexibilität gestrichen.[567] Die Kritiker der vorherigen Entwürfe fanden damit Gehör. Aufgegeben wurde nach Ansicht von *Virgos/Schmit* aber wohl nicht nur die ausdrückliche Zuständigkeitsregelung, sondern gar vielmehr die Theorie zur *vis attractiva concursus* als Ganzes.[568] Dass dies so nicht ganz stimmt, zeigt Art. 25 Abs. 1 Unterabs. 2 EuInsVO-2000, der dennoch eine Bestimmung zu den Annexentscheidungen einführte. Mit der unveränderten Übernahme der abstrakten Formel aus der *Gourdain./.Nadler*-Entscheidung wurde eine Grundlage für die *vis attractiva concursus* damit beibehalten.[569] Im Ansatz findet sich im Erläuternden Bericht zum EU-Übereinkommen auch bereits eine diffe-

---

566 Diese Art des Anschlusskonkurses gab es in Frankreich noch bis zum Jahr 2006.

567 Eine Begründung für die mangelnde erneute Aufnahme hat der Verordnungsgeber nie gegeben; so auch *Vogler*, Die internationale Zuständigkeit für Insolvenzverfahren, S. 212. Ob mit der Aufgabe dieses Katalogs nun wirklich nur eine gelenkigere Handhabung der Annexverfahren ermöglicht oder diese doch vielmehr beschränkt werden sollten, bleibt damit unklar.

568 *Virgos/Schmit*, in: Stoll, Vorschläge und Gutachten, S. 32 (61, Rn. 77), die aber im Widerspruch hierzu an gleicher Stelle (Rn. 77) davon sprachen, dass die Annexverfahren „logischerweise [...] in den Anwendungsbereich des Übereinkommens über Insolvenzverfahren [nun der EuInsVO] *und* seine Zuständigkeitsvorschriften" fallen (Hervorhebungen hinzugefügt).

569 Siehe hierzu die Ausführungen im Bericht von *Virgos/Schmit*, in: Stoll, Vorschläge und Gutachten, S. 32 (100, Rn. 195), die Art. 25 Abs. 1 Unterabs. 2 EuInsVO-2000 im Einklang mit der *Gourdain./.Nadler*-Entscheidung als Grundlage dafür sehen, dass „derartige [Annex-]Verfahren im Anwendungsbereich des Übereinkommens über Insolvenzverfahren verbleiben". Ebenfalls in EuGH, Urt. v. 12.2.2009, Rs. C-339/07, Slg. 2009, I-767, Rn. 25 f. – *Seagon./.Deko Marty Belgium* wird Art. 25 Abs. 1 Unterabs. 2 EuInsVO-2000 als entscheidende Bestimmung für die Existenz der unionsrechtlichen *vis attractiva concursus* angesehen.

renzierende Auslegung der Formel der *vis attractiva concursus*, in dem eine Präzisierung dahingehend erfolgte, dass (zum einen) sowohl die *unmittelbare Herleitung* aus dem Konkursrechts zu erfolgen hat als auch (zum anderen) der enge Zusammenhang zum Insolvenzverfahren hergestellt sein muss.[570]

Erst mit der Reform der Verordnung aus dem Jahr 2015 wurde zumindest die zuständigkeitsrechtliche Vorschrift und mithin die Theorie der *vis attractiva concursus* wieder ausdrücklich in die Europäische Insolvenzverordnung aufgenommen. Gleichwohl ist der Reform kein Hinweis bezüglich der Qualifizierung dieses Instruments und der Frage, welche Einzelverfahren darunter zu subsumieren sind, zu entnehmen. Eine Konkretisierung, was unter den beiden Merkmalen zu verstehen ist, erfolgte mithin nicht.

(3)   Systematische Auslegung – Ausrichtung auf Insolvenzfälle

Die *vis attractiva concursus* war und ist ein Instrument der EuInsVO. Ihre Regelung in Art. 32 EuInsVO-2015 findet sich in einem Absatz mit den Entscheidungen, die sich auf die Eröffnung, Durchführung oder Beendigung des Insolvenzverfahrens beziehen. Mögen die Annexverfahren auch von diesen originären Entscheidungen zu trennen sein,[571] was durch ihre Regelung in einem zweiten Unterabsatz sichtbar wird, so erlaubt die systematische Eingliederung der *vis attractiva concursus* innerhalb dieses Absatzes dennoch den Schluss auf ihre Eigenschaft als ein Instrument, das den Insolvenzzusammenhängen und -verbindungen zugunsten der insolvenzrechtlichen Abwicklung dient. In Abgrenzung dazu erfolgt nämlich in einem Abs. 2 (in deklaratorischer Form) die Unterstellung der »anderen Entscheidungen« unter den Anwendungsbereich der EuGVVO. Damit wird deutlich, dass es bei den Annexentscheidungen des Unterabs. 2 um Rechtsfragen gehen muss, die sich nicht nur innerhalb der verfahrensrechtlichen Durchführung des Gesamtvollstreckungsverfahrens stellen, sondern die eine unmittelbare Bedeutung für die Auflösung der Insolvenzsituation haben.

---

570   *Virgos/Schmit*, in: Stoll, Vorschläge und Gutachten, S. 32 (100, Rn. 196).
571   *Virgos/Schmit*, in: Stoll, Vorschläge und Gutachten, S. 32 (100, Rn. 194).

Kapitel 3: Die Übertragbarkeit des Instruments der vis attractiva concursus

Diese Eingliederung wird auch in den Erwägungsgründen offenkundig. Anders als die deutsche Gesetzesbegründung sind die Erwägungsgründe gem. Art. 296 II AEUV Bestandteil der Unionsrechtsakte, wodurch ihnen eine ganz besondere Auslegungskraft für die Regelungen des Sekundärrechtsakts zuwächst. Dürfen sie auch nicht als solche dem Text gleichwertige Normierungen betrachtet werden, so ist ihr erläuternder und ggf. auch konkretisierender Inhalt bei der Auslegung zu beachten. Erwägungsgrund 66 EuInsVO-2015 fordert einheitliche Kollisionsnormen für den gesamten *Insolvenzbereich*. Erwägungsgrund 16 EuInsVO-2015 statuiert die Geltung der Verordnung für (alle) Verfahren, »die sich auf gesetzliche Regelungen zur Insolvenz stützen«. Ein getrenntes Begriffsverständnis dessen, was dem Insolvenzrecht unterfällt, erscheint damit nicht gewollt. Mag der Erwägungsgrund 16 EuInsVO-2015 auch primär die vorinsolvenzlichen Sanierungsverfahren im Auge gehabt haben, so lassen sich unter der offenen Formulierung zumindest dem Gedanken nach auch die Annexverfahren zusammenfassen, insofern sie die Fälle der Anwendung national gesellschaftsrechtlicher Instrumente auf Auslandsgesellschaften, über deren Vermögen im Inland das Insolvenzverfahren eröffnet wird, berühren. Satz 2 nimmt zwar Verfahren aus, die sich auf allgemeines Gesellschaftsrecht stützen, enthält aber gleichfalls eine Einschränkung dieses Ausschlusses. Stützt sich ein Verfahren auch auf allgemeines Gesellschaftsrecht, so ist es dennoch als unter die Geltung der Verordnung zu fassendes insolvenzrechtliches Verfahren zu betrachten, sofern es »ausschließlich auf Insolvenzfälle ausgerichtet ist«. Als erforderliches Attribut muss das Verfahren dem Wortlaut nach also auf eine insolvenzrechtliche Grundlage gestützt oder aber zumindest spezifisch insolvenzrechtlichen Zielen ausschließlich zu dienen bestimmt sein. Für die Auslegung und Reichweite der *vis attractiva concursus* bedeutet dies, dass selbst die Verfahren unter die Annexverfahren zu subsumieren sind, die die gesellschaftsrechtliche Sphäre betreffen, sofern sie nur eine insolvenzrechtliche Zielsetzung verfolgen und damit auch nur innerhalb der insolvenzrechtlichen Abwicklung Relevanz erlangen.

Spezifiziert wird dies noch einmal in Erwägungsgrund 35 EuInsVO-2015, der die Annexverfahren exklusiv anspricht. Als Beispiele für Annexverfahren werden hier die Anfechtungsklage und solche Klagen, die aufgrund von sich im Verlauf des Insolvenzverfahrens ergebenden Verpflichtungen erhoben werden, sowie die in S. 5 hervorgehobene insolvenzrechtliche Haftungsklage genannt. Letztere ist von den gesellschafts- und deliktsrechtlichen Haftungsklagen abzugrenzen und in Verbindung mit dem gerade erläuterten Erwägungsgrund 16 EuInsVO-2015 daher folgendermaßen zu verstehen: Haftungsklagen, die sich entweder auf insolvenzrechtliche Normen stützen oder trotz allgemein gesellschaftsrechtlicher Grundlage ausschließlich auf Insolvenzsituationen abzielen, sind als Annexverfahren qualifizierbar. Daraus kann geschlussfolgert werden, dass die unter die *vis attractiva concursus* zu stellenden Regelungsaspekte unabdingbar einen qualifizierten Insolvenzbezug aufweisen müssen. Der dem Instrument damit zugrunde liegende sachliche Zusammenhang[572] muss folglich sowohl die Anknüpfung an die materielle Situation des Schuldners in der Krise als auch die Funktionsrichtung des Insolvenzrechts tragen.

(4) Teleologische Auslegung

Das Instrument der *vis attractiva concursus* schließt – wie bereits erläutert – die Lücke, die zwischen den Anwendungsbereichen der EuInsVO und der EuGVVO klafft. Welcher Umfang dieser Lückenschließung dabei zukommt, muss anhand der beiden Elemente der Formel bestimmt werden.

(a) Das Element der Unmittelbarkeit

Dass mit dem Element der Unmittelbarkeit nicht lediglich formelle Grenzen abgesteckt werden können, wurde bereits erläutert. Es wird aber auch an dem Paradebeispiel eines Annexverfahrens – der Anfechtungsklage – deutlich. Die Insolvenzanfechtung setzt tatbestandlich an einem dem Verfahrensbeginn vorausgehenden Verhalten an, wodurch es den das Insolvenzverfahren prägenden Grundsatz der gleichmäßigen Gläubigerbefriedigung zeitlich vor die Eröffnung des Insolvenzverfahrens verlagert. Mag das (eröffnete) Insolvenz*verfahren* auch eine Voraussetzung für die Anfechtungsklage sein, so findet sie ihre Grundlage aber jedenfalls in der

---

572 *Smid*, Praxishandbuch Insolvenzrecht, § 1, Rn. 80, der die *vis attractiva concursus* als „Form der Zuständigkeit kraft Sachzusammenhangs" beschreibt; zum Erfordernis der Sachnähe für die zuständigkeitsrechtliche *vis attractiva concursus* auch *Haubold*, IPRax 2002, 157 (163); *Willemer*, Vis attractiva concursus und die Europäische Insolvenzverordnung, S. 160f.

materiellen Ordnungsfunktion des Insolvenz*rechts*.[573] Mit Eintritt der materiellen Insolvenz, d. h. mit dem Zeitpunkt, zu dem der Schuldner nicht mehr in der Lage ist, alle Gläubiger vollständig aus seinem Vermögen zu befriedigen,[574] bricht die Funktionsfähigkeit der privatautonom gewählten Schuldenregulierung weg; prioritäre Behandlungen einzelner Gläubiger verlieren ihre Rechtfertigung[575] – und zwar unabhängig von einer bereits erfolgten Eröffnung des Insolvenzverfahrens. Der Eintritt der materiellen Insolvenz bildet damit den Zeitpunkt ab, in dem die staatliche Reglementierung und mithin die Anwendung der speziellen Regelungen des (materiellen) Insolvenzrechts einsetzen müssen. In Abgrenzung zur EuGVVO bedeutet dies folglich, dass damit auch der maßgebliche Bezugspunkt für die Eröffnung des sachlichen Anwendungsbereichs der EuInsVO gesetzt ist. Unter Bezugnahme auf den Zweck der Lückenschließung findet das Element der Unmittelbarkeit des Insolvenzzusammenhangs darin seine Grundlage.

Den Anknüpfungspunkt für die Annexverfahren bildet mithin nicht die formelle Institution des Verfahrens, sondern die damit verbundene Ordnungsfunktion. Die erste Komponente der unionsrechtlich verwendeten *vis attractiva concursus* ist mithin dahingehend auszulegen, dass die Unmittelbarkeit einer sich »aus dem Insolvenzverfahren« ergebenden Streitigkeit nur dann vorliegt, wenn diese Streitigkeit ihre Grundlage in der (materiellen) Insolvenz des Schuldners findet.

(b) Das Element des engen Zusammenhangs

Die Annexverfahren stehen als Einzelverfahren neben dem Insolvenzverfahren und sind gleichfalls insolvenzrechtlich positioniert. Vor dem Hintergrund, dass die Insolvenz*materie* in ihrem vollen Umfang von der EuGVVO ausgeschlossen wurde und es eine Rechtslücke zwischen den sachlichen Anwendungsbereichen der EuGVVO und der EuInsVO nicht geben soll, war und ist es daher der EuInsVO anheim zu stellen, die Zuständigkeiten auch für solche Verfahren zu regeln, die mit dem Insolvenz-

---

573   *Bork*, ZIP 2008, 1041; *A. Schmidt*, ZInsO 2008, 291 (292); siehe auch *Stiller*, NZI 2010, 250 (252); *Zenker*, NZI 2015, 1006 (1007).
574   *Foerste*, Insolvenzrecht, § 1, Rn. 1.
575   *Häsemeyer*, Insolvenzrecht, Rn. 2.23.

verfahren in einem engen Zusammenhang stehen.[576] Bezug genommen wurde damit auf das besondere Näheverhältnis dieser Verfahren zum Insolvenzverfahren. Was darunter zu verstehen ist, zeigt ein Blick auf die parallele Diskussion zur Frage der Einordnung der nationalen Instrumente. Bereits unter der durch ältere Quellen vorgenommenen Betrachtung der in einigen nationalen Rechtsordnungen ausgeprägten *vis attractiva concursus* stellte sich die Frage der Einordnung als insolvenzrechtliche oder doch lediglich allgemein verfahrensrechtliche Rechtsfigur.[577] Obgleich *Herchen* hierfür hervorhob, dass es sich bei der *vis attractiva* um ein »besonderes Verfahrensrecht für Insolvenzfälle« handelt, sei sie für ihn nicht »insolvenzrechtlich, sondern allgemein verfahrensrechtlich zu qualifizieren«.[578] Dieser Einordnung legte er zugrunde, dass die von der gegenteiligen Ansicht vertretene Rechtfertigung für eine spezifisch insolvenzrechtliche Qualifikation nicht auf einer bloß »zufälligen insolvenzrechtlichen Überlagerung« der »zivilverfahrensrechtliche[n] Zuständigkeitsordnung« beruhen und auch die Schwerfälligkeit der klaren Abtrennung von formellem und materiellem Insolvenzrecht kein Argument sein könne.[579] Getragen war die dogmatische Einordnung des Instruments der *vis attractiva concursus* damit von den Auswirkungen, die sie auf der Rechtsfolgenseite zeitigte. Ging es doch um die Berücksichtigung einer – im Recht des Insolvenzeröffnungsstaates vorgesehen – ausländischen Attraktivzuständigkeit im Inland unter Konsumption der eigenen Zuständigkeiten. Die mit der Verdrängung inländischer Gerichtsstände einhergehende Beschneidung nationalen Rechtsschutzes hätte im Falle einer insolvenzrechtlichen Ein-

---

576   Vgl. bereits *Virgos/Schmit*, in: Stoll, Vorschläge und Gutachten, S. 32 (100, Rn. 195); so nun auch in Erwägungsgrund 7 EuInsVO-2015 festgehalten.
577   Zur Einordnung einer *nationalen vis attractiva concursus* in das Zivilverfahrens- oder Insolvenzrecht siehe: *Habscheid*, ZIP 1999, 1113 (1114 ff.); *Willemer*, Vis attractiva concursus und die Europäische Insolvenzverordnung, S. 14 ff.
578   *Herchen*, Das Übereinkommen, S. 224 in Bezug auf die Qualifikation national-insolvenzrechtlicher Attraktivzuständigkeiten unter dem EuIÜ; ebenso: *Wenner*, in: Mohrbutter/Ringstmeier, Handbuch der Insolvenzverwaltung, § 20, Rn. 270; Vgl. auch *Habscheid*, ZIP 1999, 1113 (1114 ff.), der die internationalprivatrechtliche Einordnung ablehnt und sich für die verfahrensrechtliche Alternative entscheidet; mit Verweis auf *Jahr*, in: Kegel/Thieme, Vorschläge und Gutachten, S. 305 (316); **a. A.** und für eine insolvenzrechtliche Qualifizierung plädieren hingegen: *Aderhold*, Auslandskonkurs im Inland, S. 305; *Schollmeyer*, Gegenseitige Verträge, S. 165.
579   *Herchen*, Das Übereinkommen, S. 225.

ordnung keiner staatenübergreifenden ausdrücklichen Anordnung bedurft.[580] Um dieser Gefahr zu entgehen, wählte *Herchen* daher eine – das nationale Recht schützende – verfahrensrechtliche Einordnung. Hinter seiner Begründung lag damit ein grundrechtssensibler Aspekt, der als Einwand gegen die unionsrechtlich statuierte *vis attractiva concursus* allerdings nicht greifen kann.

Aber auch den weiteren Argumenten ist entgegen zu halten, dass die insolvenzrechtliche Überlagerung keine bloße Zufälligkeit darstellt, sondern der bewussten Abwicklung dient, indem sie an einen bestimmten Schuldnerzustand der Insolvenz anknüpft. Der Grund für eine Unterstellung unter das Insolvenzrecht liegt mithin auch nicht in dem Versuch, die schwierige Unterscheidung von formellem und materiellem Insolvenzrecht zu umgehen. Die Annexverfahren sind von dieser das Insolvenzverfahren betreffenden Untrennbarkeit gar nicht tangiert. Vielmehr unterstützen sie die Verwirklichung der Gläubigerinteressen bei Durchführung des Insolvenzverfahrens. Die verfolgte Auflösung des Gläubigerkonflikts bedarf – über das Insolvenzverfahren hinaus – der parallelen Erledigung anhängender Einzelverfahren, um die Lücke, die das Insolvenzverfahren als Kollektivverfahren hinterlässt, zu schließen. Die *vis attractiva concursus* ist daher als insolvenzrechtliches Instrument zu begreifen.

Unter dem Kriterium des engen Zusammenhangs ist daher die Nähe zum Sachverhalt des Insolvenzverfahrens als entscheidend anzusehen, die ihrerseits – entsprechend des insolvenzrechtlichen Charakters – soweit reicht, soweit die Interessen der Gläubigergemeinschaft betroffen sind.[581] Um die grenzüberschreitende Durchsetzung der kollektiven Gläubigerinteressen zu ermöglichen, sind daher die Verfahren heranzuziehen, die der materiellen Zielstellung des Insolvenzverfahrens dienen.

c) Bewertung der Auslegungsansätze des EuGH

Auf Seiten der Judikative wurde trotz einiger Vorlageentscheidungen des EuGH zur Thematik der Annexverfahren eine anhand bestimmter Kriterien konkretisierte Auslegung der *vis attractiva concursus* (abgesehen der Entscheidung im Fall *Gourdain./.Nadler*) nicht vorgenommen. Auch eine

---

580 Siehe dazu oben: Kapitel 2: B. II. 1.
581 *Stürner*, IPRax 2005, 416 (418).

getrennte Prüfung der beiden in der Formel verwendeten Voraussetzungen zur Identifizierung eines Annexverfahrens erfolgte explizit erst in den späteren Entscheidungen in den Fällen *F-Tex* und *Nickel & Goeldner*. Die vorherigen Entscheidungen in den Fällen *Gourdain./.Nadler*, *Seagon./.Deko Marty Belgium* oder auch *SCT Industri* enthielten keine Differenzierung. Auch in *German Graphics* wurde nicht weiter konkretisiert, sondern vielmehr kombiniert, indem der Zusammenhang zum Insolvenzverfahren unmittelbar *und* eng sein musste. Was konkret hierunter zu verstehen sein sollte, wurde jedoch erst mit der Aufspaltung in zwei getrennte Merkmale offenbar. In *F-Tex* war, abgesehen von der näheren Verknüpfung des ersten Unmittelbarkeitskriteriums mit der Insolvenz des Schuldners, das zweite Kriterium des engen Zusammenhangs auf die Geltendmachung des in Rede stehenden Anspruchs bezogen und damit auf einen rein verfahrensrechtlichen Gesichtspunkt abgestellt worden.[582] Inwieweit der damit vorgenommenen Auslegung dieses Merkmals anhand einer prozessualen Einkleidung gefolgt werden kann, ist zweifelhaft. Revidierte der EuGH die Relevanz verfahrensrechtlicher Aspekte doch schließlich in seiner späteren Entscheidung im Fall *Nickel & Goeldner*.[583] Bei der hierbei allein auf die Prüfung der ersten! Voraussetzung konzentrierten Entscheidung sah der EuGH das ausschlaggebende Kriterium nicht im »prozessualen Kontext«, sondern allein in der »Rechtsgrundlage« der Entscheidung.[584] Maßgabe für die Unterstellung unter den Anwendungsbereich der EuInsVO war mithin, dass die dem eingeklagten Rechtsbegehren zugrunde liegende materiell-rechtliche Grundlage in den von den allgemeinen Regelungen des Zivil- und Handelsrechts abweichenden Sonderregelungen des (nationalen) Insolvenzrechts zu finden ist, zumindest aber doch durch die Insolvenzsituation modifiziert wird.

Reduziert man die Aussage des EuGH nicht nur einseitig auf das Element der Unmittelbarkeit, kann der Entscheidung im Fall *Nickel & Goeldner* ein noch gewichtigerer Aspekt entnommen werden. Indem mit der Ablehnung der Erfüllung des ersten, materiell eingebundenen Tatbestandsmerkmals die Prüfung des zweiten, formell eingebundenen Merkmals ei-

---

582 EuGH, Urt. v. 19.4.2012, Rs. C-213/10, Rn. 42 ff. – *F-Tex SIA/Jadecloud-Vilma*, abgedruckt in NZI 2012, 469.
583 EuGH, Urt. v. 4.9.2014, Rs. C-157/13, Rn. 29 – *Nickel & Goeldner*, abgedruckt in NZI 2014, 919.
584 EuGH, Urt. v. 4.9.2014, Rs. C-157/13, Rn. 27 – *Nickel & Goeldner*, abgedruckt in NZI 2014, 919.

nes engen Zusammenhangs mit dem Insolvenzverfahren ausgespart wurde, wird nicht nur deutlich, dass beide Elemente einen separaten Ansatzpunkt verfolgen, sondern dass auch beide kumulativ vorliegen müssen. Eine alternative Erfüllung ist unzureichend – das Fehlen eines der Elemente damit exkludierend. Erst durch die kumulative Erfüllung beider Kriterien kann die Zuordnung einer Streitigkeit zu dem autonom zu bestimmenden Bereich des von der Verordnung erfassten Insolvenzrechts erfolgen. Für die insolvenzrechtliche Qualifikation der Rechtsgrundlage kann – da ein Gleichlauf besteht – nichts anderes gelten. Die spezifisch insolvenzrechtliche Prägung einer Streitigkeit und die Qualifikation der ihr unterliegenden Regelungsgrundlage sind daher vom Vorliegen beider Elemente abhängig.

Scheint es auch so, als ob sich der EuGH bei der Auslegung der *Gourdain*-Formel seiner selbst nicht sicher ist, so hat er im Laufe der Zeit zumindest herausgestellt, dass es zwei zu beachtende Voraussetzungen gibt. Die Anknüpfung für das erste Merkmal der Formel erfolgt dabei an eine materielle Komponente, auch wenn der EuGH mit dem Abstellen auf die Rechtsgrundlage im (nationalen) Insolvenzrecht hierfür einen Schritt zu voreilig agiert.[585] Die Frage der insolvenzrechtlichen Qualifikation einer Norm kann der EuGH – ohne sich damit in Widerspruch zu seiner früheren Entscheidung im Fall *Gourdain./.Nadler* zu setzen – jedenfalls nicht anhand einzelner mitgliedstaatlicher Vorstellungen verfolgen. Die zu fordernde autonome Bestimmung der unter die *vis attractiva concursus* fallenden Rechtsfragen könnte sonst allzu leicht umgangen werden. Wann eine Regelung als insolvenzrechtlich i. S. der Verordnung anzusehen ist, bleibt durch autonome Kriterien zu bestimmen, die der verordnungsspezifischen Zielsetzung entsprechen müssen. Diese autonome Bestimmung einer insolvenzrechtlichen Qualifikation soll die *vis attractiva concursus* – übertragbar auch für das materielle Recht – leisten. Die (insolvenzrechtliche) Natur der Rechtsgrundlage zum Ausgangspunkt der Bestimmung der Annexverfahren zu erheben – wie es der EuGH tut –,[586] würde hingegen nicht nur zu der zu verhindernden Ausuferung der Annexverfahren führen,[587] sondern auch unter der in dieser Arbeit aufgestellten These einen

---

585 Erneut stellte der EuGH auf diesen Aspekt nun auch in seiner jüngsten Entscheidung ab: EuGH, Urt. v. 20.12.2017, Rs. C‑649/16, Rn. 29 ff. – *Valach ua/Waldviertler Sparkasse Bank AG ua*, abgedruckt in NZI 2018, 232.
586 So aber auch schon *Schlosser*, in: FS Weber, 395 (406).
587 Siehe bereits oben: Kapitel 3: C. II. 2. b).

Zirkelschluss bedeuten. Schließlich soll mit der Übertragung der *vis attractiva concursus* auch auf die kollisionsrechtliche Ebene erst die qualifikatorische Bestimmung als insolvenzrechtlich i. S. der EuInsVO erfolgen. Ihr Ausgangspunkt kann daher nicht gleichfalls das Vorliegen einer bereits insolvenzrechtlich definierten Rechtsgrundlage sein.

d)   Ausreichen der alternativen Berufung der insolvenzrechtlichen Zweckverfolgung

Die Vermengung der Bereiche des Gesellschafts- und Insolvenzrechts unter der EuInsVO wurde bereits angesprochen.[588] Dass die Abgrenzung nicht einfach ist, zeigt die Problematik der Qualifikation an diesen Schnittstellen. Erfüllt eine Rechtsnorm mehr als nur eine Funktion und ist daher auch verschiedenen Sachbereichen einer Rechtsordnung zuzuordnen, so kann ihre Einordnung unter einen Anknüpfungsgegenstand nicht eindeutig vorgenommen werden (Doppel- oder Mehrfachqualifikation)[589]. Sie unterfällt dann dem Anwendungsbereich mehrerer Kollisionsnormen. Dies heißt aber nicht, dass diese eine Norm, die innerhalb ihres nationalen Rechtssystems mehrere Zwecke verfolgt, auch zur Anwendung in grenzüberschreitenden Fällen der kumulativen Berufung durch alle sie ansprechenden Kollisionsnormen bedarf.[590] So ist es nicht erforderlich, dass für die Anwendung der sowohl gesellschafts- als auch insolvenzrechtlich zu qualifizierenden Existenzvernichtungshaftung[591] neben der Verweisung des Insolvenzstatuts auf deutsches Recht auch das Gesellschaftsstatut dem deutschen Recht unterliegt. Bei insolventen Auslandsgesellschaften mit COMI in Deutschland wäre der Anwendung dieses Rechtsinstituts unter einer solchen Bedingung stets der Weg abgeschnitten. Unabhängig der nationalen Einordnung ist damit entscheidend, ob sich das Rechtsinstitut unter den Anknüpfungsgegenstand (auch nur) einer das einheimische Recht zur Anwendung bringenden Kollisionsnorm qualifizieren lässt. Wird

---

588   Siehe oben: Kapitel 3: C. III. 2. b) (3).
589   v. *Hein*, in: MüKo zum BGB, Einl. IPR, Rn. 140 ff.; *Kindler*, NZG 2003, 1086 (1090).
590   Zum selben Ergebnis einer alternativen Berufung kommt auch *Kindler*, in: FS Jayme, S. 409 (410, 414).
591   Statt vieler: *Kindler*, NZG 2003, 1086 (1090); *Weller*, Europäische Rechtsformwahlfreiheit und Gesellschafterhaftung, S. 274.

dadurch nur ein Teil der von dem Rechtsinstitut angestrebten Zwecke angesprochen, so ist dies ausreichend, sofern dieser Zweck dem Anwendungsbereich der Kollisionsnorm unterfällt.[592] Schließlich geht es hierbei gerade nicht um die nationale, sondern um die autonom europäische Qualifikation. Anderenfalls würden die nationalen Qualifikationen ungewollt durch die Hintertür in das supranationale System eingeführt. Der (Regelung der) *lex fori concursus* ist eine Vorrangstellung vor den allgemeinen Kollisionsregelungen, die außerhalb des Insolvenzverfahrens auf den betreffenden Sachverhalt anzuwenden sind, zu gewähren.[593] Schließlich gelten die einheitlichen Kollisionsnormen der Verordnung ausweislich Erwägungsgrund 66 EuInsVO-2015 für den gesamten Insolvenz*bereich*. Regelungsinstrumente sind folglich dann unter das Insolvenzstatut zu stellen, wenn sie anhand der autonom europäisch vorzunehmenden Qualifikation als insolvenzrechtlich eingeordnet werden können, mögen sie auch weitere als die insolvenzrechtlichen Zwecke erfüllen. Die inneren Korrelationen einer Rechtsordnung (bezogen auf die Lösung des Insolvenzsachverhalts) bleiben dadurch erhalten. Das Auftreten von Normwidersprüchen wird verhindert und der innere Entscheidungseinklang gewahrt.

Verwechselt werden darf dieser Aspekt der Mehrfachqualifikation nicht mit der Frage, wie die Konkurrenz zweier oder mehrerer inhaltlich identischer Regelungsnormen im Kollisionsrecht zu lösen ist. Stammen die über verschiedene Statute berufenen Normen aus einer jeweils anderen Rechtsordnung, so steht hierbei nicht das Problem einer Mehrfachqualifikation im Raum. Vielmehr handelt es sich dabei um zwei voneinander zu tren-

---

[592] Es ist daher nicht notwendig, die zum selben Ergebnis führende akzessorische Anknüpfung des doppelqualifizierbaren Anspruchs an das Insolvenzstatut vorzunehmen, sofern bereits eine Lösung über die autonome Qualifikation gewonnen werden kann. Siehe zur Methode der akzessorischen Anknüpfung: *von der Seipen*, Akzessorische Anknüpfung, S. 47; siehe aber auch *Rauscher*, NJW 1988, 2151 (2154); *Kropholler*, RabelsZ 33 (1969), 601 (631 ff.); gegen die akzessorische Anknüpfung sprechen sich v. a. aus: *Stoll*, IPRax 1989, 89 (91 f.); *Bar*, IPR II, § 4, Rn. 560 f.; *Schurig*, in: FS Heldrich, S. 1021 (1023, 1025 ff.).

[593] *Virgos/Schmit*, in: Stoll, Vorschläge und Gutachten, S. 32 (67, Rn. 90); vgl. auch *Duursma-Kepplinger* in: Duursma-Kepplinger/Duursma/Chalupsky, Europäische Insolvenzverordnung, Art. 4 EuInsVO, Rn. 7, die eine „umfassende Ausschaltung der allgemeinen einzelstaatlichen Kollisionsrechte" für erforderlich hält.

nende Qualifikationsvorgänge. Deren Lösung findet an späterer Stelle noch einmal eine eingehendere Erwähnung.[594]

3. Entkräften möglicher entgegenstehender Anhaltspunkte in der EuInsVO-2015

Zweifel an der Annahme dieses Gleichlaufes könnten lediglich unter der Betrachtung des Art. 11 Abs. 2 EuInsVO-2015 aufkommen. Hiernach wird die Zuständigkeit für die Zustimmung zu einer Beendigung oder Änderung von Verträgen über unbewegliche Gegenstände dem Gericht zugewiesen, das das Hauptinsolvenzverfahren eröffnet hat. Damit wird für die Zuständigkeit, entgegen dem für das materielle Recht in Art. 11 Abs. 1 EuInsVO-2015 erfolgenden Verweis auf die *lex rei sitae*, an das *forum concursus* angeknüpft. Mit der damit erfolgenden Durchbrechung der nach Art. 24 Nr. 1 EuGVVO für das Regime des Belegenheitsstaates bestehenden Zuständigkeit[595] verwirft der Verordnungsgeber scheinbar auch einen Gleichlauf von Zuständigkeit und materiell anzuwendendem Recht. Diese Anordnung für den speziellen Fall des Art. 11 EuInsVO-2015 kann allerdings nicht verallgemeinert werden. Die in Art. 11 Abs. 2 EuInsVO-2015 geregelte *vis attractiva concursus* gilt ausdrücklich nur für die Fälle einer erforderlichen gerichtlichen Zustimmung zu einer Beendigung oder Änderung des Vertrages über unbewegliche Gegenstände und ist von der in Art. 6 Abs. 1 EuInsVO-2015 geregelten – insolvenzgeprägten – *vis attractiva concursus* zu trennen. In dem vorliegenden Fall geht es gerade nicht um eine Streitigkeit, die unmittelbar aus dem Insolvenzverfahren hervorgeht und in engem Zusammenhang damit steht, sondern um die Realisierung eines gerichtlichen Zustimmungsvorbehalts nach den geltenden Rechtsvorschriften des Belegenheitsstaates. Anders als die Regelung der Annexzuständigkeit in Art. 6 EuInsVO-2015 umfasst die Zuständigkeitsbestimmung in diesem Fall nicht nur die internationale, sondern auch die örtliche und sachliche Zuständigkeit des Insolvenzgerichts.[596] Sinn und Zweck einer solch »vollen« *vis attractiva concursus* ist wohl die Verhin-

---

594 Siehe unten: Kapitel 4: C.
595 *Mankowski*, in: Mankowski/Müller/J. Schmidt, EuInsVO 2015, Art. 11, Rn. 43.
596 *Garcimartin*, ZEuP 2015, 694 (718); *Mankowski*, in: Mankowski/Müller/J. Schmidt, EuInsVO 2015, Art. 11, Rn. 45.

derung der Eröffnung eines Zeit und Kosten verschlingenden Sekundärinsolvenzverfahrens im Belegenheitsstaat.[597] Umgesetzt werden damit lediglich Zweckmäßigkeitserwägungen in einem besonderen Fall, die der in der Arbeit vorgebrachten These damit aber nicht entgegenstehen.

IV. Zwischenergebnis

Die Streitigkeiten, die i. R. der Abwicklung einer Insolvenz zu Tage treten, können durch und innerhalb eines Insolvenz*verfahrens* nicht sämtlich gelöst werden. Die Notwendigkeit einer prozessualen Durchsetzung des materiellen Rechts außerhalb des Verfahrens besteht damit fort. Sofern diese den Sachverhaltskomplex[598] der Insolvenz in qualifizierter Form betreffen, sind dieselben Interessenerwägungen und Wertungen anzustellen, die auch für die Insolvenzabwicklung im Rahmen des Kollektivverfahrens gelten. Um also in der Situation, in der ein ausreichendes Haftungsvermögen nicht vorliegend ist, die Interessen der Gläubigergemeinschaft wahrend umsetzen und mithin dem Grundsatz der *par conditio creditorum* genügen zu können, unterstellte der Verordnungsgeber diese Annexe bewusst der Einheit des Insolvenzverfahrens, indem er auch für sie auf den Staat der Verfahrenseröffnung verwies. Die Begrenzung der internationalen Zuständigkeit auf den Verfahrensstaat entspricht dabei der kollisionsrechtlichen Verweisung auf die mit dem Sachverhalt engst verbundene Rechtsordnung. Ein Auseinanderfallen wird durch die Normierung einer (relativ) ausschließlichen Attraktivzuständigkeit im Grundsatz ausgeschlossen. Der damit bewusst angestrebte Gleichlauf wird nach Außen manifestiert.

Unter der Verfolgung einheitlicher bzw. sich ergänzender Interessen für die Annexzuständigkeit und das Insolvenzkollisionsrecht lässt sich dieser Gleichlauf für die Übertragung der *vis attractiva concursus* als Bündel von Element-Kollisionsnormen auf das Insolvenzstatut fruchtbar machen. Normen und Rechtsinstitute, die diesem Statut *neben* solchen Regelungen der Element-Kollisionsnormen des Art. 7 EuInsVO-2015 unterfallen, sind

---

597 *Snowden*, in: Bork/Van Zwieten, Commentary on the European Insolvency Regulation, Rn. 11.10.
598 Die Tragkraft dieses Aspekts wird in der Regel äußerlich sichtbar durch einen Gleichlauf gemacht, *Kropholler*, in: Handbuch des Internationalen Zivilverfahrensrechts, Band I, Kap. III, Rn. 124; *ders.*, Internationales Privatrecht, S. 611.

C. Behandlung kontradiktorischer Verfahren in der EuInsVO

mithin dem Anknüpfungsgegenstand der *vis attractiva concursus* zu entnehmen. Obwohl der diesem (zuständigkeitsrechtlich verwendeten) Instrument entlehnte Annexbegriff maßgebend für die Unterstellung materiell-rechtlicher Regelungen unter das Insolvenzstatut wird, fließen hierbei auch die Wertungen aus dem Kollisionsrecht in die Auslegung dieses Begriffes mit ein. Dies ist gerade der Ausfluss der Homogenität und des Interessengleichlaufs zwischen dem insolvenzrechtlichen Verfahrens- und Kollisionsrecht. Abzustellen ist hierfür auf den Eintritt oder das Vorliegen der materiellen Insolvenz des Schuldners als Grundlage der Streitigkeit. Um ihrer Einordnung als insolvenzrechtliches Instrument genügen zu können, muss die Einbeziehung von Verfahren und Rechtsinstituten dabei nur so weit reichen, soweit die materielle Zielstellung des Insolvenzverfahrens in ihrer verordnungsspezifischen Ausprägung betroffen ist.

Kapitel 3: Die Übertragbarkeit des Instruments der vis attractiva concursus

D. Die Kriterien der Qualifikation

Der EuGH hat es im Laufe der Zeit verpasst, seine in der *Gourdain./.Nadler* -Entscheidung aufgestellten Kriterien für die Bestimmung der unter die *vis attractiva concursus* zu subsumierenden Rechtsfragen weiterzuentwickeln. Ohne dass er diese in späteren Entscheidungen noch einmal explizit aufgriff, blieb er in der Betrachtung des jeweiligen Einzelfalles verhaftet. In der Folge wurde in der Literatur, trotz heftiger Diskussion und einhelliger Ansicht über die Erforderlichkeit einer Konkretisierung, mehr oder weniger stark versucht, die abstrakte Formel der *vis attractiva concursus* mit Kriterien zu unterfüttern,[599] zumeist wurde aber auch nur an einen insolvenzspezifischen Charakter angeknüpft.[600] Daher sollen – entsprechend der bereits vorgenommenen Auslegung – Kriterien herausgearbeitet werden, anhand derer eine einheitliche Einordnung der Annexverfahren und infolge der Übertragung auch der unter das Insolvenzstatut zu subsumierenden Rechtsinstitute einfach möglich wird. Dabei sind die beiden, in der *Gourdain*-Formel differenzierten, aber kumulativ verwendeten Elemente auch in der Kriterienwahl widerzuspiegeln.

---

599 Siehe u.a. *Ambach*, Reichweite und Bedeutung von Art. 25 EuInsVO, S. 149 ff.; *Schmiedeknecht*, Der Anwendungsbereich der Europäischen Insolvenzverordnung, S. 79 ff., der einen Vergleich mit dem „hypothetischen Kausalverlauf" heranzieht; *Strobel*, Die Abgrenzung zwischen EuGVVO und EuInsVO, S. 182 ff., der auf das Kriterium der „prozessualen Akzessorietät" abstellt; *Thole*, ZIP 2012, 605 (607), der auf die Masseanreicherung und –mehrung, die *par conditio creditorum* oder auch die Haftungsverwirklichung zugunsten der Gläubigergesamtheit abstellt; ähnlich auch *Pannen/Riedemann*, in: Pannen, EuInsVO-Kommentar, Art. 3 EuInsVO, Rn. 114; *Weber*, Gesellschaftsrecht und Gläubigerschutz im Internationalen Zivilverfahrensrecht, S. 93 ff., der auf das Kriterium eines funktionalen Zusammenhangs unter den Zielstellungen der EuInsVO, gerichtet auf Gläubigergleichbehandlung und Haftungsrealisierung, abstellt; *Willemer*, Vis attractiva concursus und die Europäische Insolvenzverordnung, S. 178 ff., die zwar auch einen Abschnitt der Kriterienwahl voranstellt, dabei jedoch nur auf den strukturellen Aufbau von Insolvenz- und Annexverfahren eingeht und für die Qualifikation einzelner Annexverfahren vorwiegend den Regelungszweck der zugrunde liegenden Normen heranzieht.

600 Statt Vieler: *Lüke*, in: FS Schütze, S. 467 (473 ff.); *Schlosser*, in: FS Weber, 395 (403 ff.).

D. Die Kriterien der Qualifikation

I. Eigener Ansatz spezifischer Kriterien

Bevor die Elemente der Unmittelbarkeit und des engen Zusammenhangs einem sie reflektierenden Kriterium zugeführt und dieses eingehend untersucht werden soll, ist in einem ersten Schritt darauf einzugehen, warum ein prozessualer Aspekt kein notwendiges Erfordernis der insolvenzrechtlichen Qualifikation unter der EuInsVO sein und dieser für die Einordnung mithin aufgegeben werden kann.

1. Kein strenges Erfordernis in prozessualer Hinsicht

Der EuGH bestimmte in seiner *F-Tex*-Entscheidung – in Fortführung bereits früher ergangener Entscheidungen – anhand des zweiten Kriteriums des engen Zusammenhangs, dass das Einzelverfahren einer prozessualen Einkleidung im Rahmen des Insolvenzverfahrens bedürfe.[601] Aus welchen Gründen dies abzulehnen ist, soll im Folgenden erläutert werden.

a) Irrelevanz der Geltendmachung durch den Insolvenzverwalter

Im Fall *F-Tex* verneinte der EuGH die Einordnung als Annexverfahren mit der Begründung, dass die Klage nicht durch den Insolvenzverwalter, sondern durch den Zessionar erhoben wurde. Daraus war zu schließen, dass ein Verfahren nach der Ansicht des EuGH nur dann der Insolvenzverordnung unterfallen sollte, wenn der Anspruch personell ausschließlich durch den Verwalter geltend gemacht werden kann. Auch für die Entscheidung im Fall *ÖFAB/Koot und Evergreen* hatte der EuGH als zusätzliches Argument zur Ablehnung der Eröffnung eines Insolvenzgerichtsstandes darauf abgestellt, dass der fragliche (sich aus der Insolvenzverschleppung ergebende) Anspruch nicht der ausschließlichen Geltendmachung durch den Insolvenzverwalter unterliegt.[602] Diese Ansicht fand in

---

601 EuGH, Urt. v. 19.4.2012, Rs. C-213/10, Rn. 42 ff. – *F-Tex SIA/Jadecloud-Vilma*, abgedruckt in NZI 2012, 469.
602 EuGH, Urt. v. 18.7.2013, Rs. C-147/12, Rn. 25 f. – *ÖFAB/Koot und Evergreen*, abgedruckt in ZIP 2013, 1932.

der Literatur (bereits auch schon zuvor) keine Zustimmung.[603] Dabei hatte der EuGH selbst in seiner Entscheidung im Fall *German Graphics* die »bloße Tatsache, dass die Konkursverwalterin an dem Rechtsstreit beteiligt ist, als nicht ausreichend« angesehen.[604] Für Passivverfahren ging also auch der EuGH bereits zuvor schon davon aus, dass die personelle Beteiligung des Insolvenzverwalters keine Relevanz für die Einordnung als Annexverfahren besitzt. Im Fall *Nickel & Goeldner* lehnte er dieses rein prozessuale Kriterium schlussendlich auch für Aktivprozesse ab und revidierte damit seine Entscheidung im Fall *F-Tex*.[605]

Die Prozessführungsbefugnis des Verwalters ist schließlich auch nur eine Modifizierung der Parteistellung im Einzelverfahren – eine »verfahrensmäßige Besonderheit«[606]. Der dahinter stehende Streitgegenstand erhält bzw. verliert jedoch nicht dadurch seinen insolvenzrechtlichen Charakter, dass ihn der Insolvenzverwalter geltend macht bzw. abtritt. Eine inhaltliche Änderung des Wesens der streitgegenständlichen Forderung ist damit folglich nicht verbunden.[607] Auch würde das Abstellen auf das Kriterium der Prozessführungsbefugnis i. F. der personellen Geltendmachung durch den Insolvenzverwalter die Anzahl der Annexverfahren nicht nur wesentlich erhöhen,[608] sondern auch den nationalen Unterschieden (Rechtsordnungen können die Prozessführungsbefugnis des Verwalters für unterschiedliche Verfahren anordnen) einen Raum geben, den die Verordnung mit dem Streben nach einer unionsweiten Harmonisierung so nicht zulassen wollte. Darüber hinaus ist nach dem Reformprozess der EuInsVO die Bestellung eines Verwalters auch nicht mehr Voraussetzung für die unter den Anwendungsbereich der Verordnung fallenden Gesamtverfah-

---

603 *Brinkmann*, EWiR 2012, 383 (384); *Haas*, ZIP 2013, 2381 (2383); *Kindler*, in: MüKo zum BGB, Art. 3 EuInsVO, Rn. 91; *Mankowski*, NZI 2009, 570 (572), *Oberhammer*, IPRax 2010, 317 (324 ff. zu Alpenblume); siehe auch bereits schon *Haubold*, IPRax 2002, 157 (163, Fn. 100); *Taupitz*, ZZP 105 (1992), 218 (220).
604 EuGH, Urt. v. 10.9.2009, Rs. C-292/08, Slg. 2009, I-8421, Rn. 33 – *German Graphics*.
605 EuGH, Urt. v. 4.9.2014, Rs. C-157/13, Rn. 29 – *Nickel & Goeldner*, abgedruckt in NZI 2014, 919.
606 *Lüke*, in: FS Schütze, S. 467 (483).
607 EuGH, Urt. v. 4.9.2014, Rs. C-157/13, Rn. 29 – *Nickel & Goeldner*, abgedruckt in NZI 2014, 919; siehe auch *Haubold*, IPRax 2002, 157 (162).
608 *Haas*, NZG 1999, 1148 (1151); *Wagner*, in: Lutter, Europäische Auslandsgesellschaften in Deutschland, S. 223 (288).

ren. Ebenso wird anhand des Negativbeispiels in Erwägungsgrund 35 S. 3 EuInsVO-2015 deutlich, dass es mit dem Willen des Verordnungsgebers nicht mehr vereinbar ist, auf die Prozessführungsbefugnis des Insolvenzverwalters als Kriterium des engen und unmittelbaren Zusammenhangs abzustellen.[609] Hiernach fallen »Klagen wegen der Erfüllung von Verpflichtungen aus einem Vertrag, der vom Schuldner vor der Eröffnung des Verfahrens abgeschlossen wurde«, obgleich deren Geltendmachung durch den Insolvenzverwalter im Insolvenzverfahren erfolgt, nicht unter die *vis attractiva concursus*. Das Verwalterhandeln soll und kann dementsprechend nun auch kein notwendig prägendes Kriterium der insolvenzrechtlichen Qualifikation mehr darstellen.

b) Keine Beschränkung auf das formelle Erfordernis der Verfahrenseröffnung

Ebenfalls als formelles Erfordernis wird zahlreich an die Eröffnung des Insolvenzverfahrens angeknüpft. Dies entbehrt nicht jeder Grundlage, muss aber schlussendlich doch abgelehnt werden.

(1) Die Annahme eines Verfahrensbezuges in der EuInsVO

Vielfach kann man lesen, die Eröffnung des Insolvenzverfahrens sei konstitutives Element für die Anwendung der *lex fori*.[610] Einige Stimmen wollen aber auch bereits auf den Zeitpunkt des Antrags der Verfahrenseröffnung abstellen.[611] Dies sei schließlich aus dem Anknüpfungsmoment der

---

609 *Lienau*, in: Wimmer/Bornemann/Lienau, Die Neufassung der EuInsVO, Rn. 276.
610 So AG Bad Segeberg NZI 2005, 411 (414) m. Anm. *Pannen/Riedemann*; *Berner/Klöhn*, ZIP 2007, 106 (108); *Bitter*, WM 2004, 2190 (2192); *Eidenmüller*, RabelsZ 70 (2006), 474 (495); *Mock*, NZI 2006, 484 (485); *Ringe/Willemer*, EuZW 2006, 621 (623).
611 *Altmeppen*, NJW 2005, 1911 (1913); *Barthel*, Deutsche Insolvenzantragspflicht und Insolvenzverschleppungshaftung in Scheinauslandsgesellschaften nach dem MoMiG, S. 154 ff., mit der Folgerung, dass die deutsche Insolvenzantragspflicht und die Insolvenzverschleppungshaftung nicht der Kollisionsnorm des Art. 4 EuInsVO-2000 unterliegen; vgl. auch *Huber*, in: Lutter,

lex fori concursus zu lesen, denn ohne ein bereits mit dem Insolvenzverfahren beschäftigtes *forum concursus* geht die Verweisung auf das Recht dieses Mitgliedstaates ins Leere.[612] Dabei legt auch die Formulierung des »Insolvenzverfahren[s] und seine[r] Wirkungen« in Art. 7 EuInsVO-2015 die Erforderlichkeit einer Verfahrenseröffnung für die Anwendbarkeit der Kollisionsnorm nahe.[613] Ist doch mit der Bezeichnung der »Wirkungen« stets etwas Nachfolgendes bzw. die aus einem Anlass resultierende Folge gemeint. Als Ausgangspunkt wäre daher das eröffnete oder zumindest das beantragte Insolvenzverfahren entscheidend. Ebenso scheint auch Art. 1 EuInsVO-2015 diesen Verfahrensbezug als Voraussetzung für die Geltung der Verordnung anzulegen, indem er die Eröffnung des Anwendungsbereichs an das Vorliegen der von der Verordnung erfassten Verfahrenstypen knüpft. In die gleiche Richtung weisen auch die Erwägungen 8-17 und 23 EuInsVO-2015, die sich für die Bestimmung des Geltungsinhalts der Verordnung explizit auf das Verfahren beziehen. Schließlich soll sich auch der Regelungsgehalt des Art. 7 EuInsVO-2015 darauf beschränken, die Zweckerfüllung des Insolvenzverfahrens sicher zu stellen.[614] So seien die formell-rechtlichen Regelungen zur Eröffnung, Durchführung und Beendigung des Insolvenzverfahrens aufgrund ihrer konstruierenden und organisierenden Eigenschaft genuin an das Kollektivverfahren gebundenen; ihre Verbindung zur *lex fori concursus* mithin implizit. Aber auch unter die materiell-rechtlichen Wirkungen des Insolvenzverfahrens seien nur Normen zu stellen, die die Struktur des Insolvenzverfahrens tragen und in einem engen Zusammenhang mit dessen Organisation stehen.[615] Auch der mit dem Insolvenzrecht angestrebte Schutz der Gläubiger erfolge (allein) auf der Grundlage des Insolvenzverfahrens.[616] Ein Ansetzen vor der Verfahrenseröffnung sei lediglich auf die materiellen Verfahrens-

---

Europäische Auslandsgesellschaften in Deutschland, S. 307 (325); *Westermann*, ZIP 2005, 1849 (1853 f.); *Zöllner*, GmbHR 2006, 1 (7).
612 *Huber*, in: Lutter, Europäische Auslandsgesellschaften in Deutschland, S. 307 (325).
613 Ohne weiter darauf einzugehen: *Bittmann/Gruber*, GmbHR 2008, 867 (870); *Ringe/Willemer*, EuZW 2006, 621 (623).
614 *Berner/Klöhn*, ZIP 2007, 106 (108).
615 Vgl. *Hanisch*, in: FS Walder, S. 483 (495).
616 *Lach*, Europäische Insolvenzverordnung, S. 226.

voraussetzungen der Eröffnungsgründe und auf die Insolvenzfähigkeit gerichtet.[617]

(2) Die Forderung nach einem prozessualen Kriterium der insolvenzrechtlichen Qualifikation

Unter den vorgenannten Ausführungen scheint die Forderung der Stimmen, die einen festen Verfahrensbezug für die Anwendung jeglicher Regelungsinstrumente der EuInsVO verlangen, gerechtfertigt zu sein. Auch den Entscheidungen des EuGH in den Fällen *SCT Industri./.Alpenblume* und *German Graphics* (unabhängig der sich widersprechenden Reichweiten) kann die Forderung nach einem formellen Moment für die Zuordnung zu den Annexverfahren entnommen werden.[618] Gemeinhin wird dabei an das prozessuale Kriterium der Eröffnung des Insolvenzverfahrens angeknüpft.[619] So müsse die Eröffnung als Ursachengrundlage kausal für die Entstehung des Annexverfahrens geworden sein.[620]

In die gleiche Richtung gehen die Forderungen der Befürworter einer zeitlichen Einschränkung. So soll die Einordnung eines Einzelverfahrens nur dann als insolvenzrechtlich durchgehen, wenn der Rechtsgrund der Streitigkeit erst infolge der Eröffnung des Insolvenzverfahrens entsteht.[621] Forderungen oder Ansprüche aus der Zeit vor der formellen Insolvenz schieden mithin aus. Die Verfahrenseröffnung müsse als Voraussetzung zum Tatbestand der jeweiligen Rechtsnorm gehören.[622] Ist eine Geltendmachung eines Anspruches auch außerhalb des Insolvenzverfahrens möglich, so soll diese Rechtsfrage nicht als insolvenzrechtlich anzusehen sein

---

617 *Bittmann/Gruber*, GmbHR 2008, 867 (870); *Huber*, in: Lutter, Europäische Auslandsgesellschaften in Deutschland, S. 307 (324 f.); *Ulmer*, NJW 2004, 1201 (1207).
618 *Brinkmann*, in: Schmidt, Insolvenzordnung, Art. 3 EuInsVO, Rn. 44; diesbezüglich kritisch *Oberhammer*, IPRax 2010, 317 (324).
619 Unter Bezugnahme auf die Kollisionsnorm: AG Bad Segeberg NZI 2005, 411 (414) m. Anm. *Pannen/Riedemann*; *Berner/Klöhn*, ZIP 2007, 106 (108); *Bitter*, WM 2004, 2190 (2192); *Eidenmüller*, RabelsZ 70 (2006), 474 (495); *Mock*, NZI 2006, 484 (485); *Ringe/Willemer*, EuZW 2006, 621 (623).
620 *Bork/Mangano*, European Cross-Border Insolvency Law, Rn. 3.73; so ähnlich auch schon *Mankowski*, NZI 2009, 570 (572).
621 *Bloching*, Pluralität und Partikularinsolvenz, S. 302.
622 *Haubold*, IPRax 2000, 375; *Mankowski*, NZI 2009, 570 (572), der allerdings in NZI 1999, 56 (57) noch eine andere Ansicht vertrat.

und ein Annexverfahren mithin nicht in Frage kommen.[623] Dies ist zumindest insoweit konsequent, als auch auf die Geltendmachung durch den Insolvenzverwalter abgestellt wird, weil ein Insolvenzverfahren hierfür bereits eröffnet oder aber zumindest dessen Eröffnung beantragt und als angeordnete Sicherungsmaßnahme ein vorläufiger Insolvenzverwalter eingesetzt worden sein muss. Insofern allerdings davon unabhängig die Eröffnung des Insolvenzverfahrens als Tatbestandsvoraussetzung des Anspruchs oder deren typischerweise erfolgende Geltendmachung aus Anlass des Insolvenzverfahrens für die insolvenzrechtliche Qualifikation als erforderlich, aber noch nicht ausreichend angesehen wird,[624] ist nicht ersichtlich, was den entscheidenden Aspekt der insolvenzrechtlichen Qualifikation dann ausmachen soll. Insofern ergehende Ausführungen, dass es sich um »insolvenztypische Tatbestände«[625] oder den Verfahrensgegenstand betreffende »spezifisch insolvenzrechtliche Rechts- und Tatsachenfragen«[626] handeln müsse, mögen wohl eher nicht zu dem Kriterium des Verfahrensbezuges zählen.

In der Formulierung abweichend, inhaltlich aber identisch, wird in der Literatur auch vielfach vertreten, dass ein Einzelverfahren dann der Zuständigkeitsregelung der EuInsVO unterliegen soll, wenn »es mit dem gleichen Klageziel nicht ohne die Eröffnung des Insolvenzverfahrens« erhoben werden könnte.[627] Die damit angesprochene kausale Beziehung zwischen dem Insolvenz*verfahren* und den Annexverfahren soll i. S. einer »prozessualen Akzessorietät« oder »verfahrensrechtlichen Abhängigkeit« als Kriterium der Einordnung der Annexverfahren der Formulierung der

---

623 *Ambach*, Reichweite und Bedeutung von Art. 25 EuInsVO, S. 150; *Lüke*, in: FS Schütze, S. 467 (483); *Willemer*, Vis attractiva concursus und die Europäische Insolvenzverordnung, S. 129.

624 In der Form: *Ambach*, Reichweite und Bedeutung von Art. 25 EuInsVO, S. 150; *Häsemeyer*, Insolvenzrecht, Rn. 35.02; *Lüke*, in: FS Schütze, S. 467 (483); *Mankowski*, NZI 1999, 56 (57); *Willemer*, Vis attractiva concursus und die Europäische Insolvenzverordnung, S. 132; im Ergebnis auch *Ulmer*, KTS 2004, 291 (297).

625 *Häsemeyer*, Insolvenzrecht, Rn. 35.02.

626 *Ambach*, Reichweite und Bedeutung von Art. 25 EuInsVO, S. 150; *Willemer*, Vis attractiva concursus und die Europäische Insolvenzverordnung, S. 132.

627 *Gruber*, in: Haß/Huber/Gruber/Heiderhoff, EU-Insolvenzverordnung, Art. 25, Rn. 13; *Lüke*, in: FS Schütze, S. 467 (483); *Mankowski*, NZI 2009, 570 (572); *ders.*, in: Rauscher, Europäisches Zivilprozessrecht, Art. 1 Brüssel-I VO, Rn. 19; *Stürner*, IPRax 2005, 416 (419); ähnlich auch *Ulmer*, KTS 2004, 291 (297).

D. Die Kriterien der Qualifikation

EuInsVO entlehnt sein.[628] Wie weit dieses Kriterium dabei reicht, wird uneinheitlich beantwortet. *Jahr* macht die insolvenzrechtliche Einordnung einer Entscheidung davon abhängig, ob sich die Klage mit der Beendigung des Insolvenzverfahrens in der Hauptsache erledigt.[629] Damit fielen lediglich solche Verfahren unter die *vis attractiva concursus*, die nur im laufenden Insolvenzverfahren zur gerichtlichen Entscheidung gestellt werden können. Der EuGH hatte in der Entscheidung im Fall *F-Tex* aufgrund dessen, dass der Zessionar den Anfechtungsanspruch auch nach der Beendigung des Insolvenzverfahrens noch geltend machen kann, geschlussfolgert, dass die Klage nicht in einem engen Zusammenhang mit dem Insolvenzverfahren steht.[630] Davon wohl angetrieben brachte die Kommission im Laufe des Reformprozesses einen entsprechenden Vorschlag hinsichtlich einer Definition für die Annexverfahren ein, der solche Klagen erfassen wollte, »die auf ein Urteil gerichtet [sind], das aufgrund seines Inhalts nicht außerhalb oder unabhängig von einem Insolvenzverfahren erreicht werden kann oder erreicht werden konnte, und die nur dann zulässig [sind], wenn ein Insolvenzverfahren anhängig ist«.[631] Richtigerweise fand diese Fassung jedoch keinen Eingang in die reformierte Verordnung und lässt mithin den Schluss darauf zu, dass ein solches Erfordernis auch nicht zur Grundlage der Bestimmung der Annexverfahren gemacht werden sollte.

---

628 *Strobel*, Die Abgrenzung zwischen EuGVVO und EuInsVO, S. 184 ff.
629 *Jahr*, in: Kegel/Thieme, Vorschläge und Gutachten, S. 305 (316); a. A. *Strobel*, Die Abgrenzung zwischen EuGVVO und EuInsVO, S. 184 ff.
630 EuGH, Urt. v. 19.4.2012, Rs. C-213/10, Rn. 46 f. – *F-Tex SIA/Jadecloud-Vilma*, abgedruckt in NZI 2012, 469.
631 Entwurf einer legislativen Entschließung des Europäischen Parlaments, zu dem Vorschlag für eine Verordnung des Europäischen Parlaments und des Rates zur Änderung der Verordnung (EG) Nr. 1346/2000 des Rates über Insolvenzverfahren – Ergebnis der ersten Lesung des Europäischen Parlaments, COM(2012)0744 – C7-0413/2012 – 2012/0360(COD), vom 12.2.2014, Abänderung 22: Art. 2 lit. ga, unter: http://www.europarl.europa.eu/sides/ getget-Doc.do?pubRef=-//EP//TEXT+REPORT+A7-2013-0481+0+DOC+XML+V0// DE, zuletzt aufgerufen am 17. Februar 2017.

(3) Keine Auswirkung auf insolvenzrechtlichen Bezug des Streitgegenstandes

Als entscheidend bleibt jedoch festzuhalten, dass eine Streitigkeit ihren Bezug zum Insolvenzrecht nicht dadurch verliert, dass das Insolvenzverfahren beendet oder erst gar nicht eröffnet wird. Dies gilt auch im Kontext der Europäischen Insolvenzverordnung.

(a) Weites Insolvenzstatut

Das Insolvenzstatut ist zur Erfüllung seiner (insolvenzrechtlichen) Aufgabenstellung weit auszulegen. Eine restriktive Auslegung i.S. einer starren zeitlichen und inhaltlichen Anbindung an das Insolvenzverfahren würde sich demgegenüber sowohl einschränkend auf die Reichweite des Insolvenzstatutes als auch auf den Anwendungsbereich der Verordnung insgesamt auswirken. Dass eine solch enge Auslegung nicht zu fordern ist,[632] soll im Folgenden dargestellt und für die Auslegung des kollisionsrechtlichen Anordnungsbefehls der Verordnung herangezogen werden.

[1] Extensive Auslegung der Kollisionsnorm

Mit einer in der Literatur verbreiteten Auffassung ist zur Sicherung des dem Insolvenzverfahren als Kollektivverfahren zugrunde liegenden Prinzips der gleichmäßigen Gläubigerbefriedigung und zugunsten eines unionsweiten Entscheidungseinklanges eine extensive Auslegung der Grundkollisionsnorm des Art. 7 Abs. 1 EuInsVO-2015 zur Herbeiführung eines weiten Insolvenzstatuts zu fordern.[633] Qualifikationszweifel sollen sogar

---

632 A. A. *Hirte/Mock*, ZIP 2005, 474 (476), die eine restriktive Handhabung des aus der EuInsVO hervorgehenden Insolvenzstatuts zum Zwecke der Verhinderung eines Verstoßes gegen die Grundfreiheiten befürworten; ebenfalls auf eine enge Auslegung abstellend *Bittmann/Gruber*, GmbHR 2008, 867 (870).
633 *Duursma-Kepplinger*, in: Duursma-Kepplinger/Duursma/Chalupsky, Europäische Insolvenzverordnung, Art. 4 EuInsVO, Rn. 7; *Kindler*, in: MüKo zum BGB, Art. 4 EuInsVO, Rn 6; *Lieder*, DZWIR 2005, 399 (404f.); *Pannen/Riedemann*, in: Pannen, EuInsVO-Kommentar, Art. 4 EuInsVO, Rn. 14; *Weller*, in: MüKo zum GmbHG, Einleitung, Rn. 408; *ders.*, Europäische

zugunsten des Insolvenzstatuts ausfallen.[634] Demgegenüber (*e contrario*) sind die Sonderkollisionsnormen der Artt. 8 bis 18 EuInsVO-2015, die besonders bedeutsame Rechte und Rechtsverhältnisse von der Anwendung der *lex fori concursus* ausnehmen und mithin das Insolvenzstatut aus Gründen der Rechtssicherheit und des Vertrauensschutzes[635] in diesen einzelnen Bereichen beschränken, aufgrund ihres Ausnahmecharakters eng auszulegen.

[2]   Situative Prägung des Insolvenzrechtsbegriffs

Diese Interpretation legt auch der Blick auf den in Erwägungsgrund 66 EuInsVO-2015 gewählten Begriff des »Insolvenzbereichs«[636] nahe. Danach soll die Verordnung »für den Insolvenzbereich einheitliche Kollisionsnormen formulieren, die die nationalen Vorschriften des internationalen Privatrechts ersetzen«. Unter der damit erfolgenden Bezugnahme auf die Reichweite der Verordnung stellt der Verordnungsgeber für die Frage der kollisionsrechtlichen Erfassung nicht auf das Vorliegen eines Verfahrensbezuges ab, sondern knüpft an den Zustand der Insolvenz des Schuldners als Situation der qualifizierten Vermögenslosigkeit an.[637] Daran ändert auch die sich in den folgenden Sätzen dieses Erwägungsgrundes zu findende Ausführung zur Regelung der Haupt- und Partikularinsolvenzverfahren nichts. Soll damit doch lediglich eine Konkretisierung, aber keine Beschränkung getroffen werden.

 Rechtsformwahlfreiheit und Gesellschafterhaftung, S. 260 mit dem Hinweis auf die Verordnungsziele.
634 Vgl. BGH NJW 2011, 3784, Rn. 43 f.; *Kindler*, in: MüKo zum BGB, Art. 4 EuInsVO, Rn 6; *Schack*, Internationales Zivilverfahrensrecht, Rn. 1190.
635 Vgl. hierzu auch Erwägungsgrund 22 EuInsVO-2015.
636 Die englische Fassung formuliert dies hingegen nicht ganz so konkret und bleibt mit der Formulierung „for the matters covered by [the regulation]" in diesem Punkt offen.
637 *Berges*, KTS 26 (1965), 73 (73) spricht im Zusammenhang mit der Anziehungskraft des Konkurses von der „einheitliche[n], wirtschaftlich ausgerichtete[n] Erledigung des *gesamten Insolvenzkomplexes*" (Hervorhebung hinzugefügt), wobei er zwar die „besondere prozessuale Ausgestaltung des Konkurses" voranstellt, aber später über den verfahrensrechtlichen Bezug hinaus auf die „tieferen Wurzeln" in der „nutzungsträchtigen, geschlossenen Vermögensorganisation" verweist.

Als dem Insolvenzrecht zugehörig sind dementsprechend alle Regelungen zu qualifizieren, die diese Situation regeln respektive lösen wollen. Unter das Insolvenzstatut fallen damit Normen, die einen typisch insolvenzrechtlichen Charakter besitzen, weil sie die Erfüllung insolvenzspezifischer Zwecke verfolgen.[638] Als Konkretisierung dessen erfolgt in Art. 7 Abs. 2 S. 2 EuInsVO-2015 eine exemplarische Aufzählung der Rechtsfragen, die der *lex fori concursus* unterfallen sollen. So ist in lit. m) auch das Beispiel der Insolvenzanfechtung zu finden, die an ein Verhalten vor der Verfahrenseröffnung, aber mit Bezug zur eintretenden Insolvenz des Schuldners anknüpft[639] und dieses zum Vorteil der Gläubigergesamtheit rückgängig zu machen sucht.

[3] Vorausschauende Anknüpfung an den Verfahrensstaat

((a)) Art. 3 EuInsVO-2015 analog

Einen von der Eröffnung des Insolvenzverfahrens losgelösten Geltungswillen zeigt erneut Art. 7 Abs. 1 EuInsVO-2015. Danach gilt das Insolvenzrecht des Mitgliedstaates, in dem das Verfahren »eröffnet wird«. Dementsprechend ist bereits für die Zeit vor Verfahrenseröffnung auf den Mitgliedstaat abzustellen, in dem das die Zuständigkeit für die Verfahrenseröffnung begründende COMI liegt.[640] Die Formulierung des Anknüpfungsmoments eröffnet damit eine vorausschauende Anknüpfung des anzuwendenden materiellen Rechts an die (zukünftige) *lex fori*. So setzt der Anwendungsbereich der Kollisionsnorm nicht erst mit dem bereits eingetretenen Umstand der Verfahrenseröffnung ein, sondern orientiert sich lediglich an ihrem hypothetischen Eintreten. Für den Fall eines nicht eröffneten Insolvenzverfahrens – sei es aufgrund Abweisung, Einstellung oder weil es schlichtweg noch nicht eröffnet ist – ist daher

---

638 *Virgos/Schmit*, in: Stoll, Vorschläge und Gutachten, S. 32 (67, Rn. 90).
639 Siehe hierzu sogleich: Kapitel 3: D. I. 2. c) (1).
640 *Renner*, Insolvenzverschleppungshaftung in internationalen Fällen, S. 150; *Weller*, IPRax 2004, 412 (416); unter Betrachtung der Existenzvernichtungshaftung auf die in einem hypothetischen Insolvenzverfahren anwendbare *lex fori concursus* abstellend: *Schlichte*, DB 2006, 2672 (2673).

D. Die Kriterien der Qualifikation

Art. 3 Abs. 1 EuInsVO-2015 analog heranzuziehen und auf das Insolvenzrecht des Mitgliedstaats abzustellen, in dem das COMI belegen ist.[641]

Wird in einem solchen Fall das Insolvenzverfahren später tatsächlich eröffnet, besteht die Gefahr, dass das COMI verlegt wird, um die Anwendung eines anderen Insolvenzrechts im Rahmen des Verfahrens zu erreichen. Der Rechtssicherheit, welches Insolvenzrecht schließlich maßgeblich ist, wäre dies jedenfalls abträglich. Denn anders als der Ort der Verfahrenseröffnung ist das COMI jederzeit verlegbar (sieht man einmal von Kosten und tatsächlichem Aufwand ab). Mag diesem Bedenken im Grunde auch zuzustimmen sein, so kann der vorgebrachte Einwand aber nicht so weit reichen, eine Anwendung des materiellen Insolvenzrechts vor Antragsstellung grundsätzlich zu verneinen.[642] Die Möglichkeit des Missbrauchs einer Regelung kann nicht dazu führen, ihren Anwendungsbereich zu verkürzen, da jedwede Regelung Missbrauchspotenzial eröffnet. Dieses Problem stellt sich aber auch schon dann nicht mehr, wenn man eine COMI Verlagerung nach dem Einsetzen des Anwendungsbereichs der Kollisionsnorm mit den folgenden Argumenten als nicht mehr relevant für die Zuständigkeitsbegründung ansieht.

((b)) période suspecte ab Einsetzen der materiellen Insolvenz

Nach Stimmen in der Literatur soll der maßgebliche Zeitpunkt für die Feststellung des COMI zur Begründung der Zuständigkeit – wohl auch nach der Novellierung der EuInsVO – weiterhin der Zeitpunkt der Antragsstellung sein.[643] Die EuInsVO selbst spricht sich auch nach ihrer Reform nicht dazu aus, auf welchen Zeitpunkt abzustellen ist. Die in Art. 3 Abs. 1 Unterabs. 2 S. 2 EuInsVO-2015 eingefügte Regelung einer *période suspecte*, nach der betrügerisches und missbräuchliches *forum shopping* verhindert werden soll,[644] indem die Verlegung des schuldneri-

---

641 *Knop*, Gesellschaftsstatut und Niederlassungsfreiheit, S. 266 ff.; *Leutner/Langner*, GmbHR 2006, 713 (714); *Zerres*, DZWIR 2006, 356 (360)
642 Insofern auf die Manipulationsmöglichkeiten abstellend: *Barthel*, Deutsche Insolvenzantragspflicht und Insolvenzverschleppungshaftung in Scheinauslandsgesellschaften nach dem MoMiG, S. 160 ff.
643 *Mankowski*, in: Mankowski/Müller/J. Schmidt, EuInsVO 2015, Art. 3, Rn. 28; siehe zur Rechtslage während der Geltung der EuInsVO-2000: *Kindler*, IPRax 2006, 114; *Saenger/Klockenbrink*, DZWIR 2006, 183 (184).
644 Vgl. hierzu Erwägungsgrund 31 S. 1 EuInsVO-2015.

schen Satzungssitzes innerhalb eines Zeitraumes von drei Monaten vor der Stellung des Insolvenzantrags zur Zerstörung der Vermutungswirkung des Abs. 1 Unterabs. 2 S. 1 führt, ändert daran nichts. Ausgesagt wird damit nur, dass in einem solchen Fall der Verlegung an das tatsächlich zu ermittelnde COMI anzuknüpfen ist. Ein Mindestzeitraum für die Belegenheit des COMI in einem Mitgliedstaat oder eine Sperrfrist wird damit aber nicht begründet.[645] Auch eine Ausdehnung der Rechtsprechung des EuGH im Fall *Susanne Staubitz-Schreiber*[646] erfolgt mithin nicht. In diesem Fall wollte der EuGH eine COMI-Verlegung in einen anderen Mitgliedstaat für die Frage der Zuständigkeitsbegründung zur Eröffnung des Insolvenzverfahrens als unerheblich ansehen, wenn diese nach der Antragsstellung erfolgt. Daraus im Gegenzug zu schlussfolgern, dass eine Verlegung des COMI vor Antragsstellung möglich und auch nicht als rechtsmissbräuchlich anzusehen ist,[647] mag im Grundsatz wohl den Gegebenheiten entsprechen. Dies gilt v. a. dann, wenn die Verlegung auch den berechtigten Interessen der Gläubiger dient, worunter z. B. Sanierungsbemühungen zu verstehen sind.[648] Dennoch ist hierbei für die Fälle eine Einschränkung zu machen, in denen ein unzulässiges *forum shopping* im Raum steht. Mit dem Einsetzen der materiellen Insolvenz muss eine Verlegung des COMI als rechtsmissbräuchlich angesehen werden. Das ist der Zeitpunkt auf den es für die Feststellung des COMI zur Begründung der Zuständigkeit des (zukünftig) zu eröffnenden Verfahrens ankommt, weil ab diesem Zeitpunkt das zu schützende Vertrauen des Rechtsverkehrs in die Geltung des anzuwendenden Insolvenzrechts besteht.[649] Würde man eine danach erfolgende Verlegung weiterhin als für die Zuständigkeitsbegründung relevant ansehen, wären dem *forum shopping* Tür und Tor geöffnet. Diesen Anreizen will Erwägungsgrund 5 EuInsVO-2015 gerade entgegen wirken.

Unter dieser Annahme würde die hier postulierte vorausschauende Anknüpfung des Art. 7 EuInsVO-2015 auch im Fall einer späteren tatsächli-

---

645 *Mankowski*, in: Mankowski/Müller/J. Schmidt, EuInsVO 2015, Art. 3, Rn. 38; *Parzinger*, NZI 2016, 63 (65); **a. A.** allerdings *Lienau*, in: Wimmer/Bornemann/Lienau, Die Neufassung der EuInsVO, Rn. 236.
646 EuGH, Urt. v. 17.1.2006, Rs. C-1/04, Slg. 2006, I-701, Rn. 29 – *Susanne Staubitz-Schreiber*.
647 *Mankowski*, in: Mankowski/Müller/J. Schmidt, EuInsVO 2015, Art. 3, Rn. 37 f.; **a. A.** wohl aber *Lienau*, in: Wimmer/Bornemann/Lienau, Die Neufassung der EuInsVO, Rn. 235 f.
648 *Gruber*, FS Schilken, S. 679 (686 f.); *Parzinger*, NZI 2016, 63 (65).
649 *Weller*, IPRax 2004, 412 (416).

chen Verfahrenseröffnung weder zu Unsicherheiten noch zu einer Änderung des anzuwendenden Insolvenzrechts führen. Der expliziten Anknüpfung der Kollisionsnorm an den international zuständigen Verfahrensstaat steht die Beachtung vorgreiflicher Regelungen des Insolvenzrechts in besagtem Maße jedenfalls nicht entgegen. So wie es der Gesellschaft vor dem Hintergrund der Niederlassungsfreiheit während ihrer werbenden Tätigkeit zugestanden wird, sich auf ihr Gesellschaftsrecht zu berufen, so muss zum Schutz des Rechtsverkehrs und v. a. der Gläubiger im Falle der materiellen Insolvenz auf das Recht des Staates abgestellt werden, in dem die Gesellschaft den Mittelpunkt ihrer hauptsächlichen Interessen hat.

((c))   Lösung von Kompetenzkonflikten

Ebenso sind auch auftretende Kompetenzkonflikte lösbar. Sollte ein anderer Staat die internationale Zuständigkeit mit der Folge der Anwendung seines Rechts später für sich beanspruchen, so soll diese (Eröffnungs-)Entscheidung nach der herrschenden Meinung durch die anderen Mitgliedstaaten nicht zu überprüfen und mithin ungehindert anzuerkennen sein.[650] Dies stütze sich auf den aus Erwägungsgrund 65 EuInsVO-2015 hervorgehenden Grundsatz des gegenseitigen Vertrauens.[651] Die Konsequenz daraus wäre allerdings, dass von diesem Punkt an ein anderes materielles Recht zur Anwendung gelangen kann. Unsicherheiten wären die Folge. Dabei ist das hierbei angewandte Prioritätsprinzip gar nicht in der Europäischen Insolvenzverordnung festgeschrieben. Art. 19 Abs. 1 Unterabs. 1 EuInsVO-2015 stellt für die Anerkennung der Eröffnungsentscheidung vielmehr auf »ein nach Art. 3 [tatsächlich] zuständiges Gericht« ab. Dies ist das Gericht im Mitgliedstaat des COMI. Die Eröffnung durch ein anderes Gericht, welches aufgrund einer späteren Verlegung auch nicht zuständig werden kann, ist damit in den anderen Mitgliedstaaten nicht an-

---

650   Statt vieler OLG Nürnberg NJW 2012, 862; *Duursma/Duursma-Kepplinger*, DZWIR 2003, 447 (449 f.); *Fehrenbach*, ZEuP 2013, 353 (372); *Herchen*, ZIP 2005, 1401 (1402); *Huber* ZZP 114 (2001), 133 (145 f.).
651   EuGH, Rs. C-341/04, *Eurofood IFSC Ltd*, Slg. 2006, I-3813 = NZI 2006, 360 Rn. 39 zum alten Erwägungsgrund 22 EuInsVO-2000; siehe auch *Fehrenbach*, ZEuP 2013, 353 (372), der davon spricht, dass das Prioritätsprinzip in Erwägungsgrund 22 „glasklar" zum Ausdruck kommt.

zuerkennen und entfaltet auch keine Wirkungen.[652] Einer erneuten Änderung des anzuwendenden Rechts wird abermals entgegengewirkt.

[4] Verordnungsziel des funktionierenden Binnenmarktes

Unter der Prämisse, dass eine Beschränkung des Insolvenzstatuts mit dem Ziel eines reibungslos funktionierenden Binnenmarktes sowie effizienter und wirksamer grenzüberschreitender Insolvenzverfahren nicht vereinbar ist, steht die kollisionsrechtliche Regelung der Verordnung vor dem Anspruch, *die volle Bandbreite* der in einem inneren sachlich-systematischen Zusammenhang zur Verwirklichung der Insolvenzverfahrensziele stehenden Normen zur Anwendung zu bringen.[653] Damit sind all die Normen angesprochen, die in einem engen Zusammenhang mit der Insolvenzbewältigung stehen und als insolvenzbezogene Verknüpfungen innerhalb des jeweiligen insolvenzrechtlichen Regelungssystems auftreten. In der Konsequenz bedeutet auch dies eine extensive Auslegung des zur Anwendung gelangenden materiellen Rechts des Eröffnungsstaates und zwar unabhängig von einem formellen Erfordernis der Verfahrenseröffnung.

(b) Unabhängigkeit des Annexbegriffs von der Verfahrenseröffnung

Dass auch die unionsrechtliche *vis attractiva concursus* nicht notwendig an die Verfahrenseröffnung anknüpft, erkannte auch der EuGH vor einiger Zeit und fügte ein weiteres Puzzleteil zu den Entscheidungen über Annex-

---

652 Siehe zum Ganzen: *Mankowski*, in: Mankowski/Müller/J. Schmidt, EuInsVO 2015, Art. 3, Rn. 169 ff.; *ders.*, RIW 2005, 561 (574); Für eine Nachprüfbarkeit der Zuständigkeitsbegründung durch die anderen Mitgliedstaaten: OLG Düsseldorf IPRspr 2013, Nr. 298 (699); AG Düsseldorf ZIP 2003, 1363; mit dem Argument der Förderung von *forum shopping*: *Braun* NZI 1/2004, Editorial, V (VI); *Kübler*, in FS Gerhardt, S. 527 (554 f.); differenzierend *Paulus*, ZIP 2003, 1725 (1727).

653 So im Grunde auch *Virgos/Schmit*, in: Stoll, Vorschläge und Gutachten, S. 32 (67, Rn. 90), wobei die Einschränkung der für die Erfüllung der Zwecke des Insolvenzverfahrens „notwendigen" Wirkungen eine weitere Ebene der Unsicherheiten aufbaut, indem die Ergründung, welche Normen für diese Zwecke *notwendig* sind, einer starken subjektiven Wertung unterlegen ist. Im Gegensatz dazu liegt dem Abstellen darauf, ob eine Norm den Zielen *dient*, ein objektiver Gehalt nahe.

D. Die Kriterien der Qualifikation

verfahren hinzu. Dieses vermag zwar zu den anderen, bereits ergangenen Entscheidungen nicht recht zu passen, erscheint aber als richtiger Ansatz für die Interpretation des von der Verordnung umfassten Insolvenzbereichs. In der neueren Entscheidung hinsichtlich des Verfahrens über das Vermögen der *G.T. GmbH* sah es der EuGH als unschädlich für die Qualifikation als Annexverfahren an, wenn eine Klage theoretisch auch dann erhoben werden kann, wenn über das Vermögen des Schuldners das Insolvenzverfahren nicht eröffnet worden ist.[654] Im Ergebnis lässt sich daraus schlussfolgern, dass der Anwendungsbereich der EuInsVO auch Rechtsfragen außerhalb des (bereits eröffneten) Insolvenzverfahrens umfasst. Ergänzend stellte der EuGH fest, dass eine anderweitige Auslegung in der Verordnung keinen Anknüpfungspunkt findet.[655] Mag die Europäische Insolvenzverordnung die von ihr erfassten Verfahren auch in den Mittelpunkt ihrer Anordnungen rücken, und darunter fallen auch die Annexverfahren, so ist damit aber nicht gleichfalls eine Restriktion ihres Geltungsbereichs verbunden. Eine zeitlich-inhaltliche Beschränkung der unter der Verordnung erfolgenden insolvenzrechtlichen Qualifikation auf die Zeitspanne des eröffneten Insolvenzverfahrens kann daraus jedenfalls nicht geschlussfolgert werden. Das bedeutet aber auch, dass selbst im Falle der Ablehnung der Eröffnung eines Insolvenzverfahrens aufgrund Masselosigkeit die fortgesetzte Behandlung eines als insolvenzrechtlich eingeordneten Verfahrens geboten bleibt. Die Gläubiger bedürfen auch in diesem Fall des Schutzes durch die nach der EuInsVO zur Anwendung gelangenden insolvenzrechtlichen Regelungen.[656] So ist zumindest materiellrechtlich beispielsweise nicht einzusehen, warum der Geschäftsführer einer GmbH von der Haftung nach § 64 GmbHG freigestellt werden sollte; ist doch gerade der Fall der masselosen Insolvenz ein besonders ausgeprägter Fall der Vermögensverschlechterung.[657]

Die Eröffnung des Insolvenzverfahrens als Tatbestandsvoraussetzung zu fordern, wäre mithin ein Qualifikationskriterium, welches die *vis attractiva concursus* unter der in dieser Arbeit vertretenen These ungebührlich einschränken würde. Ebenso wie auch die Grundkollisionsnorm des

---

654 EuGH, Urt. v. 4.12.2014, Rs. C-295/13, Rn. 20, 24 – *G.T. GmbH*, abgedruckt in BeckEuRS 2014, 406797.
655 EuGH, Urt. v. 4.12.2014, Rs. C-295/13, Rn. 24 – *G.T. GmbH*, abgedruckt in BeckEuRS 2014, 406797.
656 Siehe hierzu die Überlegungen von *Haas*, NZI 12/2003, Editorial, V (VI).
657 BGH NJW 2001, 304 (305) zur alten Regelung des § 64 II GmbHG.

Art. 7 EuInsVO-2015 nicht an den Umstand der Verfahrenseröffnung gebunden ist,[658] wobei Gleiches auch für die Einleitung des Insolvenzverfahrens in Form der Antragsstellung gelten muss, so kann die Eröffnung auch nicht Grundlage für die als Bündel von Element-Kollisionsnormen fungierende *vis attractiva concursus* sein. Insoweit bedient sich die Auslegung der *vis attractiva concursus* nämlich auch an dem der Grundkollisionsnorm zugrunde liegenden Anwendungsbereich.

c) Formelles Erfordernis als Anknüpfungsmoment für die Zuständigkeitsbegründung

In der benannten Entscheidung im Fall *G.T. GmbH* hat der EuGH die von der Eröffnung des Insolvenzverfahrens unabhängige Einordnung als Annexverfahren aber nur für den Fall anerkannt, in dem die Klage jedenfalls »tatsächlich« im Rahmen eines Insolvenzverfahrens erhoben wird.[659] Das Vorliegen des Kollektivverfahrens im konkreten Fall wird damit augenscheinlich doch wieder zur Bedingung gemacht.

Eine Trennung der unionsrechtlichen *vis attractiva concursus* vom formalen Erfordernis einer bereits vorliegenden Verfahrenseröffnung erscheint aber auch mit dem Wortlaut des neuen Art. 6 Abs. 1 EuInsVO-2015 nicht ganz konform zu gehen, wenn darauf abgestellt wird, dass für die Annexverfahren die »Gerichte des Mitgliedstaates [zuständig sind], in dessen Hoheitsgebiet das Insolvenzverfahren eröffnet worden ist«. Anders als Art. 7 EuInsVO-2015, der die Worte »eröffnet wird« verwendet, spricht Art. 6 Abs. 1 EuInsVO-2015 damit nicht von einem zukünftigen (möglichen) Umstand, sondern von einem bereits eingetretenen und vollendeten Ereignis.

Jedoch gilt Folgendes zu beachten: Sowohl die Verordnung als auch der EuGH trennen diese Bedingung von den formulierten Kriterien der Unmittelbarkeit und des engen Zusammenhangs. Abgestellt wird damit nicht auf die abstrakte Formulierung zur Qualifikation der Annexverfahren i. S. der *Gourdain*-Formel, sondern auf die Rechtsfolge im konkreten Einzelfall. So ist das Vorliegen des eröffneten Insolvenzverfahrens – anders als die

---

658   Vgl. hierzu auch *Weller*, IPRax 2004, 412 (416).
659   EuGH, Urt. v. 4.12.2014, Rs. C-295/13, Rn. 20 – *G.T. GmbH*, abgedruckt in BeckEuRS 2014, 406797.

D. Die Kriterien der Qualifikation

Kriterien der Unmittelbarkeit und des engen Zusammenhangs – nicht als Merkmal im Rahmen des Anknüpfungsgegenstands, sondern als Teil des Anknüpfungsmoments (in der Rechtsfolge der Norm) zu sehen. Relevant wird dieser Umstand daher nur für die Frage der Zuständigkeitsbegründung. Dabei ist der Bedarf für die Konzentration eines als Annexverfahren zu qualifizierenden Einzelverfahrens im Verfahrensstaat nur dann gegeben, wenn die Gläubiger durch das Vorliegen eines Gesamtverfahrens in diesem Staat auch gebunden sind. Ohne dieses Gesamtverfahren fehlt es schließlich an dem Bezugspunkt für die nach Art. 6 Abs. 1 EuInsVO-2015 erfolgende Verweisung. Auswirkungen hat das formale Erfordernis des eröffneten Insolvenzverfahrens damit nur auf die Ausfüllung des Anknüpfungsmoments, hingegen nicht auf den Anknüpfungsgegenstand, der von den konkreten Umständen des Sachverhalts unabhängig zu bestimmen ist. Darin findet der in den Erwägungsgründen zum Ausdruck gebrachte starke Verfahrensbezug dann auch seine eigentliche Bedeutung.[660] Eine Relevanz für die Einordnung der Annexverfahren und mithin für die insolvenzrechtliche Qualifikation unter der Verordnung kann daraus aber jedenfalls nicht geschlussfolgert werden.

2. Das Vorliegen der materiellen Insolvenz

Das Element einer »unmittelbar aus dem Insolvenzverfahren hervorgehen«-den Entscheidung legt die Grundlage für das erste Kriterium der insolvenzrechtlichen Qualifikation nach dem Verständnis der Verordnung fest. Das Unmittelbarkeitskriterium, dessen Formulierung in der alten EuInsVO-2000 noch »unmittelbar *aufgrund* [...]«[661] lautete, deutet dabei auf das Bestehen einer Abhängigkeitsbeziehung hin. Wie oben[662] bereits in Abgrenzung zum zweiten Element und dem Zweck der Lückenschließung zur EuGVVO dargestellt wurde, bezieht sich diese Kausalität auf die materielle Situation der Insolvenz. Erforderlich für die Erfüllung der Unmittelbarkeit ist mithin eine direkte Anknüpfung der Regelung an den Eintritt oder das Vorliegen der Insolvenzsituation.

---

660 Siehe hierzu jeweils die Bezugnahme auf das Verfahren in den Erwägungsgründen 8-17 und 23 EuInsVO-2015.
661 Hervorhebung erfolgte durch den Autor.
662 Siehe hierzu bereits oben: Kapitel 3: C. III. 1 b) (1) (a) und (4) (a).

Kapitel 3: Die Übertragbarkeit des Instruments der vis attractiva concursus

a)   Die materielle Insolvenz als Grundlage

Selbst diejenigen, die von der Notwendigkeit einer formellen Voraussetzung abzurücken scheinen und darauf abstellen, ob sich der Gegenstand des Einzelverfahrens aus der schuldnerischen Insolvenz ergibt, sehen darin lediglich die Gewähr dafür, dass sich dann auch die Eröffnung des Insolvenzverfahrens anschließen und diese mithin eine zwingende Voraussetzung der in Rede stehenden Streitigkeit bilden müsse.[663] Dabei gibt die Formulierung der *vis attractiva concursus* und ihre systematische Stellung im Verhältnis zu Art. 32 Abs. 1 Unterabs. 1 EuInsVO-2015 einen solchen Kausalzusammenhang in formeller Hinsicht nicht notwendig her.[664] Schließlich ist das Unmittelbarkeitskriterium der ersten Komponente darauf gerichtet, die Grundlage für das Eingreifen der *vis attractiva concursus* auszumachen. Unter Bezugnahme auf den Zweck der Lückenschließung ist hierfür an den sachlichen Anwendungsbereichs der EuInsVO anzuknüpfen, der mit dem Eintritt der materiellen Insolvenz des Schuldners eröffnet wird. Dieser Umstand bildet den Zeitpunkt ab, in dem die staatliche Reglementierung und mithin die Anwendung der speziellen Regelungen des (materiellen) Insolvenzrechts einsetzen müssen. Ist dies doch der Zeitpunkt, zu dem der Schuldner nicht mehr in der Lage ist, alle Gläubiger vollständig aus seinem Vermögen zu befriedigen.[665] In diesem Moment bricht die Funktionsfähigkeit der privatautonom gewählten Schuldenregulierung weg; prioritäre Behandlungen einzelner Gläubiger verlieren ihre Rechtfertigung.[666] Die Streitigkeiten oder auch die Ansprüche, die daraus hervorgehen, weil sie ihre Grundlage im Einsetzen oder dem Vorliegen der materiellen Insolvenz finden,[667] müssen daher vom Unmittelbarkeitskriterium erfasst werden. Wann insoweit von einem unzureichenden

---

663   *Ambach*, Reichweite und Bedeutung von Art. 25 EuInsVO, S. 149 f.; ebenso *Junker*, RIW 1986, 337 (345), der das Vorliegen eines Insolvenzgrundes an die Feststellung im Insolvenzverfahren knüpft; siehe wohl auch *Schmiedeknecht*, Der Anwendungsbereich der Europäischen Insolvenzverordnung, S. 79 f.
664   Siehe hierzu bereits oben: Kapitel 3: C. III. 2. b).
665   *Foerste*, Insolvenzrecht, § 1, Rn. 1.
666   *Häsemeyer*, Insolvenzrecht, Rn. 2.23.
667   Siehe bereits die Erwähnung dieser Komponente in dem Schlussantrag des Generalanwalts Reischl in der Rechtssache *Gourdain./.Nadler* v. 7.2.1979, Rs. 133/78, Slg. 1979, 733 (752 f.); siehe auch *Weller*, Europäische Rechtsformwahlfreiheit und Gesellschafterhaftung, S. 266 f. zur Subsumtion der Existenzvernichtungshaftung unter Art. 4 EuInsVO-2000.

Haftungsvermögen des Schuldners für den Eintritt in die materielle Insolvenz auszugehen ist, muss allerdings den einzelnen Insolvenzeröffnungsgründen des jeweiligen Verfahrensstaates entnommen werden.

Dass sich die Europäische Insolvenzverordnung einem solchen Ansatz, der über die Grenzen des formellen Verfahrensbezuges hinaus reicht und mithin sowohl in zeitlicher als auch in sachlicher Hinsicht an der materiellen Insolvenz des Schuldners ansetzt,[668] auch nicht grundsätzlich verschließt, zeigt sich in mehrfacher Hinsicht. Zuvor sei aber kurz dazu ausgeführt, welche Reichweite dieser Ansatz an der materiellen Insolvenz einnehmen kann.

b) Insolvenzrecht als Reaktivschutz mit präventiver Wirkung

Schaut man sich das Insolvenzrecht genauer an und stellt darauf ab, dass es auf einen bereits eingetretenen Zustand der materiellen Insolvenz reagiert, lassen sich zumindest schon einmal solche Regelungen als insolvenzrechtlich qualifizieren, die reaktiv ausgerichtet sind.[669] Dabei bildet das Einsetzen bzw. das Vorliegen eines – sich nach dem Recht des Verfahrensstaates richtenden – Insolvenzeröffnungsgrundes den Zeitpunkt der Risikorealisierung als Grenze zwischen Prävention und Reaktion ab. Insofern man den reaktiven Vorschriften damit aber lediglich noch die Funktion der Verhinderung einer endgültigen Materialisierung des sich bereits realisierten Risikos zugesteht, erscheint das Begriffsverständnis reaktiver Vorschriften auf das Insolvenzrecht nicht ganz zu passen und nur bedingt richtig zu sein. Das insolvenzrechtliche Ordnungssystem ist nämlich »mit

---

668 Ganz allgemein auf eine der Insolvenzeröffnung und Antragsstellung vorausgehende Erfassung der Tatbestände abstellend: *Schmidt*, ZInsO 2006, 737 (739); *Schilling*, Insolvenz einer englischen Limited mit Verwaltungssitz in Deutschland, S. 215 f.

669 Zur Trennung des Gläubigerschutzsystems in *ex ante* und *ex post* bezüglich der Einordnung des Insolvenzrechts zu letzterem: *Spindler*, JZ 2006, 839 (841 f.); andeutend auch *Fischer*, ZIP 2004, 1477 (1478 ff.); *Röhricht*, ZIP 2005, 505; auflösend *Thole*, Gläubigerschutz durch Insolvenzrecht, S. 44 f., 47 ff., 66 f. Anhand von präventivem und reaktivem Charakter die Unterscheidung insolvenz- und gesellschaftlicher Regelungen im internationalen Rechtsverkehr ausmachend: *Langen*, Die Haftung des herrschenden Unternehmens für Verbindlichkeiten der abhängigen Gesellschaft in einem multinationalen Unternehmen, S. 213 ff., 219.

einer gewissen Vorgreiflichkeit ausgestattet«.[670] Mit dem Eintritt reaktiver Rechtsfolgen, die auf ein gläubigerschädigendes Verhalten im Vorfeld der Insolvenz Bezug nehmen, werden dem Schuldner bereits für diese Zeit bestimmte Verhaltensvorgaben gemacht und gleichzeitig dafür gesorgt, dass diese Anforderungen auch eingehalten werden. Die Regelungen wirken damit bereits präventiv. Je näher man dabei dem Zeitpunkt der Insolvenzreife kommt und je größer mithin die Anreize für den Schuldner zu einem opportunistischen und risikoreichen Verhalten werden[671], umso höher muss auch die Regelungsdichte, -intensität und -strenge der auf diese Verhaltensweisen komplementär bezugnehmenden, reaktiven Normen sein.[672]

So wirken z. B. die Regelungen des deutschen Insolvenzrechts, wie die Insolvenzanfechtung der §§ 129 ff. InsO oder die Insolvenzverschleppungshaftung gem. § 823 Abs. 2 BGB i. V. m. § 15a InsO, aber auch andere Haftungstatbestände in erster Linie *ex post*. Indem sich ihre reaktive Setzung von Rechtsfolgen auf das vorinsolvenzliche, gläubigerschädigende Verhalten stützt, erzeugen sie aber auch gleichfalls einen »verhaltenssteuernden Effekt« *ex ante*.[673]

---

670 *Kienle*, in: Süß/Wachter, Handbuch des internationalen GmbH-Rechts, Rn. 188.

671 Der triviale Grund für einen fortlaufenden Anstieg der Anreize zu opportunistischem und risikoreichem Verhalten mit zunehmender Nähe zum Eintritt des Insolvenzzeitpunktes ist, dass die Geschäftsführer und Schuldner nichts mehr zu verlieren haben: siehe *Armour/Hertig/Kanda*, in: The Anatomy of Corporate Law, S. 115 (116 f.); *Mülbert*, EBOR 7 (2006), 357 (369 f.); *Mülbert/Birke*, EBOR 3 (2002), 695 (708 ff.); eingehend dazu aber auch noch: Kapitel 3: D. I. 3. c) (2) (b) [3].

672 Dies ist z. B. in der deutschen Insolvenzordnung insoweit umgesetzt, dass die Insolvenzanfechtung, insbesondere durch die besonderen insolvenzrechtlichen Anfechtungsgründe der §§ 130-132, 135, 136, 137 InsO, kurz vor der Insolvenzeröffnung (im letzten Jahr, in den letzten drei Monaten vor dem Insolvenzeröffnungsantrag oder nach dem Insolvenzeröffnungsantrag) durch die Vielzahl der Anfechtungsgründe und der teilweise herabgestuften Voraussetzungen bzw. der Beweiserleichterung eine besonders starke Regelungsdichte und eine besonders strenge Ausprägung zugunsten der Gläubiger erfährt. Unterstützt wird dieser Schutz durch die Rückschlagsperre des § 88 InsO, die mit der Eröffnung des Insolvenzverfahrens zur Unwirksamkeit der erlangten Sicherung *ipso iure* führt.

673 *Thole*, Gläubigerschutz durch Insolvenzrecht, S. 45, 47; einschränkend auf ein System *ex ante* nur „in der Nähe der Insolvenz" abstellend: *Spindler*, JZ 2006, 839 (842); entsprechend zur Verhaltenssteuerung im Gesellschaftsrecht: *Haas*, Gutachten zum 66. DJT, S. E17.

c) Entsprechendes Verständnis der EuInsVO

(1) Präventiver Ansatz im Vorfeld der Insolvenz

Dass sich auch die Europäische Insolvenzverordnung einem solch präventive Wirkungen enthaltenden Ansatz nicht verwehrt, zeigt bereits die u. a. in Erwägungsgrund 4 EuInsVO-2015 verfolgte Absicht, nachteilige Auswirkungen auf den Binnenmarkt durch den Rechtsakt der EuInsVO zu verhindern. Damit müssen auch solche Maßnahmen unter die Verordnung fallen, die eine verhaltenssteuernde Wirkung im Vorfeld der Insolvenz beinhalten und damit der Insolvenzverursachung oder -vertiefung begegnen. Nur so wird dem Ziel der Erhaltung funktionierender Binnenmärkte entsprochen. Gleiches gilt auch für die Verhinderung von *forum shopping*[674]: einem der Effektivität des Insolvenzverfahrens abträglichen Verhalten ist bereits im Vorfeld des Verfahrens entgegenzuwirken.

Aber auch nachteilige Auswirkungen auf die der Gläubigergemeinschaft haftungsrechtlich zuzuordnenden Masse sind Anknüpfungspunkt einer bereits in der alten EuInsVO-2000 vorzufindenden Einbeziehung vorinsolvenzlichen Verhaltens. Einen direkten Niederschlag hat dies in der Aufnahme der Insolvenzanfechtung gem. Art. 4 Abs. 2 S. 2 lit. m) EuInsVO-2000 gefunden, welche ein vorinsolvenzliches Verhalten zum Nachteil der Gläubigergesamtheit rückgängig zu machen sucht. Anknüpfend an das Kriterium der die Gläubigergesamtheit benachteiligenden Rechtshandlungen wird eine Vorverlagerung des insolvenzrechtlichen Gläubigerschutzes[675] in eine Zeit erreicht, in der die Gesamtgläubigerschaft bereits betroffen ist, weil das anfechtbare Verhalten zu einem Vermögensbestand des Schuldners führt, der nicht ausreichend ist, alle Gläubiger zu befriedigen. Mit diesem Ansatz wird eine Präventionswirkung erreicht, die von der faktischen Eröffnung des Insolvenzverfahrens losgelöst ist. Dem steht auch Art. 16 EuInsVO-2015, der eine Ausnahme von der Anwendung des Art. 7 Abs. 2 EuInsVO-2015 vorschreibt und dabei nur den Vertrauensgesichtspunkten bei starker Differenziertheit genügen will,[676] nicht entgegen. In keiner Weise soll er die Reichweite des Insolvenzstatuts festlegen res-

---

674 Vgl. Erwägungsgrund 5 EuInsVO-2015.
675 *Hirte*, in: Uhlenbruck, InsO, § 129, Rn. 1; *Häsemeyer*, Insolvenzrecht, Rn. 21.01 ff.
676 *Virgos/Schmit*, in: Stoll, Vorschläge und Gutachten, S. 32 (81, Rn. 138).

Kapitel 3: Die Übertragbarkeit des Instruments der vis attractiva concursus

pektive beschränken, sondern allein eine Sperrfunktion in bestimmten Fällen zum Schutz der bestehenden Interessen eines Gläubigers gewähren.[677]

Dem hiermit postulierten Verständnis des unionsrechtlichen Insolvenzrechtsbegriffs wurde im Laufe der Zeit der Boden immer stärker geebnet. Einen kleinen Schritt in diese Richtung machte bereits der EuGH in seiner *Eurofood*-Entscheidung[678] durch die Vorverlagerung des Eröffnungszeitpunktes. Danach war unter der »Eröffnung eines Insolvenzverfahrens« i. S. der Verordnung nicht mehr nur noch die förmliche Eröffnungsentscheidung zu verstehen, sondern es setzte die Verfahrenseröffnung bereits mit der früheren, auf den Eröffnungsantrag folgenden Entscheidung ein, sofern das damit eingeleitete Eröffnungsverfahren den Vermögensbeschlag gegen den Schuldner zur Folge hatte und ein Verwalter bestellt wurde. Unter der Reform der EuInsVO wurde sogar noch weiter vorgegriffen. Als Ergebnis einer als notwendig angesehenen Erweiterung des Anwendungsbereichs der Verordnung werden nun auch die vorinsolvenzlichen (Sanierungs-)Verfahren erfasst. Mit dieser Aufnahme soll den Schwierigkeiten bei der Restrukturierung im Vorfeld der Insolvenz begegnet werden.[679] Bis zu einer Insolvenz und der damit einhergehenden Realisierung der gläubiger- und marktschädigenden Risiken soll es erst gar nicht kommen. Den Bedürfnissen der Praxis gerecht werdend, sollen damit Unternehmenskrisen bereits im Keim erstickt werden. Dies stellt Art. 1 Abs. 1 S. 2 EuInsVO-2015 nun deutlich heraus. Der bisherige Ansatz am »gemeinen« Insolvenzverfahren ist demzufolge wohl als unzureichend für die effektive Abwicklung insolventer Unternehmen im Gemeinschaftsraum betrachtet worden. Der Verordnung kommt somit ein auf die Vermeidung der Insolvenz gerichteter präventiver Ansatz zu, der neben die reaktive Koordination der grenzüberschreitenden Insolvenzabwicklung tritt.

---

677 *Kindler*, in: MüKo zum BGB, Art. 13 EuInsVO, Rn 3.
678 EuGH, Urt. v. 2.5.2006, Rs. C-341/04, Slg. 2006, I-3813, Rn. 54 – *Eurofood IFSC Ltd.*
679 Europäische Kommission, Vorschlag für eine Verordnung des Europäischen Parlaments und des Rates zur Änderung der Verordnung (EG) Nr. 1346/2000 des Rates über Insolvenzverfahren, COM(2012) 744 final, vom 12.12.2012, S. 2 f., 6, f., unter: http://www.europarl.europa.eu/meetdocs/2009_2014/documents/com/com_com%282012%290744_/com_com%282012%290744_de.pdf, zuletzt aufgerufen am 17. März 2017.

(2) Grenzen des präventiven Ansatzes

Aber auch eine solch präventive Vorgreiflichkeit bedarf einer Grenzziehung. Mag die EuInsVO unter den vorgenannten Aspekten auch zeigen, dass sie sich einer präventiven Wirkung grundsätzlich nicht verschließt, bedarf es für ihr Eingreifen dennoch stets eines konkreten und nach objektiven Kriterien ermittelbaren Umstandes. Dieser wird dadurch bestimmt, dass bei den als insolvenzrechtlich zu qualifizierenden Regelungen der Eintritt der Rechtsfolge an die eingetroffene materielle Insolvenz des Schuldners gekoppelt ist. So legt der Erwägungsgrund 4 S. 2 EuInsVO-2015, der eine Koordinierung der Maßnahmen in Bezug auf das Vermögen eines zahlungsunfähigen Schuldners vorschreibt, gerade einen solchen Ansatz an der materiellen Insolvenz zugrunde. Die konzeptionell reaktiven Vorschriften des Insolvenzrechts greifen daher erst dann ein, wenn die Gläubigerinteressen konkret und ernsthaft gefährdet sind.[680] Ein vom Reaktivcharakter des Insolvenzrechts unabhängiges Präventivsystem, wie z. B. die Organisations- und Strukturnormen des Gesellschaftsrechts, das regelmäßig kein konkret gläubigerschädigendes Verhalten im Blick hat,[681] kann dementsprechend nicht von der Konzentrationswirkung der Europäischen Insolvenzverordnung umfasst sein. Ohne die reaktiven Normen ihres präventiven Schutzes zu berauben, muss die zeitliche Grenze zur Einordnung unter die *vis attractiva concursus* daher am Eintritt der materiellen Insolvenz festgemacht werden. Gleichfalls entstehen insolvenzbezogene Pflichten aber regelmäßig schon zu einem viel früheren Zeitpunkt, insofern als die reaktiven Regelungen mit dem Eintritt der Risikorealisierung komplementär an das konkret schädigende Verhalten in der Vergangenheit anknüpfen.[682] Abgedeckt vom Anwendungsbereich der EuInsVO ist damit (zumindest indirekt über die verhaltenssteuernde Wirkung) auch der Zeitpunkt, in dem in die Fähigkeit zur Haftungsverwirklichung insolvenzverursachend eingegriffen wird.[683] In welchem Gesetz die Regelung dabei systematisch verortet ist, hat hierfür keine Relevanz.[684] Liegt die Grundlage für das Eingreifen der Regelung auf dem Eintritt oder dem

---

680 *Thole*, Gläubigerschutz durch Insolvenzrecht, S. 45.
681 *Mülbert*, EBOR 7 (2006), 357 (378); *Spindler*, JZ 2006, 839 (842 ff.).
682 *Spindler*, JZ 2006, 839 (842, 847); *Vetter*, ZGR 2005, 788 (797).
683 *Davies*, EBOR 7 (2006), 301 (317); *Spindler* JZ 2006, 839 (846).
684 *Kindler*, NZG 2003, 1086 (1090); vgl. auch *Ulmer*, KTS 2004, 291 (297).

Vorliegen der materiellen Insolvenzsituation des Schuldners, gilt eine insolvenzrechtliche Qualifikation als indiziert.

3. Verfolgung insolvenzbezogener Zwecke

Unter der zweiten Voraussetzung, die für die Klage einen »engen Zusammenhang« mit dem Insolvenzverfahren verlangt, ist die Qualität der Bindung des Einzel- zum Kollektiv*verfahren* zu konturieren. Wie gesehen, wird ein prozessualer Aspekt in Form des Erfordernisses der Verfahrenseröffnung dabei nicht zu fordern sein. Schließlich werden mit dem Gleichlauf der Annexverfahren auch keine rein formellen Zweckmäßigkeitserwägungen verfolgt; dient die Konzentration doch vorwiegend insolvenzrechtlichen Schutzvorstellungen.[685] Der Aspekt des engen Zusammenhangs muss folglich vielmehr als Ausdruck eines funktionalen Kriteriums i. S. einer übereinstimmenden Zweckverfolgung von Gesamt- und Einzelverfahren verstanden werden. Eine Klage, die sich im Rahmen des Insolvenzverfahrens hält, muss ein mit diesem Verfahren identisches Klageziel verfolgen.

a) Insolvenzrechtliche Zweckrichtung im Unionsrecht

(1) Erforderliche Konkretisierung

Die *vis attractiva concursus* muss als insolvenzrechtliches Instrument die Zielsetzungen des Insolvenzverfahrens mittragen. Das abstrakte Kriterium der Verfolgung insolvenzbezogener Zwecke[686] erweist sich jedoch als nicht aussagekräftig genug, um eine Abgrenzung ausreichend eindeutig gestalten zu können. So scheint hierunter zunächst auch die bloße Massemehrung subsumiert werden zu können. Wäre dem jedoch so, müsste beinahe jeder (Aktiv-)Prozess innerhalb der insolventen Phase als Annexverfahren eingeordnet werden. Um diese Ausweitung zu verhindern, darf die

---

685 Siehe dazu oben: Kapitel 3: C. III. 1. b).
686 Als abstraktes Kriterium festhaltend: *Haas*, NZI 2002, 457 (466); *Lüke*, in: FS Schütze, S. 467 (483); *Mankowski*, in: Rauscher, Europäisches Zivilprozessrecht, Art. 1 Brüssel-I VO, Rn. 19; *Ulmer*, KTS 2004, 291 (297); *Willemer*, Vis attractiva concursus und die Europäische Insolvenzverordnung, S. 124 f.

D. Die Kriterien der Qualifikation

Regelung daher also nicht lediglich eine tatsächliche Vergrößerung der Masse zur Folge haben,[687] mag dies auch zur Haftungsverwirklichung beitragen. Die Frage, inwieweit ein Einzelverfahren insolvenzbezogene Zwecke fördert, orientiert sich schließlich an der von der Europäischen Insolvenzverordnung verfolgten Zielstellung grenzüberschreitender Insolvenzverfahren. Auch hierfür gilt es wieder auf das autonome Verständnis der Verordnung abzustellen.

(2) Mitgliedstaatliche Zweckverfolgung

Mit dem über Art. 7 EuInsVO-2015 erfolgenden Rückgriff auf die nationalen Insolvenzrechte scheint die EuInsVO auch die Ziele der mitgliedstaatlichen Insolvenzverfahren in ihre eigene Konzeption aufzunehmen. Die in den einzelnen Mitgliedstaaten verfolgten insolvenzrechtlichen Ziele des Kollektivverfahrens sind dabei vielfältig und weichen zum Teil erheblich voneinander ab.[688] So schützt das spanische Konkursgesetz durch Privilegierung bestimmter Forderungen insbesondere den Fiskus und die Arbeitnehmer; aber auch die Rettung von Unternehmen und Arbeitsplätzen sowie eine rechtliche Stärkung der Arbeitnehmer überhaupt stehen im Fokus der Zielsetzung.[689] Das Insolvenzrecht Großbritanniens zeigt ein Streben nach Erhalt und Sanierung insolventer Unternehmen in einer ausgeprägten Form.[690] Das italienische Recht wiederum dient u. a. dem Schutz von staatlichen Großkrediten.[691] Die Ziele des deutschen Insolvenzverfahrens sind in § 1 S. 1 InsO formuliert. Dabei steht das Ziel der gemeinschaftlichen Gläubigerbefriedigung zur Sicherung des sozialen Friedens im Mittelpunkt.[692] Werden durch den daneben verfolgten Zweck der Sanierung und Reorganisation auch die Interessen des schuldnerischen Un-

---

687 *Mankowski*, NZI 2009, 570 (572), vgl. auch *Oberhammer*, IPRax 2010, 317 (323 f.).
688 *Paulus*, EuInsVO-Kommentar, Art. 1, Rn. 2.
689 *Lincke*, NZI 2004, 69 (70 f.), der noch zu der Novellierung im Jahr 2003 Stellung bezieht. Die benannten Ziele behielten aber auch im neureformierten Konkursgesetz, das am 1. Januar 2012 in Kraft trat, ihren Platz.
690 Zur umfassenden Reform des englischen Insolvenzrechts durch den *Enterprise Act (2002)* mit dem Bestreben zur Stärkung einer „rescue culture": *Ehricke/Köster/Müller-Seils*, NZI 2003, 409.
691 *Paulus*, DStR 2002, 1865 (1869).
692 *Häsemeyer*, Insolvenzrecht, Rn. 2.01.

ternehmens gespiegelt, so ist doch auch dieser, neben der Liquidation, darauf gerichtet, unter einem kollektivierenden Vollstreckungsverfahren der Haftungsverwirklichung im Interesse der Gläubiger gerecht zu werden.[693]

(3) Autonomes Verständnis der EuInsVO

Der EuInsVO untersteht ein autonomes Verständnis dessen, was als insolvenzrechtlich anzusehen ist. Daher ist auch eine unionsweite Durchsetzung des einzelnen nationalen Verständnisses und der jeweiligen insolvenzrechtlichen Lösungsansätze abzulehnen.[694] Mit der auf der Unionsebene verfolgten Harmonisierung ist die Umsetzung der national unterschiedlichen Konzeptionen nur in dem von der Verordnung zugelassenen Rahmen möglich. Dies erfolgt beispielsweise über die kollisionsrechtlichen Sonderanknüpfungen, die den mitgliedstaatlichen Unterschieden Rechnung tragen. Außerhalb der Reichweite dieser – die Wirkungen der Universalität korrigierenden – Maßnahmen muss der Maßstab der insolvenzrechtlichen Einordnung im grenzüberschreitenden Bereich, zwecks zu erreichender Harmonisierung in grenzüberschreitenden Fällen, aber das von der Verordnung autonom verfolgte Ziel bleiben. Damit wird auch deutlich, warum die nationale Einordnung und Kodifizierung von Regelungen innerhalb des jeweiligen Rechtssystems für die Qualifikation keine Bedeutung haben. Aufgrund der gebotenen autonomen Auslegung kann ausgeschlossen werden, dass eine Regelung gegenüber Auslandsgesellschaften einfach dadurch zur Anwendung gelangt, dass diese in das Insolvenzgesetz überführt wird.

Anknüpfungspunkt für die Einordnung des engen Zusammenhangs i. S. der *vis attractiva concursus* ist damit das durch die Verordnung autonom bestimmte Ziel. Dabei kann den durch die Reform deutlich herausgestellten Erwägungen für die Wahl des COMI induktiv entnommen werden, dass der EuInsVO der Schutz der Interessen der Gläubiger an einer gemeinschaftlichen und gleichmäßigen Haftungsverwirklichung[695] als all-

---

693 Vgl. *Henckel*, in FS Merz, S. 197 (199 ff.); *K. Schmidt*, Wege zum Insolvenzrecht, S. 152 ff.
694 Ebenfalls *Pannen/Riedemann*, in: Pannen, EuInsVO-Kommentar, Art. 4 EuInsVO, Rn. 11 mit Verweis auf *Paulus*, EuInsVO-Kommentar, Art. 4, Rn. 2.
695 So sieht schon *Berges*, KTS 26 (1965), 73 (75) in Bezug auf ein mögliches EWG-Konkursabkommen die Wahrung der Gläubigerinteressen als „alles be-

gemeine Zielstellung zugrunde liegt.[696] Dies beinhaltet sowohl die Ansätze zur Lösung eines horizontalen Konflikts zwischen den Gläubigern als auch des vertikalen Konflikts zwischen dem Gläubiger und dem Schuldner, solange dieser nur einen kollektiven Bezug aufweist.

b) Lösung des horizontalen Konflikts der Gläubiger untereinander

(1) Kollektivierung der Gläubiger als Ansatz der Gläubigergleichbehandlung

Die sich aus der materiellen Insolvenz ergebende Situation, in der der Schuldner nicht mehr in der Lage ist, die Forderungen sämtlicher Gläubiger vollständig befriedigen zu können, führt zu einem horizontalen Konflikt der Gläubiger um das verbleibende Haftungsvermögen. Privatautonome Entscheidungen des Schuldners sowie das in der Einzelzwangsvollstreckung vorherrschende Prioritätsprinzip hätten in der Insolvenz zur Folge, dass einzelne Gläubiger in konfliktträchtiger und unbilliger Weise bevorteilt werden.[697] Um die Interessen aller Gläubiger an einer optimalen und gegenüber den anderen Gläubigern gleichmäßigen Befriedigung wahrend durchsetzen zu können, bedarf es daher einer »Kollektivierung von Rechtsausübung und Rechtsdurchsetzung«[698].

Zum besseren Verständnis dieses Ansatzes sei auf das aus der Spieltheorie bekannte und von *Eidenmüller* herangezogene Gefangenendilemma verwiesen.[699] Daraus geht hervor, dass individuell-rationale und -optimale Entscheidungen des Schuldners in der Insolvenz zu Ergebnissen führen,

---

herrschender wirtschaftlicher Zweck der Konkurs-[...]verfahren" an. Ähnlich: *Lieder*, DZWIR 2005, 399 (405); *Zerres*, DZWIR 2006, 356 (360).

696 Ebenso *Mankowski*, RIW 2004, 481 (486); *Pannen/Riedemann*, in: Pannen, EuInsVO-Kommentar, Art. 3 EuInsVO, Rn. 114; *Thole*, ZIP 2012, 605 (607); *Weber*, Gesellschaftsrecht und Gläubigerschutz im Internationalen Zivilverfahrensrecht, S. 98.

697 Vgl. *Häsemeyer*, Insolvenzrecht, Rn. 2.01 ff., 2.17 ff., der der gemeinschaftlichen Gläubigerbefriedigung sowohl die Funktion der Herstellung des sozialen Friedens als auch die Funktion der Gläubigergleichbehandlung zuschreibt; *Smid/Leonhardt*, in: Leonhardt/Smid/Zeuner, InsO Kommentar, § 1, Rn. 35.

698 Siehe zur Wortwahl erneut *Eidenmüller*, Unternehmenssanierung zwischen Markt und Gesetz, S. 202.

699 *Eidenmüller*, Unternehmenssanierung zwischen Markt und Gesetz, S. 19 ff.

die für das Kollektiv nachteilig sind. Ein optimales und pareto-effizientes (wenn auch nicht zu einem Nash-Gleichgewicht führendes) Ergebnis für das Kollektiv der Gläubigergemeinschaft kann erst durch das Insolvenzverfahren als Kooperationsmodell erreicht werden. Dieses organisatorische, der gemeinschaftlichen Gläubigerbefriedigung dienende Verfahren führt mithin zu einem Zustand, in dem kein Gläubiger besser gestellt werden kann, ohne gleichzeitig einen anderen Gläubiger schlechter zu stellen. Das Insolvenzverfahren löst daher den mit dem insolventen Zustand entstehenden Gläubigerkonflikt im Wettlauf um die begrenzten finanziellen Mittel des Schuldners, indem es die Einzelvollstreckung suspendiert und durch die Gesamtvollstreckung ersetzt.[700] Hierdurch dient das Insolvenzverfahren zuvorderst der Haftungsverwirklichung durch die *gemeinschaftliche* Befriedigung aller Gläubiger aus dem Vermögen des insolventen Schuldners.[701] Mit der Kollektivierung der Gläubiger in einem staatlich geordneten oder kontrollierten Verfahren erfolgt aber auch gleichzeitig der Ansatz am obersten Primat der *gleichmäßigen* Gläubigerbefriedigung nach dem Grundsatz der *par conditio creditorum*.[702] Trotz dessen, dass die europäischen Insolvenzrechtsordnungen ganz unterschiedlich ausgebildet sind, kann dieser Grundsatz über die einzelnen, nationalen Insolvenzrechte hinweg doch als grundlegendes Prinzip des Insolvenzverfahrens angesehen werden.[703] Auch die EuInsVO hat durchweg die Interessen aller Gläubiger im Blick: so bedingt sie für die Verfahren, an denen nur ein wesentlicher Teil der Gläubiger beteiligt ist, dass in diesen Fällen die Forderun-

---

700   *Eidenmüller*, RabelsZ 70 (2006), 474 (484 f.); *Flessner*, ZEuP 2004, 887 (890 f.); *Häsemeyer*, Insolvenzrecht, Rn. 2.01.
701   Dies ist das Wesen des Gesamtvollvollstreckungsverfahrens. Der damit verfolgte Zweck des Insolvenzrechts ergibt sich im Wesentlichen aus der Gewährung effektiven Rechtsschutzes und dem Schutzauftrag des Staates für eine Situation, in der der Schuldner erkennbar nicht in der Lage ist, allen Gläubigern Befriedigung zu gewähren. Für eine verfassungsrechtliche Gewährleistung im deutschen Rechtssystem: *Baur/Stürner*, Zwangsvollstreckungs-,Konkurs- und Vergleichsrecht, Band 2, Rn. 6.2.
702   *Häsemeyer*, Insolvenzrecht, Rn. 2.13; *Foerste*, Insolvenzrecht, § 1, Rn. 8; *Kindler*, in: MüKo zum BGB, Vorbemerkung EuInsVO, Rn. 17.
703   *Eidenmüller*, RabelsZ 70 (2006), 474 (484); einschränkend *Flessner*, ZEuP 2004, 887 (896); Wiórek, Das Prinzip der Gläubigergleichbehandlung im Europäischen Insolvenzrecht, S. 181, 185, der diesen Grundsatz sowohl in seiner Ausformung als Chancengleichheit als auch in der Ausprägung der Verteilungsgerechtigkeit in den Insolvenzrechten aller Mitgliedstaaten als Gemeinsamkeit auffindet.

D. Die Kriterien der Qualifikation

gen der nicht beteiligten Gläubiger unberührt bleiben. Mag daneben zur Wahrung bereits bestehender Ungleichheiten zwischen den Gläubigern der Ansatz der Gläubigergleichbehandlung auch stellenweise durchbrochen werden,[704] so ist dies ebenso Teil der Lösung des horizontalen Gläubigerkonflikts.

(2) Kollektivverfahren und seine Grenzen in der EuInsVO

Unter den von der Verordnung umfassten Insolvenzverfahren sind entsprechend Art. 1 Abs. 1 EuInsVO-2015 Gesamtverfahren zu verstehen, die unter (hoheitlicher) Kontrolle oder Aufsicht zu einer – die Bevorzugung oder Benachteiligung einzelner Gläubiger verhindernden – Schuldenregulierung führen. Um Nachteilen zu Lasten der Gläubigergemeinschaft zu begegnen, werden
- dem Schuldner die Verfügungsgewalt über sein Vermögen ganz oder teilweise entzogen und ein Verwalter bestellt (Art. 1 Abs. 1 EuInsVO-2000, Art. 1 Abs. 1 S. 1 lit. a) EuInsVO-2015),
- das Vermögen und die Geschäfte des Schuldners der Kontrolle oder Aufsicht durch ein Gericht unterstellt (Art. 1 Abs. 1 S. 1 lit. b) EuInsVO-2015) oder
- Einzelvollstreckungsmaßnahmen ausgesetzt, sofern geeignete Maßnahmen zum Schutz der Gesamtheit der Gläubiger vorgesehen sind und dieses vorinsolvenzliche Sanierungsverfahren, sofern keine Einigung erzielt wird, einem der in lit. a) oder b) genannten Verfahren vorgeschaltet ist (Art. 1 Abs. 1 S. 1 lit. c) EuInsVO-2015).

In Art. 1 Abs. 1 EuInsVO-2015 wird als Zweck des Insolvenzverfahrens explizit die Rettung, Schuldenanpassung, Reorganisation oder Liquidation angegeben und damit auch ein Bezug zum Schutz des Schuldners hergestellt. Jedoch steht hinter all diesen Verfahrensmodalitäten stets das Ziel der EuInsVO, nachteilige Auswirkungen für die kollektivierte Gläubigergemeinschaft zu verhindern. Dies gilt nach Erwägungsgrund 11 EuInsVO-2015 selbst für die Verfahren, die der Sanierung des Schuldners dienen sollen.

---

704 So verlangt der allgemeine Gleichheitssatz nicht nur, wesentlich Gleiches gleich, sondern auch wesentlich Ungleiches ungleich zu behandeln.

Gleichfalls ist dieser Ansatz am Kollektiv für den nach der Reform der EuInsVO erfassten Anwendungsbereich nicht mehr vollständig durchhaltbar. So kann nach Art. 1 Abs. 1 Unterabs. 2 EuInsVO-2015 ein Verfahren zum Zwecke der Vermeidung der Insolvenz des Schuldners oder der Einstellung seiner Geschäftstätigkeit auch in Situationen eingeleitet werden, in denen lediglich die Wahrscheinlichkeit einer Insolvenz besteht. In diesen vorinsolvenzlichen Verfahren müssen entsprechend Erwägungsgrund 14 S. 3 EuInsVO-2015 nicht alle Gläubiger des Schuldners eingeschlossen werden. Ein kollektiver Ansatz im Interesse der Gläubigergemeinschaft wird damit jedenfalls nicht verfolgt, vielmehr dienen diese Verfahren primär dem Schuldner, dem zu seiner Rettung eine zweite Chance geboten wird.[705] Da diese Verfahren allerdings noch zu einer Zeit eingreifen (müssen), in der die materielle Insolvenzsituation noch nicht eingesetzt und die privatautonome Handlungsfreiheit des Schuldners hinsichtlich der Regulierung seiner Verbindlichkeiten seine Rechtfertigung noch nicht verloren hat, fehlt es auch an dem Bedürfnis einer abweichenden verfahrens- und kollisionsrechtlichen Behandlung vom Normalfall zugunsten einer *vis attractiva concursus*. Die Klagen, die sich aus diesen vorinsolvenzlichen Verfahren ergeben, sind anhand des allgemeinen Internationalen Zivilverfahrens- und Privatrechts zu lösen. Eine Auswirkung für den unter der vorliegenden These gefassten Annexbegriff ist damit aber nicht verbunden. Einen Hinweis darauf gibt auch Art. 6 EuInsVO-2015 selbst, der nicht den Begriff der öffentlichen Gesamtverfahren wählt (wie er in Art. 1 EuInsVO-2015 für den Anwendungsbereich verwendet wird), sondern von Insolvenzverfahren spricht. Die Bedeutung der Annexverfahren ist damit auf das Gesamtvollstreckungsverfahren beschränkt, unabhängig davon, ob dieses die Rettung, Schuldenanpassung, Reorganisation oder Liquidation zum Gegenstand hat.

(3) Realisierte Dimensionen des Gläubigergleichbehandlungsgrundsatzes in der EuInsVO

Für die relevanten Kollektivverfahren wird der Grundsatz der Gläubigergleichbehandlung in der EuInsVO nicht nur unter einer einseitigen Ausprägung verwirklicht, sondern es ist mit *Häsemeyer* von einer zweidimen-

---

705 Vgl. Erwägungsgründe 10 und 14 EuInsVO-2015.

sionalen Ausrichtung auszugehen, die sich zum einen in Form der Chancengleichheit als auch zum anderen in Form der Verteilungsgerechtigkeit darstellen lässt.[706]

(a) Chancengleichheit – der Ausgleich des Gläubigerkonflikts

Die Chancengleichheit findet eine Realisierung dabei vor allem in der Kollektivierung im Rahmen des Insolvenzverfahrens, durch das dem Wettlauf der Gläubiger und mithin dem Prioritätsprinzip durch das Eintreten einer gesetzlichen Haftungsordnung ein Ende gesetzt wird.[707] Insofern erfüllt das diesem Prinzip folgende Insolvenzverfahren eine Ordnungs- und Friedensfunktion. Gleiches muss auch für die Regelungsmaßnahmen vor der Eröffnung des Insolvenzverfahrens gelten, die im Zusammenhang mit der materiellen Insolvenz stehen. Denn auch die mit diesen Regelungen erreichte Steuerung verwirklicht die Funktionen von Ordnung und Frieden, indem sie an den Ursachen ihrer Störung ansetzt.[708]

Dem Ziel der Herstellung gleicher Chancen zur Durchsetzung der Gläubigerforderungen folgt auch die EuInsVO. Mit der Bindung des Anwendungsbereichs an das Gesamtverfahren gem. Art. 1 EuInsVO-2015 wird die mit der Verwirklichung von Chancengleichheit im Wesen verbundene Kollektivierung umgesetzt. Die zur Typisierung des Gesamtverfahrens in der reformierten EuInsVO aufgezählten Maßnahmen in Form der Entziehung der Verfügungsgewalt über das schuldnerische Vermögen, der gerichtlichen Kontrolle oder Aufsicht über das Vermögen sowie der Aussetzung der Einzelvollstreckungsverfahren unterstehen diesem Kollek-

---

706 Vgl. *Häsemeyer*, ZZP (107) 1994, 111 (116 f.), der in der zweiten Dimension allerdings von dem Begriff der „materiellen Gleichbehandlung" ausgeht und damit lediglich auf den Aspekt der für die Verteilungsgerechtigkeit notwendigen Gläubigerdifferenzierung abstellt; siehe auch *Leible/Staudinger*, KTS 2000, 533 (563 f.), die die beiden Ausprägungen als Wege der EuInsVO zur Erreichung des Ziels der gleichmäßigen Gläubigerbefriedigung auffasst. Zum Prinzip der Verteilungsgerechtigkeit *Baur/Stürner*, Zwangsvollstreckungs-, Konkurs- und Vergleichsrecht, Band 2, Rn. 5.37; zum ganzen auch *Wiórek*, Das Prinzip der Gläubigergleichbehandlung im Europäischen Insolvenzrecht, S. 75 ff.
707 *Häsemeyer*, Insolvenzrecht, Rn. 2.14.
708 Vgl. *Gerhardt*, Grundbegriffe des Vollstreckungs- und Insolvenzrecht, Rn. 338; *Häsemeyer*, Insolvenzrecht, Rn. 2.15.

tivgedanken und fördern mithin die Chancengleichheit. Sie beugen der Bevorzugung sowie Benachteiligung einzelner Gläubiger vor. Daran anschließend regelt Art. 3 Abs. 1 EuInsVO-2015 die internationale Zuständigkeit des Hauptinsolvenzverfahrens in Form einer ausschließlichen Zuständigkeitsbegründung. Diese Regelung ist zugleich Grundlage und Ausformung einer unionsweiten Gläubigergleichbehandlung, durch die allen Gläubigern eines Schuldners ein einheitlicher Zugang zur Haftungsverwirklichung innerhalb eines Verfahrens gewährt wird. Darauf basiert auch die Kollisionsnorm des Art. 7 EuInsVO-2015, die für das »Insolvenzverfahren und seine Wirkungen« das Recht des Verfahrensstaates in beschränkt universaler Form zur Anwendung bringt. Seiner unionsweiten Durchsetzung dienen die Regelungen zur Anerkennung in den Artt. 19 und 20 EuInsVO-2015. Entsprechendes gilt auch für die Regelung zu den Annexverfahren. Ihre (relativ) ausschließliche Zuständigkeitsbegründung im Mitgliedstaat der Verfahrenseröffnung gem. Art. 6 EuInsVO-2015 und deren unionsweite Anerkennung nach Art. 32 Abs. 1 Unterabs. 2 EuInsVO-2015 gewährleisten gleiche Chancen unter allen Gläubigern. Dazu gehört v. a. die stets als Paradebeispiel vorgebrachte Insolvenzanfechtung. An einem gleichberechtigten Zugang zu dem Haupt- sowie zu den Sekundärinsolvenzverfahren setzen darüber hinaus auch die Regelungen der Artt. 45 und 53 EuInsVO-2015 an. Aber auch in den Sachnormen zur Regelung der Herausgabepflicht nach Art. 23 Abs. 1 EuInsVO-2015, der öffentlichen Bekanntmachung der Entscheidung über die Verfahrenseröffnung gem. Art. 28 EuInsVO-2015 und der Pflicht zur Unterrichtung der Gläubiger nach Art. 54 EuInsVO-2015 kommt der Wille des Verordnungsgebers zur Durchsetzung einer unionsweiten Gläubigergleichbehandlung zum Ausdruck.

(b) Verteilungsgerechtigkeit – die proportionale Gläubigerbefriedigung und die Gläubigerdifferenzierung

Die Verteilungsgerechtigkeit ist die zweite Ausprägung des Gleichbehandlungsgrundsatzes. Unter ihr ist die gleichmäßige Gläubigerbefriedigung zu verstehen, die sich sowohl in Form der proportionalen Gleichbehandlung als auch der Ungleichbehandlung infolge einer Gläubigerdifferenzierung

D. Die Kriterien der Qualifikation

darstellt.[709] Entsprechend werden für diese Ausprägungen auch die Begriffe der formellen und der materiellen Gläubigergleichbehandlung verwendet.[710]

Zur Verwirklichung der grenzüberschreitenden Verteilungsgerechtigkeit unter der Verordnung wird den großen Unterschieden der mitgliedstaatlichen Insolvenzrechte Rechnung getragen, indem zum einen Sonderanknüpfungen für besonders bedeutsame Rechte und Rechtsverhältnisse nach den Artt. 8-18 EuInsVO-2015 sowie zum anderen Sekundär- und Partikularinsolvenzverfahren mit territorialer Wirkung geschaffen wurden.[711] Insofern beachtet die Verordnung nicht nur die jeweiligen Unterschiede in den mitgliedstaatlichen Ansätzen zur Gläubigergleichbehandlung, sondern verlagert die Frage der Verteilungsgerechtigkeit sogar zu einem großen Teil auf die jeweilig ausgestalteten Regelungen der Mitgliedstaaten des Haupt- und Sekundärinsolvenzverfahrens. Daneben enthält die Verordnung aber auch Regelungen, die eine Wahrung auf Unionsebene sicherstellen sollen. So wird die Verteilungsgerechtigkeit zur Herbeiführung einer optimalen Befriedigung durch einzelne Regelungen des Art. 7 Abs. 2 S. 2 EuInsVO-2015, durch die Anrechnung von in einem anderen Verfahren (desselben Insolvenzsachverhaltes) bereits erlangter Quoten gem. Art. 23 Abs. 2 EuInsVO-2015 sowie durch die Beachtung der finanziellen Interessen der Gläubiger des Hauptinsolvenzverfahrens i. R. des Sekundärinsolvenzverfahrens gem. Art. 47 EuInsVO-2015 umgesetzt. Damit bildet die Verteilungsgerechtigkeit auch für die Koordination von Haupt- und Sekundärinsolvenzverfahren, wie z. B. über Art. 46 Abs. 1 EuInsVO-2015, eine Grundlage.

c) Lösung des vertikalen Konflikts zwischen Gläubiger und Schuldner

Das zur Lösung des horizontalen Gläubigerkonflikts angestrengte Prinzip der Gläubigergleichbehandlung setzt die Interessen der Gläubiger in ausreichendem Maße aber nur dann um, wenn sein Bestreben auch darin liegt, eine optimale Haftungsverwirklichung und Verwertung des schuldneri-

---

709   *Baur/Stürner*, Zwangsvollstreckungs-,Konkurs- und Vergleichsrecht, Band 2, Rn. 5.37.
710   *Wiórek*, Das Prinzip der Gläubigergleichbehandlung im Europäischen Insolvenzrecht, S. 78 f.
711   Vgl. hierzu den Erwägungsgrund 22 EuInsVO-2015.

schen Vermögens zugunsten aller Gläubiger herbeizuführen. Eine Gleichbehandlung erfüllt nämlich erst dann seinen Sinn, wenn es etwas zu verteilen gibt. Aber auch diese Zielsetzung findet sich in der EuInsVO wieder. Die Verordnung strebt neben der Lösung des horizontalen auch die des vertikalen Konflikts zwischen den Gläubigern und dem Schuldner an.

(1) Haftungsverwirklichung und Haftungsbegründung im Insolvenzrecht

(a) Haftungsverwirklichung unter Knappheitsbedingungen

Das Insolvenzrecht ist Haftungsverwirklichung unter Knappheitsbedingungen.[712] Es ist auf die Befriedigung der Gläubiger aus dem Vermögen des Schuldners gerichtet. Zum Zwecke der Haftungsverwirklichung wird das schuldnerische Vermögen haftungsrechtlich der Gläubigergemeinschaft zugewiesen.[713] Von dieser Funktion geht letztlich auch die Verordnung aus, wenn sie für die Typisierung der dem Anwendungsbereich zuzuordnenden Verfahren darauf abstellt, dass dem Schuldner die Verwaltungs- und Verfügungsbefugnis über sein Vermögen entzogen wird, bzw. unter der reformierten Verordnung das Vermögen und die Geschäfte des Schuldners unter die Kontrolle oder Aufsicht eines Gerichts gestellt oder die vorübergehende Aussetzung von Einzelvollstreckungsverfahren gewährt werden kann.

(b) Haftungsbegründung als Teil des Insolvenzrechts

Legt man der EuInsVO die gerade vorgenommene Betrachtung der Interpretation des insolvenzrechtlichen Charakters aber als abschließend zugrunde, so entsteht der Anschein, dass die von der Haftungsverwirklichung abzugrenzenden Fragen der Haftungsbegründung nicht Teil des Insolvenzrechts sind. So sehen es auch einige (teils ältere) Stimmen in der

---

712 So etwa *Eidenmüller*, Unternehmenssanierung zwischen Markt und Gesetz, S. 18.
713 *Häsemeyer*, Insolvenzrecht, Rn. 1.15; *Hirte*, in: Uhlenbruck, InsO, § 35, Rn. 6 f.; *Holzer*, in: Kübler/Prütting/Bork, § 35 InsO, Rn. 5.

D. Die Kriterien der Qualifikation

Literatur.[714] Der damit angesprochene vertikale Konflikt, der sich bei Unternehmensinsolvenzen vor allem zwischen den Gläubigern und den Gesellschaftern als Teil des schuldnerischen Unternehmens ganz besonders deutlich zeigt, würde damit vollkommen aus dem Insolvenzrecht verbannt und gänzlich dem Regime des Gesellschaftsrechts überstellt. Als ein hierfür prägnantes Beispiel dient der Anspruch aus der Insolvenzverursachungshaftung: dieser die Haftung der Gesellschafter begründende Tatbestand kann nur dann unter das Insolvenzstatut subsumiert werden, wenn auch die Lösung des vertikalen Konflikts dem Insolvenzrechtsbegriff der EuInsVO unterfällt.

Sofern dieser Konflikt dabei nicht lediglich Individualinteressen betrifft, ist ein Grund für eine ausnahmslose Übertragung des Schutzes vor insolvenzbezogenen Risiken und gläubigerschädigendem Verhalten in das Gesellschaftsrecht zumindest nicht apodiktisch.[715] Mag der hier insofern relevant werdende Aspekt der beschränkten persönlichen Haftung der Gesellschafter auch im Gesellschaftsrecht zu verorten sein, so ist es das Aufleben einer Haftung aber nicht notwendigerweise. Auch wenn der vertikale Konflikt bereits mit der Begründung des Schuldverhältnisses aufkeimt und mithin der Regelung des Gesellschaftsrechts zunächst unterliegt, setzt er sich dennoch auch im Rahmen der Insolvenzsituation fort.[716]

Schreibt man daher mit *Röhricht* dem Insolvenzrecht die Aufgabe zu, »die Marktteilnahme von Gesellschaften zu unterbinden, die ihren Verbindlichkeiten nicht mehr genügen können und deshalb eine Gefahr für den Rechtsverkehr darstellen sowie ein rechtliches Instrumentarium gegen Handlungen zur Verfügung zu stellen, welche die Vermögensmasse des Schuldners, die in einem geordneten Verteilungsverfahren zur Verfügung steht, im Vorfeld der Insolvenzeröffnung schmälern«,[717] so ist dem Insolvenzrecht und mithin der EuInsVO auch ein über die bloße exekutorische Funktion der Haftungsrealisierung hinausgehender Charakter des Gläubi-

---

714 *Aderhold*, Auslandskonkurs im Inland, S. 177; so auch noch *Eidenmüller*, Unternehmenssanierung zwischen Markt und Gesetz, S. 17 ff.; *Ebenroth/Kieser*, KTS 1988, 19 (32 f., 42 und explizit noch einmal 48); *Mock/Schildt*, ZinsO 2003, 396 (398); *Weber*, Gesellschaftsrecht und Gläubigerschutz im Internationalen Zivilverfahrensrecht, S. 104.
715 *Thole*, Gläubigerschutz durch Insolvenzrecht, S. 49 f.
716 A. A. *Armour/Hertig/Kanda*, in: The Anatomy of Corporate Law, S. 115 (115 f., 121 f.), die wohl von einem Rollenwechsel hin zu einem horizontalen Konflikt zwischen den Gläubigern ausgehen.
717 *Röhricht*, ZIP 2005, 505 (506).

gerschutzes zuzugeben. Nicht nur zeitlich, sondern auch funktional sei dem Insolvenzrecht damit die Aufgabe überantwortet, mit dem Eintritt der materiellen Insolvenz den Gläubigern ein vor die Eröffnung des Kollektivverfahrens gezogenen Schutz zukommen zu lassen.

Gleiches ergibt sich aber auch – wie oben bereits erläutert – daraus, dass die Befriedigung der einzelnen Gläubiger im Fall der materiellen Insolvenz nicht mehr in der Hand des Schuldners liegen kann und es damit einer insolvenzrechtlichen Haftungsordnung bedarf, die zum Zwecke der Haftungsdurchsetzung von den allgemeinen sach- und gesellschaftsrechtlichen Rechtspositionen abweicht. Der Eintritt insolvenzhaftungsrechtlicher Konsequenzen aufgrund der mit der Insolvenz wegfallenden Selbstbestimmung des Schuldners muss – konsequent angewendet – dann aber auch Entscheidungen und Handlungen des Schuldners betreffen, die diesen Zustand erst hervorrufen. Durch eine privatautonome Gestaltung des Schuldners können sie jedenfalls nicht mehr getragen werden. Dem Begriffsverständnis des Insolvenzrechts müssen demnach auch haftungsbegründende Instrumentarien bei insolvenzverursachendem Fehlverhalten unterfallen.[718]

(c) Nichtgelingen einer strikten Trennung

Dass eine Abgrenzung haftungsbegründender Instrumentarien des Insolvenzrechts im Falle grenzüberschreitender Unternehmensinsolvenzen jedoch schwer fällt, liegt an der Tatsache, dass Insolvenz- und Gesellschaftsrechte innerhalb eines Systems in Wechselwirkung zueinander stehen.[719] In den Fällen, in denen die Gesellschaft selbst Insolvenzschuldnerin ist, wird mit der insolvenzrechtlichen Inbezugnahme die gesellschaftsrechtliche Sphäre unumgänglich berührt. Unabhängig von der Person des Schuldners greift z. B. im deutschen Insolvenzrecht die Insolvenzanfechtung, die eigentlich als reaktives Instrument der insolvenzrechtlichen Haftungsverwirklichung ausgestaltet ist, zur präventiven Verhaltenssteuerung in die Zeit vor der Insolvenzverfahrenseröffnung ein und wirkt je nach Tatbestand auf eine unterschiedliche Zeitspanne vor der Antragstellung

---

718 So nun auch *Eidenmüller*, RabelsZ 70 (2006), 474 (485), der die Haftungsbegründung bei gesellschaftlichen Fehlverhalten nicht ausschließlich als eine Frage des Gesellschaftsrechts betrachtet.
719 *Schmidt*, Gesellschaftsrecht, S. 25 f.

D. Die Kriterien der Qualifikation

zur Eröffnung des Insolvenzverfahrens zurück. Mit der Aufnahme spezieller Rechtsfolgen wird den Risiken von Informationsasymmetrien und Opportunismus im Falle rechtlicher Verträge mit gesellschaftsrechtlich nahestehenden Personen über § 138 Abs. 2 InsO entgegengetreten.[720] In Ergänzung zu diesen Regelungen der Insolvenzanfechtung statuiert der deutsche Gesetzgeber in § 88 InsO eine Rückschlagsperre, die zur Unwirksamkeit einer im letzten Monat vor oder nach dem Antrag auf Eröffnung des Insolvenzverfahrens durch Zwangsvollstreckungsmaßnahmen erlangten Sicherung führt. Diese Regelung erschöpft sich dabei nicht in einer Einwirkung auf das Verhalten bestimmter Personen, sondern ändert mit der Eröffnung des Insolvenzverfahrens die dingliche Rechtslage *ipso iure* mit absoluter Wirkung.[721] Dies dient der Erhaltung bzw. Vergrößerung der Insolvenzmasse zum Schutz der Gläubiger für die genannte Zeit vor (sowie auch nach) der Stellung des Eröffnungsantrages.

Neben diesen eher allgemeinen Beispielen setzt das Insolvenzrecht aber auch an den besonderen Gefahren im Rechtsverkehr mit Gesellschaften an und überlagert damit die gesellschaftsrechtlichen Regelungen. So beruhen sowohl die Nachrangigkeit von bestimmten Insolvenzforderungen, wie die Forderung auf Rückgewähr eines Gesellschafterdarlehens oder die Forderung aus Rechtshandlungen, die einem solchen Darlehen wirtschaftlich entsprechen, gem. § 39 Abs. 1 Nr. 5 InsO, als auch der Insolvenzanfechtungstatbestand betreffend diese Gesellschafterdarlehen gem. § 135 InsO auf einer nachträglichen Risikozuweisung an die in § 39 Abs. 4 S. 1 InsO genannten Gesellschaften. Auch das Gesetz zur weiteren Erleichterung der Sanierung von Unternehmen (ESUG) griff in diese Schublade und arbeitete die Verknüpfungen von gesellschaftsrechtlicher und insolvenzrechtli-

---

[720] Ein solcher Nähebezug ist nicht allein Tatbestandsvoraussetzung für Ansprüche aus Insolvenzanfechtung, wie in § 133 Abs. 2 InsO, sondern auch für Beweislastregelungen, wie in § 130 Abs. 3, § 131 Abs. 2 S. 2, § 132 Abs. 3, § 137 Abs. 2 S. 2 InsO, relevant.

[721] Die Rechtsfolge der **absoluten** Unwirksamkeit nehmen an: BGHZ 166, 74 (77 f.); *Breuer*, in: MüKo zur InsO, § 88, Rn 32 f.; *Lüke*, in: Kübler/Prütting/Bork, § 88, Rn. 2; *Wimmer-Amend*, in: Wimmer, FK-InsO Kommentar, § 88, Rn 4; *Wittkowski*, in: Nerlich/Römermann, InsO Kommentar, § 88, Rn. 11; *Raebel* ZInsO 2003, 1124 (1128 f.); die Rechtsfolge der **relativen** Unwirksamkeit nehmen an: *Grothe*, KTS 2001, 205 (234 ff.); *Thietz-Bartram/Spilger* ZInsO 2005, 858 (859 f.); unentschieden: *Eckardt*, in: Jaeger, InsO Kommentar, § 88 Rn 50 ff.

265

cher Materie weiter heraus.[722] Der Schutz der Gläubiger vor gläubigerschädigendem Verhalten in Zusammenhang mit Unternehmensinsolvenzen stellt mithin keine lediglich das Gesellschaftsrecht betreffende Angelegenheit dar. Wo jedoch die Grenze zu ziehen ist und inwieweit folglich dem Insolvenzrecht eine Haftungsbegründung, v. a. im Zusammenhang mit Gesellschaftsinsolvenzen, zukommt, soll im Folgenden näher erläutert werden.

(2) Eingreifen insolvenzrechtlicher Haftungsregelungen

Ganz grundsätzlich kann man sagen, dass in den Fällen, in denen die regulative Einwirkung auf die Gesellschaft an ihre insolvenzbezogene Teilnahme am Rechtsverkehr anknüpft, diese Regelungsinstrumente insolvenzrechtlich zu bestimmen sind. Der Grund hierfür liegt in der insolvenzbezogenen Risikoerhöhung.

(a) privatautonome Risikoverteilung durch freie Entscheidung

Die Sicherungsfunktion des Rechts i. F. der Herbeiführung von Sicherheit und Stabilität *durch* Gesetz[723] bestätigt, dass in rechtlichen Interaktionen und Beziehungen von Grund auf Unsicherheiten bestehen und diese auch in jedwedem Lebensbereich im Vorhinein nicht vollständig ausgeschlossen werden können. Dem Rechtsverkehr ist damit das Risiko von Pflicht-

---

722 *Eidenmüller*, NJW 2014, 17 (17) spricht von dem Ausbau des „Insolvenzplans zu einem gesellschaftsrechtlichen Universalwerkzeug".

723 *von Arnauld*, Rechtssicherheit, S. 83; *Geiger*, Vorstudien zu einer Soziologie des Rechts, S. 63 ff. spricht von den zwei Dimensionen der *Ordnungssicherheit*; *Luhmann*, Rechtssoziologie, S. 38 f., 40 ff., der in dieser Hinsicht dem Recht die Funktion einer *Struktur* zuschreibt und dabei von der Regulierung von Erwartungsenttäuschungen durch Normen ausgeht; *Raiser*, Grundlagen der Rechtssoziologie, S. 185 f., der von *Verhaltenssteuerung* als Funktion des Rechts spricht und dabei auf die Gewährleistung von Rechtssicherheit in doppelter Form abstellt, welche sich damit nicht nur auf die Klarheit und Beständigkeit rechtlicher Anforderungen bezieht, sondern auch die Verlässlichkeit auf die Durchsetzung rechtskonformen Verhaltens (des Gegenübers) erfasst; ebenso: *Rehbinder*, Rechtssoziologie, Rn. 100 ff.; einen Überblick über die Funktionen (Aufgaben) des Rechts gibt: *Raiser*, Grundlagen der Rechtssoziologie, S. 184 ff.

D. Die Kriterien der Qualifikation

verletzungen eigen. In der Beziehung zwischen Gläubigern und Schuldner besteht folglich die (je nach den Umständen des Einzelfalles variierende) Möglichkeit, keine vollständige Befriedigung zu erlangen oder sogar mit der eigenen Forderung auszufallen. Hierzu gehören neben Risiken, die aufgrund von Entscheidungen des Schuldners entstehen, auch die Gefahren äußerer, nicht beeinflussbarer oder gar berechenbarer Einflüsse, wie z. B. Marktschwankungen oder Maßnahmen des Arbeitskampfes.

Ausgehend von einem ideal funktionierenden Markt[724] ermöglicht die Privatautonomie – i. R. derer die Parteien freiwillig einen Vertrag mit all seinen Bestimmungen eingehen, um davon in größtmöglichem Maße zu profitieren – allerdings grundsätzlich eine Allokation von Risiken und Kosten für Schuldner und Gläubiger, die *pareto-effizient* ist, sodass durch weitere Veränderungen oder Eingriffe in diesen Zustand keine Partei besser gestellt werden kann, ohne eine andere Partei schlechter zu stellen.[725] Weiterführend bedeutet dies, dass – im Falle des Zustandes einer paretoeffizienten Allokation – durch einen staatlichen Eingriff in Form gesetzlicher Gläubigerschutzregelungen notwendig eine Partei, der Schuldner, schlechter gestellt würde und dies damit effizienzschädlich wäre. In einer rechtsgeschäftlichen Gläubiger-Schuldner-Beziehung ist es daher zuvorderst den Parteien überlassen, die Tragung bestimmter Risiken zu Lasten einer Seite privatautonom zu regeln. Den Gläubigern ist es dabei möglich, sich durch ein Aushandeln bestimmter Schutzklauseln für den Fall der Realisierung der eingegangenen Risiken abzusichern und diese damit zu kompensieren. Sofern diese Risiken bekannt und auch freiwillig eingegangen sind, mithin fernab eines externen Effektes immanent im Schuldverhältnis liegen, wird ein Schutz des Gläubigers grundsätzlich bereits dadurch erreicht, dass durch einen entsprechend erhöhten Zinssatz, durch die Bestellung von Sicherheiten oder auch durch anderweitige vertragliche Regelungen, wie z. B. sog. *financial covenants*, Absicherungen bzw. Vorkehrungen für den möglichen Eintritt des Forderungsausfalles getroffen

---

724 Dies ist ein modelltheoretischer Marktzustand im Gleichgewicht (Angebot gleich Nachfrage) unter vollständiger Konkurrenz und freier Willensbetätigung.

725 Vgl. zur Pareto-Effizienz allgemein: *Berlemann*, Makroökonomik, S. 39 f.; *Wiese*, Mikroökonomik, S. 269 f.; zur Pareto-Effizienz i. R. der ökonomischen Analyse des Rechts: *Eidenmüller*, Effizienz als Rechtsprinzip, S. 48 ff.; *Eidenmüller*, JZ 56 (2001), 1041 (1043).

werden, die dem jeweilig eingegangenen Risiko entsprechen.[726] Die (vertraglich) freiwillig eingegangenen Risiken werden dem Gläubiger mithin »bezahlt«, wodurch die Lasten der privatautonomen Risikoverteilung hinreichend ausgeglichen sein sollten und die Interessen der Vertragsparteien in ein ausgewogenes Verhältnis gesetzt werden.[727] Einzubeziehen ist auch, dass das Ausfallrisiko des Gläubigers in jedem Fall auf den zur Verfügung gestellten Betrag bzw. den in Rede stehenden Wert begrenzt ist und der Gläubiger seine Risiken bereits minimieren kann, indem er z. B. sein Kapital in verschiedene Anlagen investiert (Portfolio), d. h. diversifiziert und damit sein Risiko breit streut.[728] Insoweit steht es den rechtsgeschäftlichen Gläubigern frei, ihren Schutz vertraglich auszuhandeln und damit dem eingegangenen Risiko anzupassen.

Neben dem vertraglichen Gläubigerselbstschutz erscheint ein hinzutretender gesetzlicher Gläubigerschutz daher nicht notwendig, wenn nicht sogar unverhältnismäßig.[729] Würde man die Gläubiger dennoch darüber hinaus schützen wollen, bliebe wohl nur die Möglichkeit eines jede Forderung vollständig abdeckenden und lückenlosen Versicherungsschutzes.[730]

---

[726] Richtigerweise sind, aufgrund der Kompensation der Auswirkungen auf die Gläubiger (in Form der eingegangenen Risiken) durch die beschriebenen Möglichkeiten, wie z. B. erhöhter Zinssatz oder die Bestellung von Sicherheiten, diese Risiken nicht als negative externe Effekte (Externalitäten) und die Gläubiger damit auch nicht als schutzwürdig anzusehen: so *Adams*, Eigentum, Kontrolle und Beschränkte Haftung, S. 56 f.; *Easterbrook/Fischel*, U. Chi. L. Rev. 52 (1985), 89 (104 f.); *Nikoleyczik*, Gläubigerschutz zwischen Gesetz und Vertrag, S. 33; *Posner*, U. Chi. L. Rev. 43 (1975/1976), 499 (503); *Roth*, ZGR 1986, 371 (374). Hierbei wird jedoch vernachlässigt, dass der Gläubiger, um die angemessene Risikoprämie berechnen zu können, verschiedene Parameter kennen muss, wie z. B. unter anderen die Wahrscheinlichkeit und die Höhe des Ausfalls: vgl. *Mülbert*, EBOR 7 (2006), 357 (372), auch bei der Einholung dieser Informationen können nicht kompensierte Risiken auftreten.

[727] Dies kann natürlich nur unter der Bedingung gelten, dass sich alle Parteien insoweit rechtmäßig verhalten.

[728] *Easterbrook/Fischel*, U. Chi. L. Rev. 52 (1985), 89 (93 f.); *Berlemann*, Makroökonomik, S. 138 ff; zu verschiedenen Risikoreduzierungskonzepten: *Schneck*, Alternative Finanzierungsformen, S. 119; siehe auch: *Escher-Weingart*, Reform durch Deregulierung im Kapitalgesellschaftsrecht, S. 113 ff.

[729] Dies unterliegt jedoch der Prämisse, dass auch kein einseitig bevorteilender Eingriff in den Markt durch die Staaten vorliegt.

[730] Die negativen Wirkungen eines so weitreichenden Versicherungspflichtschutzes sowohl auf die Gesellschaft als auch auf die Wirtschaft betonen: *Kuhner*, ZGR 2005, 753 (780 f.); *Thole*, Gläubigerschutz durch Insolvenzrecht, S. 12 f.;

D. Die Kriterien der Qualifikation

Es kann aber jedenfalls nicht Aufgabe und Ziel des gesetzlichen Gläubigerschutzes sein, die dem Geschäftsverkehr bekannten und freiwillig eingegangenen Risiken unbesehen der privatautonomen Freiheit abzufangen. Genau wie das allgemeine Forderungsausfallrisiko werden auch derartige Risiken vom gesetzlich verankerten Gläubigerschutz daher grundsätzlich nicht abgedeckt.[731]

(b) Notwendigkeit eines gesetzlichen Gläubigerschutzes bei Risikoerhöhungen durch Asymmetrien

Was den Gläubigern im Rahmen eines Rechtsgeschäfts möglich wird, bleibt anderen Gläubigern[732], wie den deliktischen Gläubigern, jedoch von vornherein verwehrt. Eine gesetzliche Normierung ist die einzige Möglichkeit eines effektiven Gläubigerschutzes für diese Gruppe. Gesetzliche Gläubigerschutzregelungen sind daher nötig, um einen rechtlich effizienten Zustand, der nicht notwendig dem Kriterium der Pareto-Effizienz entsprechen muss bzw. kann[733], hervorzubringen.

Auch in Gläubiger-Schuldner-Beziehungen, die ihre Risikoverteilung durch vertragliche Selbstschutzbestimmungen regeln könnten, kann es vorkommen, dass die Gläubiger aufgrund bestehender Schwächen und Asymmetrien innerhalb des Schuldverhältnisses nicht in der Lage sind,

---

Vetter, ZGR 2005, 788 (799); *Wiedemann*, Gesellschaftsrecht I, S. 516; kritisch auch *Haas*, Gutachten zum 66. DJT, S. E96.

731 *Mülbert*, EBOR 7 (2006), 357 (370 ff.); *Thole*, Gläubigerschutz durch Insolvenzrecht, S. 12; *Vetter*, ZGR 2005, 788 (790); *Haas*, Gutachten zum 66. DJT, S. E13, E23; eher a. A.: *Zöllner*, GmbHR 2006, 1 (12), der als Ziel des Gläubigerschutzes eine vollständige Befriedigung der Gläubiger im Insolvenzfall fordert, ohne dabei Einschränkungen zu machen, und somit einen solchen, jegliche Risiken ausschließenden Gläubigerschutz, wenn auch als praktisch kaum erreichbar, als erstrebenswertes Ziel des Rechts ansieht.

732 Hierbei wird zumeist von *unfreiwilligen Gläubigern* gesprochen: *Adams*, Eigentum, Kontrolle und Beschränkte Haftung, S. 57 f.; *Kübler*, FS Heinsius, S. 397 (407). *Kuhner*, ZGR 2005, 753 (761 f.); *Mülbert/Birke*, EBOR 3 (2002), 695 (714 f.).

733 *Eidenmüller*, Effizienz als Rechtsprinzip, S. 50, 52 f., der das Kriterium der Pareto-Effizienz richtigerweise als für die Wirtschafts- und Rechtspolitik unbrauchbar ansieht, weil sich rechtliche Normen, aufgrund der enormen Vielzahl von Individuen und Konstellationen, auf die sie grundsätzlich angewendet werden müssen, zwangsläufig für einzelne Individuen und in einigen Situation nachteilig auswirken können und auch werden.

Kapitel 3: Die Übertragbarkeit des Instruments der vis attractiva concursus

sich selbst ausreichend zu schützen. Ein angemessener Ausgleich der Interessen beider Vertragsparteien durch eine eigenvertragliche Sicherung wird insofern bereits dann ausscheiden, wenn eine Partei eine ungleich starke Verhandlungsmacht innehat.[734] Die Gründe für einen diesen rechtsgeschäftlichen Asymmetrien folgenden Ausschluss privatautonomer Risikoverteilung und Absicherung sind vielfältig.[735] So gibt es neben den strukturellen Marktungleichgewichten auch Informationsasymmetrien, die neben einer ungenügenden und falschen Übermittlung auch auf personellen Gründen, wie Verständnisproblemen, unzulänglichen Risikowahrnehmungen oder -bewertungen des Gläubigers beruhen können. Gleichfalls in Betracht kommt auch die auf Informationsasymmetrien fußende Gefahr der »Negativauslese« in Form einer fehlerhaften Auswahl des Vertragspartners. Denkbar sind aber auch unverhältnismäßig hohe Informations- und Transaktionskosten sowie ein Vertrauen des Gläubigerkollektivs auf sorgfältige Vertragsverhandlungen und eine Überwachung der Gesellschaft durch (jeweils) andere Gläubiger. Im letzten Fall kann das Kollektiv indirekt jedoch nur so lange von diesen den Schuldner restringierenden Schutzmaßnahmen profitieren, wie der Schuldner sich an den Vertrag mit dem anderen Gläubiger ohne Verletzung der Klauseln hält (*free riding*). Durch die Auflistung wird jedenfalls deutlich, dass ein institutionalisierter und damit gesetzlicher Gläubigerschutz aufgrund des Verhaltens beider Parteien unabdingbar werden kann. Der Gläubiger ist damit nicht nur vor einem eventuellen Fehlverhalten des Schuldners zu schützen, sondern auch insofern vor den eigenen unzulänglichen Fähigkeiten, Kenntnissen und Möglichkeiten, als sie aus einer ungleichen Verhandlungsposition der Parteien resultieren.

---

734 *Nikoleyczik*, Gläubigerschutz zwischen Gesetz und Vertrag, S. 34.
735 Umfassend zu den im Folgenden genannten Gründen: *Nikoleyczik*, Gläubigerschutz zwischen Gesetz und Vertrag, S. 35 ff.; ebenso einige dieser Gründe als Hindernis für die Herbeiführung eines ausreichenden Gläubigerschutzes durch vertragliche Regelungen ansehend: *Adams*, Eigentum, Kontrolle und Beschränkte Haftung, S. 61 f.; *Bauer*, Gläubigerschutz durch formelle Nennkapitalziffer, S. 106 f; *Fleischer*, Informationsasymmetrie im Vertragsrecht, S. 112 ff.; *Haas*, Geschäftsführerhaftung und Gläubigerschutz, S. 17; *Kuhner*, ZGR 2005, 753 (761 ff.); *Mülbert/Birke*, EBOR 3 (2002), 695 (714); *Roth*, ZGR 2005, 348 (371 ff.), der mehr auf die psychologische Disposition des Individuums abstellen möchte; insbesondere zur Problematik des *free riding*: *Merkt*, ZGR 2004, 305 (313 f.); *Mülbert*, EBOR 7 (2006), 357 (376 f.); ders., Der Konzern 2004, 151 (157); *Wilhelmi*, GmbHR 2006, 13 (15f.).

D. Die Kriterien der Qualifikation

An diesen der Gläubiger-Schuldner-Beziehung zugrunde liegenden Asymmetrien setzt der gesetzlich normierte Gläubigerschutz an und wirkt einer Risikoerhöhung, die mit immanenten Risiken nicht vereinbar ist und die die Interessen des Gläubigers unangemessen benachteiligt, entgegen.[736] Geschützt wird nur, wer eines Schutzes bedarf, weil die eigenen Interessen gefährdet sind. Eine Gefährdung liegt aber nur dann vor, wenn das Risiko einer Verletzung dieser Interessen durch den Schutzbedürftigen nicht steuerbar und auch nicht freiwillig eingegangen ist. Dies betrifft damit nur die das allgemeine Forderungsausfallrisiko erhöhenden Risikofaktoren, die in die getroffenen Entscheidungen nicht mit einkalkuliert werden können und mithin durch den Schuldner auch nicht »bezahlt« sind.

[1]   Erhöhung des Forderungsausfallrisikos

Solche das eigene Forderungsausfallrisiko erhöhenden Faktoren sind das Ergebnis einer fremdbestimmten Risikoverteilung. Über das zwischen Schuldner und Gläubiger bestehende reale Machtgefälle, in welchem der Schuldner seinen Leistungsbereich allein, ohne reale Einflussnahmemöglichkeit des Gläubigers, dominiert, können Asymmetrien eine kompensationslose *Erhöhung* des allgemeinen Forderungsausfallrisikos bewirken. Auch wenn ein dem Gläubiger unkompensiert aufgelastetes Risiko kaum trennscharf segmentiert werden kann, soll zumindest der Versuch einer Einordnung in die drei konkreten Risikofaktoren des Informations-, des Handlungs- und des Insolvenzrisikos erfolgen, die die wesentlichen Erscheinungsformen einer Asymmetrie in Schuldverhältnissen widerspiegeln.[737]

---

736   *Thole*, Gläubigerschutz durch Insolvenzrecht, S. 12; *Roth*, ZGR 1986, 371 (374, 379); *Wiedemann*, Gesellschaftsrecht I, S. 516;.
737   An der Vielzahl der unterschiedlichen Auflistungen der den Gläubigern „unbezahlt" aufgelasteten Risiken sieht man, dass eine konforme Aufgliederung schwerlich möglich ist, solange nicht von einer einheitlichen Konkretisierungsstufe und einem einheitlichen Blickwinkel ausgegangen wird. Als Beispiele seien angeführt: *Drukarczyk*, Unternehmen und Insolvenz, (1987) S. 22 f., der zwischen Investitions-, Informationstransfer-, Vermögensverschiebungs-, Finanzierungsrisiken und dem Risiko der Verkürzung der Masse unterscheidet; *Haas*, Gutachten zum 66. DJT, S. E15, der zwischen Ausfall-, Informations- oder Bewertungs- und Insolvenzverursachungsrisiko in der Insolvenz unterscheidet; *Mülbert*, Der Konzern 2004, S. 151 (153 f.), der zwischen Nichterfül-

Kapitel 3: Die Übertragbarkeit des Instruments der vis attractiva concursus

Unter das Risiko dem Gläubiger verborgen gebliebener, unveröffentlichter informationeller Vorgänge auf Schuldnerseite fällt das bewusste Ausnutzen von natürlichen Informationsasymmetrien sowie ein mangelnder oder falscher Informationsfluss (sowohl gegenüber den Gläubigern als auch gegenüber den Register- und Insolvenzgerichten), die dazu führen können, dass der Gläubiger die Lage des Unternehmens und damit auch seine eigene Gläubigerposition fehlerhaft einschätzt und bewertet.[738]

Unter dem Handlungsrisiko ist das Risiko von Vermögensverlagerungen aufgrund von Dispositionen des Schuldners zu verstehen, das sowohl vor dem Einsetzen eines Insolvenzgrundes (durch veränderte Investitionsentscheidungen oder entgegen Kapitalerhaltungsregeln) als auch danach (durch ein Beiseiteschaffen oder eine Sicherung des Vermögens vor dem Zugriff der Gläubiger) eintreten kann.[739]

Unter dem Insolvenzrisiko ist das Risiko insolvenzverursachender oder -vertiefender Eingriffe des Schuldners und opportunistischer Handlungen Dritter oder anderer Gläubiger (»Wettlauf der Gläubiger«)[740] zu verstehen. Hier kann es Überscheidungen mit dem Handlungsrisiko geben. Eine Abgrenzung erfolgt in diesem Fall über die situative Komponente des Insolvenzrisikos.

Jeder dieser Risikofaktoren trifft den Gläubiger kompensationslos und damit als externer Effekt, deren Vermeidung im Interesse der Gläubiger ein ausgleichendes Entgegenwirken durch Gläubigerschutzklauseln bzw. -vorschriften unbedingt erforderlich macht. Den Gläubigern, die sich selbstständig keinen umfangreicheren Schutz leisten wollen oder können, stellt der gesetzliche Gläubigerschutz damit einen Mindestschutz zur Verfügung, der sich in Form gesetzlicher *financial covenants* darstellt.[741] Vor allem werden durch diese gesetzlichen Regelungen aber Rechtssicherheit

---

lungs-, Entwertungs- und Bewertungsrisiko unterscheidet; *Thole*, Gläubigerschutz durch Insolvenzrecht, S. 13 ff., der zwischen Gläubigerkonkurrenz-, Informations-/Bewertungs- und Opportunismusrisiko unterscheidet und dabei zumindest in seiner begrifflichen Einteilung missachtet, dass alle diese Risiken in gewissem Maße auf Opportunismus beruhen können und diese Risikogruppe daher zur Abgrenzung nicht geeignet erscheint.

738 Siehe auch *Kübler*, FS Heinsius, S. 397 (405 ff.).
739 So ähnlich, dies aber als Opportunismusrisiko bezeichnend: *Thole*, Gläubigerschutz durch Insolvenzrecht, S. 13 ff.
740 *Thole*, Gläubigerschutz durch Insolvenzrecht, S. 17 f.
741 Vgl. Miola, ECFR 2 (2005), 413 (478) bezüglich des Schutzes durch gesetzlich vorgeschriebenes Mindestkapital.

geschaffen und ein Vertrauen der Gläubiger und des Schuldners in die interessengerechte Abwicklung des Schuldverhältnisses erzeugt.[742] Dies gilt nicht nur für den Gläubigerschutz in materieller, sondern auch in formeller Hinsicht. So steht es den Parteien eines Rechtsgeschäfts zwar frei, einen bestimmten Gerichtsstand entsprechend ihrer Bedürfnisse zu vereinbaren. Die Begründung der Zuständigkeit eines Gerichts durch Prorogation kann aber dann ausgesetzt werden, wenn aus den oben genannten Gründen eine Vereinbarung einer einseitig, oktroyierten Bestimmung des Gerichtsstandes gleichkommen würde oder wenn aus Gründen der besonderen Sach- und Vollstreckungsnähe ein ausschließlicher Gerichtsstand geboten erscheint.[743] In diesen Fällen wird der Gerichtsstand durch die gesetzlichen Regelungen bestimmt.

[2] Besonderheiten im gesellschaftsrechtlichen Bereich

Für das einer Gläubiger-Schuldner-Beziehung immanente allgemeine Forderungsausfallrisiko kann die Rechtsform des Schuldners zunächst keinen Unterschied machen: die natürliche Person haftet mit ihrem gesamten Privatvermögen und die Gesellschaft mit ihrem vollständigen Gesellschaftsvermögen. Dem Gläubiger steht, entsprechend der Risikoverteilung, folglich ein unbeschränkt haftender Schuldner unmittelbar gegenüber. Dies gilt unabhängig des Subjekts des jeweiligen Rechtsträgers und damit unabhängig davon, ob es sich um eine natürliche Person oder eine gesellschaftliche Verbindung, gleich welcher Rechtsform[744], handelt. Obwohl die Haftung eines rechtlichen Gebildes durch ihre an die Liquidation an-

---

742 Zur positiven Korrelation zwischen zwingendem Recht und der Rechtssicherheit: *Möslein*, Dispositives Recht, S. 209; *Bezzenberger*, Das Kapital der Aktiengesellschaft, S. 118; allgemein zur Rechtssicherheit durch gesetzliche Regelungen: *von Arnauld*, Rechtssicherheit, S. 87 ff.; *Schulze-Fielitz*, in: Dreier, GG Kommentar, Art. 20 GG (Rechtsstaat), Rn. 146 ff.; *von Sommermann*, in: Mangoldt/Klein/Starck, GG Kommentar, Art. 20 Abs. 3 GG, Rn. 288, 292 f., 297.
743 So bestimmt z. B. im deutschen Recht § 40 Abs. 2 S. 1 ZPO, dass eine Gerichtsstandsvereinbarung in den dort nicht abschließend aufgelisteten Fällen unzulässig ist.
744 Zur strukturellen Unterscheidung der Gesellschaftsformen: *Kübler/Assmann*, Gesellschaftsrecht, S. 22 ff.; *Saenger*, Gesellschaftsrecht, Rn. 11 ff.; *Schmidt*, Gesellschaftsrecht, S. 46 ff.

Kapitel 3: Die Übertragbarkeit des Instruments der vis attractiva concursus

schließende Auflösung natürlich begrenzt ist, ist das endgültige Forderungsausfallrisiko, d. h. das Risiko in der Insolvenz des Schuldners keine vollständige Befriedigung seiner Forderungen mehr zu erhalten, nicht erhöht und drängt an sich noch nicht zu einem Eingriff des Gesetzgebers durch beizugebende Schutzbestimmungen.

Demgegenüber werden die risiko*erhöhenden* Faktoren von der jeweiligen Rechtsform des Schuldners durchaus beeinflusst. So ist bereits durch den Eingriff des Gesetzgebers in die Gläubiger-Schuldner-Beziehung i. F. der für einige Gesellschaftsformen statuierten beschränkten persönlichen Haftung der Gesellschafter auf die Höhe der Einlage eine vollständig privatautonome Risikoverteilung und ein allein durch Vertragsverhandlungen erfolgender Ausgleich beider Interessen nicht mehr möglich.[745] Anders als bei den Gesellschaften, deren Gesellschafter unbeschränkt mit ihrem Privatvermögen haften und mithin das Risiko der Insolvenz der Schuldnergesellschaft selbst tragen, wird dieses Risiko durch eine Beschränkung der Gesellschafterhaftung auf die Gläubiger abgewälzt und verlagert.[746] Trotz

---

[745] *Bezzenberger*, Das Kapital der Aktiengesellschaft, S. 87; *Nikoleyczik*, Gläubigerschutz zwischen Gesetz und Vertrag, S. 44, 47; kritisch: *Bauer*, Gläubigerschutz durch formelle Nennkapitalziffer, S. 108 ff. Das praxisrelevanteste Beispiel hierfür ist die GmbH mit der beschränkten Haftung der GmbH-Gesellschafter, die den Gläubigern gem. §13 Abs. 2 GmbHG nicht persönlich mit ihrem Privatvermögen haften (Haftungstrennung). Richtigerweise muss man aber zugeben, dass darin noch nicht der Unterschied liegt, da es im Grunde genommen überhaupt keine unbeschränkte Haftung gibt: Realisiert sich das Risiko, so liegt bei natürlichen Personen und unbeschränkt, persönlich haftenden Gesellschaftern die faktische Beschränkung der Haftung in den Grenzen des Privatvermögens, die rechtliche Beschränkung erfolgt durch den Vollstreckungsschutz der Pfändungsbeschränkungen und die Möglichkeit zur Restschuldbefreiung. Bei Gesellschaften liegt die faktische Beschränkung in den Grenzen des Gesellschaftsvermögens, die rechtliche Beschränkung in der auf die Liquidation (und der registerlichen Löschung) folgenden Vollbeendigung der Gesellschaft oder sogar beschränkten Haftung der Gesellschaft durch die Privilegierung der Gesellschafter, indem diese nicht mit ihrem Privatvermögen für die Verbindlichkeiten der Gesellschaft haften: vgl. *Adams*, Eigentum, Kontrolle und Beschränkte Haftung, S. 55; *Böckmann*, Gläubigerschutz bei GmbH, S.3; *Meyer*, Haftungsbeschränkung, S. 956; allgemein, aber treffend drückt dies auch *Easterbrook/Fischel*, U. Chi. L. Rev. 52 (1985), 89 (90) aus: „Limited liability is not unique to corporations".

[746] Die kompensationsbedürftige Risikoerhöhung wird in dieser haftungsbeschränkenden Konstellation dadurch ausgeformt, dass der Menschlich-Agierende im Insolvenzfall für die Folgen seines Tuns nicht persönlich und

D. Die Kriterien der Qualifikation

dessen, dass die Gläubiger die beschränkte Haftung der Gesellschafter beim Kontrahieren mit der Schuldnergesellschaft kennen und damit ein gewisses Risiko aufgrund der Beschränkung hinnehmen[747], bedarf die Existenz eines aus staatlicher Einwirkung hervorgehenden Privilegs der einen Seite einer ausgleichenden Normierung zugunsten der anderen Seite. Mag dies präventiv auch über Vorschriften zu Kapitalaufbringung und -erhaltung stattfinden,[748] wird ein darüber hinausgehend bestehendes Risiko, das in dem personellen Ausnutzen dieses Privilegs durch die Gesellschafter liegt, damit weder verhindert noch kompensiert. Diesem externen Effekt des unkompensiert abgewälzten Risikos ist durch ein gesetzgeberisches Eingreifen insoweit entgegenzuwirken, dass die gewählten Instrumente zur Umsetzung des Gläubigerschutzes ein ausgleichendes Pendant zum Haftungsprivileg der beschränkten Haftung bilden.[749]

Dementsprechend sind jedoch für bestimmte Gläubigergruppen dann keine oder lediglich eingeschränkte Schutzbestimmungen erforderlich, wenn sie mangels asymmetrischer Stellung von externen Effekten gar nicht betroffen sind. So kommt Gesellschaftern aufgrund ihrer Stellung innerhalb der Schuldnergesellschaft zugute, dass sie für gewöhnlich die Möglichkeit haben, Entscheidungen mit zu beeinflussen und v. a. (unveröffentlichte) Informationen über die relevanten Vorgänge und die Situation der Gesellschaft besser in Erfahrung zu bringen.[750] Ein Informations-

---

unbeschränkt mit seinem Privatvermögen einstehen muss, was ihm eine gegenüber den Gläubigern überlegene Freiheit verschafft.
747 Diese auf das Gesellschaftsvermögen beschränkte Haftung führt zu wichtigen ökonomischen Vorteilen: *Eidenmüller/Engert*, GmbHR 2005, 433 (434 f.); *Armour/Hansmann/Kraakmann*, in: The Anatomy of Corporate Law, S. 1 (9 ff.).
748 *Röhricht*, ZIP 2005, 505 (506).
749 *Bezzenberger*, Das Kapital der Aktiengesellschaft, S. 87; *Kuhner*, ZGR 2005, 753 (759); *Nikoleyczik*, Gläubigerschutz zwischen Gesetz und Vertrag, S. 44 f., 47. Die in der Pflicht des Gesetzgebers stehende Notwendigkeit, ein ausgleichendes Pendant sicher zu stellen, erlangt nicht nur für das deutsche Recht Gültigkeit, sondern wird auch in den anderen Rechtsordnungen Europas so gesehen: siehe *Haas*, Gutachten zum 66. DJT, S. E13.
750 *Armour/Hansmann/Kraakman*, in: The Anatomy of Corporate Law, S. 35 (35); *Giering*, Risikobezogener Gläubigerschutz, S. 28; *Roth*, GmbHR 2008, 1184 (1189); *Steffek*, in: Perspektiven des Wirtschaftsrechts, S. 291 (294); *Wiedemann*, Gesellschaftsrecht I, S. 515 f.; zum Agency-Problem: *Ewert*, Wirtschaftsprüfung und asymmetrische Information, S. 23 ff.; siehe auch *Fleischer*, Informationsasymmetrie im Vertragsrecht, S. 548, 561 ff., der die Problematik des Ausnutzens von aufgrund des Berufes oder der beruflichen Tätigkeit er-

Kapitel 3: Die Übertragbarkeit des Instruments der vis attractiva concursus

vorsprung ist ein bedeutender Faktor zur Einleitung diverser Maßnahmen und Handlungen, um die Nichterfüllung eigener Forderung abzuwenden und einer möglichen Verlustgefahr zu entgehen. V. a. derjenige, der die Möglichkeit hat, auf Erfolg und Misserfolg und damit auch auf Gewinn und Verlust einzuwirken und zusätzlich noch am Gewinn beteiligt ist, hat auch für die damit verbundenen Konsequenzen einzustehen. Aufgrund des im Gegensatz zu den Außengläubigern nicht bestehenden Informations- und Handlungsrisikos haben die Gesellschaftergläubiger das Risiko des endgültigen Forderungsausfalles und mithin die Verlustgefahr daher vorrangig[751] zu tragen. Diese stellt sich für jene aufgrund des Verhältnisses der Gesellschafter zur Gesellschaft als immanent dar.

[3]   Insolvenzbezogene Risikoerhöhung

Für die Bestimmung eines Regelungsinstruments als insolvenzrechtlich bleibt damit die Frage zu beantworten, wann eine zu kompensierende Risikoerhöhung als insolvenzrechtlich einzuordnen ist.

In der Insolvenz von Gesellschaften kommt der Unterschied zum Tragen, ob eine Beschränkung erst im Nachhinein eintritt oder ob diese bereits von Anfang an besteht und die Gesellschafter in Kenntnis dessen ihre Entscheidungen treffen und handeln, für einen etwaigen Verlust persönlich nicht haften zu müssen.[752] Bei natürlichen Personen oder unbeschränkt, persönlich haftenden Gesellschaftern wird man, im Gegensatz zu Gesellschaftern, deren persönliche Haftung auf die Höhe ihrer Einlagen beschränkt ist, eine erhöhte Risikobereitschaft und ein vorsätzliches Missmanagement grundsätzlich ausschließen, zumindest aber als höchst

---

langten Wissensvorsprüngen i. R. des börslichen Insiderhandels auf das allgemeine Vertragsrecht überträgt.

751   Zu sehen ist die nachrangige Befriedigung der Gesellschaftergläubiger z. B. an: §§ 30, 31 GmbHG, §§ 57, 62 AktG, §§ 39, 44a, 135 InsO.

752   Einen ähnlichen Gedanken hat auch *Gloger*, Haftungsbeschränkung versus Gläubigerschutz, S. 33 f.; **a. A.** *Easterbrook/Fischel*, The Economic Structure of Corporate Law, S. 49 f., die den Anreiz zur Abwälzung eingegangener, erhöhter Risiken auf die Gläubiger unabhängig einer Haftungsbeschränkung und damit für alle Rechtsträger gleichsam ansehen wollen, dabei jedoch die unterschiedliche Reichweite zwischen der betragsmäßigen, faktischen Vermögens- und der rechtlichen Haftungsbeschränkung verkennen.

D. Die Kriterien der Qualifikation

unwahrscheinlich ansehen können.[753] Die unbeschränkte Haftung des Handelnden lässt diesen, da es, profan ausgedrückt auch um »den eigenen Kopf geht«, vorsichtig, risikoavers und meist überlegter handeln. Auch der beschränkt haftende Gesellschafter wird zwar überlegen und dafür Sorge tragen, das Insolvenzrisiko möglichst klein zu halten, jedoch geht es bei diesem nicht um die eigene Existenz, sondern lediglich um den Kapitaleinsatz, eine Gewinnbeteiligung und eventuell noch um ein wenig »Herzblut«. Das führt zu einem leichtfertigeren Umgang mit risikobehafteten Geschäftsentscheidungen. Durch eine bevorstehende Insolvenz wird dies weiter verstärkt (positive Korrelation), weil die Gesellschafter (die ihre Einlage bereits abgeschrieben haben) persönlich nichts mehr zu verlieren haben, andererseits aber durch das Eingehen von Risiken bei einem Gewinn nur noch profitieren können, wohingegen die Außengläubiger, aufgrund der mangelnden Beteiligung am Gewinn, aus risikoreichen Geschäften keinen derartigen Erwartungsnutzen ziehen, sondern lediglich die negativen Folgen beim Scheitern dieser risikoträchtigen Geschäfte allein tragen.[754] Für die beschränkt haftenden Gesellschafter wird dadurch ein Anreiz geschaffen, opportunistisch zu handeln, indem die eigenen Interessen zu Lasten der Gläubiger durchgesetzt werden, was auch als »moral hazard«-Effekt bekannt ist.[755] Das Wissen um die eigene beschränkte Haftung bringt demzufolge die Gefahr einer Verhaltensänderung in Form des Ausnutzens dieser Asymmetrie hervor. Realisiert sich dieses Verhalten schließlich im Eintritt der materiellen Insolvenz, wirkt sich die Haftungsbeschränkung auf das (nicht mehr vorhandene) Gesellschaftsvermögen als externer Effekt oder auch Externalität dadurch aus, dass das Insolvenzrisi-

---

753 *Roth*, ZGR 1986, 371 (378); *Gloger*, Haftungsbeschränkung versus Gläubigerschutz, S. 33 f..

754 *Kübler*, in: Hopt/Wymeersch, Capitel Markets and Company Law, S. 95 (100); vgl. ebenso *Armour/Hertig/Kanda*, in: The Anatomy of Corporate Law, S. 115 (116 f.); *Böckmann*, Gläubigerschutz bei GmbH, S. 3; *Davies*, EBOR 7 (2006), 301 (306 ff.); *Fleischer*, ZGR 2004, 437 (446); *Klöhn*, ZGR 2008, 110 (112 ff.); *Kuhner*, ZGR 2005, 753 (768); *Mülbert/Birke*, EBOR 3 (2002), 695 (710 f.); *Nikoleyczik*, Gläubigerschutz zwischen Gesetz und Vertrag, S. 17 f.

755 *Armour/Hansmann/Kraakman*, in: The Anatomy of Corporate Law, S. 35 (35 f.), die hierfür auf die *principal-agent theory* abstellen; *Bauer*, Gläubigerschutz durch formelle Nennkapitalziffer, S. 95; *Böckmann*, Gläubigerschutz bei GmbH, S. 3; *Easterbrook/Fischel*, U. Chi. L. Rev. 52 (1985), 89 (103 f.); *Eidenmüller/Engert*, GmbHR 2005, 433 (435); *Meyer*, Haftungsbeschränkung, S. 957 f.; *Steffek*, in: Perspektiven des Wirtschaftsrechts, S. 291 (294).

ko unkompensiert auf die Gläubiger abgewälzt wird.[756] Damit muss die Rechtfertigung für die Haftungsbeschränkung auf das Gesellschaftsvermögen entfallen[757] und das Risiko der Insolenz auf die Entscheider zurück übertragen werden. Nur so kann die Risikobereitschaft der Gesellschafter – und mithin der »moral hazard«-Effekt – präventiv verringert und ihr Verhalten dahingehend gesteuert werden.

Die Regelungen, die dementsprechend als insolvenzbezogene Reaktion auf die Teilnahme am Rechtsverkehr in die Haftungsprivilegierung oder in die gesellschaftliche Pflichtenstellung eingreifen, indem sie diese modifizieren, setzen an der Erfüllung der insolvenzrechtlichen Haftungsordnung an und sind mithin insolvenzrechtlich zu qualifizieren.[758] Dabei ist diesen Regelungen eine gerechte Verteilung des Insolvenzrisikos und, falls erforderlich, auch dessen Rückübertragung auf den »Verursacher« immanent. Dies gilt ferner unabhängig davon, ob ein Insolvenzverfahren bereits formell eröffnet worden ist.

(3) Die Einbeziehung durch die EuInsVO

Dieses Verständnis von der Reichweite des Insolvenzrechts muss von der EuInsVO aber auch in der Form getragen werden. Umfasst die Verordnung allein die Haftungsverwirklichung im Rahmen eines geordneten Verfahrens, wären Fragen außerhalb des exekutorisch verfahrensbezogenen Ansatzes, wie die Haftungsbegründung, nicht der Regelung durch die Verordnung unterlegen. Rechtsfragen, die den vertikalen Gläubigerkonflikt betreffen, wären dann aus dem Geltungsbereich der EuInsVO ausgenommen.[759]

---

756 *Easterbrook/Fischel*, U. Chi. L. Rev. 52 (1985), 89 (103 ff.); *Mülbert*, EBOR 7 (2006), 357 (364); *Roth*, ZGR 1986, 371 (374); *Spindler*, JZ 2006, 839 (840).

757 BGHZ 126, 181 (196 f.); *Hirte/Mock*, ZIP 2005, 474 (475); *Mock/Schildt*, in: Hirte/Bücker, Grenzüberschreitende Gesellschaften, § 17 Rn. 69.

758 Im Ansatz so ähnlich: *Spindler*, JZ 2006, 839 (842, 845); vgl. auch *Fischer*, ZIP 2004, 1477 (1483) der von einer *Finanzierungsverantwortung* spricht, auf deren Grundlage das Insolvenzrecht insoweit auszubauen wäre, dass die Gesellschafter einen Finanzierungsbeitrag zugunsten der Gläubiger im Falle der Insolvenz zu leisten haben.

759 So *Weber*, Gesellschaftsrecht und Gläubigerschutz im Internationalen Zivilverfahrensrecht, S. 116 ff., 128.; im Ergebnis auch *Berner/Klöhn*, ZIP 2007, 106 (108).

(a) Funktionales Verständnis der EuInsVO

Der Bezug der EuInsVO auf die Haftungsverwirklichung findet insoweit einen Anknüpfungspunkt, als dass für die Bestimmung des Anwendungsbereichs der EuInsVO gem. Art. 1 Abs. 1 EuInsVO-2015 auf die in Anhang A benannten, geordneten Verfahren verwiesen wird. Ebenfalls, bereits oben erwähnt, legen sowohl die Schlüsselnorm des Art. 3 EuInsVO-2015 zur internationalen Zuständigkeit als auch die sich daran anschließende Kollisionsnorm des Art. 7 EuInsVO-2015 ihren Regelungen das Insolvenz*verfahren* zugrunde. Selbst aus den in den Erwägungsgründen 3 und 8 EuInsVO-2015 angegebenen Zielstellungen mag man den Anknüpfungspunkt des Verfahrens herauslesen. Dass mithin die Koordinierung des grenzüberschreitenden Gesamtverfahrens Kern der Verordnung ist, heißt aber nicht notwendig, dass diese nicht auch einen darüber hinausgehenden Rahmen besitzen kann. So wurde oben bereits die Bezugnahme der Verordnung auf einen präventiven Ansatz bejaht.[760] Damit ist aber auch gleichfalls ein bewusst vor die Eröffnung des Kollektivverfahrens gezogener Schutz der Gläubiger vor dem Eintritt der Insolvenz verbunden, der mithin auch die Haftungsrealisierung im vertikalen Gläubigerkonflikt als Teil der Insolvenzverordnung einbindet.

In Anlehnung an die bereits im UNCITRAL-Modelgesetz zur grenzüberschreitenden Insolvenz[761] einbezogenen vorinsolvenzlichen Sanierungsverfahren[762] wurden auch mit der Reform der Europäischen Insolvenzverordnung vorinsolvenzliche Verfahren zum Zwecke der »Vermeidung der Insolvenz des Schuldners« in den Anwendungsbereich der EuInsVO aufgenommen, Art. 1 Abs. 1 Unterabs. 2 EuInsVO-2015. Damit sollte vorrangig sichergestellt werden, dass die von einigen Mitgliedstaaten angebotenen Restrukturierungsverfahren zukünftig auch von der Ver-

---

760 Siehe oben: Kapitel 3: D. I. 2. c).
761 UNCITRAL Model Law on Cross-Border Insolvency (1997), unter: http://www.uncitral.org/uncitral/en/uncitral_texts/insolvency/1997Model.html, zuletzt besucht am 20.12.2016.
762 Siehe hierzu die Interpretationshilfen in: UNCITRAL Model Law on Cross-Border Insolvency Law with Guide to Enactment and Interpretation, para. 72 sowie paras 65, 67 und 73, die ein „*severe financial distress*" ausreichen lassen, unter: https://www.uncitral.org/pdf/english/texts/insolven/1997-Model-Law-Insol-2013-Guide-Enactment-e.pdf, zuletzt besucht am 20.12.2016.

ordnung erfasst werden.[763] Mit dem dazu eingefügten Erwägungsgrund 17 EuInsVO-2015 macht der Verordnungsgeber deutlich, dass hinter dieser Einbeziehung nicht ein aus den nationalen Vorschriften übernommener Gedanke zur Rettung des Schuldners steht, sondern der Gefahr begegnet werden soll, dass der Schuldner seine fälligen Verbindlichkeiten gegenwärtig oder zukünftig nicht mehr bedienen kann. Aufgabe ist es mithin »unproduktiv gewordenes Kapital [sei dies nun aus finanziellen oder nicht-finanziellen Gründen] zurück in die Produktivität«[764] zu führen und die Insolvenz des Schuldners zugunsten einer Erhaltung der Haftungsrealisierung zu verhindern. Dem Ziel eines ordnungsgemäß funktionierenden Binnenmarkts ist die EuInsVO auch insoweit zu dienen bestimmt.[765]

So lässt sich aus diesem Ansatz ein erweitertes funktionales Verständnis der von der Verordnung erfassten Insolvenzregulierung erkennen.[766] Bei der Betrachtung von (grenzüberschreitenden) Insolvenzverfahren geht es mithin nicht bloß um die exekutorische Funktion der Abwicklung in Bezug auf die verfahrensrechtliche Problematik[767], sondern um die Verhinderung und Bewältigung eines Zustandes in seiner ganzheitlichen Form. Soll nämlich bereits dem Zustand der Insolvenz entgegen gewirkt werden, so kann es der Verordnung nicht allein um die verfahrensmäßige Abwicklung einer bereits eingesetzten Insolvenz gehen. Dabei kann an *Hanisch* erinnert werden, der das Verständnis des Konkurses als besonderes Vollstreckungsverfahren für die Gegenwart in Frage stellte und es eher – und sehr richtig – als »komplexe[s] 'Regelungswerk' für den wirtschaftspathologischen Sachverhalt der Insolvenz« begriff.[768] Die rechtliche Bewältigung einer Insolvenz ist auf die notwendig multipersonelle und v. a. multidimensionale Bewältigung eines komplexen und um sich greifenden krankhaften Zustandes eines Wirtschaftssubjekts gerichtet,

---

763 Europäische Kommission, Vorschlag für eine Verordnung des Europäischen Parlaments und des Rates zur Änderung der Verordnung (EG) Nr. 1346/2000 des Rates über Insolvenzverfahren, COM(2012) 744 final, vom 12.12.2012, S. 5 ff., unter: http://www.europarl.europa.eu/meetdocs/2009_2014/documents/com/com_com%282012%290744_/com_com%282012%290744_de.pdf, zuletzt aufgerufen am 31. Mai 2013.
764 *Paulus*, NZI 2008, 1 (5) zum deutschen Insolvenzrecht.
765 Vgl. Erwägungsgründe 3 bis 5 EuInsVO-2015.
766 *Bornemann*, in: Wimmer/Bornemann/Lienau, Die Neufassung der EuInsVO, Rn. 66.
767 *Smid/Leonhardt*, in: Leonhardt/Smid/Zeuner, InsO Kommentar, § 4, Rn. 5.
768 *Hanisch*, in: Kegel/Thieme, Vorschläge und Gutachten. S. 319 (322).

D. Die Kriterien der Qualifikation

wodurch – unabhängig der verfahrensmäßigen Abwicklung – viel grundlegender »die Rechtsstellung der Beteiligten im zivilrechtlichen Anspruchssystem beeinflusst«[769] wird. Die in diesem Kontext ergriffenen Maßnahmen können und müssen mithin zum Schutz der Gläubiger auch haftungsbegründender Natur sein und den vertikalen Konflikt zwischen Gläubigern und Schuldner betreffen. Um allerdings der Gefahr einer Ausweitung auch auf rein gesellschafts- und schuldrechtliche Instrumente entgegenzuwirken, sind die dabei aufzustellenden Grenzen anhand des Vorliegens der beiden oben genannten Kriterien zu ziehen.

(b) Musterbeispiel der Einbeziehung schuldnerbezogener Anfechtungstatbestände

Sind unter dem insolvenzrechtlichen Ansatz der EuInsVO folglich auch Rechtsfragen zu betrachten, die den Sachverhalt vor der Eröffnung des Insolvenzverfahrens erfassen, dann müssen diese mit dem Verfahren in einem engen Zusammenhang stehen. Die haftungsbegründenden Tatbestände, die komplementär an den Verstoß gegen eine Verhaltenspflicht anknüpfen und dem Eintritt der materiellen Insolvenz vorbeugen sollen, sind daher nur dann als insolvenzrechtlich zu qualifizieren, wenn die mit diesen Vorschriften angestrebte Regulierung des vertikalen Konflikts zwischen den Gläubigern und dem Schuldner auch der Haftungsverwirklichung unter Knappheitsbedingungen und mithin der Gläubigergemeinschaft dient.

Die Europäische Insolvenzverordnung enthält eine diesen Konflikt betreffende Regelung in Art. 7 Abs. 2 S. 2 lit. m) EuInsVO-2015. Wollte man in diesem Zusammenhang Regelungen, die den vertikalen Konflikt betreffen, gänzlich dem Insolvenzrecht entziehen, so müssten die schuldnerbezogenen Anfechtungstatbestände, welche im deutschen Recht v. a. in den §§ 133, 134 InsO geregelt sind,[770] eigentlich aus dem Anwendungsbereich der Verordnung ausgenommen werden.[771] Sind diese doch lediglich

---

769 *Gerhardt*, in: Jaeger, InsO Kommentar, § 2, Rn. 5, mit Verweis auf *Gerhardt*, Grundbegriffe des Vollstreckungs- und Insolvenzrecht, Rn. 258.
770 *Thole*, Gläubigerschutz durch Insolvenzrecht, S. 297 ff.
771 Zum gesamten Problem und der Frage einer nötigen Differenzierung der Insolvenzanfechtungstatbestände unter Art. 4 Abs. 2 S. 2 lit. m) EuInsVO-2000: *Thole*, Gläubigerschutz durch Insolvenzrecht, S. 813 ff., 855 ff.; *ders.*, ZIP

darauf gerichtet, zu missbilligende Rechtshandlungen des Schuldners, wie eine Vermögensverschiebung, die auf einem missbräuchlichen Verhalten des Schuldners in den letzten 10 Jahren oder auf einer unentgeltlichen Leistung dessen in den letzten 4 Jahren vor dem Antrag auf Eröffnung des Insolvenzverfahrens beruht, rückgängig zu machen. Die Regulierung des Wettlaufs der Gläubiger steht damit jedenfalls nicht im Blickpunkt dieser Normen. Unabhängig davon fallen aber auch diese schuldnerbezogenen Anfechtungstatbestände unter die Regelung des Art. 7 Abs. 2 S. 2 lit. m) EuInsVO-2015, solange die Rechtshandlung nur der Anfechtbarkeit unterliegt, weil sie die Gesamtheit der Gläubiger benachteiligt. Die Unterstellung der Insolvenzanfechtung unter das Insolvenzstatut der Verordnung erfolgt dementsprechend *de lege lata* ohne eine Einschränkung dahingehend, ob dem jeweiligen Anfechtungstatbestand unmittelbar die Regulierung des insolvenztypischen Wettlaufs der Gläubiger – und damit der horizontale Konflikt im Verhältnis der Gläubiger untereinander – zugrunde liegt oder ob es dabei doch nur um die Lösung eines vertikalen Konflikts zwischen den Gläubigern und dem Schuldner mit Auswirkung auf die Gläubigergemeinschaft geht. Die Begründung für eine solch pauschale Unterstellung der Insolvenzanfechtungsgründe unter die EuInsVO nun aber lediglich auf bloße Praktikabilitätserwägungen zu reduzieren,[772] würde bedeuten, dem Verordnungsgeber die bewusste Ausgestaltung der insoweit einzubeziehenden Anfechtungstatbestände abzusprechen. Vor allem mit der unveränderten Beibehaltung der Regelung im neuen Art. 7 Abs. 2 S. 2 lit. m) EuInsVO-2015 ist dies nicht zu vereinbaren. Vielmehr ist davon auszugehen, dass der Verordnungsgeber unter dem Insolvenzstatut alle Regelungen erfasst sehen wollte, die einen Ausgleich der Gläubigerinteressen zu bewirken suchen, weil sich mit dem Eintritt der materiellen Insolvenz das zu verhindernde Verhalten auf Schuldnerseite auch für die Gläubigergemeinschaft nachteilig auswirkt.[773] Die Anfechtungstatbestände der §§ 133, 134 InsO knüpfen an eine solche Benachtei-

---

2006, 1383 (1386); *Weber*, Gesellschaftsrecht und Gläubigerschutz im Internationalen Zivilverfahrensrecht, S. 120 ff.

772 Insofern *Weber*, Gesellschaftsrecht und Gläubigerschutz im Internationalen Zivilverfahrensrecht, S. 120 ff.; siehe auch *Willemer*, Vis attractiva concursus und die Europäische Insolvenzverordnung, S. 209 ff., die in diesem Fall eine Ausnahme „zur grundsätzlichen Irrelevanz mittelbarer Beiträge zur Verwirklichung des Insolvenzverfahrenszwecks" machen will.

773 So ähnlich *Thole*, Gläubigerschutz durch Insolvenzrecht, S. 815.

D. Die Kriterien der Qualifikation

ligung der Gläubiger in ihrer Gesamtheit als Tatbestandsvoraussetzung an. Dass ein solcher Anfechtungstatbestand auch außerhalb des Insolvenzverfahrens als Einzelgläubigeranfechtung geltend gemacht werden kann, hindert die Unterstellung unter den Anwendungsbereich der EuInsVO nicht.[774] Die Verordnung fordert vielmehr (lediglich) den Bezug der Anfechtungslage zum Kollektiv.[775]

(c) Abstrahierter insolvenzrechtlicher Regulierungsbegriff

Aus den vorherigen Ausführungen lässt sich die Definition einer insolvenzrechtlichen Prägung für den Anwendungsfall grenzüberschreitender Unternehmensinsolvenzen abstrahieren. Der Ordnungsfunktion des insolvenzrechtlichen Prinzips der Gläubigergleichbehandlung ist insofern bereits dann genügt, wenn die unter dem Regime der Europäischen Insolvenzverordnung zu behandelnden Rechtsfragen – mögen Sie auch an einem im Verhältnis des Schuldners zu seinen Gläubigern stehenden Konflikt ansetzen – dem insolvenzspezifischen Zweck der Haftungsverwirklichung unter Knappheitsbedingungen unterfallen. Dies ist immer dann gegeben, wenn ein Verhalten, das sich gläubigerbenachteiligend auswirkt, über einen Schadensersatzanspruch sanktioniert wird, der dem Zwecke der Haftungsrealisierung dient und i. R. eines Insolvenzverfahrens dem Prinzip der Gläubigergleichbehandlung untersteht. Erforderlich ist mithin eine Wirkung in den Außenbeziehungen der Gesellschaft, die nicht lediglich dem Individualinteresse dient. Nur dann wirkt die reaktive Regulierung eines Verhaltens – im allseitigen Interesse der Gläubiger – am horizontalen Konflikt im Wettlauf um das verbleibende Haftungsvermögen und stellt Chancengleichheit zum Zwecke einer gerechten Verteilung her. Ob der Anspruch dabei auch außerhalb des Insolvenzverfahrens (im Falle der Abweisung oder Einstellung mangels Masse) geltend gemacht werden kann, muss irrelevant bleiben. Alles andere wäre ein falsches Signal dahingehend, durch eine möglichst große Vermögensverschlechterung einer Haftung zu entgehen.[776]

---

774   EuGH, Urt. v. 4.12.2014, Rs. C-295/13, Rn. 20 – *G.T. GmbH*, abgedruckt in BeckEuRS 2014, 406797.
775   *Thole*, Gläubigerschutz durch Insolvenzrecht, S. 814.
776   BGH NZG 2000, 1222 (1222 f.) zur Geltendmachung des § 64 Abs. 2 GmbHG a.F. außerhalb des Insolvenzverfahrens.

Diese Rechtsfragen dem Insolvenzstatut (und nicht z. B. dem Gesellschaftsstatut) zu unterstellen, wird durch den insolvenzrechtlichen Bezug schließlich auch der sowohl dem Insolvenzverfahrens- als auch dem Insolvenzkollisionsrecht zugrunde liegenden Suche nach dem sachnächsten Recht gerecht. Sowohl der fortbestehende vertikale als auch der neu entstehende horizontale Konflikt findet seinen engsten Bezug im Aktionsstaat der Gesellschaft, d. h. dem Staat, an dessen Rechtsverkehr das Unternehmen teilnimmt.

4. Zwischenergebnis

Im Ergebnis hat sich gezeigt, dass sich die ausfüllungsbedürftigen Merkmale der auch weiterhin in Art. 6 EuInsVO-2015 verwendeten *Gourdain*-Formel konkretisieren lassen. Eine über Kriterien bestimmbare Reichweite gewährt eine weitgehende Rechtssicherheit, indem sie den von der Verordnung erfassten Insolvenzbereich auch über den Einzelfall hinaus handhabbar macht. Trotz ihrer Einfachheit lassen Sie kaum Spielraum für Wertungen und erlauben daher eine weitgehend klare Zuordnung aller Streitigkeiten. Die mit dem Fehlen einer enumerativen Aufzählung einhergehende, verbleibende Rechtsunsicherheit, ist zugunsten der Abstraktheit der Regelung und mit Blick auf die differierenden Rechtssysteme hinzunehmen.

Ein prozessuales Kriterium zur insolvenzrechtlichen Einordnung der Rechtsfragen unter die EuInsVO ist, entgegen der z. T. erfolgenden Praxis des EuGH, mangels Auswirkungen auf den Bezug des Streitgegenstandes nicht zu fordern. Das konkrete Vorliegen eines Insolvenzverfahrens gehört damit nicht unter die Bestimmung der den Anknüpfungsgegenstand der *vis attractiva concursus* bildenden insolvenzrechtlichen Qualifikation. Dies hat auch noch einmal der der Verordnung unterstehende Regulierungsbegriff gezeigt. Für das erste Merkmal der Unmittelbarkeit ist daher auf die materielle Insolvenz als Anknüpfungspunkt abzustellen. Nur insofern als die Grundlage für das Eingreifen der in Rede stehenden Regelung auf dem Eintritt oder dem Vorliegen der materiellen Insolvenzsituation des Schuldners beruht, gilt eine insolvenzrechtliche Qualifikation als indiziert. Die damit erfolgende Einbeziehung der präventiven Wirkungen des Reaktivschutzes führt gleichzeitig dazu, dass der für die Norm des Art. 7 EuInsVO-2015 geforderten extensiven Auslegung konkrete Grenzen gesetzt werden. Das zweite Merkmal, das einen engen Zusammenhang mit dem Insolvenzverfahren fordert und kumulativ neben dem ersten Indikator erfüllt sein muss, ist dann als gegeben anzusehen, wenn die Rechtsfrage den unter dem Regime der Europäischen Insolvenzverordnung stehenden insolvenzspezifischen Zweck der Haftungsverwirklichung unter Knappheitsbedingungen verfolgt. Dies ist selbst in dem Fall gegeben, dass an einem im Verhältnis des Schuldners zu seinen Gläubigern stehenden Konflikt angesetzt wird, sofern nur die Interessen der Gläubigergemeinschaft mitbetroffen sind und zum Zwecke der Haftungsrealisierung dem Prinzip der Gläubigergleichbehandlung gedient wird.

II. Beachtung der Niederlassungsfreiheit durch die Kriterien

Zu überprüfen bleibt, ob die zur Interpretation des Insolvenzrechtsbegriffs der EuInsVO entwickelten Kriterien zur Bestimmung der *vis attractiva concursus* mit der Niederlassungsfreiheit im Einklang stehen.

Den gem. Art. 54 AEUV nach den Rechtsvorschriften eines Mitgliedstaates gegründeten Gesellschaften, die ihren Satzungssitz in der Union haben, soll es unbenommen bleiben, am Wirtschaftsleben eines anderen Mitgliedstaates – in Form der Aufnahme und tatsächlichen Ausübung einer wirtschaftlichen Tätigkeit in kontinuierlicher, nicht nur vorübergehender Weise – teilzunehmen.[777] Die Beschränkung der freien Niederlassung ist verboten. Für Unternehmen bedeutet dies, bei einem Zuzug (mit dem Verwaltungssitz) in das Hoheitsgebiet eines anderen Mitgliedstaates als eine nach dem Recht ihres Herkunftslandes gegründete Gesellschaft anerkannt zu werden.[778] Die Rechts- und Parteifähigkeit richtet sich demzufolge nach der Rechtsordnung des Staates, in dem die juristische Person oder die Gesellschaft nach dem dortigen Recht wirksam gegründet worden ist.[779] Daraus folgt, dass die inländischen Vorschriften zur Gründung einer

---

777 EuGH, Urt. v. 30.11.1995, Rs C-55/94, Slg 1995, I-4165, Rn. 23, 25ff. – *Gebhard*; diese Rspr. fortschreibend EuGH, Urt. v. 11.10.2007, Rs. C-451/05, Slg. 2007, I-8251, Rn. 63 – *ELISA*.

778 Vgl. die wegweisenden Entscheidungen des EuGH: EuGH, Urt. v. 9.3.1999, Rs. C-212/97, Slg. 1999, I-01459 – *Centros Ltd.*; EuGH, Urt. v. 05.11.2002, Rs. C-208/00, Slg. 2002, I-09919 – *Überseering*; EuGH, Urt. v. 30.9.2003, Rs. C-167/01, Slg. 2003, I-10155 – *Inspire Art*.

779 *Behrens*, in: Hachenburg, GmbHG Großkommentar, Allgemeine Einleitung B, Rn. 125; *Eidenmüller*, in: Eidenmüller, Ausländische Kapitalgesellschaften, § 1, Rn. 2 f.; *Thorn*, in: Palandt, BGB Kommentar, Anhang zu EGBGB 12, Rn. 1.

Kapitel 3: Die Übertragbarkeit des Instruments der vis attractiva concursus

Gesellschaft auf die fremdländische Gesellschaft nicht anwendbar sind. Das Gleiche gilt für andere, gesellschaftsrechtlich zu qualifizierende Regelungen, die über die Gründung i. S. von Entstehung und (Fort-)Bestand hinausgehen und für die, nach dem hierbei maßgeblichen Gesellschaftsstatut, das Gründungsrecht zur Anwendung gelangt.[780] Welche Regelungen dies betrifft, hängt vom Schutzbereich der Niederlassungsfreiheit bzw. einer Rechtfertigung ihrer Beschränkung ab.

1. Anwendung im IZVR

Die Niederlassungsfreiheit gebietet es, ausländische Gesellschaften entsprechend ihres Gründungsrechts zu behandeln, wodurch der Verweis auf das materielle Gesellschaftsrecht eines fremdländischen Sitz- und Forumstaates grundsätzlich entfallen muss. Eine Bestimmung des Gerichtsstandes ist davon unabhängig zu betrachten. Sind doch die Materien des Internationalen Zivilverfahrensrechts und des Internationalen Privatrechts konzeptionell grundverschieden.[781] So ist es bereits zweifelhaft, ob eine Zuständigkeitsregelung geeignet ist, eine Beschränkung der Niederlassungsfreiheit einer Gesellschaft in relevanter Form herbeizuführen.[782] Sieht man die Niederlassungsfreiheit aber auch durch das Zivilverfahrensrecht einer potenziellen Gefahr ausgesetzt, so gelten die folgenden Ausführungen zur Reichweite der Niederlassungsfreiheit bei Auslandsgesellschaften gleichfalls auch im IZVR. Danach ist eine Loslösung vom Gründungsstaat durch die Bestimmung einer ausschließlichen internationalen Zuständigkeit der Gerichte am COMI der Gesellschaft – welcher bei Auslandsgesellschaften regelmäßig in einem vom Sitzstaat abweichenden Mitgliedstaat liegt – nur dann unproblematisch, wenn die Inanspruchnahme der Gesellschaft an

---

780 Statt Vieler: *Leible/Hoffmann*, EuZW 2003, 677 (681); *Meilicke*, GmbHR 2003, 1271 (1272); **a. A.** *Altmeppen*, NJW 2004, 97 (100 ff., 104), der lediglich die Grundlagen der Gesellschaft dem Recht des Gründungsstaates unterstellt, jedoch für die darüber hinausgehenden Materien in Anknüpfung an den effektiven Verwaltungssitz das Gesellschaftsrecht des Zuzugsstaates zur Anwendung bringen will.
781 Siehe oben: Kapitel 3: A. II.
782 *Kropholler*, EuZPR, Art. 22 EuGVVO, Rn. 41; *Rehm*, in: Eidenmüller, Ausländische Kapitalgesellschaften, § 5, Rn. 120; *Ringe*, IPRax 2007, 388 (392); *Schillig*, IPRax 2005, 208 (217 f.); **a. A.** wohl BGH ZIP 2011, 1837 (1838); zu diesem Urteil auch *Mankowski*, EWiR 2011, 707 (708).

D. Die Kriterien der Qualifikation

diesem Gerichtsstand die Niederlassungsfreiheit nicht beschränkt oder eine Beschränkung als gerechtfertigt zu betrachten ist. In Fortgeltung der Gleichlaufannahme stimmt das Ergebnis mit den Auswirkungen der Niederlassungsfreiheit auf die entsprechenden materiell-rechtlichen Regelungen überein.

2. Keine Berührung der Niederlassungsfreiheit

Nach der Rechtsprechung des EuGH liegt eine rechtfertigungsbedürftige Beschränkung der Niederlassungsfreiheit bereits dann vor, wenn eine nationale Maßnahme die Ausübung der durch den EU-Vertrag garantierten Grundfreiheit behindert oder weniger attraktiv macht.[783] Damit ist jedoch eine so weitgehende Ausdehnung des Schutzbereichs der Niederlassungsfreiheit verbunden, dass bereits jedwede Regelung der einheimischen Rechtsordnung geeignet erscheint, das fremdländische Unternehmen davon abzuhalten, sich im Zuzugsstaat niederzulassen.[784] Um dementsprechend nicht jede geringfügig beschränkende Maßnahme, die unterschiedslos auf alle Rechtsverkehrsteilnehmer zur Anwendung gelangt, dem Rechtfertigungserfordernis zu unterziehen, ist das Ausmaß der als beschränkend zu qualifizierenden Maßnahmen einzugrenzen.

Zum einen könnte man eine die Niederlassungsfreiheit nicht berührende Anwendung inländischen Rechts anhand ihrer Qualifikation beurteilen. In diesem Fall wären lediglich die als gesellschaftsrechtlich zu qualifizierenden Maßnahmen vom Schutz durch die Niederlassungsfreiheit gedeckt; entsprechende Regelungen des Zuzugsstaates blieben ohne Anwendung für die Auslandsgesellschaft (sofern ihre Anwendung nicht ausnahmsweise gerechtfertigt ist).[785] Die dem Delikts- und Insolvenzrecht entstammenden Maßnahmen seien hiernach hingegen nicht als beschränkend oder zumindest nicht als rechtfertigungsbedürftige Beschränkung i. S. der Recht-

---

783 EuGH, Urt. v. 9.3.1999, Rs. C-212/97, Slg. 1999, I-01459, Rn. 34 – *Centros Ltd.*; EuGH, Urt. v. 30.9.2003, Rs. C-167/01, Slg. 2003, I-10155, Rn. 133 – *Inspire Art*.
784 *Eidenmüller*, in: Eidenmüller, Ausländische Kapitalgesellschaften, § 3, Rn. 10.
785 *Kienle*, in: Süß/Wachter, Handbuch des internationalen GmbH-Rechts, Rn. 42 f.

sprechung anzusehen.⁷⁸⁶ Dies soll bereits daraus folgen, dass der vom maßgeblichen Recht im Gründungsstaat abweichende Verweis des Art. 7 EuInsVO-2015 auf die *lex fori concursus* – aufgrund der integrationsfördernden Zielsetzung der Verordnung zur Herbeiführung eines reibungslos funktionierenden Binnenmarktes⁷⁸⁷ – dem System der unionsrechtlichen Grundfreiheiten nicht entgegen stehen könne.⁷⁸⁸ Gegen eine solch pauschale Einordnung ist aber einzuwenden, dass die Einordnung einer Maßnahme unter die Aufschrift »gesellschaftsrechtlich« bzw. »insolvenzrechtlich« zwar nicht willkürlich, aber doch zumindest differierend erfolgen kann. Eine dementsprechend erfolgende Qualifikation kann daher auch nicht *per se* über das Vorliegen einer Beschränkung der Niederlassungsfreiheit entscheiden.

Insoweit bleibt es dabei, dass eine Beschränkung der Niederlassungsfreiheit der fremdländischen Gesellschaft durch einheimische Regelungen, unabhängig ihrer Qualifikation, rechtfertigungsbedürftig ist.⁷⁸⁹ Um aber dennoch keinen unangemessen hohen Maßstab an die Anwendung der Regelungen des Zuzugsstaates zu stellen und eine ungewollte Privilegierung von Auslandsgesellschaften aufgrund von Regelungslücken zu verhindern, kann zum anderen eine Beschränkung der Niederlassungsfreiheit auch dann abgelehnt werden, wenn die Maßnahme lediglich tätigkeitsbezogen ist und den Marktzugang der »bereits marktzugehörigen« Gesellschaft selbst nicht beschränkt.⁷⁹⁰ Konfligiert dies auch mit dem Verständnis der Niederlassungsfreiheit als Beschränkungs- und nicht als bloß konkretisier-

---

786 Für das Insolvenzrecht: *Borges*, ZIP 2004, 733 (740); *Fischer*, ZIP 2004, 1477 (1479); *Ulmer*, KTS 2004, 291 (292); *Ungan*, ZVglRWiss 104 (2005), 355 (364); für das Deliktsrecht: *Merkt*, ZGR 2004, 305 (323).
787 Die EuInsVO konnte sich dabei auf die Artt. 61 c.), 65 lit. a) 3. Spiegelstrich und Art. 67 Abs. 1 EG stützen.
788 *Ulmer*, KTS 2004, 291 (292); *Ungan*, ZVglRWiss 104 (2005), 355 (364).
789 *Eidenmüller*, RabelsZ 70 (2006), 474 (479); *Fleischer*, in: Lutter, Europäische Auslandsgesellschaften in Deutschland, S. 49 (98); *Huber*, in: Lutter, Europäische Auslandsgesellschaften in Deutschland, S. 307 (346 f.); *Schillig*, ZVglRWiss 106 (2007), 299 (306).
790 *Borges*, ZIP 2004, 733 (740); *Eidenmüller*, in: Eidenmüller, Ausländische Kapitalgesellschaften, § 3, Rn. 16; *Kienle*, in: Süß/Wachter, Handbuch des internationalen GmbH-Rechts, Rn. 45; *Kindler*, in: MüKo zum BGB, Internationales Wirtschaftsrecht, IntGesR, Rn. 439; *Wilms*, KTS 2007, 337 (344); **dagegen**: *Zimmer*, NJW 2003, 3585 (3590); wohl auch *Müller*, NZG 2003, 414 (417).

D. Die Kriterien der Qualifikation

tes Diskriminierungsverbot[791], so gilt dennoch zu beachten, dass sich die Auslandsgesellschaft im Gebiet einer anderen Rechtsordnung dauerhaft bewegt und deren Einrichtungen, gleich ob rechtlicher oder tatsächlicher Art, auch nutzt.[792] Das Beschränkungsverbot kann daher nicht so weit gehen, dass selbst die Vorschriften des Zuzugsstaates, die weder die Gründung noch den Marktzutritt, sondern lediglich die Teilnahme einer Gesellschaft am Rechtsverkehr regeln, aufgrund des Gesellschaftsbezuges als mit der Niederlassungsfreiheit nicht vereinbar angesehen werden und daher auf Auslandsgesellschaften keine Anwendung finden.[793] Dieser Bewertung ist unter der Bedingung zu folgen, dass diese Regelungen, die allein die Teilnahme der Gesellschaft am Rechtsverkehr regeln wollen, nur dann keiner Rechtfertigung bedürfen, wenn sie rechtsformunabhängig angewandt werden können, d. h. dem allgemeinen Diskriminierungsverbot des Art. 18 AEUV genügen.[794] Dies entspricht schließlich auch der auf die Niederlassungsfreiheit übertragbaren »Keck«-Rechtsprechung des EuGH zur Waren- und Dienstleistungsfreiheit.[795] Insofern sind solche Regelun-

---

791 Siehe dazu die Auswertung der Rechtsprechung des EuGH: *Bröhmer*, in: Calliess/Ruffert, EUV/AEUV, Art. 49 AEUV, Rn. 23 ff; Dass die Niederlassungsfreiheit nicht allein eine reine Inländergleichbehandlung umfasst, sieht man an dem durch diese Freiheit gewährten Schutz des auf die grenzüberschreitend agierende Gesellschaft anzuwendenden Gesellschaftsrechts ihres Gründungsstaates, selbst wenn dieses der Auslandsgesellschaft Vergünstigungen verschafft, die eine Inlandsgesellschaft durch das auf sie anzuwendende einheimische Recht nicht erlangt. Siehe hierzu auch *Forsthoff*, in: Grabitz/Hilf/Nettesheim, Das Recht der Europäischen Union, Art. 49 AEUV, Rn. 7.
792 *Bröhmer*, in: Calliess/Ruffert, EUV/AEUV, Kommentar, Art. 49 AEUV, Rn. 31; *Eberhartinger*, EWS 1997, 43 (46).
793 Den Kern treffend: *Epiney*, NVwZ 2004, 1067 (1075), der aus der Rechtsprechung des EuGH zur Rs. C-243/01 *(Piergiorgio Gambelli u.a.)*, Slg. 2003, I-13031, folgert, dass man daraus „wohl schließen kann, dass der EuGH davon ausgehen dürfte, dass auch Art. 43 EG [Art. 49 AEUV] – parallel zur Tragweite der Artt. 28, 39, 49 EG [Artt. 34, 45, 56 AEUV] – ein Beschränkungsverbot darstellt, jedenfalls soweit der Zugang zum inländischen Markt betroffen ist"; siehe auch die Ausführungen in EuGH, Urt. v. 10.12.2015, Rs. C-594/14, Rn. 23 ff. – *Kornhaas*, abgedruckt in ZIP 2015, 2468.
794 *Eidenmüller*, in: Eidenmüller, Ausländische Kapitalgesellschaften, § 3, Rn. 16; *Kindler*, in: MüKo zum BGB, Internationales Wirtschaftsrecht, IntGesR, Rn. 439; *Ungan*, ZVglRWiss 104 (2005), 355 (364 f.).
795 *Berner/Klöhn*, ZIP 2007, 106 (112); *Brinkmann*, IPRax 2008, 30 (35); *Eidenmüller*, in: Eidenmüller, Ausländische Kapitalgesellschaften, § 3, Rn. 14 ff.;

Kapitel 3: Die Übertragbarkeit des Instruments der vis attractiva concursus

gen des Heimatrechts, die inländische sowie fremdländische Gesellschaften rechtlich und tatsächlich gleich belasten, auch auf die Zuzugsgesellschaft anzuwenden. Dabei gilt, wer am inländischen Rechtsverkehr teilnimmt und den Anschein erweckt nach den inländischen Regeln zu wirtschaften, der muss sich eine derartige Behandlung auch im Insolvenzfall gefallen lassen. Dies gilt ebenso für die inländischen Haftungstatbestände.

Die auf dem Trennungsprinzip fußende Haftungsbeschränkung auf das Gesellschaftsvermögen mit der Folge haftungsprivilegierter Gesellschafter ist kein Spezifikum einer bestimmten Rechtsordnung, sondern gemeinsames Wesensmerkmal aller Kapitalgesellschaften der Europäischen Union.[796] Entsprechend verhält es sich grundsätzlich auch mit der Durchbrechung dieses Merkmals in Form des Rückgriffs auf die Gesellschafter. Als Korrelat des gesellschaftsrechtlichen Haftungsprivilegs ist der Haftungsdurchgriff auch auf andere Gesellschaften mit beschränkter Haftung übertragbar. Danach ist die Anwendung eines inländischen Haftungstatbestandes nicht durch die Niederlassungsfreiheit gesperrt, sofern die Regelung nicht diskriminierend wirkt. Eine Diskriminierung durch inländische Regelungen liegt dann nicht vor, wenn diese, ohne an die rechtliche Ausgestaltung der Struktur der Gesellschaft anzuknüpfen, eine von der Rechtsform unabhängige Verhaltenspflicht sanktioniert. Indiz hierfür ist eine durch oder in Beziehung zur materiellen Insolvenz ausgelöste Haftung. Diese als »Marktaustrittsregelung«[797] zu kennzeichnenden Haftungstatbestände kommen entsprechend ihrer situativen Prägung unabhängig eines rechtsformspezifischen Wesens zur Anwendung und bedürfen mithin keiner Rechtfertigung. Insofern würde in den bereits erläuterten Fällen einer Anknüpfung an die materielle Insolvenz keine rechtfertigungsbedürftige Beschränkung vorliegen.

Möchte man aber auch diese den Marktzugang nicht tangierenden Maßnahmen – aufgrund ihrer abstrakt beschränkenden Wirkung – einem Rechtfertigungserfordernis unterstellen, so ist eine Anwendung des Rechts des Zuzugsstaates nur im Falle einer rechtsmissbräuchlichen Inanspruchnahme der Niederlassungsfreiheit, unter Anwendung des Art. 52 Abs. 1

Kindler, in: MüKo zum BGB, Internationales Wirtschaftsrecht, IntGesR, Rn. 439; *Ungan*, ZVglRWiss 104 (2005), 355 (364).
796 *Ulmer*, NJW 2004, 1201 (1206).
797 Zu dieser Kategorie eingehend: *Weller*, Europäische Rechtsformwahlfreiheit und Gesellschafterhaftung, S. 205 ff.

AEUV oder im Falle des Vorliegens zwingender Gründe des Allgemeininteresses[798] gerechtfertigt.

3. Der Missbrauchseinwand

Um in Abweichung vom Gründungsstatut die inländischen Gläubigerschutzvorschriften auf die insolvenzreife Auslandsgesellschaft zur Anwendung zu bringen, scheint sich zunächst der Einwand der rechtsmissbräuchlichen Inanspruchnahme der Niederlassungsfreiheit anzubieten. Dieser greift jedoch nicht nur zu kurz, sondern überhaupt nicht. Mag ein Unternehmen die mit der Niederlassungsfreit verbundene freie Wahl seines Gesellschaftsrechts auch dazu »nutzen«, die für die Gesellschaft subjektiv vorteilhaftesten Gestaltungsmöglichkeiten zur Anwendung zu bringen, so ist dies kein Missbrauch, sondern Inhalt der Niederlassungsfreiheit nach Artt. 49, 54 AEUV. Die Anwendung der Niederlassungsfreiheit wird nämlich nicht dadurch ausgeschlossen, dass sich die Gesellschaft in einem anderen Mitgliedstaat, der nicht dem Staat ihrer Gründung entspricht, zur ausschließlichen Ausübung ihrer Tätigkeit niederlässt.[799] Dies stellt weder ein missbräuchliches noch ein betrügerisches Ausnutzen der Niederlassungsfreiheit dar, selbst wenn die Gesellschaft in der Folge ihrer Tätigkeit in die Krise gerät. Eine Anwendung gläubigerschützender Regelungen des Zuzugsstaates kann hierüber nicht begründet werden.

4. Rechtfertigung der Beschränkung über das Allgemeininteresse

Neben dem geschriebenen Rechtfertigungsgrund aus Art. 52 Abs. 1 AEUV, der in der vorliegenden Arbeit keine weitere Betrachtung erfahren soll, kann eine Rechtfertigung der Beschränkung auch aus zwingenden Gründen des Allgemeininteresses erfolgen. Die Beurteilung erfolgt nach

---

[798] Hierfür *Altmeppen/Wilhelm*, DB 2004, 1083 (1088); *Bittmann/Gruber*, GmbHR 2008, 867 (868); *Ulmer*, KTS 2004, 291 (292 f.).

[799] Siehe hierzu die Aussage des EuGH in seiner *Centros*-Entscheidung: EuGH, Urt. v. 9.3.1999, Rs. C-212/97, Slg. 1999, I-01459, Rn. 27, 29 – *Centros Ltd.*; fortgeführt in EuGH, Urt. v. 30.9.2003, Rs. C-167/01, Slg. 2003, I-10155, Rn. 95 – *Inspire Art*.

dem Vier-Konditionen-Test, der sog. *Gebhardt-Formel*, des EuGH.[800] Danach ist die Maßnahme ausnahmsweise gerechtfertigt, wenn sie in nichtdiskriminierender Weise angewandt wird, aus zwingenden Gründen des Allgemeininteresses gerechtfertigt sowie geeignet ist, die Verwirklichung des damit verfolgten Zieles zu gewährleisten, und nicht über das hinausgeht, was zur Erreichung dieses Zieles erforderlich ist.

Dabei bereiten die ersten drei Voraussetzungen keine Probleme. Eine Maßnahme ist in nichtdiskriminierender Weise angewandt, wenn sie keine unterschiedliche Behandlung zwischen einem inländischen und einem fremdländischen Unternehmen aufkommen lässt. Insoweit die Anwendung gläubigerschützender Normen des Zuzugsstaates auf die Auslandsgesellschaft in Rede steht, stellt nach einhelliger Ansicht der Gläubigerschutz auch einen zwingenden Grund des Allgemeininteresses dar.[801] Die Maßnahme ist auch geeignet, die Verwirklichung des Gläubigerschutzes zu gewährleisten, wenn durch sie die Erreichung dieses Ziels zumindest gefördert werden kann. Eine eingehendere Betrachtung erfordert jedoch die vierte Voraussetzung der Erforderlichkeit einer Maßnahme. Dabei stellen sich unter einer allgemeinen Betrachtung zwei Fragen:

a) Kein Ausreichen von bestehenden Schutzmaßnahmen des Unionsrechts

Zum einen ist zu danach zu fragen, ob die Erforderlichkeit der Anwendung weiterer Gläubigerschutzregelungen des Zuzugsstaates bereits daran scheitert, dass die Gläubiger durch das Auftreten der Gesellschaft in ausländischer Rechtsform erkennen können, dass diese nicht den einheimi-

---

800 EuGH, Urt. v. 30.11.1995, Rs C-55/94, Slg 1995, I-4165, Rn. 37 – *Gebhard* unter Berufung auf EuGH, Urt. v. 31. 3. 1993, Rs. C-19/92, Slg. I 1993, 1663, Rn. 32 – *Kraus*.
801 EuGH, Urt. v. 9.3.1999, Rs. C-212/97, Slg. 1999, I-01459, Rn. 35 – *Centros Ltd.*; EuGH, Urt. v. 05.11.2002, Rs. C-208/00, Slg. 2002, I-09919, Rn. 92 – *Überseering*; EuGH, Urt. v. 30.9.2003, Rs. C-167/01, Slg. 2003, I-10155, Rn. 135 – *Inspire Art*; *Altmeppen/Wilhelm*, DB 2004, 1083 (1088); *Borges*, ZIP 2004, 733 (743); *Eidenmüller*, in: Eidenmüller, Ausländische Kapitalgesellschaften, § 3, Rn. 23; *Huber*, in: Lutter, Europäische Auslandsgesellschaften in Deutschland, S. 307 (351 f.); *Kindler*, in: MüKo zum BGB, Internationales Wirtschaftsrecht, IntGesR, Rn. 831; *Leible*, ZGR 2004, 531 (533); *Ulmer*, NJW 2004, 1201 (1208).

D. Die Kriterien der Qualifikation

schen Rechtsvorschriften unterliegt. Der EuGH misst den harmonisierten Publizitätspflichten innerhalb der EU[802] eine vorrangige Bedeutung bei.[803] Mit dem »Informationsmodell« als Werkzeug des Selbstschutzes seien die Gläubiger ausreichend ausgestattet und geschützt; weitergehender Schutzregelungen bedürfe es dann nicht.[804]

Hinreichend ist dieser Schutzapparat aber nicht. So steht er lediglich den freiwilligen Gläubigern zur Seite; Gläubiger, die unfreiwillig in eine Beziehung zum Schuldner treten und somit keine Möglichkeit zu Information und Selbstbestimmung haben, werden nicht geschützt. Des Weiteren kann es das Informationsrisiko auch nur begrenzt tragen, d. h. nur in Bezug auf solche abstrakten Risiken, wie z. B. die Kapitalausstattung der Auslandsgesellschaft, die von vornherein bekannt und damit absicherbar sind. Darüber hinausgehende externe Effekte, die auf einem konkreten (opportunistischen) Verhalten beruhen, können jedoch auch durch eine Offenlegung der fremdländischen Rechtsform und eine privatautonome Absicherung nicht abgedeckt werden. Den Handlungs- und Insolvenzrisiken wird damit innerhalb der EU nicht einheitlich entgegen getreten. Auch bei der Geltendmachung von Haftungstatbeständen, die der Gläubigergemeinschaft als Ganzes zugutekommen, ist nicht klar, wie zwischen den Gläubigern mit und ohne Möglichkeit zum Selbstschutz getrennt werden soll.[805] Dies ist weder zweckmäßig noch lässt es der Haftungstatbestand überhaupt zu. Die Erforderlichkeit der Anwendung weiterer gläubiger-

---

802 Die Publizitätsvorschriften der Mitgliedstaaten erfuhren eine Angleichung durch diverse Richtlinien, die die Publizität und die Rechnungslegung betreffen (so v. a. durch die Publizitätsrichtlinie (RL 68/151/EWG), die Bilanzrichtlinien (RL 78/660/EWG und RL 38/349/EWG), die Zweigniederlassungsrichtlinie (RL 89/666/EWG) sowie durch die diese Richtlinien ändernden Unionsrechtsakte). Auf diese Schutzvorschriften verweist auch der EuGH in: EuGH, Urt. v. 9.3.1999, Rs. C-212/97, Slg. 1999, I-01459, Rn. 36 – *Centros Ltd.*

803 EuGH, Urt. v. 9.3.1999, Rs. C-212/97, Slg. 1999, I-01459, Rn. 36 – *Centros Ltd.*

804 Bejahend: *Berner/Klöhn*, ZIP 2007, 106 (113); *Eidenmüller*, in: Eidenmüller, Ausländische Kapitalgesellschaften, § 4, Rn. 26; *ders.*, JZ 2004, 24 (27) mit Differenzierungen; überwiegend ablehnend: *Altmeppen/Wilhelm*, DB 2004, 1083 (1088); *Bayer*, BB 2003, 2357 (2364); *Borges*, ZIP 2004, 733 (736); *Kindler*, in: MüKo zum BGB, Internationales Wirtschaftsrecht, IntGesR, Rn. 450; *Zimmer*, NJW 2003, 3585 (3587, Fn. 22).

805 *Kindler*, in: MüKo zum BGB, Internationales Wirtschaftsrecht, IntGesR, Rn. 450.

schützender Maßnahmen wird durch das Informationsmodell mithin nicht beseitigt.

b) Kein Ausreichen von nationalen Schutzinstrumenten

Die zweite Frage, die sich stellt, ist, ob für die Anwendung des einheimischen Rechts des Zuzugsstaates das Vorliegen eines vergleichbaren Schutzes nach dem Gründungsstatut Bedeutung erlangt. Eine beschränkende Maßnahme des Zuzugsstaates wäre danach nicht erforderlich, wenn eine Schutzlücke nicht besteht, weil das Heimatrecht äquivalente Schutzinstrumente vorhält.[806] Gegen die Berücksichtigung des Schutzniveaus des Heimatrechts der Auslandsgesellschaft bestehen aber gleich mehrere Bedenken. Neben einer Abträglichkeit für die Rechtssicherheit und die geschlossenen Schutzkonzepte,[807] ist die Prüfung des ausländischen Rechts auch mit einem erheblichen Aufwand verbunden. Darüber hinaus wäre zu ermitteln, ob diese fremdländische Norm dem Gesellschafts- oder dem Insolvenzrecht angehört, denn nur sofern sie auch dem Gesellschaftsrecht zuzuschlagen wäre, ist ihre Anwendung durch das Gründungsrecht abgedeckt. Andernfalls würde eine als insolvenzrechtlich zu qualifizierende Norm des Heimatrechts der Gesellschaft nicht zur Anwendung kommen und die Schutzlücke trotz des Bestehens einer äquivalenten Regelung erhalten bleiben. Auch der EuGH hat in den einschlägigen Entscheidungen nie auf evtl. vorhandene Regelungen im Gründungsrecht abgestellt. Von Belang war für ihn lediglich, ob das einheimische Recht des Zuzugsstaates mildere Mittel als die in Rede stehende Maßnahme bereithält.[808] Mit dem Abstellen auf das Gründungsrecht würde man andernfalls auch zur Verankerung eines – kollisionsrechtlich zu verstehenden – allgemein unions-

---

806 Bejahend: *Behrens*, IPRax 2004, 20 (25 f.); *Eidenmüller*, JZ 59 (2004), 24 (28); *Fleischer*, in: Lutter, Europäische Auslandsgesellschaften in Deutschland, S. 49 (106 f.); *Leible*, ZGR 2004, 531 (533 f.); *Spindler/Berner*, RIW 2004, 7 (14); ablehnend: AG Bad Segeberg, ZInsO 2005, 541; *Borges*, ZIP 2004, 733 (740); *Kindler*, in: MüKo zum BGB, Internationales Wirtschaftsrecht, IntGesR, Rn. 451 f.; *Roth*, IPRaX 2003, 117 (125 f.); *Schäfer*, NZG 2004, 785 (786); wohl auch *Ulmer*, NJW 2004, 1201 (1208).
807 *Altmeppen/Wilhelm*, DB 2004, 1083 (1088).
808 EuGH, Urt. v. 9.3.1999, Rs. C-212/97, Slg. 1999, I-01459, Rn. 37 – *Centros Ltd.*

rechtlichen Herkunftslandprinzips kommen,[809] welches der EuGH bisher jedoch immer verneinte.[810] Da er darüber hinaus auch betont, dass der Umstand, dass ein Mitgliedstaat strengere Regelungen als ein anderer vorhält, nicht dazu führen kann, dass dessen Vorschriften als unverhältnismäßig angesehen werden,[811] kann daran auch nicht die Erforderlichkeit i. R. der Rechtfertigungsprüfung gemessen werden.[812] Ergänzend weist *Ulmer* ganz pragmatisch daraufhin, dass hierin im Grunde genommen schon gar kein Problem zu sehen ist.[813] Enthält das Gründungsrecht ein äquivalentes Schutzinstrument, so könne die betreffende Maßnahme im Zuzugsstaat die Ausübung der Niederlassungsfreiheit schon nicht behindern oder weniger attraktiv machen, womit auch eine Beschränkung nicht vorläge. Enthält das Gründungsrecht jedoch keine vergleichbare Regelung und besteht mithin eine Rechtslücke, ist die Maßnahme des Zuzugsstaates nach allen Ansichten erforderlich.

Insoweit es damit um gläubigerschützende Maßnahmen im Zuzugsstaat geht und mithin das oben herausgestellte Kriterium der Verwirklichung der insolvenzspezifischen Ziele verfolgt wird, steht deren Anwendung auch die Niederlassungsfreiheit nicht entgegen.

E. Ergebnis

Damit seien noch einmal die wichtigsten Erkenntnisse dieses Abschnittes zusammengetragen: Eine vollständige Anlehnung der verfahrensrechtlich unter Art. 6 Abs. 1 EuInsVO-2015 zu subsumierenden Annexverfahren an die Kollisionsnorm des Art. 7 EuInsVO-2015 ist nicht vorzunehmen. Bei einer Übereinstimmung mit dem einer extensiven Auslegung zugänglichen

---

809 *Kindler*, in: MüKo zum BGB, Internationales Wirtschaftsrecht, IntGesR, Rn. 451 f.
810 EuGH, Urt. v. 13.5.1997, Rs. C-233/94, Slg. 1997, I-2405, Rn. 64 – *Einlagensicherungssysteme*; siehe auch EuGH, Urt. v. 22.6.1994, Rs. C-9/93, Slg. 1994, I-2789, Rn. 23 – *Ideal Standard*, in dem auf die grundsätzliche Maßgeblichkeit des Rechts des Einfuhrstaates abgestellt wird.
811 EuGH, Urt. v. 10.5.1995, Rs. C-384/93, Slg. 1995, I-1141, Rn. 51 – *Alpine Investments BV*.
812 *Kindler*, in: MüKo zum BGB, Internationales Wirtschaftsrecht, IntGesR, Rn. 452.
813 *Ulmer*, NJW 2004, 1201 (1208); ebenso als Scheinproblem deklarierend *Kindler*, in: MüKo zum BGB, Internationales Wirtschaftsrecht, IntGesR, Rn. 452.

Kapitel 3: Die Übertragbarkeit des Instruments der vis attractiva concursus

Art. 7 EuInsVO-2015 würde die notwendige Restriktion der Annexverfahren ansonsten ins Leere gehen. So kann auch das Fehlen eines Annexkatalogs in der heutigen Europäischen Insolvenzverordnung nicht mit einer vollständigen Ablehnung der in den früheren Entwürfen enthaltenen Annexmaterien begründet werden. Da der Verordnungsgeber die fehlende Beibehaltung des früheren Katalogs nie begründet hat[814], wäre die Annahme eines auf eine gewollte Beschränkung gerichteten Willens bloße Unterstellung.

Vielmehr bietet die abstrakte Formulierung der *vis attractiva concursus* Raum für Flexibilität. V. a. kann daraus ein insolvenzrechtlicher Regulierungsbegriff, der der Verordnungsautonomie folgt, gezogen werden. Unter der Konkretisierung dessen, was die Verordnung als insolvenzrechtlich qualifiziert und unter ihren Anwendungsbereich gestellt wissen möchte, eröffnet sich so die Möglichkeit einer Gleichlaufannahme hinsichtlich der insolvenzrechtlich geprägten Einzelverfahren. Aufgrund einheitlich verfolgter Interessen und Wertungen für das IZVR und IPR unter der Metaordnung der EuInsVO kann die *vis attractiva concursus* als Bündel von Element-Kollisionsnormen für die Beschreibung eines unter das Insolvenzstatut fallenden Teilbereichs instrumentalisiert werden.

Die gewonnenen Kriterien der materiellen Insolvenz als Anknüpfungspunkt für das Eingreifen der Regelung sowie der Verfolgung insolvenzspezifischer Zwecke unter der EuInsVO können damit sowohl für die Qualifikation der unter die Annexverfahren fallenden Streitigkeiten als auch der unter das Insolvenzstatut einzuordnenden Rechtsfragen verwendet werden.

---

814 Zusammenfassend so auch *Vogler*, Die internationale Zuständigkeit für Insolvenzverfahren, S. 212.

Kapitel 4: Die Bestimmung der Einzelverfahren

An dieser Stelle sollen ausgewählte Einzelverfahren anhand der gegebenen Kriterien betrachtet werden. Dabei kann nicht jedes in diesem Bereich mögliche Verfahren untersucht und bewertet werden, jedoch soll an einer beispielhaften Aufreihung verschiedener Verfahren deutschen Rechts ein Schema dargestellt werden, mit dessen Hilfe es möglich werden wird, auch andere Einzelverfahren im Zusammenhang mit dem Insolvenzverfahren zu beurteilen. Die ansonsten bestehende Grau-Zone soll damit weitestgehend der Vergangenheit angehören. Letzte Reste dieser Zone müssen im internationalen Rechtsverkehr allerdings hingenommen werden.

A. Insolvenzrechtliche Rechtsfrage als Streitgegenstand

Können sich in einem Verfahren mehrere unterschiedlich zu qualifizierende Streitpunkte stellen, so ist für die Qualifikation eines Annexverfahrens maßgebend, dass die insolvenzrechtlich geprägte Rechtsfrage den Streitgegenstand darstellt.[815] Nur unter der Bezugnahme als Kernpunkt ist die »unmittelbar aus dem Insolvenzverfahren hervorgehen[de] und in engem Zusammenhang damit stehen[de]« Entscheidung nach der Formulierung des Art. 6 Abs. 1 Unterabs. 2 EuInsVO-2015 zu verstehen und mit der Rechtsprechung des EuGH[816] in Einklang zu bringen. Ausreichend ist damit nicht, dass die insolvenzrechtliche Fragestellung eine unter mehreren Streitpunkten oder lediglich eine Vorfrage des Verfahrens bildet.[817] Vielmehr muss sie den Kernpunkt der gerichtlichen Prüfung ausmachen.[818] Nach der unionsrechtlich autonom zu bestimmenden Kernpunkttheorie des

---

815 *Freitag*, ZIP 2014, 302 (306); *Thole*, in: MüKo zur InsO, Art. 3 EuInsVO, Rn. 120
816 Siehe EuGH, Urt. v. 8.12.1987, Rs. C-144/86, Slg. 1987, I-00663, Rn. 16 – *Gubisch/Palumbo;* siehe auch die Rspr. des EuGH in Bezug auf die Anwendung der EuGVVO z. B.: EuGH, Urt. v. 10.2.2009, Rs. C-185/07, Slg. 2009, I-00663, Rn. 26 – *Allianz SpA*.
817 Vgl. *Freitag*, ZIP 2014, 302 (306); *Mankowski*, NZI 2009, 570 (572); *Thole*, in: MüKo zur InsO, Art. 3 EuInsVO, Rn. 127.
818 *Haas*, ZIP 2013, 2381 (2388).

Kapitel 4: Die Bestimmung der Einzelverfahren

EuGH, die auf die Grundlage des Verfahrens abstellt, ist demzufolge entscheidend, welcher Rechtsnatur die in dem Einzelverfahren zu sichernden Ansprüche angehören. Nach der hier vertretenen These ist auch nur in diesem Fall von einem Gleichlauf auszugehen.

I. Nicht insolvenzrechtlich zu qualifizierende Streitigkeiten

B. Einzelne Verfahren

I. Nicht insolvenzrechtlich zu qualifizierende Streitigkeiten

1. Geltendmachung zivilrechtlicher Ansprüche

Zivilrechtliche Ansprüche des Schuldners auf Erfüllung, Zahlung oder Herausgabe, die vor der Insolvenz des Schuldners begründet wurden, fallen nicht in den Anwendungsbereich der *vis attractiva concursus*.[819] Weder knüpfen diese Ansprüche an die materielle Insolvenz des Schuldners als Grundlage ihrer Entstehung an noch zeitigt der darin zum Ausdruck kommende vertikale Konflikt zwischen Gläubiger und Schuldner eine notwendig kollektive Wirkung. Dass sie während des Insolvenzverfahrens durch den Verwalter nach den Regelungen der §§ 80, 85 InsO im deutschen Recht geltend gemacht werden, legt zwar einen Zusammenhang mit dem Insolvenzverfahren nahe, jedoch ist dieser als nicht ausreichend anzusehen. Wie oben bereits ausgeführt, ändert die Beteiligung des Insolvenzverwalters die rechtliche Einordnung der Streitigkeit nicht. Auch die bloße Massemehrung ist zur Qualifikation nicht ausreichend.[820]

2. Streitigkeiten über Masseforderungen

Gleiches gilt sowohl für Ansprüche, die der Verwalter erst nach der Insolvenzeröffnung mit Wirkung für und gegen die Masse begründet hat, als auch für Ansprüche auf Herausgabe von Gegenständen der Insolvenzmasse, über die der Schuldner unwirksam nach § 81 InsO verfügt hat.[821] Auch

---

819 So auch *Ambach*, Reichweite und Bedeutung von Art. 25 EuInsVO, S. 164; *Haubold*, IPRax 2002, 157 (162); *Schlosser*, in: FS Weber, 395 (409 f.); *Schmiedeknecht*, Der Anwendungsbereich der Europäischen Insolvenzverordnung, S. 81; *Trunk*, Internationales Insolvenzrecht, S. 116; *Willemer*, Vis attractiva concursus und die Europäische Insolvenzverordnung, S. 318 f.;
820 Siehe oben: Kapitel 3: D. I. 3. a) (1).
821 So auch *Ambach*, Reichweite und Bedeutung von Art. 25 EuInsVO, S. 165; *Haubold*, IPRax 2002, 157 (162); *Kropholler*, EuZPR, Art. 1 EuGVVO, Rn. 37; *Schlosser*, in: FS Weber, 395 (410); *Schmiedeknecht*, Der Anwendungsbereich der Europäischen Insolvenzverordnung, S. 82; *Thole*, in: MüKo zur InsO, Art. 3 EuInsVO, Rn. 129; *Trunk*, Internationales Insolvenzrecht, S. 116; *Willemer*, Vis attractiva concursus und die Europäische Insolvenzverordnung, S.

diese Ansprüche können die materielle Zielstellung des Insolvenzverfahrens in ihrer verordnungsspezifischen Ausprägung nicht unterstützen.[822] Etwas anderes gilt nur für die bereits in Art. 7 Abs. 2 S. 2 EuInsVO-2015 explizit benannten Regelungsgegenstände, wie z. B. die in lit. l) aufgenommenen Fragen der Verfahrenskosten und Auslagen, unter die auch die Vergütungskosten des Insolvenzverwalters fallen.

3. Feststellungsstreitigkeiten

Feststellungstreitigkeiten, die sich auf den Bestand einer Forderung beziehen, knüpfen an Umstände an, die unabhängig des Eintritts der materiellen Insolvenz bestehen. Sie sind damit bereits nicht als insolvenzrechtliche Streitigkeiten einzuordnen.[823] Demgegenüber scheint allerdings Art. 7 Abs. 2 S. 2 lit. h) EuInsVO-2015 ein anderes Ergebnis zu zeitigen. Unter der Auflistung dieses Punktes sind Fragen, die »die Anmeldung, die Prüfung und die Feststellung der Forderungen« betreffen, kollisionsrechtlich der *lex fori concursus* unterstellt. Dabei zeigen jedoch bereits die hierzu ergangenen Sondervorschriften in den Artt. 45 und 53-55 EuInsVO-2015 in systematischer und teleologischer Hinsicht, dass mit dieser Regelung keine inhaltliche Dimension angesprochen wird. Der Regelungsgehalt des Art. 7 Abs. 2 S. 2 lit. h) EuInsVO-2015 umschließt mithin lediglich die verfahrensbezogene Feststellung einer Forderung sowie die sich daraus ergebenden Rechtsfolgen.[824] Fragen zum Bestand einer Forderung fallen demnach nicht darunter und sind auch nicht insolvenzrechtlich zu qualifizieren.

---

370 ff.; **a. A.** BGH IPRax 1998, 38 (39); OLG Zweibrücken EuZW 1993, 165 (165 f.).

822 Das Insolvenzrecht hierbei lediglich als Vorfrage von Bedeutung sehend: *Haubold*, IPRax 2002, 157 (162).

823 So auch *Ambach*, Reichweite und Bedeutung von Art. 25 EuInsVO, S. 171; *Haubold*, IPRax 2002, 157 (163); *Schmiedknecht*, Der Anwendungsbereich der Europäischen Insolvenzverordnung, S. 81; *Trunk*, Internationales Insolvenzrecht, S. 117; **a. A.** *Willemer*, Vis attractiva concursus und die Europäische Insolvenzverordnung, S. 333 ff.; wohl auch *Schlosser*, in: FS Weber, 395 (407 ff.), der den Feststellungsstreit undifferenziert als konkursrechtlich einordnet und nicht zwischen Feststellungsstreitigkeiten, die sich auf den Bestand und solchen die sich auf den Rang beziehen, unterscheidet.

824 *Reinhart*, in: MüKo zur InsO, Art. 4 EuInsVO, Rn. 39.

I. Nicht insolvenzrechtlich zu qualifizierende Streitigkeiten

4. Aufrechnungsstreitigkeiten

Für Streitigkeiten, die die Aufrechnung gegen eine Forderung enthalten, mögen die erweiternden oder beschränkenden Aufrechnungsmöglichkeiten in der Insolvenz zunächst für eine insolvenzrechtliche Qualifikation streiten. So sind diese an die Eröffnung des Insolvenzverfahrens geknüpft und finden außerhalb der schuldnerischen Insolvenz keine Anwendung. Jedoch führt die Aufrechnung lediglich zur (teilweisen) Erfüllung der streitgegenständlichen Forderung und dient mithin allein der Lösung des vertikalen Konflikts ohne über das Individualinteresse eines einzelnen Gläubigers hinauszugehen. Die Verfolgung eines insolvenzspezifischen Zwecks ist damit nicht verbunden. Dies kann auch die lediglich mittelbare Beeinträchtigung der Insolvenzquote mit Wirkung auch für die anderen Gläubiger nicht überdecken.[825] Eine insolvenzrechtliche Qualifizierung derartiger Streitigkeiten ist mithin zu verneinen.[826]

5. Aussonderungsstreitigkeiten

Ähnlich verhält es sich mit der Aussonderung von Gegenständen, die nicht der Insolvenzmasse unterliegen. Auch sie bedürfen als Voraussetzung einer Eröffnung des Insolvenzverfahrens. Aber auch sie betreffen lediglich den vertikalen Konflikt zwischen dem Schuldner und einem Gläubiger ohne unmittelbar auch die allseitigen Interessen der Gläubigergemeinschaft einzubeziehen. Streitgegenstand wird regelmäßig nicht die insolvenzrechtliche Reglung der Aussonderung sein, sondern allein der Bestand der dieser zugrundeliegenden Sicherungsrechte.[827] Die Anpassung ihrer Durchsetzung im Insolvenzfall dient lediglich dazu, dass die Sicherungsrechte auch innerhalb der Insolvenz weiterhin geltend gemacht wer-

---

825 Siehe oben: Kapitel 3: D. I. 3. a) (1).
826 So auch *Ambach*, Reichweite und Bedeutung von Art. 25 EuInsVO, S. 167; *Schlosser*, in: FS Weber, 395 (409); *Trunk*, Internationales Insolvenzrecht, S. 117; **a. A.** *Mankowski*, in: Rauscher, Europäisches Zivilprozessrecht, Art. 1 Brüssel-I VO, Rn. 19a.
827 *Haubold*, IPRax 2002, 157 (162).

den können. Sie fallen mithin nicht unter die insolvenzrechtliche Einordnung.[828]

6. Streitigkeiten die Haftung des Insolvenzverwalters betreffend

Die Haftung des Insolvenzverwalters wird in der Literatur, soweit ersichtlich, durchgängig als Annexverfahren qualifiziert.[829] Was sollte es augenscheinlich auch insolvenzrechtlicheres als die Haftung des Insolvenzverwalters geben, der schon aufgrund seiner Stellung an das Insolvenzverfahren gebunden und in dessen Abwicklung eingebunden ist. Anhand der im Rahmen der vorliegenden These aufgestellten Kriterien fehlt es jedoch an der Erfüllung beider Merkmale, so dass Streitigkeiten über die Haftung des Insolvenzverwalters (nach den §§ 60, 61 InsO) folglich nicht als insolvenzrechtlich zu qualifizieren sind. Dies gilt unabhängig davon, ob die Schadensersatzpflicht zugunsten der Insolvenz- oder der Massegläubiger besteht sowie unabhängig davon, ob die in diesem Rahmen erfolgende Geltendmachung einen Einzel- oder einen Gesamtschaden betrifft. So ist es wohl richtig, dass diese Streitigkeiten nur i. R. eines (eröffneten) Insolvenzverfahrens und damit unter der Situation der materiellen Insolvenz entstehen können. Jedoch knüpfen sie zum einen weder an den Umstand der materiellen Insolvenz als Ursachengrundlage an noch dienen sie zum anderen der Bewältigung des vertikalen oder gar des horizontalen Konflikts. Selbst bei Pflichtverletzungen, die die gesamte Gläubigergemeinschaft und nicht lediglich einen einzelnen Insolvenz- oder Massegläubiger involvieren, ist die Haftung des Insolvenzverwalters nicht durch das Stre-

---

828 So auch *Ambach*, Reichweite und Bedeutung von Art. 25 EuInsVO, S. 166 f.; *Haubold*, IPRax 2002, 157 (162 f.); *Schlosser*, in: FS Weber, 395 (409); *Trunk*, Internationales Insolvenzrecht, S. 117; *Willemer*, Vis attractiva concursus und die Europäische Insolvenzverordnung, S. 359 ff.; **a. A.** *Pannen/Riedemann*, in: Pannen, EuInsVO-Kommentar, Art. 3 EuInsVO, Rn. 114; *Weller*, ZHR 169 (2005), 570 (577).

829 Vgl. nur *Ambach*, Reichweite und Bedeutung von Art. 25 EuInsVO, S. 170 f., die aber zumindest die Schadensersatzpflicht zugunsten der Massegläubiger nach § 61 InsO sowie die Einzelschäden i. R. von § 60 InsO von der insolvenzrechtlichen Qualifikation ausnimmt; ohne Differenzierung als insolvenzrechtlich einstufend: *Lüke*, in: FS Schütze, S. 467 (483); *Schlosser*, in: FS Weber, 395 (407); *Schmiedeknecht*, Der Anwendungsbereich der Europäischen Insolvenzverordnung, S. 83; *Willemer*, Vis attractiva concursus und die Europäische Insolvenzverordnung, S. 380 ff.

ben nach der kollektiven Haftungsverwirklichung begründet. Der Beitrag zur gleichmäßigen Gläubigerbefriedigung ist nur eine mittelbare Auswirkung der Ersatzleistung. Die Haftungsanordnung dient vielmehr allein der Kompensation der durch den Insolvenzverwalter verursachten Schäden. Diese Streitigkeiten ergeben sich, wenn auch in ausschließlicher Form, nur »bei Gelegenheit des Insolvenzverfahrens«.

Das gleiche Ergebnis muss auch für die deliktische Schadensersatzklage gegen die Mitglieder des Gläubigerausschusses wegen deren Verhalten bei der Abstimmung über einen Sanierungsplan gelten. Diesen Fall hatte der EuGH jedoch jüngst hinsichtlich der Frage, ob eine internationale Zuständigkeit nach der EuInsVO gegeben ist, erneut unter dem Verweis auf eine dem nationalen Insolvenzrecht entspringende Rechtsgrundlage[830] und der bloßen Behauptung eines engen Zusammenhangs mit dem Insolvenzverfahren bejaht.[831] Dabei ist die Ablehnung dieser Streitigkeiten als insolvenzrechtlich (nach dem oben Gesagten) nicht nur erforderlich, sondern sie ist auch unschädlich. Die Gefahr von Schutzlücken muss man zumindest nicht befürchten. Diese sich auf Haftungstatbestände stützenden Streitigkeiten fallen unter das Deliktsstatut, das an den Handlungs- und Erfolgsort anknüpft und damit regelmäßig ebenfalls das Recht des Staates der Verfahrenseröffnung zur Anwendung beruft. Ein Auseinanderfallen der anzuwendenden Rechte und mithin das Aufleben potentiell schädlicher Normwidersprüche bleibt damit aus.

7. Streitigkeiten über die Beendigung von Rechtsverhältnissen

Streitigkeiten, die die Frage des Fortbestehens bzw. der Beendigung eines Rechtsverhältnisses zum Gegenstand haben, unterfallen nur dann dem Anwendungsbereich der EuInsVO, wenn der Bestand des Rechtsgeschäfts zum Schutz der Gläubigergemeinschaft in Frage steht.[832] Angesprochen

---

830 Zur Begründung der Irrelevanz dieses Aspektes: siehe oben: Kapitel 3: C. III. 2. b) (1) (c).
831 EuGH, Urt. v. 20.12.2017, Rs. C‑649/16, Rn. 29 ff. – *Valach ua/Waldviertler Sparkasse Bank AG ua*, abgedruckt in NZI 2018, 232.
832 So auch *Mankowski*, in: Rauscher, Europäisches Zivilprozessrecht, Art. 1 Brüssel-I VO, Rn. 22; *Schmiedeknecht*, Der Anwendungsbereich der Europäischen Insolvenzverordnung, S. 82 f.; *Willemer*, Vis attractiva concursus und die Europäische Insolvenzverordnung, S. 378 ff.; **a. A.** *Ambach*, Reichweite

sind damit die Kündigungs- und Erlöschensgründe der §§ 112, 113, 115-117 InsO. Zum einen bedingen diese der Rechtfertigung durch die materielle Insolvenz. Zum anderen dient eine Beendigung laufender Verträge in der Insolvenz des Schuldners auch dem Ziel der größtmöglichen und effizienten Haftungsverwirklichung, indem, entsprechend einer Benachteiligung bei Rangfragen, auf den vertikalen Konflikt eingewirkt wird.

Bildet den Gegenstand der Streitigkeit hingegen die Kündigung eines Arbeitnehmers und werden dabei Regelungen, wie die Kündigungsschutzvorschriften, relevant, die den Insolvenzgläubiger hinsichtlich seiner Eigenschaft und Stellung als Arbeitnehmer schützen wollen, so ist eine insolvenzrechtliche Einordnung nicht anzunehmen. Dies gilt selbst dann, wenn insolvenzbezogene Sonderkündigungsrechte ins Spiel kommen, da diese doch zumeist nur als Vorfrage von Bedeutung sind.[833] Das Ergebnis, das Instrument der *vis attractiva concursus* folglich hierauf nicht zur Anwendung zu bringen, steht im Einklang mit den von der Geltung der *lex fori* ausgenommenen Arbeitsverhältnissen über die Sonderanknüpfung des Art. 13 Abs. 1 EuInsVO-2015. Hiernach gilt für das Arbeitsverhältnis ausschließlich das Recht des Mitgliedstaates, das auf den Arbeitsvertrag anzuwenden ist. Nach Abs. 2 wird auch die Zuständigkeit für die Zustimmung zu einer Beendigung oder Änderung von Verträgen den Gerichten des Mitgliedstaates, in dem ein Sekundärinsolvenzverfahren eröffnet werden kann (nicht muss), zugewiesen. Damit erfolgt – zumindest für die benannten Verfahren – eine explizite Verneinung der *vis attractiva concursus* für den Verfahrensstaat nach Art. 6 Abs. 1 EuInsVO-2015. Eine insolvenzrechtliche Einordnung dieser dem Kündigungsschutz dienenden Verfahren wäre damit nicht zu vereinbaren.

8. Streitigkeiten die Kapitalaufbringung und -erhaltung betreffend

Die Vorschriften zur Kapitalaufbringung und -erhaltung sowie die daran anknüpfenden Regelungen hinsichtlich der Pflicht zur Erstattung und Rückgewähr von Zahlungen, die diesen Vorschriften zuwider geleistet worden sind (§§ 30, 31 Abs. 1 GmbHG sowie §§ 57, 62 Abs. 1 S. 1

---

und Bedeutung von Art. 25 EuInsVO, S. 165; *Schlosser*, in: FS Weber, 395 (409 f.).

833 *Mankowski*, in: Mankowski/Müller/J. Schmidt, EuInsVO 2015, Art. 13, Rn. 33.

I. Nicht insolvenzrechtlich zu qualifizierende Streitigkeiten

AktG), sind weder aufgrund der materiellen Insolvenz der Gesellschaft entstanden noch folgen sie einem insolvenzrechtlichen Zweck. Im Gegenteil sind sie dem Aufbau und der Durchsetzung der gesellschaftsrechtlichen Strukturverfassung verhaftet. Gleiches gilt auch für die sich aus § 31 Abs. 3 GmbHG ergebende Ausfallhaftung, die die übrigen Gesellschafter für den Fall, dass der zu erstattende Betrag von dem Empfänger nicht zu erlangen ist, nach dem Verhältnis ihrer Geschäftsanteile zur Haftung heranzieht. Trotz dessen, dass die Haftung nur dann eingreift, wenn die Erstattung zur Befriedigung der Gesellschaftsgläubiger erforderlich ist, knüpft die Regelung nicht an die materielle Insolvenz der Gesellschaft an, sondern an die aus § 31 Abs. 1 GmbHG folgende Erstattungspflicht eines Gesellschafters zur Erhaltung des Stammkapitals. Eine insolvenzrechtliche Qualifikation der Regelungen hinsichtlich der Kapitalerhaltung muss mithin verneint werden.[834]

9. Geltendmachung von Ansprüchen aus Sorgfaltspflichtverletzung

Neben den Vorschriften zur Kapitalaufbringung- und -erhaltung beugt zwar auch die Haftung des jeweiligen Vertretungsorgans für eine Verletzung etwaiger Sorgfaltspflichten (§ 43 Abs. 2 GmbHG, § 93 Abs. 2 AktG) mittelbar dem Risiko des Insolvenzeintrittes vor, jedoch sind diese Regelungen gerade nicht an die materielle Insolvenz gebunden. Mit der Anknüpfung an allgemein gesellschaftsrechtliche Pflichtenstellungen sind diese Regelungen auch gesellschaftsrechtlich zu qualifizieren.

10. Entscheidungen über Berufsverbote

Erweisen sich Personen als unfähig eine Gesellschaft zu führen, kann ein Berufsverbot (»disqualification order«) verhängt werden, das ihnen die Ausübung weiterer Leitungstätigkeiten (als Geschäftsführer oder Mitglied des Vorstandes) untersagt. Dabei ist die Entscheidung über das Berufsverbot, unabhängig davon, ob sie aufgrund eines gerichtlichen Urteils bzw. der vollziehbaren Entscheidung einer Verwaltungsbehörde

---

834 So ebenso: *Haubold*, IPRax 2002, 157 (163); *Schilling*, Insolvenz einer englischen Limited mit Verwaltungssitz in Deutschland, S. 207 f.; *Waldmann*, Annexverfahren im Europäischen Insolvenzrecht, S. 185 f., 196 f.

(§ 6 Abs. 2 S. 2 Nr. 2 GmbHG, § 76 Abs. 3 S. 2 Nr. 2 AktG) oder aufgrund einer rechtskräftigen Verurteilung wegen einer Straftat (enumerative Auflistung in § 6 Abs. 2 S. 2 Nr. 3 GmbHG sowie § 76 Abs. 3 S. 2 Nr. 3 AktG) erfolgt, nicht als insolvenzrechtlich einzuordnen. Hierfür fehlt es bereits an einem Betreffen insolvenzbezogener, allseitiger Interessen der Gläubigergemeinschaft durch die Entscheidung.

11. Konzernhaftung

Ebenfalls nicht insolvenzrechtlich zu qualifizieren sind die Leistungspflichten nach den §§ 302, 303 AktG in vertraglich verbundenen Unternehmen.[835] Für die Innenhaftung gem. § 302 AktG, unter welcher dem abhängigen Unternehmen ein Ausgleichsanspruch gegen das beherrschende Unternehmen im Falle von während der Vertragsdauer entstandener Jahresfehlbeträge zusteht, ist weder die materielle Insolvenz des abhängigen Unternehmens Ursachengrundlage, noch dient sie den Interessen der Gläubiger hinsichtlich der Lösung des horizontalen oder vertikalen Konfliktes. Die Ausgleichshaftung des beherrschenden Unternehmens dient vielmehr der Kapitalerhaltung zur Kompensation dessen, dass nach § 291 Abs. 3 AktG die »Leistungen der Gesellschaft bei Bestehen eines Beherrschungs- oder eines Gewinnabführungsvertrags […] nicht als Verstoß gegen die [gesellschaftsrechtlich zu qualifizierenden Kapitalschutzvorschriften der] §§ 57, 58 und 60« gelten.[836] Grundlage des Anspruchs ist demzufolge die mit der Ausübung des umfangreichen Weisungsrechts des beherrschenden Unternehmens verbundene Abweichung von den Kapitalerhaltungsregeln.[837] Wie auch diese ist die Ausgleichshaftung als »Ersatzregelung« ausschließlich gesellschaftsrechtlich qualifizierbar.

Die in § 303 AktG geregelte Außenhaftung zugunsten der Gläubiger der abhängigen Gesellschaft steht zwar unter der Überschrift »Gläubigerschutz«, wodurch sich eine anderweitige Qualifizierung dieser Norm ver-

---

835 So auch *Haubold*, IPRax 2002, 157 (163); *Waldmann*, Annexverfahren im Europäischen Insolvenzrecht, S. 205 ff.; *Willemer*, Vis attractiva concursus und die Europäische Insolvenzverordnung, S. 247; **a. A.** *Nitsche*, Konzernfolgeverantwortung nach der lex fori concursus, S. 281 f.
836 *Koch*, in: Hüffer/Koch, AktG, § 302, Rn. 3; *Kindler*, in: FS Ulmer, 2003, S. 305 (312).
837 *Kindler*, in: FS Ulmer, 2003, S. 305 (312).

muten ließe. Jedoch soll der Anspruch der Gläubiger auf Sicherheitsleistung den durch § 302 AktG gewährten Schutz über die Beendigung des Beherrschungs- oder Gewinnabführungsvertrages hinaus ergänzen.[838] Auch für diesen Anspruch kann daher nichts anderes als für den Ausgleichsanspruch gelten. Eine insolvenzrechtliche Qualifikation kommt mithin nicht in Betracht.

Ist der Sicherungsfall aufgrund Vermögenslosigkeit der abhängigen Gesellschaft bereits eingetreten, wird teilweise angenommen, dass sich der Anspruch auf Sicherheitsleistung in einen Zahlungsanspruch aus §§ 303, 322 AktG analog umwandelt.[839] Dies ändert aber gleichfalls nichts an der grundlegenden Zwecksetzung der Regelung als Ergänzung zur Kapitalerhaltung im Zusammenhang mit vertraglichen Unternehmensverbindungen. Mag *e contrario* aus § 303 Abs. 2 AktG auch deutlich werden, dass dieser Anspruch ebenso im Rahmen des Insolvenzverfahrens geltend gemacht werden kann, so ist die Insolvenzverfahrenseröffnung aber nur eine Möglichkeit unter vielen einen Beherrschungs- oder Gewinnabführungsvertrag zu beenden.[840] Der Grund für die Umwandlung in einen Zahlungsanspruch liegt aber jedenfalls auch nicht in der materiellen Insolvenz des Schuldners, sondern knüpft an den Eintritt des Sicherungsfalles an, der erst dann vorliegt, wenn das Verfahren mangels Masse nicht eröffnet oder eingestellt wird.[841] Darüber hinaus ist der Zahlungsanspruch nur auf die individuellen Interessen der einzelnen Gläubiger gerichtet, womit allein der vertikale Konflikt zwischen dem Schuldner und dem jeweiligen Gläubiger, ohne unmittelbar auch die allseitigen Interessen der Gläubigergemeinschaft einzubeziehen, angesprochen ist. Mithin ist auch diese Regelung dem Gesellschaftsrecht zuzuordnen.

---

838 *Altmeppen*, in: MüKo zum AktG, § 303, Rn. 2; *Koch*, in: Hüffer/Koch, AktG, § 303, Rn. 1.
839 *Deilmann*, in: Hölters, AktG, § 303, Rn. 14f. *Koch*, in: Hüffer/Koch, AktG, § 303, Rn. 7; zum Streitstand: *Altmeppen*, in: MüKo zum AktG, § 303, Rn. 39 ff.
840 *Willemer*, Vis attractiva concursus und die Europäische Insolvenzverordnung, S. 246.
841 *Altmeppen*, in: MüKo zum AktG, § 303, Rn. 53; *Deilmann*, in: Hölters, AktG, § 303, Rn. 14f.; *Koch*, in: Hüffer/Koch, AktG, § 303, Rn. 7.

II. Insolvenzrechtlich zu qualifizierende Streitigkeiten

1. Anfechtungsklagen

Das Paradebeispiel einer insolvenzrechtlich zu qualifizierenden Streitigkeit i. S. der *vis attractiva concursus* ist die Insolvenzanfechtung. Explizit als Beispiel in Art. 6 Abs. 1 EuInsVO-2015 sowie in der Kollisionsnorm des Art. 4 Abs. 2 S. 2 lit. m) aufgeführt, ist ihre Unterstellung unter den Anwendungsbereich der Europäischen Insolvenzverordnung nicht mehr in Frage zu stellen. Sie wird in Rechtsprechung und Literatur einhellig als insolvenzrechtliche Streitigkeit aufgeführt[842] und ist auch nach den in der vorliegenden Arbeit herausgestellten Kriterien nicht anders zu beurteilen. Gleiches gilt auch für die schuldnerbezogenen Anfechtungstatbestände in der Insolvenz.[843] Eine erneute und lediglich wiederholende Prüfung erübrigt sich.

Etwas anderes kann sich hingegen für den abgetretenen Anfechtungsanspruch ergeben. Zwar behält ein streitgegenständlicher Anspruch grundsätzlich auch dann seinen insolvenzrechtlichen Bezug, wenn er übertragen wird.[844] Die Grundlage und der Inhalt des Anspruchs erfahren insoweit keine Änderung. Jedoch geht es bei deren Geltendmachung nicht mehr um die Verwirklichung der insolvenzrechtlichen Haftungsordnung. Dies gilt

---

842 Statt aller EuGH, Urt. v. 12.2.2009, Rs. C-339/07, Slg. 2009, I-767, Rn. 28 – *Seagon./.Deko Marty Belgium*; BGH NJW 1990, 990 (991); OLG Hamm BB 2000, 431; *Ambach*, Reichweite und Bedeutung von Art. 25 EuInsVO, S. 166; *Duursma-Kepplinger*, in: Duursma-Kepplinger/Duursma/Chalupsky, Europäische Insolvenzverordnung, Art. 25 EuInsVO, Rn. 54; *Geimer/Schütze*, Internationaler Rechtsverkehr in Zivil- und Handelssachen, Art. 1 EuGVÜ, Rn. 19; *Haubold*, IPRax 2002, 157 (162); *Kropholler*, EuZPR, Art. 1 EuGVVO, Rn. 35; *Lüke*, in: FS Schütze, S. 467 (483); *Schlosser*, in: Schlosser/Hess EU-Zivilprozessrecht, Art. 1 EuGVVO, Rn. 21; *Schlosser*, in: FS Weber, 395 (407); *Schmieknecht*, Der Anwendungsbereich der Europäischen Insolvenzverordnung, S. 83; *Thole*, Gläubigerschutz durch Insolvenzrecht, S. 926 ff.; *Trunk*, Internationales Insolvenzrecht, S. 116; *Virgos/Schmit*, in: Stoll, Vorschläge und Gutachten, S. 32 (100, Rn. 196); *Waldmann*, Annexverfahren im Europäischen Insolvenzrecht, S. 227; *Willemer*, Vis attractiva concursus und die Europäische Insolvenzverordnung, S. 194 ff.
843 Siehe dazu bereits oben: Kapitel 3: D. I. 3. c) (3) (b).
844 *Brinkmann*, EWiR 2012, 383 (384).

selbst dann, wenn der Zessionar der einzige Insolvenzgläubiger ist.[845] Insofern ist die Streitigkeit aus einem abgetretenen Anfechtungsanspruch nicht insolvenzrechtlich zu qualifizieren.

2. Feststellungsstreitigkeiten

Streitigkeiten, die die Feststellung einer Forderung betreffen, wurden bereits oben, soweit sie sich auf den Bestand der Forderung beziehen, als nicht insolvenzrechtlich qualifiziert. Sofern die Feststellung zur Tabelle jedoch eine Rangfrage zum Gegenstand hat, bedarf dieses Ergebnis einer erneuten Untersuchung. Art. 7 Abs. 2 S. 2 lit. i) EuInsVO-2015 unterstellt Streitigkeiten, die die Verteilung des Erlöses aus der Verwertung des schuldnerischen Vermögens, den Rang einer Forderung sowie die auf Grund eines dinglichen Rechts oder infolge einer Aufrechnung teilweise befriedigten Rechte der Gläubiger betreffen, der kollisionsrechtlichen Bestimmung durch die Europäische Insolvenzverordnung. Mithin sollen die mit diesen Beispielsfällen angesprochenen Verteilungsfragen, unter die auch die Rangordnung als Unterfall eingeordnet wird, der Regelung durch das Insolvenzstatut unterfallen.[846] Dies ist insofern konsequent, als dass Rangfragen, wie z. B. die Bevorrechtigung bestimmter Forderungen, erst aufgrund des Einsetzens der materiellen Insolvenz entstehen und der Schuldner privatautonome Entscheidungen nicht mehr gerechtfertigt treffen kann. Neben der Erfüllung dieses ersten Kriteriums der insolvenzrechtlichen Qualifikation ist aber auch das zweite Kriterium der insolvenzspezifischen Zweckverfolgung für die Rangstreitigkeiten zu bejahen. Unter der in den einzelnen Mitgliedstaaten aufgestellten Rangordnung erfolgt nämlich die Aufteilung der Gläubigergemeinschaft in verschiedene Gruppen, unter denen einzelne, privilegierte Gläubigergruppen eine vorrangige Befriedigung erfahren können.[847] Mögen diese Streitigkeiten zwar nicht unmittelbar eine gleichmäßige Haftungsverwirklichung umsetzen, so re-

---

845 Insoweit erscheint auch das Ergebnis der Entscheidung im Fall *F-Tex* als richtig: EuGH, Urt. v. 19.4.2012, Rs. C-213/10 – *F-Tex SIA/Jadecloud-Vilma*, abgedruckt in NZI 2012, 469.
846 *Reinhart*, in: MüKo zur InsO, Art. 4 EuInsVO, Rn. 40.
847 Siehe zur Darstellung der materiellen Gläubigergleichbehandlung i. R. des Verteilungsprinzips: *Wiórek*, Das Prinzip der Gläubigergleichbehandlung im Europäischen Insolvenzrecht, S. 78.

geln sie aber dennoch das Verhältnis der Gläubiger untereinander. Gegenstand der Feststellung bildet dabei die Frage des Zugriffs des jeweiligen Gläubigers auf die Masse anhand der insolvenzrechtlichen Haftungsordnung. Angesprochen wird damit, ob und inwiefern die übrigen Insolvenzgläubiger die mit der festgestellten Forderung einhergehende Verminderung der Insolvenzquote hinnehmen müssen.[848] Über die insolvenzrechtliche Rangordnung wird mithin der horizontale Konflikt zwischen den Gläubigern i. R. der Regelung der Verteilungsgerechtigkeit angesprochen. Damit sind Feststellungsstreitigkeiten, die den Rang der Forderung betreffen, als insolvenzrechtlich zu qualifizieren.[849]

3. Absonderungsstreitigkeiten

Anders als die eine Aussonderung betreffenden Streitigkeiten, lässt sich die Durchsetzung eines Absonderungsrechts als insolvenzrechtliche Streitigkeit qualifizieren.[850] Sofern die bevorrechtigende Befriedigung aus dem Absonderungsrecht den Gegenstand der Streitigkeit bildet, ordnet sie, wie auch die Feststellung einer Forderung zur Tabelle den Rang betreffend, das Verhältnis der Gläubiger untereinander und wirkt mithin auf den horizontalen Gläubigerkonflikt. Auch diese Streitigkeiten fallen damit unter die EuInsVO.

4. Die Reste des Eigenkapitalersatzrechts

Hat früher ein Gesellschafter der Gesellschaft in Zeiten der Krise ein Darlehen anstelle von Eigenkapital zugeführt oder für die Rückgewähr des

---

848 *Häsemeyer*, Insolvenzrecht, Rn. 22.03.
849 So auch *Ambach*, Reichweite und Bedeutung von Art. 25 EuInsVO, S. 171 f.; *Haubold*, IPRax 2002, 157 (163); *Schlosser*, in: FS Weber, 395 (408 f.); *Schmiedeknecht*, Der Anwendungsbereich der Europäischen Insolvenzverordnung, S. 83; *Trunk*, Internationales Insolvenzrecht, S. 117; *Willemer*, Vis attractiva concursus und die Europäische Insolvenzverordnung, S. 330 ff.;
850 **A. A.** *Ambach*, Reichweite und Bedeutung von Art. 25 EuInsVO, S. 166 f.; *Haubold*, IPRax 2002, 157 (162); *Trunk*, Internationales Insolvenzrecht, S. 117; differenzierend *Schlosser*, in: FS Weber, 395 (411 f.); im Ergebnis auch *Willemer*, Vis attractiva concursus und die Europäische Insolvenzverordnung, S. 362 ff., 367.

von einem Dritten gewährten Darlehens eine Sicherung bestellt, so wurde dieser Beitrag in der Insolvenz als nachrangig zu behandelndes Eigenkapital eingestuft. Mit dem MoMiG wurde dieses in den §§ 32a, 32b GmbHG a.F. geregelte Rechtskonstrukt der eigenkapitalersetzenden Gesellschafterdarlehen abgeschafft. Insofern wurde auch die Trennung zwischen Rechtsprechungs- und Novellenregeln, von denen nur die Letzteren insolvenzrechtlich behandelt wurden,[851] obsolet.[852] Die nach dem § 30 Abs. 1 S. 3 GmbHG n.F. von den verbotswidrigen Auszahlungen ausgenommenen Gesellschafterdarlehen finden ihre Reglung nunmehr in den §§ 19 Abs. 2 S. 1, 39 Abs. 1 Nr. 5, Abs. 4, Abs. 5, 44a, 135 InsO. In rechtsformneutraler Ausgestaltung wird die Rückforderung des Gesellschafterdarlehens, unabhängig einer bestehenden Krise der Gesellschaft im Zeitpunkt seiner Gewährung,[853] nun nach § 39 Abs. 1 Nr. 5 InsO als nachrangige Forderung behandelt. Da somit die Gesellschafter mit ihrer Forderung auf Rückgewähr des Darlehens als nachrangig zu bedienende Insolvenzgläubiger eingeordnet werden, wird über diese Regelung die Verteilungsgerechtigkeit im Rahmen des bestehenden horizontalen Gläubiger-Konflikts angesprochen. Um eine Umgehung dieser Regelung durch eine vorherige Befriedigung der Forderung zu verhindern, wird die entsprechende Rechtshandlung der Anfechtungsmöglichkeit nach § 135 Abs. 1 InsO ausgesetzt. Der Grund für die Anfechtbarkeit basiert dabei darauf, dass der Gesellschafter durch die Rechtshandlung eine ihm zustehende Sicherung oder Befriedigung erlangt hat, die sich mit Eintritt der materiellen Insolvenz zulasten der anderen Gläubiger auswirkt. Da die Gesellschafter aufgrund von Informations- und Handlungsasymmetrien wegen ihrer Nähe zur Gesellschaft schon früh von den insolvenzbegründenden Umständen Kenntnis erlangen und Maßnahmen einleiten können, sind ihre Interessen ähnlich der Abwägung bei der Deckungsanfechtung[854] zurückzustellen. Verfolgt wird damit gerade der Grundsatz der *par conditio creditorum*. Wie auch die Deckungsanfechtung fällt somit auch die anfechtungsrechtliche Rückabwicklung bei Gesellschafterdarlehen unter die

---

[851] BGH NJW 2011, 3784 (Rn. 26 ff.); *Fischer*, ZIP 2004, 1477 (1480); *Ulmer*, NJW 2004, 1201 (1207); siehe auch *Haas*, NZI 2001, 1 (3); *Paulus*, ZIP 2002, 729 (734).
[852] *Grigoleit/Rieder*, GmbH-Recht nach dem MoMiG, Rn. 235.
[853] BGH NZI 2015, 657 (Rn. 5).
[854] Für eine Einordnung als Unterfall der Vorsatzanfechtung nach § 133 InsO: *Häsemeyer*, Insolvenzrecht, Rn. 30.60.

explizite Bestimmung des Anwendungsbereichs der EuInsVO.[855] Die Existenz einer entsprechenden Regelung für die Anwendung außerhalb des Insolvenzverfahrens gem. Art. 6 AnfG stellt auch in diesem Fall wiederum kein Hindernis dar.

5. Einordnung der Insolvenzantragspflicht

Um ein frühzeitiges Einleiten des Insolvenzverfahrens zu fördern und eine Verringerung der Haftungsmasse zu Lasten der Gläubiger zu verhindern,[856] enthielten bereits die deutschen Kodifikationen der Gesellschaftsrechte (GmbHG und AktG) eine Insolvenzantragspflicht. Im Zuge des MoMiG wurde die Insolvenzantragspflicht schließlich rechtsformneutral in die Insolvenzordnung, in den § 15a InsO, überführt. Danach sind die Organe einer juristischen Person und der (vergleichbaren) Gesellschaften ohne Rechtspersönlichkeit verpflichtet, spätestens drei Wochen nach Eintritt der Zahlungsunfähigkeit oder Überschuldung einen Eröffnungsantrag zu stellen. Dies betrifft nach Abs. 3 ebenso die Gesellschafter im Falle der Führungslosigkeit der Gesellschaft.

Die Insolvenzantragspflicht entsteht mit Eintritt der Zahlungsunfähigkeit nach § 17 InsO oder der Überschuldung nach § 19 InsO. Beide Formen der materiellen Insolvenz werden damit kausal für das Einsetzen der Antragspflicht des § 15a Abs. 1, 2 und 3 InsO. Damit sollen insolvenzreife Gesellschaften, in der keine natürliche Person persönlich und unbeschränkt haftet, aus dem Rechtsverkehr gezogen werden.[857] Zumindest aber sollen sie nicht ohne einen Schutz für die Gläubiger weiterhin am Rechtsverkehr teilnehmen können.[858] Mit Eintritt der Insolvenzreife ist ein Kollektivverfahren daher schnellstmöglich zu beantragen und zu eröffnen,

---

855 So auch *Braun*, EuInsVO 2017, Art. 6, Rn. 22; *Schmiedeknecht*, Der Anwendungsbereich der Europäischen Insolvenzverordnung, S. 84; *Thole*, Gläubigerschutz durch Insolvenzrecht, S. 927 ff.; *Waldmann*, Annexverfahren im Europäischen Insolvenzrecht, S. 186 ff.; **a. A.** noch zur alten Rechtslage: *Willemer*, Vis attractiva concursus und die Europäische Insolvenzverordnung, S. 230 ff.

856 BT-Drucks. 16/6140, Entwurf eines Gesetzes zur Modernisierung des GmbH-Rechts und zur Bekämpfung von Missbräuchen (MoMiG), S. 55.

857 BGHZ 126, 181 (194) noch zu § 64 Abs. 1 GmbHG a.F.; *Borges*, ZIP 2004, 733 (739); *Klöhn*, KTS 2012, 133 (151 f.); *ders.*, in: MüKo zur InsO, § 15a InsO, Rn. 7.

858 Vgl. auch *Klöhn*, KTS 2012, 133 (151 f.).

um nachteiligen Auswirkungen auf den vertikalen Konflikt der Gläubiger vorzubeugen und einen Wettlauf der Gläubiger zum Nachteil der begrenzten Haftungsmasse zu verhindern. Unter dieser Zweckrichtung stellt sich die Insolvenzantragspflicht des § 15a InsO als insolvenzrechtliches Instrument dar.[859]

6. Geltendmachung der Insolvenzverschleppungshaftung

Als Konsequenz eines Verstoßes gegen die Insolvenzantragspflicht wird nach § 823 Abs. 2 BGB i. V. m. § 15a InsO als Schutzgesetz eine Schadensersatzpflicht der vom personellen Anwendungsbereich umfassten Antragspflichtigen begründet. Mag hier auch eine Anspruchsgrundlage des Deliktsrechts vorliegen, so steht damit aber noch nicht gleichfalls auch ihre Qualifikation fest. Als Korrelat der Antragspflicht verfolgt auch die Insolvenzverschleppungshaftung bzw. die mit ihr verbundene Verhaltensvorgabe, die Antragspflicht auch zu erfüllen, einheitliche Zielstellungen. Eine übereinstimmende Qualifikation von Pflicht und Haftungsfolge im Falle ihrer Verletzung liegt daher nahe.[860] Dabei geht es nicht darum, die am wenigsten Schwierigkeiten mit sich bringende Qualifikation zu suchen,[861] sondern unter Anwendung autonomer Kriterien die Qualifikation zu bestimmen. Anknüpfend an die Verletzung der Antragspflicht ist auch die Insolvenzverschleppungshaftung an das Vorliegen der materiellen Insolvenz in der genannten Form gebunden. Ihre Wirkung ist darauf gerichtet, die insolvenzrechtliche Haftungsordnung im Interesse der Gläubiger-

---

859 *Kindler*, in: MüKo zum BGB, Art. 4 EuInsVO, Rn. 63; *Huber*, in: Lutter, Europäische Auslandsgesellschaften in Deutschland, S. 307 (329); *Schilling*, Insolvenz einer englischen Limited mit Verwaltungssitz in Deutschland, S. 215 f.; *ders.*, EWiR 2006, 429; *Müller*, NZG 2003, 414 (416); *Ungan*, ZVglRWiss 104 (2005), 355 (366 ff.); *Weller*, Europäische Rechtsformwahlfreiheit und Gesellschafterhaftung, S. 263 f.; *Zerres*, DZWIR 2006, 356 (359); **a. A.** *Barthel*, Deutsche Insolvenzantragspflicht und Insolvenzverschleppungshaftung in Scheinauslandsgesellschaften nach dem MoMiG, S. 154 ff. mangels Vorwirkung der EuInsVO; siehe auch *Eidenmüller*, RabelsZ 70 (2006), 474 (495); *Ulmer*, KTS 2004, 291 (301); im Ganzen auch *Hirte/Mock*, ZIP 2005, 474 (475 ff.).

860 *Haas*, in: Baumbach/Hueck, GmbH-Gesetz, § 64, Rn. 203; ähnlich *Eidenmüller*, RabelsZ 70 (2007), 474 (497).

861 So aber anscheinend: *Brinkmann*, in: Schmidt, Insolvenzordnung, Art. 4 EuInsVO, Rn. 12.

gemeinschaft möglichst frühzeitig zu realisieren.[862] Zur Erreichung des mit dem Kollektivverfahren den Gläubigern zu Teil werdenden Schutzes (auch in Bezug auf die Gläubigergleichbehandlung) sollen Verzögerungen und Umgehungen vermieden werden. Die Insolvenzverschleppungshaftung ist mithin insolvenzrechtlich zu qualifizieren.[863]

7. Geltendmachung der Existenzvernichtungshaftung

Die Existenzvernichtungshaftung nach der deliktsrechtlichen Anspruchsgrundlage des § 826 BGB[864] ist nicht lediglich wegen ihrer Ähnlichkeit zu der Insolvenzanfechtung nach § 133 InsO als insolvenzrechtlich zu qualifizieren.[865] Mag dies auch ein Indiz darstellen, so kann es aber für die insolvenzrechtliche Qualifikation nicht alleinig darauf ankommen.[866] Mit der Existenzvernichtungshaftung werden solche vorsätzlichen, sittenwidrigen Eingriffe in das Gesellschaftsvermögen sanktioniert, die kompensationslos sind und in deren Folge sich eine insolvenzverursachende oder – vertiefende Wirkung ausmacht.[867] Damit ist dieser Anspruch zumindest an den Eintritt der materiellen Insolvenz gebunden. Die mithin angestrebte Verhinderung einer Masseschmälerung, sowohl in ihrer präventiven als

---

862 *Kindler*, in: MüKo zum BGB, Art. 4 EuInsVO, Rn. 65 ff.
863 So auch *Eidenmüller*, NJW 2005, 1619 (1621); *Lieder*, DZWIR 2005, 399 (405 f.); *Kuntz*, NZI 2005, 424 (428 f.); *Reinhart*, in: MüKo zur InsO, Art. 4 EuInsVO, Rn. 7; *Schilling*, Insolvenz einer englischen Limited mit Verwaltungssitz in Deutschland, S. 202 ff.; *Waldmann*, Annexverfahren im Europäischen Insolvenzrecht, S. 191 ff., 197, 202; **a. A.** *Ambach*, Reichweite und Bedeutung von Art. 25 EuInsVO, S. 169 f.; *Barthel*, Deutsche Insolvenzantragspflicht und Insolvenzverschleppungshaftung in Scheinauslandsgesellschaften nach dem MoMiG, S. 154 ff. mangels Vorwirkung der EuInsVO; *Haubold*, IPRax 2002, 157 (163); *Pannen/Riedemann*, in: Pannen, EuInsVO-Kommentar, Art. 3 EuInsVO, Rn. 114; *Spindler/Berner*, RIW 2004, 7 (12); *Stöber*, ZHR 176 (2012), 326 (329), der dies als durch die Niederlassungsfreiheit geboten ansieht; *Willemer*, Vis attractiva concursus und die Europäische Insolvenzverordnung, S. 268 ff.
864 Zur Änderung der Rspr. des BGH: BGHZ 173, 246 – *TRIHOTEL*.
865 Auf dieses Argument stellen ab: *Waldmann*, Annexverfahren im Europäischen Insolvenzrecht, S. 194 ff.; *Weller*, IPRax 2003, 207 (210).
866 Für eine mögliche indizielle Bedeutung: vgl. *Röhricht*, ZIP 2005, 505 (506); *Hirte/Mock*, ZIP 2005, 474 (475).
867 *Kolmann/Keller*, in: Gottwald, Insolvenzrechts-Handbuch, § 133, Rn. 119.

auch reaktiven Ausgestaltung,[868] kommt mittelbar den Gläubigern auch zugute. Jedoch reicht dies für eine insolvenzrechtliche Qualifikation noch nicht aus. Erforderlich ist, dass insolvenzspezifische Zwecke in Bezug auf das Gläubigerkollektiv verfolgt werden. Dass mit der Haftung aus existenzvernichtendem Eingriff lediglich ein Innenhaftungsanspruch der Gesellschaft gegenüber ihren Gesellschaftern begründet wird, steht der insolvenzrechtlichen Qualifikation dabei nicht im Wege.[869] Schließlich steht die Haftungsmasse der Gläubigergesamtheit zur Verfügung. Auch die Möglichkeit einer Geltendmachung außerhalb des Insolvenzverfahrens schadet entsprechend der Ausführungen des EuGH im Fall *G.T. GmbH* nicht.

Zweifel bereitet jedoch der Zusammenhang mit dem Kapitalerhaltungs- und Organisationsrecht für haftungsbeschränkte Gesellschaften. Die Haftung aufgrund existenzvernichtenden Eingriffs soll das Kapitalerhaltungsrecht nach den §§ 30, 31 Abs. 1 GmbHG für die Fälle ergänzen, die von diesen Vorschriften nicht erfasst sind.[870] Dabei geht es darum, Eingriffe in das Gesellschaftsvermögen entgegen der Zweckbindung zugunsten einer vorrangigen Befriedigung der Gesellschaftsgläubiger zu verhindern.[871] Ziel ist es damit, die »Fähigkeit der Gesellschaft zur Bedienung ihrer Verbindlichkeiten« aufrecht zu erhalten.[872] Die in Rede stehende Verbotsnorm betrifft mithin den Bestand der Gesellschaft als Institution und erstreckt sich folglich auf einen organisationsbezogenen Regelungszweck als typisch gesellschaftsrechtlichen Aspekt. Die Geltendmachung durch den Insolvenzverwalter oder die Vergleichbarkeit mit der Insolvenzanfechtung reichen da nicht aus, um eine insolvenzrechtlich geprägte Ausrichtung zu begründen und die delikts- und gesellschaftsrechtlichen Hintergründe zu überlagern.

---

[868] *Weller*, Europäische Rechtsformwahlfreiheit und Gesellschafterhaftung, S. 265.

[869] Anders aber *Schön*, ZHR 168 (2004), 268 (292) mit Rückgriff auf die Verwirklichung einer mitgliedschaftlichen Treuepflicht oder dem Gedanken der GoA.

[870] *Beurskens*, in: Baumbach/Hueck, GmbH-Gesetz, Anhang: Die GmbH im Unternehmensverbund (GmbH-Konzernrecht), Rn. 80; *Verse*, in: Henssler/Strohn, Gesellschaftsrecht, § 13, Rn. 44; *Kindler*, FS Ulmer, S. 305 (312); *Ulmer*, NJW 2004, 1201 (1207); *Weller*, IPRax 2003, 207 (209); *Zimmer*, NJW 2003, 3585 (3588).

[871] BGH NZG 2007, 670 (Rn. 25); statt vieler *Verse*, in: Henssler/Strohn, Gesellschaftsrecht, § 13, Rn. 46.

[872] *Verse*, in: Henssler/Strohn, Gesellschaftsrecht, § 13, Rn. 46.

Mit der Realisierung des Insolvenzrisikos durch den Eintritt der materiellen Insolvenz entfällt jedoch die Rechtfertigung für die Haftungsbeschränkung auf das Gesellschaftsvermögen nach § 13 Abs. 2 GmbHG.[873] Die in das Gesellschaftsvermögen eingreifenden Gesellschafter haften der Gesellschaft danach im Innenverhältnis. Hiermit soll das unkompensiert auf die Gläubiger abgewälzte Insolvenzrisiko durch opportunistische Entscheidungen im Vorfeld der Insolvenz abgemildert werden. Der Risikobereitschaft der Gesellschafter sowie dem »moral hazard«-Effekt, der durch die Möglichkeit des Ausnutzens gegebener Asymmetrien zwischen Gläubigern und Gesellschaftern besteht, wird damit bereits präventiv begegnet.[874] Damit dient das Aussetzen der Haftungsprivilegierung und die damit einhergehende Modifizierung gesellschaftsrechtlicher Pflichtenstellungen als insolvenzbezogene Reaktion auf die Teilnahme am Rechtsverkehr schlussendlich der insolvenzrechtlichen Haftungsordnung im Interesse einer gemeinschaftlichen Gläubigerbefriedigung. Die Zweckbindung des Gesellschaftsvermögens wird wiederhergestellt. Die Geltendmachung individueller Schadensersatzansprüche ist davon nicht betroffen. Die Existenzvernichtungshaftung ist mithin ebenfalls als insolvenzrechtlich zu qualifizieren.[875]

---

873 BGHZ 126, 181 (196 f.); *Hirte/Mock*, ZIP 2005, 474 (475); *Mock/Schildt*, in: Hirte/Bücker, Grenzüberschreitende Gesellschaften, § 17 Rn. 69.
874 Grundlegend auch BGHZ 151, 181 (187).
875 *Kindler*, IPRax 2009, 189 (193); *ders.*, in: MüKo zum BGB, Art. 4 EuInsVO, Rn. 101; *Lieder*, DZWIR 2008, 145 (148); *Paulus*, EuInsVO-Kommentar, Art. 4, Rn. 6; *Roth*, NZG 2003, 1081 (1085); im Ergebnis auch: *Weller*, Europäische Rechtsformwahlfreiheit und Gesellschafterhaftung, S. 282; *Waldmann*, Annexverfahren im Europäischen Insolvenzrecht, S. 193; **a. A.** *Eidenmüller*, in: Eidenmüller, Ausländische Kapitalgesellschaften, § 4, Rn. 21 f.; *Haubold*, IPRax 2002, 157 (163); *Horn*, NJW 2004, 893 (899); *Jahn,* Die Anwendbarkeit deutscher Gläubigerschutzvorschriften bei einer EU-Kapitalgesellschaft im Sitz in Deutschland, S. 322; *Schön* ZHR 168 (2004), 268 (292); *Zimmer*, NJW 2003, 3585 (3589); *Ulmer*, NJW 2004, 1201 (1207); *Willemer*, Vis attractiva concursus und die Europäische Insolvenzverordnung, S. 252 f.; unabhängig einer kollisionsrechtlichen Einordnung nicht auf EU-Auslandsgesellschaften anwenden wollend: *Schilling*, Insolvenz einer englischen Limited mit Verwaltungssitz in Deutschland, S. 211 f.

8. Geltendmachung der Masseschmälerungshaftung

Eine Innenhaftung der Geschäftsführer gegenüber der Gesellschaft spricht § 64 S. 1 GmbHG aus. Hiernach sind die Geschäftsführer zum Ersatz von Zahlungen verpflichtet, die nach Eintritt der Zahlungsunfähigkeit der Gesellschaft oder nach Feststellung ihrer Überschuldung geleistet werden. Zwar findet die vorliegende Vorschrift ihre Statuierung in einem rechtsformspezifischen Gesetz, dem GmbHG. Dies kann aber weder die qualifikatorische Einordnung binden noch eine rechtsformunabhängige Anwendung von vornherein ausschließen. Einer Geltung auch für Gesellschaftsorgane von EU-Auslandsgesellschaften ist dadurch zumindest nicht der Riegel vorgeschoben.

Die Norm setzt die materielle Insolvenz der Gesellschaft als Anknüpfungspunkt voraus. Ohne den Eintritt der Zahlungsunfähigkeit oder die Feststellung ihrer Überschuldung findet die Vorschrift keine Anwendung. Ihr Zweck ist darauf gerichtet, eine Masseverkürzung vor Eröffnung des Insolvenzverfahrens zu verhindern. Dahinter steht der Gedanke, dass das Interesse der Gläubiger an einer gleichmäßigen Befriedigung erst unter dem Kollektivverfahren umgesetzt und einer Umgehung oder Aushöhlung entgegen gewirkt werden kann.[876] Zahlungen, die nach Eintritt der materiellen Insolvenz erfolgen, stellen nicht gerechtfertigte prioritäre Behandlungen einzelner Gläubiger dar, die aufgrund ihrer die Haftungsmasse begrenzenden Wirkung die Gläubigergemeinschaft benachteiligen und damit den horizontalen Konflikt der Gläubiger befeuern. Dem soll mit der Norm des § 64 S. 1 GmbHG entgegen gewirkt werden. Diese Vorschrift ist mithin insolvenzrechtlich zu qualifizieren.[877] Diese Ansicht vertritt auch der

---

[876] *Ego*, in: MüKo zum AktG, Europäische Niederlassungsfreiheit, Rn. 407; *Kolmann/Keller*, in: Gottwald, Insolvenzrechts-Handbuch, § 133, Rn. 116; *Schulz*, EWiR 2016, 67 (68).

[877] So auch *Braun*, EuInsVO 2017, Art. 6, Rn. 16, 18; *Haas*, in: Baumbach/Hueck, GmbH-Gesetz, § 64, Rn. 49; *Kolmann/Keller*, in: Gottwald, Insolvenzrechts-Handbuch, § 133, Rn. 116; *Mankowski*, NZG 2016, 281 (282); *Röhricht*, ZIP 2005, 505 (509); *Schulz*, EWiR 2016, 67 (68); *Brinkmann*, in: Schmidt, Insolvenzordnung, Art. 3 EuInsVO, Rn. 14; *Waldmann*, Annexverfahren im Europäischen Insolvenzrecht, S. 199 ff., 202 f.; **a. A.** bei masseloser Insolvenz: *Kindler*, EuZW 2016, 136 (139); gänzlich gegen eine insolvenzrechtliche Qualifikation: *Mock*, NZI 2015, 87 (88); ebenso *Willemer*, Vis attractiva concursus und die Europäische Insolvenzverordnung, S. 263 ff. noch zur alten, aber inhaltlich unveränderten Regelung des Art. 64 Abs. 2 S. 1.

EuGH und zwar einheitlich sowohl hinsichtlich der Unterstellung unter die Annexzuständigkeit als auch für die Frage des anzuwenden materiellen Insolvenzrechts.[878] Gleiches gilt im Übrigen auch für die entsprechende Regelung in § 92 Abs. 2 S. 1 i. V. m. § 93 Abs. 3 Nr. 6 AktG.

9. Geltendmachung der Insolvenzverursachungshaftung

Nach dem mit dem MoMiG eingefügten § 64 S. 3 GmbHG trifft die Geschäftsführer ebenfalls die Pflicht zum Ersatz der an die Gesellschafter geleisteten Zahlungen, soweit diese zur Zahlungsunfähigkeit der Gesellschaft führen mussten. Bereits tatbestandlich knüpft die Norm an den Eintritt der Zahlungsunfähigkeit und mithin die materielle Insolvenz der Gesellschaft an. Verhindert werden sollen damit, ergänzend zur Insolvenzverschleppungshaftung,[879] Zahlungen an die Gesellschafter, die eine Benachteiligung der zu befriedigenden Gläubigergemeinschaft auslösen.[880] Da die Insolvenzverursachungshaftung einen Teilbereich der Haftung aufgrund existenzvernichtender Eingriffe umfasst,[881] gelten die dazu gemachten Ausführungen auch für § 64 S. 3 GmbHG. Auch diese Vorschrift ist mithin insolvenzrechtlich i. S. der autonomen Auslegung der Verordnung zu bestimmen.[882] Dies gilt auch für die entsprechende Norm des § 92 Abs. 2 S. 3 i. V. m. § 93 Abs. 3 Nr. 6 AktG.

---

878 EuGH, Urt. v. 4.12.2014, Rs. C-295/13, Rn. 26 – *G.T. GmbH*, abgedruckt in BeckEuRS 2014, 406797 sowie EuGH, Urt. v. 10.12.2015, Rs. C-594/14, Rn. 21 – *Kornhaas*, abgedruckt in ZIP 2015, 2468.
879 *Greulich/Rau*, NZG 2008, 565 (566); *Kindler*, in: MüKo zum BGB, Art. 4 EuInsVO, Rn. 89.
880 *Ego*, in: Müko zum AktG, Europäische Niederlassungsfreiheit, Rn. 410.
881 BT-Drucks. 16/6140, Entwurf eines Gesetzes zur Modernisierung des GmbH-Rechts und zur Bekämpfung von Missbräuchen (MoMiG), S. 46.
882 So auch *Braun*, EuInsVO 2017, Art. 6, Rn. 16; *Brinkmann*, in: Schmidt, Insolvenzordnung, Art. 4 EuInsVO, Rn. 13; *Mankowski*, NZG 2016, 281 (286); *Hirte*, ZInsO 2008, 689 (697 f.); *Jost*, ZInsO 2014, 2471 (2472 f.); *Kolmann/Keller*, in: Gottwald, Insolvenzrechts-Handbuch, § 133, Rn. 118; *Schall*, ZIP 2016, 289, (292); *Waldmann*, Annexverfahren im Europäischen Insolvenzrecht, S. 201 ff.; offen bleibend: *Poertzgen/Meyer*, ZInsO 2012, 249 (251); **a. A.** *Ulmer*, NJW 2004, 1201 (1207).

III. Zusammenfassung

Neben der Qualifizierung der dargestellten Einzelverfahren in insolvenzrechtlich und nicht insolvenzrechtlich geprägte Streitigkeiten wird an der Einordnung auch deutlich erkennbar, warum eine Bestimmung der der Annexzuständigkeit unterfallenden Regelungsgegenstände anhand der Kollisionsnorm der Europäischen Insolvenzverordnung abgelehnt wurde. Eine abschließende Übereinstimmung der *vis attractiva concursus* mit dem Katalog des Art. 7 Abs. 2 EuInsVO-2015 ist schließlich nicht gegeben. Das Instrument der *vis attractiva concursus* umfasst weit mehr und z. T. auch gegenüber der Aufzählung im Katalog abweichende Streitgegenstände. Dabei soll dies nicht heißen, dass es keine Überschneidungen geben würde, wie z. B. der Fall der Anfechtungsklage zeigt. Es bedeutet vielmehr nur, dass das Insolvenzstatut nicht allein durch den Art. 7 EuInsVO-2015 abgedeckt wird. Die Reichweite des Insolvenzstatuts ergibt sich letztendlich erst durch die Bündelung der einzelnen Element-Kollisionsnormen, die auch unter der *vis attractiva concursus* zusammenlaufen.

C. Konkurrierende Ansprüche

Wenn man in dem Zusammenhang dieser Arbeit auch die Frage der Behandlung konkurrierender Ansprüche beantworten möchte, muss man zwischen dem Kollisions- und dem internationalen Zivilverfahrensrecht trennen. In beiden Bereichen stellt sich die Frage der Anspruchskonkurrenz v. a. zwischen den insolvenz-, gesellschafts- und deliktsrechtlichen Regelungen.

Innerhalb des Kollisionsrechts kommt man zur Frage der Anspruchskonkurrenz nur dann, wenn zwei Bedingungen erfüllt sind. Zum einen müssen die inhaltlich ganz oder teilweise übereinstimmenden Ansprüche verschiedenen Rechtsordnungen entspringen. Stehen sich die Ansprüche innerhalb einer Rechtsordnung gegenüber, entscheidet das anzuwendende materielle Recht über die Lösung dieses Konflikts. Die Frage der Anspruchskonkurrenz stellt sich auf der Meta-Ebene dann nicht. Als zweite Bedingung ist zum andern erforderlich, dass die inhaltsgleichen Ansprüche aus den verschiedenen Rechtsordnungen auch kollisionsrechtlich zur Anwendung kommen. Vorgeschaltet ist damit der für die verschiedenen Normen getrennt vorzunehmende Qualifikationsvorgang. Unterfällt eine Regelungsnorm, die einer dem Insolvenzstatut unterfallenden Vorschrift funktional entspricht, innerhalb der gegenüberstehenden Rechtsordnung ebenfalls dem Insolvenzrecht, so kommt diese Regelung kollisionsrechtlich bereits nicht zur Anwendung. Hält auch das Gesellschaftsrecht keine Regelung hierzu vor, so stellt sich die Frage der Lösung eines Konflikts mithin erst gar nicht. Vielmehr sind dies die Fälle, in denen es um das Ausfüllen von Schutzlücken geht. Wird hingegen die funktional äquivalente Regelungsnorm aus der gegenüberstehenden Rechtsordnung einem anderen Rechtsbereich entnommen, für den dieser Mitgliedstaat kollisionsrechtlich auch zur Anwendung berufen ist, so wird die Frage, wie oder nach welchem Recht die Konkurrenzsituation aufzulösen ist, virulent. Dies sind die Fälle, in denen sich die Regelungen des Insolvenzstatuts aus der einen und die des Gesellschaftsstatuts aus einer anderen Rechtsordnung gegenüber stehen. Da der Europäischen Insolvenzverordnung hierzu leider keine Vorgaben zu entnehmen sind, ist zur Behandlung der Konkurrenzsituation auf die Lösung des materiellen Rechts abzustellen.[883] Ob hierfür vorzugswürdigerweise die Regelungen der *lex fori* oder der *lex*

---

883 *Wengler*, in: FS Wolff, S. 337 (363).

C. Konkurrierende Ansprüche

causae heranzuziehen sind,[884] ist für den vorliegenden Fall irrelevant, da sich das anzuwendende Insolvenzrecht nach dem Forum richtet und mithin für beide Ansätze auf das Recht des Mitgliedstaates, in dem sich das COMI befindet, abzustellen ist. Folglich entscheidet das jeweilige Insolvenzstatut auch über die Konkurrenzfragen in internationalen Insolvenzsachverhalten.

Die Lösung der Anspruchskonkurrenz im Zivilverfahrensrecht gestaltet sich hingegen einfacher. Hinsichtlich der Bestimmung der internationalen Zuständigkeit für Annexverfahren sind insofern die Ausführungen zur (relativ) ausschließlichen internationalen Zuständigkeit des Mitgliedstaates, in dem das Insolvenzverfahren eröffnet worden ist, bereits vorangegangen.[885] Sofern mithin auch der konkurrierende Anspruch (z. B. aus dem Deliktsrecht) im Mitgliedstaat des *forum concursus* geltend gemacht wird, ergibt sich daraus keine Änderung der Zuständigkeit für das Annexverfahren im Staat der Verfahrenseröffnung. Welche innerstaatlichen Gerichte jeweils zuständig sind, unterliegt dabei der Entscheidung der jeweiligen Rechtsordnung.[886] Wird die andere zivil- oder handelsrechtliche Klage aufgrund anders gerichteter Zuständigkeitsbestimmungen der EuGVVO hingegen in einem anderen Mitgliedstaat erhoben, so statuiert Art. 6 Abs. 2 EuInsVO-2015, dass auch für die Annexstreitigkeit von der Zuständigkeit des Verfahrensstaates abgewichen werden darf. Hierfür müssen die Klagen jedoch zum einen im Zusammenhang miteinander stehen. Dieser wird durch Abs. 3 näher erläutert und ist dann gegeben, wenn zwischen den Klagen »eine so enge Beziehung gegeben ist, dass eine gemeinsame Verhandlung und Entscheidung zweckmäßig ist, um die Gefahr zu vermeiden, dass in getrennten Verfahren miteinander unvereinbare Entscheidungen ergehen«. Zum anderen ist aber auch erforderlich, dass die Klage in dem Mitgliedstaat erhoben wird, in dem der Beklagte seinen Wohnsitz hat und die Gerichte dieses Mitgliedstaates auch nach der EuGVVO für diese Klage zuständig sind. Andernfalls ist ein Abweichen der Annexzuständigkeit vom Staat der Verfahrenseröffnung nicht zulässig.

---

884 Zu dieser Problematik hinsichtlich der Konkurrenz zwischen Vertrags- und Deliktsrecht eingehend: *Hoffmann*, Die Koordination des Vertrags- und Deliktsrechts in Europa, S. 159 ff.; hierzu auch *Spickhoff*, IPRax 2009, 128 (133 f.).
885 Siehe oben: Kapitel 3: C. III. 1. c) (1).
886 Siehe hierzu bereits EuGH, Urt. v. 27.9.1988, Rs. 189/87, Slg. 1988, 5565, Rn. 19 – *Kalfelis./.Schröder*.

Den zur alten Rechtslage ergangenen Literaturmeinungen, dass bei konkurrierenden Ansprüchen die Zuständigkeitsbestimmung für die Annexstreitigkeit ausschlaggebend und der konkurrierende Anspruch mithin ebenfalls vor den Gerichten des Verfahrensstaates – als Annex zum Annex – geltend zu machen ist,[887] ist insoweit eine Absage zu erteilen.

---

[887] *Haas*, NZG 1999, 1148 (1153), der auf die Natur des Streitgegenstandes abstellen will, aber in all seinen Beispielsfällen zu einer einheitlich insolvenzrechtlichen Qualifikation gelangt; *Haubold*, IPRax 2002, 157 (162); *Trunk*, Internationales Insolvenzrecht, S. 116; *Weller*, Europäische Rechtsformwahlfreiheit und Gesellschafterhaftung, S. 205 ff.; **a. A.** zur Verhinderung einer weiten *vis attractiva concursus* bereits *Willemer*, Vis attractiva concursus und die Europäische Insolvenzverordnung, S. 277. Der EuGH konnte sich trotz eines Vorabentscheidungsersuchens des LG Essen, Vorlagebeschluss vom 25.11.2010 – 43 O 129/09 = ZIP 2011, 875, welches jedoch wieder zurückgezogen wurde, bis heute nicht zur Frage der Anspruchskonkurrenz äußern. Siehe hierzu EU:C:2012:275 zu Rs. C-494/10: http://curia.europa.eu/juris/document/document.jsf?text=&docid=123222&pageIndex=0&doclang=DE&mode=lst&dir=&occ=first&part=1&cid=494553, zuletzt aufgerufen am 1.3.2017.

Schlussbetrachtung

Die Reform der EuInsVO im Jahr 2015 hat die Annexverfahren nicht vergessen. War die Frage der Zuständigkeit für diese in einem engen Zusammenhang mit dem Insolvenzverfahren stehenden Einzelverfahren für die Zeit während der alten EuInsVO-2000 anfangs auch noch umstritten und wurde neben einer direkten oder analogen Anwendung des Art. 3 EuInsVO-2000 auch eine Zuständigkeitsbestimmung nach autonomem Recht sowie nach den Regelungen der EuGVVO vertreten, so hat diese Unsicherheit mit der reformierten EuInsVO-2015 ein Ende gefunden. Art. 6 Abs. 1 EuInsVO-2015 enthält eine ausdrückliche Zuständigkeitskompetenz des Insolvenzeröffnungsstaates für insolvenzgeprägte Einzelverfahren. Die hinzugetretenen Regelungen der Absätze 2 und 3 gewähren einen besonderen, fakultativen Gerichtsstand für Aktivklagen[888] am Wohnsitz des Beklagten, sofern die Annexklage mit einer anderen zivil- oder handelsrechtlichen Klage, die aufgrund der Zuständigkeitsbestimmung der EuGVVO nach dem Grundsatz des *actor sequitur forum rei* am allgemeinen Beklagtengerichtsstand erhoben wird, in Zusammenhang steht. Für die Frage, welche Streitgegenstände unter die Bestimmung der *vis attractiva concursus* fallen, übernimmt die Regelung des novellierten Art. 6 Abs. 1 EuInsVO-2015 die Formulierung aus Art. 25 Abs. 1 Unterabs. 2 EuInsVO-2000. Die unwesentliche Abweichung im Wortlaut hat aber keine Auswirkung auf deren substanziellen Gehalt und steht so mit der Folge einer unveränderten Norminterpretation. Die verwendete Formulierung geht zurück auf die Entscheidung des EuGH im Fall *Gourdain./.Nadler*[889] aus dem Jahr 1979. Darin wurde die Abgrenzung des Anwendungsbereichs des EuGVÜ zu dem erhofften Konkursübereinkommen demgemäß gezogen, dass »Entscheidungen, die sich auf ein Insolvenzverfahren beziehen, [...] nur dann von der Anwendung des Übereinkommens [EuGVÜ] ausgeschlossen [sind], wenn sie unmittelbar aus diesem Verfahren hervorgehen und sich eng innerhalb des Rahmens eines Konkurs- oder Vergleichsverfahrens [...] halten.« Nie wesentlich verän-

---

888 *Mankowski*, in: Mankowski/Müller/J. Schmidt, EuInsVO 2015, Art. 6, Rn. 34; *Thole*, in: MüKo zur InsO, Art. 6 EuInsVO, Rn. 10.
889 EuGH, Urt. v. 22.2.1979, Rs. 133/78, Slg. 1979, 733 – *Gourdain./.Nadler*.

dert, ist bis heute nicht klar, was genau unter dieser Formulierung zu verstehen ist. Auch etliche Vorlageentscheidungen des EuGH, die zu der Frage Stellung nahmen, ob einzelne, näher bestimmte Klagen unter die unionsrechtliche *vis attractiva concursus* zu subsumieren seien, konnten nur in eingeschränktem Maße Licht ins Dunkel bringen.[890] Gleiches gilt für die Reform. So wurde als Ausführung, was unter den Annexverfahren zu verstehen ist, die seit jeher bereits als Paradebeispiel eines Annexverfahrens anerkannte Anfechtungsklage exemplarisch in den Erwägungsgrund 35 EuInsVO-2015 aufgenommen. Ebenso ausdrücklich festgehalten wurde der hinter der Formulierung der Unmittelbarkeit und des engen Zusammenhangs mit dem Insolvenzverfahren stehende Zweck, eine evtl. Rechtslücke zwischen den sachlichen Anwendungsbereichen der EuGVVO und der EuInsVO so weit wie möglich zu schließen.[891] Diesem Ansatz kommt allerdings entscheidende Bedeutung für die Auslegung der *Gourdain*-Formel zu. Abgegrenzt werden soll damit nämlich der unionsrechtliche Insolvenzrechtsbegriff von den allgemeinen Regelungen des Zivil- und Handelsrechts. Trotz dessen, dass dieses Abgrenzungsproblem auch auf kollisionsrechtlicher Ebene besteht, erfolgte eine Lösung in Art. 6 EuInsVO-2015 nur für das Zuständigkeitsrecht. V. a. aber in grenzüberschreitenden Unternehmensinsolvenzen, in denen ein Insolvenzverfahren über das Vermögen einer Auslandsgesellschaft im Zuzugsstaat zu eröffnen ist, wird die Frage virulent, welche Regelungen dem Insolvenzstatut zuzuschlagen sind bzw. welche Regelungen dem Gesellschaftsstatut des Gründungsstaates überlassen bleiben müssen. Dies ist aus dem Grunde relevant, weil durch die kollisionsrechtliche Aufspaltung der divergierenden Anknüpfungen von Insolvenz- und Gesellschaftsstatut die auf die im Binnenraum aktive Gesellschaft anzuwendenden Normen auseinandergerissen werden und mithin Schutzlücken entstehen können. Um folglich eine möglichst effektive Abwicklung grenzüberschreitender Unternehmensinsolvenzen zu gewährleisten, ist das insolvenzrechtliche System im Ge-

---

890 Siehe hierzu v. a. EuGH, Urt. v. 12.2.2009, Rs. C-339/07, Slg. 2009, I-767, Rn. 28 – *Seagon./.Deko Marty Belgium*; EuGH, Urt. v. 2.7.2009, Rs. C-111/08, Slg. 2009, I-5655, Rn. 27 – *SCT Industri./.Alpenblume;* EuGH, Urt. v. 10.9.2009, Rs. C-292/08, Slg. 2009, I-8421, Rn. 37 – *German Graphics*; EuGH, Urt. v. 19.4.2012, Rs. C-213/10, Rn. 36 f., 44 – *F-Tex SIA/Jadecloud-Vilma.*

891 Vgl. bereits *Virgos/Schmit*, in: Stoll, Vorschläge und Gutachten, S. 32 (100, Rn. 195); so nun auch in Erwägungsgrund 7 EuInsVO-2015 festgehalten.

füge seiner innerstaatlichen Wechselwirkungen weitestgehend aufrecht zu erhalten. Hierfür bedarf es jedoch einer konkreten Bestimmung der Reichweite des Insolvenzstatuts.

Mit der in dieser Arbeit aufgestellten und begründeten These eines innerhalb der Europäischen Insolvenzverordnung auch für die kontradiktorischen Verfahren bestehenden Gleichlaufs von Zuständigkeit und anzuwendendem materiellen Recht lässt sich eine Konkretisierung des kollisionsrechtlichen Insolvenzrechtsbegriffs aus der *vis attractiva concursus* schlussfolgern. Hierbei hat die Untersuchung gezeigt, dass für die Begründung der Annexzuständigkeit dieselben Interessenerwägungen und Wertungen anzustellen sind, die auch für die Insolvenzabwicklung im Rahmen des Kollektivverfahrens gelten. Aus diesem Grund hat der Verordnungsgeber die Annexverfahren bewusst unter die Einheit des Insolvenzverfahrens gestellt, indem er auch für sie auf den Staat der Verfahrenseröffnung verwies. Die Begrenzung der internationalen Zuständigkeit auf den Verfahrensstaat entspricht dabei der kollisionsrechtlichen Verweisung auf die mit dem Sachverhalt engst verbundene Rechtsordnung. Ein Auseinanderfallen wird durch die Normierung einer (relativ) ausschließlichen Attraktivzuständigkeit im Grundsatz ausgeschlossen. Der angestrebte Gleichlauf wird damit nach Außen manifestiert.

Erfasst man diesen Gleichlauf der Annexzuständigkeit nach Art. 6 EuInsVO-2015 mit dem unter dem Insolvenzstatut anzuwendenden materiellen Recht hinsichtlich seiner systematischen Möglichkeiten, so kann in dem Instrument der *vis attractiva concursus* eine Bündelung von Element-Kollisionsnormen gesehen werden, die die innere Konnexität insolvenzbezogener Normen nachzeichnet und damit den Bedarf an im Verfahrensstaat zu konzentrierender Insolvenzrechtsmaterie absteckt. Unter diesem Ansatzpunkt erfolgt eine verordnungsautonome Konkretisierung des unionsrechtlichen Insolvenzrechtsbegriffes, die zu einer vertikalen Bündelung der innerlich sachlich-systemisch zusammenhängenden[892] Vorschriften der *lex fori* beiträgt. Die instrumentalisierte Nutzung der *vis attractiva concursus* ermöglicht es daher, die unter das Insolvenzstatut fallenden Regelungen näher bestimmen zu können.

In Auslegung der Formel der *vis attractiva concursus* ergaben sowohl die grammatikalischen, historischen, systematischen als auch die teleologischen Aspekte, dass eine Qualifizierung unter den Insolvenzrechtsbe-

---

892 *Schurig*, Kollisionsnorm und Sachrecht, S. 102.

griff (nur) dann geboten ist, wenn die in Rede stehende Streitigkeit die folgenden beiden Kriterien kumulativ erfüllt:
- Um »unmittelbar aus dem Insolvenzverfahren hervor[zu]gehen«, muss der Gegenstand des Einzelverfahrens zunächst die materielle Insolvenz als Anknüpfungspunkt voraussetzen. Nur insofern als die Grundlage für das Eingreifen der in Rede stehenden Regelung auf dem Eintritt oder dem Vorliegen der materiellen Insolvenzsituation des Schuldners beruht, gilt eine insolvenzrechtliche Qualifikation als indiziert. Da das Vorliegen der materiellen Insolvenz aber auch lediglich Tatbestandsvoraussetzung einer gesellschaftsrechtlich zu qualifizierenden Norm sein kann, muss noch ein weiterer Indikator kumulativ hinzutreten.
- Zur Erfüllung eines »engen Zusammenhang[s]« mit dem Insolvenzverfahren war mithin die Qualität der Bindung des Einzel- zum Kollektivverfahren zu konturieren. Als ausreichend ist diese Bindung dann anzusehen, wenn die Rechtsfrage den unter dem Regime der Europäischen Insolvenzverordnung stehenden insolvenzspezifischen Zweck der Haftungsverwirklichung unter Knappheitsbedingungen verfolgt. Dies ist selbst für den Fall gegeben, dass an einem im Verhältnis des Schuldners zu seinen Gläubigern stehenden Konflikt angesetzt wird, sofern nur die Interessen der Gläubigergemeinschaft mitbetroffen sind und zum Zwecke der Haftungsrealisierung dem Prinzip der Gläubigergleichbehandlung gedient wird.

Dabei sei noch einmal herausgestellt, dass sich unter der Bearbeitung des Gehalts der *vis attractiva concursus* gezeigt hat, dass prozessuale Aspekte, wie sie häufig i. F. der personellen Geltendmachung durch den Insolvenzverwalter oder dem Vorliegen besonderer Verjährungsmodalitäten (sofern diese formell-rechtlich einzuordnen sind) proklamiert werden, für die Qualifikation unter die Formel nicht zu fordern sind. Ein solcher Aspekt würde v. a. in den Fällen der insolvenzrechtlichen Abwicklung des Vermögens einer Auslandsgesellschaft eine solch starke Beschränkung bedeuten, dass die nötigen präventiven Wirkungen des Insolvenzrechts unbeachtet blieben. Die damit bereits angesprochenen Schutzlücken könnten mithin nicht geschlossen werden. Insoweit ein prozessualer Bezug für die Konzentration eines Annexverfahrens im Verfahrensstaat dennoch dahingehend gefordert wird, dass ein Insolvenzverfahren auch tatsächlich eröffnet worden sein muss, ist dies allein für die Ausbildung des Anknüpfungsmoments bedeutsam und steht in keinem Widerspruch zur inhaltlichen Gestaltung der *vis attractiva concursus*.

Unter Heranziehung der genannten Indikatoren, die auch unter Beachtung der Niederlassungsfreiheit Bestand haben, waren von den in der Arbeit untersuchten Streitigkeiten die Folgenden als insolvenzrechtlich einzuordnen: die Anfechtungsklage, die Feststellungsstreitigkeit, sofern die Feststellung zur Tabelle eine Rangfrage zum Gegenstand hat, die Absonderungsstreitigkeit, die anfechtungsrechtliche Rückabwicklung bei Gesellschafterdarlehen, die Insolvenzantragspflicht, die Insolvenzverschleppungshaftung, die Existenzvernichtungshaftung, die Masseschmälerungshaftung sowie die Insolvenzverursachungshaftung.

Der aufgezeigte Weg zur Bestimmung der *vis attractiva concursus* anhand der über den Gleichlauf herausgearbeiteten Indikatoren ermöglicht eindeutige und leicht zu ermittelnde Ergebnisse. Diese dienen, neben der Herbeiführung von Rechtsklarheit und Rechtssicherheit, den Zielen der EuInsVO und damit der Effektivität grenzüberschreitender Insolvenzverfahren, was v. a. im Lichte grenzüberschreitender Unternehmensinsolvenzen in der heutigen Zeit eine herausragende Bedeutung erlangt.

Literaturverzeichnis

Abeltshauser, Thomas E.: Leitungshaftung im Kapitalgesellschaftsrecht. Zu den Sorgfalts- und Loyalitätspflichten von Unternehmensleitern im deutschen und im US-amerikanischen Kapitalgesellschaftsrecht, Köln [u. a.] 1998.

Adams, Michael: Eigentum, Kontrolle und Beschränkte Haftung, Baden-Baden 1991.

Aderhold, Eltje: Auslandskonkurs im Inland. Entwicklung und System des deutschen Rechts mit praktischen Beispielen unter besonderer Berücksichtigung des Konkursrechts der Vereinigten Staaten von Amerika, Englands, Frankreichs sowie der Schweiz, Berlin 1992.

Adolphsen, Jens: Europäisches Zivilverfahrensrecht, Berlin [u. a.] 2011.

Altmeppen, Holger/Wilhelm, Jan: Gegen die Hysterie um die Niederlassungsfreiheit der Scheinauslandsgesellschaften, DB 2004, S. 1083–1089.

Altmeppen, Holger: Änderungen der Kapitalersatz- und Insolvenzverschleppungshaftung aus „deutsch-europäischer" Sicht, NJW 2005, S. 1911–1915.

Ders.: Insolvenzverschleppungshaftung Stand 2001, ZIP 2001, S. 2201–2211.

Ders.: Schutz vor „europäischen" Kapitalgesellschaften, NJW 2004, S. 97–104.

Ambach, Jördis: Reichweite und Bedeutung von Art. 25 EuInsVO, Berlin 2009.

Andres, Dirk/Leithaus, Rolf/Dahl, Michael: Insolvenzordnung (InsO): Kommentar, 2. Auflage, München 2011 [zitiert als: *Bearbeiter*, in: Andres/Leithaus/Dahl, InsO Kommentar].

Arens, Peter: Prozeßrecht und materielles Recht, AcP 173 (1973), S. 250–271.

Armour, John/Hansmann, Henry/Kraakman, Reinier: Agency Problems and Legal Strategies, in: The Anatomy of Corporate Law. A Comparative and Functional Approach, hrsg. von Reinier Kraakman u. a., 2. Auflage, Oxford [u. a.] 2009, S. 35–53.

Armour, John/Hansmann, Henry/Kraakman, Reinier: What is Corporate Law?, in: The Anatomy of Corporate Law. A Comparative and Functional Approach, hrsg. von Reinier Kraakman u. a., 2. Auflage, Oxford [u. a.] 2009, S. 1–34.

Armour, John/Hertig, Gerard/Kanda, Hideki: Transactions with Creditors, in: The Anatomy of Corporate Law. A Comparative and Functional Approach, hrsg. von Reinier Kraakman u. a., 2. Auflage, Oxford [u. a.] 2009, S. 115–151.

Arnauld, Andreas von: Rechtssicherheit. Perspektivische Annäherungen an eine *idée directrice* des Rechts, Tübingen 2006.

Bähr, Biner/Riedemann, Susanne: Anmerkung zu: AG Mönchengladbach, Beschluss v. 27.04.2004 – 19 IN 54/04, ZIP 2004, S. 1066–1068.

Balz, Manfred: Kurzkommentar zu BGH, Urt. v. 11.7.1996 – IX ZR 304/95 - Art. 21 DöKV, EWiR 1996, S. 841–842.

Bamberger, Heinz Georg/ Roth, Herbert: Beck'scher Online-Kommentar. BGB, Ed. 41, München 2013.

Bar, Carl Ludwig von: Theorie und Praxis des internationalen Privatrechts, Band 2, Aalen 1966.

Bar, Christian von: Grundfragen des internationalen Deliktsrechts, JZ 1985, S. 961–969.

Bar, Christian von/Mankowski, Peter: Internationales Privatrecht. Band I: Allgemeine Lehren, 2. Auflage, München 2003 [zitiert als: *v. Bar/Mankowski*, IPR I].

Barnert, Thomas: Die Gesellschafterklage im dualistischen System des Gesellschaftsrechts, Tübingen 2003.

Barthel, Dirk: Deutsche Insolvenzantragspflicht und Insolvenzverschleppungshaftung in Scheinauslandsgesellschaften nach dem MoMiG. Europarechtliche Anforderungen an gläubigerschützende Normen des Aufnahmestaates, Baden-Baden 2009.

Basedow, Jürgen: Europäisches Zivilprozessrecht. Allgemeine Fragen des Europäischen Gerichtsstands- und Vollstreckungsübereinkommens (CVÜ), in: Handbuch des Internationalen Zivilverfahrensrechts, Band I, hrsg. von Max-Planck-Institut für Ausländisches und Internationales Privatrecht, Tübingen 1982, S. 99–181.

Ders.: Qualifikation, Vorfrage und Anpassung im Internationalen Zivilverfahrensrecht, in: Materielles Recht und Prozeßrecht und die Auswirkungen der Unterscheidung im Recht der Internationalen Zwangsvollstreckung. – eine rechtsvergleichende Untersuchung –, hrsg. von Peter F. Schlosser, Bielefeld 1992, S. 131–156.

Bauer, Markus: Gläubigerschutz durch eine formelle Nennkapitalziffer – Kapitalgesellschaftsrechtliche Notwendigkeit oder überholtes Konzept?. Eine rechtsvergleichende Untersuchung der Gläubigerschutzkonzepte des amerikanischen und deutschen Kapitalgesellschaftsrechts, Frankfurt am Main [u. a.] 1995.

Baumbach, Adolf/Hueck, Alfred: GmbHG. Gesetz betreffend die Gesellschaften mit beschränkter Haftung, 21 Aufl., München 2017 [zitiert als: *Barbeiter*, in: Baumbach/Hueck, GmbH-Gesetz].

Baur, Fritz/Stürner, Rolf: Zwangsvollstreckungs-, Konkurs- und Vergleichsrecht: Ein Lehrbuch, Band 2, Insolvenzrecht, 12. Auflage, Heidelberg 1990.

Bayer, Walter: Die EuGH-Entscheidung 'Inspire Art' und die deutsche GmbH im Wettbewerb der europäischen Rechtsordnungen, BB 2003, S. 2357–2366.

Becker, Christoph: Insolvenz in der Europäischen Union. Zur Verordnung des Rates über Insolvenzverfahren, ZEuP 2002, S. 287–315.

Ders.: Insolvenzrecht. 3. Auflage, Köln 2010.

Behrens, Peter: Gemeinschaftsrechtliche Grenzen der Anwendung inländischen Gesellschaftsrechts auf Auslandsgesellschaften nach Inspire Art. (zu EuGH, 30.9.2003 - Rs. C-167/01 - Karner van Koophandel en Fabrieken voor Amsterdam/Inspire Art Ltd., unten S. 46, Nr. 1), IPRax 2004, S 20–26.

Benecke, Martina: Gesetzesumgehung im Zivilrecht. Lehre und praktischer Fall im allgemeinen und Internationalen Privatrecht, Tübingen 2004.

Berges, August Maria: Kommt es zu einem EWG-Konkursabkommen?, KTS 26 (1965), S. 73–79.

Berlemann, Michael: Makroökonomik. Modellierung, Paradigmen und Politik. Mit 137 Abbildungen, Berlin [u.a.] 2005.

Berner, Olaf/Klöhn, Lars: Insolvenzantragspflicht, Qualifikation und Niederlassungsfreiheit, ZIP 2007, S. 106–114.

Bezzenberger, Tilman: Das Kapital der Aktiengesellschaft. Kapitalerhaltung, Vermögensbindung, Konzernrecht, Köln 2005.

Bierbach, Axel W.: Wettlauf der Gläubiger um den Insolvenzgerichtsstand – Anfechtungsbefugnisse des Insolvenzverwalters nach Art. 18 Abs. 2 Satz 2 EuInsVO, ZIP 2008, S. 2203–2207.

Bitter, Georg: Flurschäden im Gläubigerschutzrecht durch „Centros & Co."?. - Eine Zwischenbilanz -, WM 2004, S. 2190–2200.

Ders.: Niederlassungsfreiheit für Kapitalgesellschaften in Europa: Gläubigerschutz in Gefahr?, in: Jahrbuch Junger Zivilrechtswissenschaftler 2004. Europäisches Privatrecht, Über die Verknüpfung von nationalem und Gemeinschaftsrecht, Göttinger Tagung 8. Bis 11. September 2004, hrsg. von Andrea Tietze u. a., Stuttgart [u. a.] 2005, S. 299–333.

Bittmann, Folker/Gruber, Urs Peter: Limited - Insolvenzantragspflicht gemäß § 15a InsO: Europarechtlich unwirksam?, GmbHR 2008, S. 867–873.

Bloching, Micha: Pluralität und Partikularinsolvenz. Eine Untersuchung zum deutschen internationalen Insolvenzrecht, Berlin 2000.

Böckmann, Tobias: Gläubigerschutz bei GmbH und *close corporation*. Eine rechtsvergleichende Untersuchung nach deutschem und US-amerikanischem Recht unter besonderer Berücksichtigung des Rechts von Delaware, Kalifornien und New York, Köln [u. a.] 2005.

Boehmer, Gustav: Grundlagen der Bürgerlichen Rechtsordnung, Erstes Buch, Das bürgerliche Recht als Teilgebiet der Gesamtrechtsordnung, Tübingen 1950.

Borges, Georg: Die Sitztheorie in der Centros-Ära: Vermeintliche Probleme und unvermeidliche Änderungen. Zugleich Besprechung von OLG Frankfurt a. M., RIW 1999, 783, RIW 2000, S. 167–178.

Ders.: Gläubigerschutz bei ausländischen Gesellschaften mit inländischen Sitz, ZIP 2004, S. 733–744.

Bork, Reinhard: Abschaffung des Eigenkapitalersatzrechts zugunsten des Insolvenzrechts?, ZGR 2007, S. 250–270.

Ders.: Grundtendenzen des Insolvenzanfechtungsrechts, ZIP 2008, S. 1041–1049.

Bork, Reinhard/Mangano, Renato: European Cross-Border Insolvency Law, Oxford 2016.

Bork, Reinhard/Van Zwieten, Kristin: Commentary on the European Insolvency Regulation, Oxford 2016.

Braun, Eberhard: Der neue Sport in Europa: Forumshopping in Insolvenzverfahren oder: die moderne Form von „Britannia rules the waves", NZI 12/2003, Editorial, S. V–VII.

Ders.: Insolvenzordnung (InsO). InsO mit EuInsVO (Neufassung), Kommentar, 7. Aufl., München 2017 [zitiert als: *Braun*, EuInsVO 2017].

Brinkmann, Moritz: Avoidance Claims in the Context of the EIR, IILR 2013, S. 371–383.

Ders.: Kurzkommentar zu EuGH, Urt. v. 19. 4. 2012 - Rs C-213/ 10 (Lietuvos AukSCiausiasis Teismas (Litauen)), ZIP 2012, 1049, EWiR 2012, S. 383–384.

Ders.: Zur Haftung von Geschäftsführer und sonstigen Vertretern ausländischer Gesellschaften wegen Fehlens des Rechtsformzusatzes. (zu BGH, 5.2.2007 - II ZR 84/05, unten S. 42, Nr. 3), IPRax 2008, S. 30–36.

Bruhns, Eva: Das Verfahrensrecht der internationalen Konzernhaftung. Durchsetzung von Konzernhaftungsansprüchen bei grenzüberschreitenden Unternehmensverbindungen im Rahmen der EuGVVO unter besonderer Berücksichtigung des deutschen und französischen Konzernhaftungsrechts, Berlin 2006.

Brüning, Sybille: Die Beachtlichkeit des fremden ordre public, Berlin 1997.

Literaturverzeichnis

Bundesministerium der Justiz (Hrsg.): Zweiter Bericht der Kommission für Insolvenzverfahren, Köln 1986.

Bußmann, Hadumod: Lexikon der Sprachwissenschaft: mit 14 Tabellen, 4. Auflage, Stuttgart 2008.

Buxbaum, Richard M.: Is There a Place for a European Delaware in the Corporate Conflict of Laws?, RabelsZ 74 (2010), S. 1–24.

Bydlinski, Franz: Juristische Methodenlehre und Rechtsbegriff, 2. Auflage, Wien 2011.

Calliess, Christian/Ruffert, Matthias: EUV/AEUV. Das Verfassungsrecht der Europäischen Union mit Europäischer Grundrechtecharta, Kommentar, 4. Auflage, München 2011.

Cranshaw, Friedrich L.: Grenzüberschreitende Anfechtungsklagen: Auswirkungen der Rechtsprechung der Unionsgerichtsbarkeit, ZInsO 2012, S. 1237–1246.

d'Avoine, Marc: Internationale Zuständigkeit des deutschen Insolvenzgerichts bei offenkundiger „Rückkehroption" des ehemals selbstständig wirtschaftlich tätigen Schuldners (Unternehmer, Freiberufler, Arzt, Anwalt, Notar etc.) mit dem Ziel der Restschuldbefreiung – Wann wird forum-shopping unerlaubt und verstößt unter Umständen gegen den Ordre public?, NZI 2011, S. 310–314.

De Boer, Th.M.: Prospects for European Conflicts Law in the twenty-first century, in: International Conflict of Laws for the Third Millennium. Essays in Honor of Friedrich K. Juenger, hrsg. von Patrick J. Borchers, Joachim Zekoll, New York 2001, S. 193–213.

Donalies, Elke: Die Wortbildung des Deutschen. Ein Überblick, 2. Auflage, Tübingen 2005.

Dreier, Horst (Hrsg.): Grundgesetz. Kommentar, Band II, Artikel 20 – 82, 2. Auflage, Tübingen 2006 [zitiert als: *Bearbeiter*, in: Dreier, GG Kommentar].

Drobnig, Ulrich: Die in grenzüberschreitenden Insolvenzverfahren anwendbaren Rechtsordnungen, in: Stellungnahmen und Gutachten zur Reform des deutschen internationalen Insolvenzrechts. Im Auftrag der Sonderkommission „Internationales Insolvenzrecht" des Deutschen Rates für Internationales Privatrecht, vorgelegt von Hans Stoll, Tübingen 1992, S. 51–71.

Drukarczyk, Jochen: Unternehmen und Insolvenz. Zur effizienten Gestaltung des Kreditsicherungs- und Insolvenzrechts, Wiesbaden 1987.

Duursma, Dieter/Duursma-Kepplinger, Henriette-Christine: Gegensteuerungsmaßnahmen bei ungerechtfertigter Inanspruchnahme der internationalen Zuständigkeit gemäß Art. 3 Abs. 1 EuInsVO, DZWIR 2003, S. 447–452.

Duursma-Kepplinger, Henriette-Christine/Duursma, Dieter/Chalupsky, Ernst: Europäische Insolvenzverordnung. Kommentar, Wien [u. a.] 2002.

Easterbrook, Frank H., Fischel, Daniel R.: The Economic Structure of Corporate Law, Cambridge [u.a.] 1991.

Easterbrook, Frank H./Fischel, Daniel R.: Limited Liability and the Corporation, U. Chi. L. Rev. 52 (1985), S. 89–117.

Ebenroth, Thomas/Kieser, Markus: Die Qualifikation der „action en comblement du passif" nach Art. 180 des neuen französischen Insolvenzrechts. Eine Studie unter Berücksichtigung der Rechtsprechung des BGH zum Universalitätsprinzip, KTS 1988, S. 19–48.

Eberhartinger, Michael: Konvergenz und Neustrukturierung der Grundfreiheiten, EWS 1997, S. 43–52.

Ehricke, Ulrich/Köster, Malte/Müller-Seils, Carsten Oliver: Neuerungen im englischen Unternehmensinsolvenzrecht durch den Enterprise Act 2002, NZI 2003, S. 409–416.

Eidenmüller, Horst (Hrsg.): Ausländische Kapitalgesellschaften im deutschen Recht, München 2004.

Ders.: Die Reichweite des Gesellschaftsstatuts, in: Vorschläge und Berichte zur Reform des europäischen und deutschen internationalen Gesellschaftsrechts. Vorgelegt im Auftrag der zweiten Kommission des Deutschen Rates für Internationales Privatrecht, Spezialkommission Internationales Gesellschaftsrecht, hrsg. von Hans Jürgen Sonnenberger, Tübingen 2007, S. 469–496.

Ders.: Free Choice in International Corporate Law: European and German Corporate Law in European Competition between Corporate Law Systems, in: An Economic Analysis of Private International Law, hrsg. von Max-Planck-Institut für ausländisches und internationales Privatrecht, bearb. von Jürgen Basedow, Toshiyuki Kono, Giesela Rühl, Tübingen 2006, S. 187–205.

Ders.: Europäisches und deutsches Gesellschaftsrecht im europäischen Wettbewerb der Gesellschaftsrechte, in: Festschrift für Andreas Heldrich zum 70. Geburtstag, hrsg. von Stephan Lorenz, Alexander Trunk, Horst Eidenmüller, Christiane Wendehorst, Johannes Adolff, München 2005, S. 581–595.

Ders.: Unternehmenssanierung zwischen Markt und Gesetz. Mechanismen der Unternehmensreorganisation und Kooperationspflichten im Reorganisationsrecht, Köln 1999.

Ders.: Effizienz als Rechtsprinzip. Möglichkeiten und Grenzen der ökonomischen Analyse des Rechts, 2. Auflage, Tübingen 1998.

Ders.: Der Insolvenzplan als gesellschaftsrechtliches Universalwerkzeug, NJW 2014, S. 17–19.

Ders.: Recht als Produkt, JZ 64 (2009), S. 641–653.

Ders.: Gesellschaftsstatut und Insolvenzstatut, RabelsZ 70 (2006), S. 474–504.

Ders.: Wettbewerb der Insolvenzrechte?, ZGR 2006, S. 467–488.

Ders.: Geschäftsleiter- und Gesellschafterhaftung bei europäischen Auslandsgesellschaften mit tatsächlichem Inlandssitz, NJW 2005, S. 1619–1621.

Ders.: Der Markt für internationale Konzerninsolvenzen: Zuständigkeitskonflikte unter der EuInsVO, NJW 2004, S. 3455–3459.

Ders.: Mobilität und Restrukturierung von Unternehmen im Binnenmarkt. Entwicklungsperspektiven des europäischen Gesellschaftsrechts im Schnittfeld von Gemeinschaftsgesetzgeber und EuGH, JZ 2004, S. 24–33.

Ders.: Kapitalgesellschaftsrecht im Spiegel der ökonomischen Theorie, JZ 56 (2001), S. 1041–1051.

Eidenmüller, Horst/Engert, Andreas: Rechtsökonomik des Mindestkapitals im GmbH-Recht, GmbHR 2005, S. 433–438.

Engisch, Karl: Die Idee der Konkretisierung in Recht und Rechtswissenschaft unserer Zeit, 2. Aufl., Heidelberg 1968.

Enriques, Luca/Gelter, Martin: Regulatory Competition in European Company Law and Creditor Protection, EBOR 7 (2006), S. 417–453.

Epiney, Astrid: Neuere Rechtsprechung des EuGH in den Bereichen institutionelles Recht, allgemeines Verwaltungsrecht, Grundfreiheiten, Umwelt- und Gleichstellungsrecht, NVwZ 2004, S. 1067–1078.

Escher-Weingart, Christina: Reform durch Deregulierung im Kapitalgesellschaftsrecht. Eine Analyse der Reformmöglichkeiten unter besonderer Berücksichtigung des Gläubiger- und Anlegerschutzes, Tübingen 2001.

Literaturverzeichnis

Ewert, Ralf: Wirtschaftsprüfung und asymmetrische Information, Berlin [u.a.] 1990.

Fehrenbach, Markus: Anmerkung zu EuGH, Urt. v. 11.6.2015 – C-649/13 (Nortel Networks), NZI 2015, S. 667–668.

Ders.: Die Rechtsprechung des EuGH zur Europäischen Insolvenzverordnung: Der Mittelpunkt der hauptsächlichen Interessen und andere Entwicklungen im Europäischen Insolvenzrecht, ZEuP 2013, S. 353–383.

Ders.: Die Zuständigkeit für insolvenzrechtliche Annexverfahren (zu EuGH, 12.2.2009 - Rs. C-339/07 - Christopher Seagon als Insolvenzverwalter der Frick Teppichboden Supermärkte GmbH./.Deko Marty Belgium NV, unten S. 513, Nr. 33a, und BGH, 19.5.2009-IX ZR 39/06, unten S. 515, Nr. 33b), IPRax 2009, S. 492–498.

Ferrari, Franco/Kieninger, Eva-Maria/Mankowski, Peter/Otte, Karsten/Saenger, Ingo/Schulze, Götz/Staudinger, Ansgar: Internationales Vertragsrecht. ROM I-VO, CISG, CMR, FactÜ, Kommentar, 2. Auflage, München 2012.

Fetsch, Johannes: Eingriffsnormen und EG-Vertrag. Die Pflicht zur Anwendung der Eingriffsnormen anderer EG-Staaten, Tübingen 2002.

Fischer, Michael: Die Verlagerung des Gläubigerschutzes vom Gesellschafts- in das Insolvenzrecht nach „Inspire Art", ZIP 2004, S. 1477–1486.

Fleischer, Holger: Informationsasymmetrie im Vertragsrecht. Eine rechtsvergleichende und interdisziplinäre Abhandlung zu Reichweite und Grenzen vertragsschlussbezogener Aufklärungspflichten, München 2001.

Ders.: Kapitalschutz und Durchgriffshaftung bei Auslandsgesellschaften, in: Europäische Auslandsgesellschaften in Deutschland: Mit Rechts- und Steuerfragen des Wegzugs deutscher Gesellschaften, hrsg. von Marcus Lutter, Köln 2005, S. 49–129.

Ders.: Erweiterte Außenhaftung der Organmitglieder im Europäischen Gesellschafts- und Kapitalmarktrecht. Insolvenzverschleppung, fehlerhafte Kapitalmarktinformation, Tätigkeitsverbote, ZGR 2004, S. 437–479.

Fleischer, Holger/Goette, Wulf (Hrsg.): Münchener Kommentar zum Gesetz betreffend die Gesellschaften mit beschränkter Haftung (GmbHG), Band 1, §§ 1-34, 2. Aufl., München 2015 [zitiert als: *Bearbeiter*, in: MüKo zum GmbHG].

Flessner, Axel: Grundsätze des europäischen Insolvenzrechts, ZEuP 2004, S. 887–907.

Ders.: Interessenjurisprudenz im internationalen Privatrecht, Tübingen 1990.

Ders.: Unternehmenserhaltung und EG-Konkursübereinkommen: Stellungnahme zur Berücksichtigung von Sanierungsverfahren im Entwurf von 1980, in: Vorschläge und Gutachten zum Entwurf eines EG-Konkursübereinkommens. Im Auftrag einer Sonderkommission des Deutschen Rates für internationales Privatrecht vorgelegt von Gerhard Kegel (Hrsg.), bearbeitet von Jürgen Thieme, Tübingen 1988, S. 403–414.

Foerste, Ulrich: Insolvenzrecht, 6. Aufl., München 2014.

Frege, Michael C./Keller, Ulrich/Riedel, Ernst: Handbuch der Rechtspraxis. Insolvenzrecht, Band 3, 8. Auflage, München 2015 [zitiert als: Insolvenzrecht].

Freitag, Robert: Internationale Zuständigkeit für Schadensersatzklagen aus Insolvenzverschleppungshaftung. Zugleich Besprechung EuGH v. 18.7.2013 - Rs C-147/ 12, ZIP 2013, 1932 – ÖFAB, ZIP 2014, S. 302–309.

Fritz, Daniel Friedemann/Bähr, Rainer M.: Die Europäische Verordnung über Insolvenzverfahren – Herausforderung an Gerichte und Insolvenzverwalter, DZWIR 2001, S. 221–235.

Garcimartin, Francisco: The EU Insolvency Regulation Recast: Scope, Jurisdiction and Applicable Law, ZEuP 2015, S. 694–731.

Geiger, Theodor: Vorstudien zu einer Soziologie des Rechts, 4. Auflage, Berlin 1987.

Geimer, Reinhold: Internationales Zivilprozessrecht, 6. Auflage, Köln 2009.

Ders.: Zur Rechtfertigung des Vermögensgerichtsstandes. - Kritik der Reformvorschläge -, JZ 1984, S. 979–981.

Geimer, Reinhold/Schütze Rolf A.: Europäisches Zivilverfahrensrecht. Kommentar zum EuGVÜ und zum Lugano-Übereinkommen, München 1997 [zitiert als: *Geimer/Schütze*, EuZVR].

Geimer, Reinhold/Schütze, Rolf A. (Hrsg.): Internationaler Rechtsverkehr in Zivil- und Handelssachen, Loseblatt-Handbuch mit Texten, Kommentierungen und Länderberichten, Band III, Stand: 52. Ergänzungslieferung September 2016 [zitiert als: *Bearbeiter*, in: Geimer/Schütze, Internationaler Rechtsverkehr in Zivil- und Handelssachen].

Geisler, Stephan: Die engste Verbindung im internationalen Privatrecht, Berlin 2001.

Gerhardt, Walter: Gereimtes und Ungereimtes im Anfechtungsrecht der neuen Insolvenzordnung. Eine kritische Betrachtung, in: Festschrift für Hans Erich Brandner zum 70. Geburtstag, hrsg. von Gerd Pfeiffer, Joachim Kummer, Silke Scheuch, Köln 1996, S. 605–619.

Ders.: Grundbegriffe des Vollstreckungs- und Insolvenzrechts. Eine Einführung an Hand von Fällen, Stuttgart [u.a.] 1985.

Gerkan, Hartwin von: Die Gesellschafterklage – Korreferat –, ZGR 1988, S. 441–452.

Geyrhalter, Volker/Gänßler, Peggy: Perspektiven nach „Überseering" - wie geht es weiter?, NZG 2003, S. 409–414.

Giering, Anastasia: Risikobezogener Gläubigerschutz im Recht der GmbH. Vorschläge zur Vermögensbindung und Gesellschafterhaftung de lege ferenda, Berlin 2009.

Gloger, Christian: Haftungsbeschränkung *versus* Gläubigerschutz in der GmbH. Rechtsvergleichende Studie zum deutschen und brasilianischen Recht, Köln [u. a.] 2007.

Goette, Wulf/Habersack, Mathias (Hrsg.): Münchener Kommentar zum Aktiengesetz, Band 5, §§ 278-328, SpruchG, ÖGesAusG, Österreichisches Konzernrecht, 4. Auflage, München 2015 [zitiert als: *Bearbeiter*, in: MüKo zum AktG].

Goette, Wulf/Habersack, Mathias (Hrsg.): Münchener Kommentar zum Aktiengesetz, Band 7, Europäisches Aktienrecht, SE-VO, SEBG, Europäische Niederlassungsfreiheit, 4. Auflage, München 2017 [zitiert als: *Bearbeiter*, in: MüKo zum AktG].

Gottwald, Peter: Insolvenzrechts-Handbuch, 4. Auflage, München 2010 [zitiert als: *Bearbeiter*, in: Gottwald, Insolvenzrechts-Handbuch].

Ders.: Grenzüberschreitende Insolvenzen. Europäische und weltweite Tendenzen und Lösungen, München 1997.

Grabitz, Eberhard (Begr.)/Hilf, Meinhard/Nettesheim, Martin (Hrsg.): Das Recht der Europäischen Union, Band I, EUV/AEUV, 44. EL, München 2011.

Greulich, Sven/ Rau, Thomas: Zur Insolvenzverursachungshaftung des Geschäftsleiters einer Auslandsgesellschaft mit Inlandsverwaltungssitz, NZG 2008, S. 565–569.

Grigoleit, Hans Christoph/Rieder, Markus S.: GmbH-Recht nach dem MoMiG. Analyse – Strategie – Gestaltung. Mit Bezügen zum Aktienrecht und zum Insolvenzrecht, München 2009.

Grothe, Helmut: Die vollstreckungsrechtliche „Rückschlagsperre" des § 88 InsO, KTS 2001, S. 205–239.

Literaturverzeichnis

Gruber, Urs Peter: Die europäische Insolvenzzuständigkeit und der Einwand des Rechtsmissbrauchs, in: Rechtslage – Rechtserkenntnis, Rechtsdurchsetzung. Festschrift für Eberhard Schilken zum 70. Geburtstag, hrsg. von Caroline Meller-Hannich, Lutz Haertlein, Hans Friedhelm Gaul, Ekkehard Becker-Eberhard, München 2015, S. 679–691.

Grundmann, Stefan: Die Struktur des Europäischen Gesellschaftsrechts von der Krise zum Boom, ZIP 2004, S. 2401–2412.

Ders.: Binnenmarktkollisionsrecht – vom klassischen IPR zur Integrationsordnung, RabelsZ 64 (2000), S. 457–477.

Ders.: Wettbewerb der Regelgeber im Europäischen Gesellschaftsrecht – jedes Marktsegment hat seine Struktur, ZGR 2001, S. 783–832.

Grunewald, Barbara: Gesellschaftsrecht, 8. Auflage, Tübingen 2011.

Grunsky, Wolfgang: Lex fori und Verfahrensrecht, ZZP 89 (1976), S. 241–259.

Haas, Ulrich: Reform des gesellschaftsrechtlichen Gläubigerschutzes. Gutachten E für den 66. Deutschen Juristentag, in: Verhandlungen des Sechsundsechzigsten Deutschen Juristentages, Stuttgart 2006, Band I, Gutachten, hrsg. von der ständigen Deputation des Deutschen Juristentages, München 2006, S. E1–E155 [zitiert als: *Haas*, Gutachten zum 66. DJT].

Ders.: Geschäftsführerhaftung und Gläubigerschutz. Unternehmerische Verhaltenspflichten des GmbH-Geschäftsführers zum Schutz Dritter, München 1997.

Ders.: Insolvenzrechtliche Annexverfahren und internationale Zuständigkeit, ZIP 2013, S. 2381–2390.

Ders.: „Flankierende Maßnahmen" für eine Reform des Gläubigerschutzes in der GmbH, GmbHR 2006, S. 505–513.

Ders.: Niederlassungsfreiheit, Europäische Insolvenzverordnung (EuInsVO) und Gläubigerschutz, NZI 12/2003, Editorial, S. V–VI.

Ders.: Aktuelle Rechtsprechung zum Kapitalersatzrecht, NZI 2002, S. 457–466.

Ders.: Der Normzweck des Eigenkapitalersatzrechts, NZI 2001, S. 1–10.

Ders.: Insolvenzverwalterklagen und EuGVÜ, NZG 1999, S. 1148–1153.

Habersack, Mathias/Verse, Dirk A.: Europäisches Gesellschaftsrecht. Einführung für Studium und Praxis, 4. Aufl., München 2011.

Habscheid, Edgar J.: Das deutsche internationale Insolvenzrecht und die vis attractiva concursus, ZIP 1999, S. 1113–1117.

Ders.: Grenzüberschreitendes (internationales) Insolvenzrecht der Vereinigten Staaten von Amerika und der Bundesrepublik Deutschland. Systeme und Wechselwirkungen rechtsvergleichend auch zu anderen Rechtsordnungen, insbesondere der Schweiz, Berlin 1998.

Hachenburg: Gesetz betreffend die Gesellschaften mit beschränkter Haftung (GmbHG). Großkommentar, Erster Band, Allgemeine Einleitung; §§ 1-34, hrsg. von Peter Ulmer, 8. Auflage, Berlin [u. a.] 1992 [zitiert als: *Bearbeiter*, in: Hachenburg, GmbHG Großkommentar].

Hanisch, Hans: Internationale Zuständigkeit und Rechtsanwendung in neueren europäischen Insolvenzabkommens-Entwürfen, in: Recht und Rechtsdurchsetzung. Festschrift für Hans Ulrich Walder zum 65. Geburtstag, hrsg. von Isaak Meier, Hans Michael Riemer, Peter Weimar, Zürich 1994, S. 483–502.

Ders.: Allgemeine kollisionsrechtliche Grundsätze im internationalen Insolvenzrecht, in: Festschrift für Günther Jahr zum siebzigsten Geburtstag. Vestigia Iuris, hrsg. von Michael Martinek, Jürgen Schmidt, Elmar Wadle, Tübingen 1993, S. 455–475.

Ders.: Anwendbares Recht und Konkurswirkungen. Stellungnahme zu den Artt. 2, 17-19, 34-40, 53 und zur Anlage I des Entwurfs von 1980, in: Vorschläge und Gutachten zum Entwurf eines EG-Konkursübereinkommens. Im Auftrag einer Sonderkommission des Deutschen Rates für internationales Privatrecht vorgelegt von Gerhard Kegel (Hrsg.), bearbeitet von Jürgen Thieme, Tübingen 1988, S. 319–339.

Ders.: Deutsches Internationales Insolvenzrecht in Bewegung, ZIP 1983, S. 1289–1301.

Häsemeyer, Ludwig: Insolvenzrecht, 4. Auflage, Köln [u. a.] 2007.

Ders.: Rezensionen „Eltje Aderhold: Auslandskonkurs im Inland" und „Cornelia Summ: Anerkennung ausländischer Konkurse in der Bundesrepublik Deutschland", ZZP 107 (1994), S. 111–118.

Haß, Detlef/Huber, Peter/Gruber, Urs/Heiderhoff, Bettina: EU-Insolvenzverordnung. Kommentar zur Verordnung (EG) Nr. 1346/2000 über Insolvenzverfahren (EuInsVO), München 2005.

Hau, Wolfgang: Anmerkung zu BGH, Urteil vom 19. Mai 2009 - IX ZR 39/06-, KTS 2009, S. 382–386.

Haubold, Jens: Europäisches Zivilverfahrensrecht und Ansprüche im Zusammenhang mit Insolvenzverfahren. Zur Abgrenzung zwischen Europäischer Insolvenzverordnung und EuGVO, EuGVÜ und LugÜ, IPRax 2002, S. 157–163.

Ders.: Internationale Zuständigkeit für gesellschaftsrechtliche und konzerngesellschaftsrechtliche Haftungsansprüche nach EuGVÜ und LugÜ. (zu OLG München, 25.6.1999 - 23 U 4834/98, unten S. 416, Nr. 33), IPRax 2000, S. 375–384.

Heck, Philipp: Gesetzesauslegung und Interessenjurisprudenz, Tübingen 1914.

Heidinger, Andreas: Der Kapitalschutz der GmbH auf dem Prüfstand, DNotZ 2005, S. 97–119.

Hein, Jan von: Zur Kodifikation des europäischen Übernahmekollisionsrechts, ZGR 2005, S. 528–567.

Heine, Klaus: Regulierungswettbewerb im Gesellschaftsrecht. Zur Funktionsfähigkeit eines Wettbewerbs der Rechtsordnungen im europäischen Gesellschaftsrecht, Berlin 2003.

Heldrich, Andreas: Internationale Zuständigkeit und Anwendbares Recht, Berlin [u. a.] 1969.

Henckel, Wolfram: Insolvenzrechtsreform zwischen Vollstreckungsrecht und Unternehmensrecht, in: Festschrift für Franz Merz zum 65. Geburtstag am 3. Februar 1992, hrsg. von Walter Gerhardt, Wolfram Henckel, Joachim Kilger, Gerhart Kreft, Köln 1992, S. 197–215.

Henssler, Martin/Strohn, Lutz: Gesellschaftsrecht. BGB, HGB, PartGG, GmbHG, AktG, GenG, UmwG, InsO, AnfG, IntGesR, 3. Aufl., München 2016 [zitiert als: *Bearbeiter*, in: Henssler/Strohn, Gesellschaftsrecht].

Herberger, Maximilian/Simon, Dieter: Wissenschaftstheorie für Juristen. Logik – Semiotik – Erfahrungswissenschaften, Frankfurt am Main 1980.

Herchen, Axel: Das Übereinkommen über Insolvenzverfahren der Mitgliedstaaten der Europäischen Union vom 23.11.1995. Eine Analyse zentraler Fragen des Internationalen Insolvenzrechts unter besonderer Berücksichtigung dinglicher Sicherungsrechte, Würzburg 2000.

Ders.: Das Prioritätsprinzip im internationalen Insolvenzrecht, ZIP 2005, S. 1401–1406.

Literaturverzeichnis

Ders.: Aktuelle Entwicklungen im Recht der internationalen Zuständigkeit zur Eröffnung von Insolvenzverfahren: Der Mittelpunkt der (hauptsächlichen) Interessen im Mittelpunkt der Interessen, ZInsO 2004, S. 825–831.

Ders.: Die Befugnisse des deutschen Insolvenzverwalters hinsichtlich der „Auslandsmasse" nach In-Kraft-Treten der EG-Insolvenzverordnung (Verordnung des Rates Nr. 1346/2000), ZInsO 2002, S. 345–352.

Hess, Burkhard: Europäisches Zivilprozessrecht. ein Lehrbuch, Heidelberg [u. a.] 2010.

Ders.: Methoden der Rechtsfindung im Europäischen Zivilprozessreche, IPRax 2006, S. 348–364.

Hess, Burkhard/Oberhammer, Paul/Pfeiffer, Thomas: European Insolvency Law. The Heidelberg-Luxembourg-Vienna Report on the Application of Regulation No. 1346/2000/EC on Insolvency Proceedings (External Evaluation JUST/2011/JCIV/PR/0049/A4), München 2013.

Hirte, Heribert: Neuregelungen mit Bezug zum gesellschaftsrechtlichen Gläubigerschutz und im Insolvenzrecht durch das Gesetz zur Modernisierung des GmbH-Rechts und zur Bekämpfung von Missbräuchen (MoMiG), ZInsO 2008, S. 689–702.

Hirte, Heribert/Bücker, Thomas: Grenzüberschreitende Gesellschaften. Ein Praxishandbuch, 2. Aufl., Köln [u.a.] 2006 [zitiert als: *Bearbeiter*, in: Hirte/Bücker, Grenzüberschreitende Gesellschaften].

Hirte, Heribert/Mock, Sebastian: Wohin mit der Insolvenzantragspflicht?, ZIP 2005, S. 474–478.

Hoffmann, Bernd von/Thorn, Karsten: Internationales Privatrecht. Einschließlich der Grundzüge des Internationalen Zivilverfahrensrechts, 9. Aufl., München 2007.

Hoffmann, Nadja: Die Koordination des Vertrags- und Deliktsrechts in Europa. Eine rechtsvergleichende Untersuchung zum Kollisionsrecht, Sachrecht und zum UN-Kaufrecht, Tübingen 2006.

Hölters, Wolfgang: Aktiengesetz. Kommentar, 2. Aufl., München 2014 [zitiert als: *Bearbeiter*, in: Hölters, AktG].

Holzhammer, Richard/Roth, Marianne: Einführung in das Bürgerliche Recht. mit IPR, 5. Auflage, Wien [u. a.] 2000.

Hopt, Klaus J./Wymeersch, Gent: Capital Markets and Company Law, New York 2003.

Horn, Norbert: Einführung in die Rechtswissenschaft und Rechtsphilosophie, 5. Auflage, Heidelberg [u. a.] 2011.

Ders.: Deutsches und europäisches Gesellschaftsrecht und die EuGH-Rechtsprechung zur Niederlassungsfreiheit - Inspire Art, NJW 2004, S. 893–901.

Huber, Peter: Internationales Insolvenzrecht in Europa. - Das internationale Privat- und Verfahrensrecht der Europäischen Insolvenzverordnung-, ZZP 114 (2001), S. 133–166.

Huber, Ulrich: Die Insolvenzantragspflicht der Geschäftsführer von Auslandsgesellschaften, in: Europäische Auslandsgesellschaften in Deutschland: Mit Rechts- und Steuerfragen des Wegzugs deutscher Gesellschaften, hrsg. von Marcus Lutter, Köln 2005, S. 307–363.

Hübner, Ulrich: Mindestkapital und alternativer Gläubigerschutz – rechtsvergleichende Anmerkungen zur Entwicklung des GmbH-Rechts, in: Festschrift für Claus-Wilhelm Canaris zum 70. Geburtstag, Band II, hrsg. von Andreas Heldrich, Jürgen Prölss, Ingo Koller, München 2007, S. 129–145.

Hüffer, Uwe/Koch, Jens: Aktiengesetz, 12. Aufl., München 2016 [zitiert als: *Bearbeiter*, in: Hüffer/Koch, AktG].

Isensee, Josef/Kirchhof, Paul: Handbuch des Staatsrecht der Bundesrepublik Deutschland, Band 1, Grundlagen von Staat und Verfassung, 2. Aufl., Heidelberg 1995 [zitiert als: *Bearbeiter*, in: Isensee/Kirchhof, Hdb. des Staatsrechts].

Jaeger, Ernst (Begr.): Insolvenzordnung. Großkommentar, Erste Auflage, Erster Band, §§ 1-55, Berlin 2004 [zitiert als: *Bearbeiter*, in: Jaeger, InsO Kommentar].

Jaeger, Ernst (Begr.): Insolvenzordnung. Großkommentar, Erste Auflage, Zweiter Band, §§ 56-102, Berlin 2007 [zitiert als: *Bearbeiter*, in: Jaeger, InsO Kommentar].

Jahn, David: Die Anwendbarkeit deutscher Gläubigerschutzvorschriften bei einer EU-Kapitalgesellschaft im Sitz in Deutschland. Eine Untersuchung am Beispiel der Existenzvernichtungshaftung nach Trihotel, Gamma und Sanitary, Jena 2014.

Jahr, Günther: Vis attractiva concursus. Stellungnahme zu den Artt. 15 und 16 des Entwurfs von 1980, in: Vorschläge und Gutachten zum Entwurf eines EG-Konkursübereinkommens. Im Auftrag einer Sonderkommission des Deutschen Rates für internationales Privatrecht vorgelegt von Gerhard Kegel (Hrsg.), bearbeitet von Jürgen Thieme, Tübingen 1988, S. 305–317.

Ders.: Die gerichtliche Zuständigkeit für das Konkursverfahren und für die Entscheidung von Streitigkeiten, die mit dem Konkursverfahren zusammenhängen, ZZP 79 (1966), S. 347–386.

Jayme, Erik: Kulturelle Identität und Kindeswohl im internationalen Kindschaftsrecht, IPRax 1996, S. 237–244.

Jesch, Dietrich: Unbestimmter Rechtsbegriff und Ermessen in rechtstheoretischer und verfassungsrechtlicher Sicht, AöR 82 (157), S. 163–249.

Jost, Patrick: Die Insolvenzverursachungshaftung nach § 64 Satz 3 GmbHG, § 92 Abs. 2 Satz 3 AktG. Anwendungsbereich und Rechtsfolgen, ZInsO 2014, S. 2471–2479.

Juenger, Friedrich K.: Möglichkeiten einer Neuorientierung des internationalen Privatrechts, NJW 1973, S. 1521–1526.

Junker, Abbo: Vom Citoyen zum Consommateur – Entwicklungen des internationalen Verbraucherschutzrechts, IPRax 1998, S. 65–74.

Ders.: Die faktische Geschäftsführung („gerance de fait") in Frankreich und ihre Gefahren für deutsche Unternehmen, RIW 1986, S. 337–347.

Kadner Graziano, Thomas: Europäisches Internationales Deliktsrecht. Ein Lehr- und Studienbuch, Tübingen 2003.

Kalss, Susanne: Durchsetzung der Innenhaftung der Leitungsorgane von Aktiengesellschaften, ZSR 124 (2005) II, S. 643–717.

Karsten, Frederik: Gläubigerschutz im Gesellschaftsrecht, NJW 2006, S. 385–392.

Katz, Alfred: Staatsrecht. Grundkurs im öffentlichen Recht, 18. Auflage, Heidelberg [u. a.] 2010.

Kayser, Godehard: Aktuelle Rechtsprechung des BGH zum Insolvenzrecht außerhalb der Insolvenzanfechtung, ZIP 2013, S. 1353–1362.

Kegel, Gerhard: Das Ordnungsinteresse an realer Entscheidung im IPR und im internationalen Privatverfahrensrecht, in: Festschrift für Ulrich Drobnig zum siebzigsten Geburtstag, hrsg. von Jürgen Basedow, Klaus J. Hopt, Hein Kötz, Tübingen 1998, S. 315–336.

Kegel, Gerhard/Schurig, Klaus: Internationales Privatrecht. Ein Studienbuch, 9. Auflage, München 2004.

Literaturverzeichnis

Kemper, Jutta: Die Verordnung (EG) Nr.-1346/2000 über Insolvenzverfahren. Ein Schritt zu einem europäischen Insolvenzrecht, ZIP 2001, S. 1609–1621.

Kerber, Wolfgang: Rechtseinheitlichkeit und Rechtsvielfalt aus ökonomischer Sicht, in: Systembildung und Systemlücken in Kerngebieten des Europäischen Privatrechts. Gesellschafts-, Arbeits- und Schuldvertragsrecht, hrsg. von Stefan Grundmann, Tübingen 2000, S. 67–97.

Ders.: Wettbewerbsordnung für den interjurisdiktionellen Wettbewerb, WiSt 7 (2000), 368–374.

Ders., Zum Problem einer Wettbewerbsordnung für den Systemwettbewerb, in: Jahrbuch für neue politische Ökonomie, Band 17, hrsg. von Philipp Herder-Dornreich, Tübingen 1998, S. 199–230.

Kieninger, Eva-Maria: Wettbewerb der Privatrechtsordnungen im Europäischen Binnenmarkt. Studien zur Privatrechtskoordinierung in der Europäischen Union auf den Gebieten des Gesellschafts- und Vertragsrechts, Tübingen 2002.

Kienle, Florian: Schnittstellen des internationalen Gesellschafts- und Insolvenzrechts, in: Handbuch des internationalen GmbH-Rechts, hrsg. von Rembert Süß, Thomas Wachter, 2. Auflage, Bonn 2011, S. 137–214.

Ders.: Grundlagen des internationalen Insolvenzrechts, NotBZ 2008, S. 245–257.

Kienzl, Franziska: Gläubigerschutz bei zuziehenden EU-Auslandsgesellschaften – erörtert am Beispiel der englischen private company Limited by shares, Diss. Augsburg 2008.

Kindler, Peter: Insolvenzrecht als Tätigkeitsausübungsregel. Die sachliche Reichweite der Niederlassungsfreiheit nach dem Kornhaas-Urteil des EuGH, EuZW 2016, S. 136–139.

Ders.: Internationales Gesellschaftsrecht 2009: MoMiG, Trabrennbahn, Cartesio und die Folgen, IPRax 2009, S. 189–202.

Ders.: Sitzverlegung und internationales Insolvenzrecht. (zu EuGH, 17.1.2006 - Rs. C-1/04 - Staubitz-Schreiber, unten S. 149, Nr. 7), IPRax 2006, S. 114–116.

Ders.: Die „Aschenputtel"-Limited und andere Fälle der Mehrfachqualifikation im Schnittfeld des internationalen Gesellschafts-, Delikts- und Insolvenzrechts, in: Festschrift für Erik Jayme, Band I, hrsg. von Heinz-Peter Mansel, Thomas Pfeiffer, Herbert Kronke, Christian Kohler, Rainer Hausmann, München 2004, S. 409–418.

Ders.: „Inspire Art" - Aus Luxemburg nichts Neues zum internationalen Gesellschaftsrecht, NZG 2003, S. 1086–1090.

Ders.: Gesellschafterinnenhaftung in der GmbH und internationale Zuständigkeit nach der Verordnung (EG) Nr. 44/2001, in: Festschrift für Peter Ulmer zum 70. Geburtstag am 2. Januar 2003, hrsg. von Mathias Habersack, Peter Hommelhoff, Uwe Hüffer, Karsten Schmidt, Berlin 2003, S. 305–322.

Kindler, Peter/Nachmann, Josef: Handbuch Insolvenzrecht in Europa, München 2010.

Kirchhof, Hans-Peter/Eidenmüller, Horst/Stürner, Rolf (Hrsg.): Münchener Kommentar zur Insolvenzordnung, Band 1, §§ 1-79 InsO, InsVV, 3. Auflage, München 2013 [zitiert als: *Bearbeiter*, in: Müko zur InsO].

Kirchhof, Hans-Peter/Eidenmüller, Horst/Stürner, Rolf (Hrsg.): Münchener Kommentar zur Insolvenzordnung, Band 2, §§ 80-216 InsO, 3. Auflage, München 2013 [zitiert als: *Bearbeiter*, in: Müko zur InsO].

Kirchhof, Hans-Peter/Eidenmüller, Horst/Stürner, Rolf (Hrsg.): Münchener Kommentar zur Insolvenzordnung, Band 3, §§ 217-359 InsO, Art. 103a-110 EGInsO, Konzerninsolvenzrecht, Insolvenzsteuerrecht, 3. Auflage, München 2014 [zitiert als: *Bearbeiter*, in: Müko zur InsO].

Kirchhof, Hans-Peter/Eidenmüller, Horst/Stürner, Rolf (Hrsg.): Münchener Kommentar zur Insolvenzordnung, Band 4, EuInsVO 2000, Art. 102 und 102a EGInsO, EuInsVO 2015, Länderberichte, 3. Auflage, München 2016 [zitiert als: *Bearbeiter*, in: Müko zur InsO].

Klöhn, Lars: Der individuelle Insolvenzverschleppungsschaden. - Schadensermittlung und sachlicher Schutzbereich der Haftung nach § 823 Abs. 2 BGB iVm § 15a InsO -, KTS 2012, S. 133–165.

Ders.: Interessenkonflikte zwischen Aktionären und Gläubigern der Aktiengesellschaft im Spiegel der Vorstandspflichten. Ein Beitrag zur Leitungsaufgabe des Vorstands gemäß § 76 AktG, ZGR 2008, S. 110–158.

Klöhn, Lars/Berner, Olaf: Anmerkung zu BGH, Beschl. v. 21.06.2007 – IX ZR 39/06, ZIP 2007, S. 1418–1420.

Knobbe-Keuk, Brigitte: Umzug von Gesellschaften in Europa, ZHR 154 (1990), S. 325–356.

Knop, Jan: Gesellschaftsstatut und Niederlassungsfreiheit. Eine Untersuchung unter besonderer Berücksichtigung des Internationalen Privatrechts zu den Grundfreiheiten sowie der Bedeutung des Europäischen Sekundärrechts für die Anwendung inländischer Schutzvorschriften auf Scheinauslandsgesellschaften, Göttingen 2008.

Kolmann, Stephan: Kooperationsmodelle im internationalen Insolvenzrecht – Empfiehlt sich für das deutsche internationale Insolvenzrecht eine Neuorientierung?, Bielefeld 2001.

Kropholler, Jan: Internationales Privatrecht. einschließlich der Grundbegriffe des Internationalen Zivilverfahrensrechts, 6. Auflage, Tübingen 2006.

Ders.: Europäisches Zivilprozessrecht. Kommentar zu EuGVO, Lugano-Übereinkommen und Europäischem Vollstreckungstitel, 8. Auflage, Frankfurt am Main 2005 [zitiert als: Geimer*Kropholler*, EuZPR].

Ders.: Internationale Zuständigkeit, in: Handbuch des Internationalen Zivilverfahrensrechts, hrsg. vom Max-Planck-Institut für Ausländisches und Internationales Privatrecht, Band I, Tübingen 1982, Kapitel III, S. 183–533.

Ders.: Ein Anknüpfungssystem für das Deliktsstatut, RabelsZ 33 (1969), S. 601–652.

Kübler, Bruno M.: Der Mittelpunkt der hauptsächlichen Interessen nach Art. 3 Abs. 1 EuInsVO, in: Festschrift für Walter Gerhardt, hrsg. von Eberhard Schilken, Gerhart Kreft, Gerhard Wagner, Diederich Eckardt, Köln 2004, S. 527-562.

Kübler, Bruno M./Prütting, Hanns/Bork, Reinhard: InsO. Kommentar zur Insolvenzordnung, Band V, Loseblatt, Stand: 69. Ergänzungslieferung November 2016 [zitiert als: *Bearbeiter*, in: Kübler/Prütting/Bork].

Kübler, Friedrich: Institutioneller Gläubigerschutz oder Kapitalmarkttransparenz?. Rechtsvergleichende Überlegungen zu den „stillen Reserven", ZHR 159 (1995), S. 550–566.

Ders.: Haftungstrennung und Gläubigerschutz im Recht der Kapitalgesellschaften. – Zur Kritik der „Autokran"-Doktrin des Bundesgerichtshofes –, in: Festschrift für Theodor Heinsius zum 65. Geburtstag am 25. September 1991, hrsg. von Friedrich Kübler, Hans-Joachim Mertens, Winfried Wernder, Berlin/New York 1991, S. 397–424.

Kübler, Friedrich/Assmann, Heinz-Dieter: Gesellschaftsrecht. Die privatrechtlichen Ordnungsstrukturen und Regelungsprobleme von Verbänden und Unternehmen, 6. Auflage, Heidelberg [u. a.] 2006.

Kuckein, Mathias: Die „Berücksichtigung" von Eingriffsnormen im deutschen und englischen internationalen Vertragsrecht, Tübingen 2008.

Literaturverzeichnis

Kühne, Gunther: Die Entsavignysierung des Internationalen Privatrechts insbesondere durch sog. Eingriffsnormen, in: Festschrift für Andreas Heldrich zum 70. Geburtstag, hrsg. von Stephan Lorenz, Alexander Trunk, Horst Eidenmüller, Christiane Wendehorst, Johannes Adolff, München 2005, S. 815–830.

Kuhner, Christoph: Zur Zukunft der Kapitalerhaltung durch bilanzielle Ausschüttungssperren im Gesellschaftsrecht der Staaten Europas, ZGR 2005, S. 753–787.

Kuntz, Thilo: Die Insolvenz der Limited mit deutschem Verwaltungssitz - EU-Kapitalgesellschaften in Deutschland nach „Inspire Art", NZI 2005, S. 424–432.

Lach, Sebastian: Die Europäische Insolvenzverordnung. Instrument des inländischen Gläubigerschutzes im Wettbewerb der Gesellschaftsrechte, Hamburg 2007.

Langen, Albrecht: Die Haftung des herrschenden Unternehmens für Verbindlichkeiten der abhängigen Gesellschaft bei einem Multinationalen Unternehmen. Ein Lösungsvorschlag auf der Grundlage des deutschen Konzernrechts, Diss. Bonn 1976.

Leible, Stefan: Rechtswahl im IPR der außervertraglichen Schuldverhältnisse nach der Rom II-Verordnung, RIW 2008, S. 257–264.

Ders.: Internationales Vertragsrecht, die Arbeiten an einer Rom I-Verordnung und der Europäische Vertragsgerichtsstand, IPRax 2006, S. 365–371.

Ders.: Niederlassungsfreiheit und Sitzverlegungsrichtlinie, ZGR 2004, S. 531–558.

Leible, Stefan/Hoffmann, Jochen: „Überseering" und das (vermeintliche) Ende der Sitztheorie. Anmerkung zu EuGH, Urteil vom 5.11.2002 – Rs. C-208/00, RIW 2002, 945 (in diesem Heft) – Überseering, RIW 2002, S. 925–936.

Leible, Stefan/Hoffmann, Jochen: Wie inspiriert ist „Inspire Art"?, EuZW 2003, S. 677–683.

Leible, Stefan/Staudinger, Ansgar: Die europäische Verordnung über Insolvenzverfahren, KTS 2000, S. 533–575.

Leipold, Dieter: Zuständigkeitslücken im neuen Europäischen Insolvenzrecht, in: Festschrift für Akira Ishikawa zum 70. Geburtstag am 27. November 2001, hrsg. von Gerhard Lüke, Takehiko Mikami, Hanns Prütting, Berlin [u. a.] 2001, S. 221–239.

Ders.: Zum künftigen Weg des deutschen Internationalen Insolvenzrecht (Anwendungsbereich, internationale Zuständigkeit, Anerkennung und Vollstreckung), in: Vorschläge und Gutachten zur Umsetzung des EU-Übereinkommens über Insolvenzverfahren im deutschen Recht: Im Auftrag der Sonderkommission »Internationales Insolvenzrecht« des Deutschen Rates für internationales Privatrecht, vorgelegt von Hans Stoll, Tübingen 1997, S. 185-201.

Lemontey, Jacques: Bericht über das Übereinkommen über den Konkurs, Vergleiche und ähnliche Verfahren, EG-Dok. – III/D/222/80-DE – [von 1980], in: Vorschläge und Gutachten zum Entwurf eines EG-Konkursübereinkommens. Im Auftrag einer Sonderkommission des Deutschen Rates für internationales Privatrecht vorgelegt von Gerhard Kegel (Hrsg.), bearbeitet von Jürgen Thieme, Tübingen 1988, S. 93–211.

Leonhardt, Peter/Smid, Stefan/Zeuner, Mark (Hrsg.): Insolvenzordnung (InsO). Kommentar, 3. Auflage, Stuttgart 2010 [zitiert als: *Bearbeiter*, in: Leonhardt/Smid/Zeuner, InsO Kommentar].

Leutner, Gerd/Langner, Olaf: Kommentar zu LG Kiel, Urt. v. 20.4.2006 - 10 S 44/05 (rechtskräftig), GmbHR 2006, S. 713–715.

Lieder, Jan: Die neue Existenzvernichtungshaftung. Zugleich Besprechung der Urteile des BGH vom 7.1.2008 – II ZR 314/05 und vom 13.12.2007 – IX ZR 116/0, DZWIR 2008, S. 145–150.

Ders.: Die Haftung der Geschäftsführer und Gesellschafter von EU-Auslandsgesellschaften mit tatsächlichem Verwaltungssitz in Deutschland. Zugleich Besprechung des BGH-Urteils vom 14.3.2005 - II ZR 5/03, DZWIR 2005, S. 399–410.

Lincke, Karl H.: Das neue Konkursrecht für Spanien, NZI 2004, S. 69–72.

Looschelders, Dirk: Die Ausstrahlung der Grund- und Menschenrechte auf das Internationale Privatrecht, RabelsZ 65 (2001), S. 463–491.

Lorenz, Verena: Annexverfahren bei Internationalen Insolvenzen. Internationale Zuständigkeitsregelung der Europäischen Insolvenzverordnung, Tübingen 2005.

Lorenz, Werner: Die allgemeine Grundregel betreffend das auf die außervertragliche Schadenshaftung anzuwendende Recht, in: Vorschläge und Gutachten zur Reform des deutschen internationalen Privatrechts der außervertraglichen Schuldverhältnisse, hrsg. von Max-Planck-Institut für ausländisches und internationales Privatrecht, vorgelegt im Auftrag der Zweiten Kommission des Deutschen Rates für internationales Privatrecht von Ernst von Caemmerer, Tübingen 1983, S. 97–159.

Lüderitz, Alexander: Internationales Privatrecht, Frankfurt am Main 1987.

Ders.: Anknüpfung im Parteiinteresse, in: Internationales Privatrecht und Rechtsvergleichung im Ausgang des 20. Jahrhunderts. Bewahrung oder Wende?, Festschrift für Gerhard Kegel, hrsg. von Alexander Lüderitz und Jochen Schröder, Frankfurt am Main 1977, S. 31–54.

Ludwig, Daniel: Neuregelungen des deutschen Internationalen Insolvenzverfahrensrechts. Eine Untersuchung unter vergleichender Heranziehung der Europäischen Insolvenzverordnung, Frankfurt am Main 2004.

Luhmann, Niklas: Rechtssoziologie, 4. Auflage, Wiesbaden 2008.

Lüke, Wolfgang: Europäisches Zivilverfahrensrecht – das Problem der Abstimmung zwischen EuInsÜ und EuGVÜ, in: Festschrift für Rolf A. Schütze, hrsg. von Reinhold Geimer, München 1999, S. 467–483.

Ders.: Das europäische internationale Insolvenzrecht, ZZP 111 (1998), S. 275–314.

Lüttringhaus, Jan D./Weber, Johannes: Aussonderungsklagen an der Schnittstelle von EuGVVO und EuInsVO, RIW 2010, S. 45–51.

Mangoldt, Hermann von (Begr.)/Klein, Friedrich/Starck, Christian (Hrsg.): Kommentar zum Grundgesetz, Band 2, Artikel 20 – 82, 6. Auflage, München 2010 [zitiert als: *Bearbeiter*, in: Mangoldt/Klein/Starck, GG Kommentar].

Mankiw, N. Gregory: Grundzüge der Volkswirtschaftslehre, 3. Aufl., Stuttgart 2004.

Mankowski, Peter: Internationale Zuständigkeit und anwendbares Recht – Parallelen und Divergenzen, in: Festschrift für Andreas Heldrich zum 70. Geburtstag, hrsg. von Stephan Lorenz, Alexander Trunk, Horst Eidenmüller, Christiane Wendehorst, Johannes Adolff, München 2005, S. 867–897.

Ders.: Insolvenzrecht gegen Gesellschaftsrecht 2:0 im europäischen Spiel um § 64 GmbHG. Anmerkung zu EuGH, NZG 2016, 115 – Kornhaas, NZG 2016, S. 281–286.

Ders.: „Enger Zusammenhang" zwischen Zivilklage und Konkursverfahren – Anerkennung von Entscheidungen eines anderen Mitgliedstaats, Anmerkung zu EuGH, Urteil vom 2.7.2009 - C-111/08 SCT Industri AB i likvidation/Alpenblume AB, NZI 2009, S. 570–572.

Ders.: Kurzkommentar zu BGH Urt. v. 12.7.2011 – II ZR 28/10, EWiR 2011, S. 707–708.

Ders.: Kurzkommentar, EWiR 2005, S. 637–638.

Literaturverzeichnis

Ders.: Entwicklungen im Internationalen Privat- und Prozessrecht 2004/2005 (Teil 2), RIW 2005, S. 561–579.

Ders.: Entwicklungen im Internationalen Privat- und Prozessrecht 2003/2004 (Teil 1), RIW 2004, S. 481–497.

Ders.: EuGVÜ-Gerichtsstand für Gesellschafterhaftungsklage des Insolvenzverwalters, NZI 1999, S. 56–58.

Mankowski, Peter/Müller, Michael F./Schmidt, Jessica: EuInsVO 2015: Europäische Insolvenzverordnung 2015, Kommentar, München 2016.

Mayer, Stefanie: Insolvenzantragspflicht und Scheinauslandsgesellschaften, Baden-Baden 2008.

Meilicke, Wienand: Der GmbHR-Kommentar, GmbHR 2003, S. 1271–1273.

Merkt, Hanno: Der Kapitalschutz in Europa – ein rocher de bronze?, ZGR 2004, S. 305–323.

Ders.: Die Pluralisierung des europäischen Gesellschaftsrechts, RIW 2004, S. 1–7.

Meyer, Justus: Haftungsbeschränkung im Recht der Handelsgesellschaften, Berlin [u. a.] 2000.

Michel, Sandra: Die Akzessorische Anknüpfung: Grundfragen und Grundprobleme: Unter besonderer Berücksichtigung des Gesetzes zum Internationalen Privatrecht für außervertragliche Schuldverhältnisse und Sachen von 1999, Diss. Göttingen 2004.

Miola, Massimo: Legal Capital and Limited Liability Companies: the European Perspective, ECFR 2 (2005), S. 413–486.

Mock, Sebastian: Anmerkung zu BGH, Vorlagebeschluss vom 2.12.2014 – II ZR 119/14, NZI 2015, S. 87–88.

Ders.: Steine statt Brot? – Verfahrenskonzentration bei grenzüberschreitenden Insolvenzanfechtungsklagen und fehlende örtliche Zuständigkeiten: - zugleich Anmerkung zu EuGH v. 12.2.2009 – Rs. C-339/07, ZInsO 2009, S. 470–474.

Ders.: Anmerkung zu LG Kiel, Urt. v. 20.4.2006 - 10 S 44/05, NZI 2006, S. 484–485.

Mock, Sebastian/Schildt, Charlotte: Insolvenz ausländischer Kapitalgesellschaften mit Sitz in Deutschland, ZinsO 2003, S. 396–402.

Mohrbutter, Harro/Ringstmeier, Andreas: Handbuch der Insolvenzverwaltung, 8. Auflage, Köln 1007 [zitiert als: *Bearbeiter*, in: Mohrbutter/Ringstmeier, Handbuch der Insolvenzverwaltung].

Mörsdorf-Schulte, Juliana: Geschlossene europäische Zuständigkeitsordnung und die Frage der vis attractiva concursus, NZI 2008, S. 282–288.

Ders.: Internationaler Gerichtsstand für Insolvenzanfechtungsklagen im Spannungsfeld von EuInsVO, EuGVÜ/O und autonomem Recht und seine Überprüfbarkeit durch den BGH (zu BGH, 27.5.2003 - IX ZR 203/02, unten S. 59, Nr. 3), IPRax 2004, S. 31–40.

Möslein, Florian: Dispositives Recht. Zwecke, Strukturen und Methoden, Tübingen 2011.

Moss, Gabriel/Fletcher, Ian F./Isaacs, Stuart: The EU Regulation on Insolvency Proceedings: a commentary and annotated guide, 3. edition, Oxford 2016.

Moss, Gabriel/Fletcher, Ian F./Isaacs, Stuart: The EC Regulation on Insolvency Proceedings: a commentary and annotated guide, Oxford [u. a.] 2002.

Motive zu dem Entwurf einer Deutschen Gemeinschuldordnung, II. Band, Berlin 1873.

Mülbert, Peter O.: A Synthetic View of Different Concepts of Creditor Protection, or: A High-Level Framework for Corporate Creditor Protection, EBOR 7 (2006), S. 357–408.

Ders.: Zukunft der Kapitalaufbringung/Kapitalerhaltung, Der Konzern 2004, S. 151–162.

Mülbert, Peter O./Birke, Max: Legal Capital – Is There a Case against the European Legal Capital Rules?, EBOR 3 (2002), S. 695–732.

Müller, Hans-Friedrich: Insolvenz ausländischer Kapitalgesellschaften mit inländischem Verwaltungssitz, NZG 2003, S. 414–418.

Nagel, Heinrich (Begr.)/Gottwald, Peter: Internationales Zivilprozessrecht, 6. Auflage, Köln 2007.

Nerlich, Jörg (Hrsg.)/Römermann, Volker (Hrsg.): Insolvenzordnung (InsO). Kommentar, Loseblatt, Stand: 30. Ergänzungslieferung Juli 2016 [zitiert als: *Bearbeiter*, in: Nerlich/Römermann, InsO Kommentar].

Neuhaus, Paul Heinrich: Die Grundbegriffe des internationalen Privatrechts, 2. Auflage, Tübingen 1976 [zitiert als: *Neuhaus*, Grundbegriffe des IPR].

Ders.: Literaturrezension zu: Kegel, Gerhard, Internationales Privatrecht. Ein Studienbuch (Kurzlehrbücher für das juristische Studium). C. H. Beck, München und Berlin 1960. XXIII, 377 S., RabelsZ 25 (1960), S. 375–380.

Ders.: Internationales Zivilprozessrecht und Internationales Privatrecht. Eine Skizze, RabelsZ 20 (1955), S. 201–269.

Niggemann, Gerold: Die Reform des Gläubigerschutzsystems der GmbH im Spiegel der Niederlassungsfreiheit. Ein Beitrag zum MoMiG, der neuen Unterkapitalisierungsproblematik und der diesbezüglichen Behandlung von EU-Scheinauslandsgesellschaften, Berlin 2010.

Nikoleyczik, Tobias: Gläubigerschutz zwischen Gesetz und Vertrag. Alternativen zum System eines festen Nennkapitals, Lohmar 2007.

Nitsche, Thomas M.: Konzernfolgeverantwortung nach der lex fori concursus, Baden-Baden 2007.

Nussbaum, Arthur: Deutsches Internationales Privatrecht. Unter besonderer Berücksichtigung des österreichischen und schweizerischen Rechts, Tübingen 1932.

Oberhammer, Paul: Im Holzweg sind Wege: EuGH SCT ./. Alpenblume und der Insolvenztatbestand des Art. 1 Abs. 2 lit. b EuGVVO (zu EuGH, 2.7.2009 – Rs. C-111/08 – SCT Industri AB i likvidation ./. Alpenblume AB, unten S. 353, Nr. 22), IPRax 2010, S. 317–324.

Ders.: Zur Abgrenzung von EuGVVO und EuInsVO bei insolvenzbezogenen Erkenntnisverfahren. Anmerkung zu EuGH Rs C-292/08, ZIK 2010, S. 6–11.

Oppermann, Thomas/Classen, Dieter/Nettesheim, Martin: Europarecht. Ein Studienbuch, 7. Auflage, München 2016.

Palandt: Bürgerliches Gesetzbuch, 71. Auflage, München 2012 [zitiert als: *Bearbeiter*, in: Palandt, BGB Kommentar].

Pannen, Klaus: Europäische Insolvenzverordnung. Kommentar, Berlin 2007 [zitiert als: *Bearbeiter*, in: Pannen, EuInsVO Kommentar].

Pannen, Klaus/Riedemann, Susanne: Der Begriff des „centre of main interests" i.S. des Art. 3 I 1 EuInsVO im Spiegel aktueller Fälle aus der Rechtsprechung, NZI 2004, S. 646–651.

Pape, Gerhard/Uhlenbruck, Wilhelm: Insolvenzrecht, München 2002 [zitiert als: *Bearbeiter*, in: Uhlenbruck, InsO].

Pape, Gerhard/Uhlenbruck, Wilhelm/Voigt-Salus, Joachim: Insolvenzrecht, 2. Aufl., München 2010.

345

Literaturverzeichnis

Parzinger, Josef: Die neue EuInsVO auf einen Blick, NZI 2016, S. 63–68.

Paul, Davies: Directors'Creditor-Regarding Duties in Respect of Trading Decisions Taken in the Vicinity of Insolvency, EBOR 7 (2006), S. 301–337.

Paulus, Christoph G.: Europäische Insolvenzverordnung. Kommentar, 4. Aufl., Frankfurt am Main 2013 [zitiert als: EuInsVO-Kommentar].

Ders.: Die EuInsVO – wo geht die Reise hin?, NZI 2008, S. 1–6.

Ders.: Kurzkommentar, EWiR 2004, S. 493–494.

Ders.: Zuständigkeitsfragen nach der Europäischen Insolvenzverordnung. Zugleich Besprechung High Court of Justice Leeds, Beschl. v. 16.5.2003 - No 861-876/03, ZIP 2003, 1362, ZIP 2003, S. 1725–1729.

Ders.: Änderungen des deutschen Insolvenzrechts durch die Europäische Insolvenzverordnung, ZIP 2002, S. 729–737.

Ders.: Grundlagen des neuen Insolvenzrechts, DStR 2002, S. 1865–1870.

Peterson, Courtland H.: Jurisdiction and choice of law revisited, U. Colo. L. Rev. 59 (1988), p. 37–65.

Pfeiffer, Thomas: Internationale Zuständigkeit und prozessuale Gerechtigkeit. Die internationale Zuständigkeit im Zivilprozess zwischen effektivem Rechtsschutz und nationaler Zuständigkeitspolitik, Frankfurt am Main 1995.

Ders.: Kooperative Reziprozität. § 328 I Nr. 5 ZPO neu besichtigt, RabelsZ 55 (1991), S. 735–768.

Poertzgen, Christoph/Meyer, Benedikt: Aktuelle Probleme des § 64 Satz 3 GmbHG, ZInsO 2012, S. 249–258.

Posner, Richard A.: The Rights of Creditors of Affiliated Corporations, U. Chi. L. Rev. 43 (1975/1976), S. 499–526.

Rabel, E.: Das Problem der Qualifikation, RabelsZ 5 (1931), S. 241–288.

Raebel, Bernd: Die Rückschlagsperre im System der Verfügungshindernisse und Verfügungsbeschränkungen, ZInsO 2003, S. 1124–1129.

Raiser, Thomas: Grundlagen der Rechtssoziologie, 5. Auflage, Tübingen 2009.

Rauscher, Thomas (Hrsg.): Europäisches Zivilprozess- und Kollisionsrecht, EuZPR/EuIPR, Kommentar, Brüssel I-VO, LugÜbk 2007, Bearbeitung 2011, München 2011.

Ders.: Internationales Privatrecht: mit internationalem und europäischem Verfahrensrecht, 4. Auflage, Heidelberg [u. a.] 2012.

Ders.: Sachnormverweisungen aus dem Sinn der Verweisung, NJW 1988, S. 2151–2154.

Rehbinder, Manfred: Rechtssoziologie, 7. Auflage, München 2009.

Reinhart, Stefan: Sanierungsverfahren im internationalen Insolvenzrecht. Eine rechtsvergleichende Untersuchung über die besonderen internationalrechtlichen Probleme liquidationsabwendender Insolvenzverfahren, Berlin 1995.

Renner, Lars: Insolvenzverschleppungshaftung in internationalen Fällen, Hamburg 2007.

Reuß, Philipp M.: „Forum Shopping" in der Insolvenz. Missbräuchliche Dimension der Wahrnehmung unionsrechtlicher Gestaltungsmöglichkeiten, Tübingen 2011.

Ringe, Wolf-Georg: Forum Shopping under the EU Insolvency Regulation, EBOR 9 (2008), S. 579–620.

Ders.: „Überseering im Verfahrensrecht" – Zu den Auswirkungen der EuGH-Rechtsprechung zur Niederlassungsfreiheit von Gesellschaften auf das Internationale Zivilprozessrecht, IPRax 2007, S. 388–395.

Ders.: Insolvenzanfechtungsklage im System des europäischen Zivilverfahrensrechts. Zugleich Anm. zu OLG Frankfurt, Urt. v. 26.1.2006 - 15 U 200/05, ZInsO 2006, 715 ff., in diesem Heft, ZInsO 2006, S. 700–701.

Ringe, Wolf-Georg/Willemer, Charlotte: Die „deutsche Limited" in der Insolvenz. Zugleich Anmerkung zu LG Kiel, Urt. v. 20. 4. 2006 - 10 S 44/05, EuZW 2006, 478, EuZW 2006, S. 621–624.

Röhricht, Volker: Insolvenzrechtliche Aspekte im Gesellschaftsrecht, ZIP 2005, S. 505–516.

Roth, Günter H.: Qualität und Preis am Markt für Gesellschaftsformen, ZGR 2005, S. 348–386.

Ders.: Gläubigerschutz durch Existenzschutz, NZG 2003, S. 1081–1085.

Ders.: Zur „economic analysis" der beschränkten Haftung, ZGR 1986, S. 371–382.

Roth, Jürg: Reform des Kapitalersatzrechts durch das MoMiG. Der Verzicht auf das Krisenkriterium und seine Folgen, GmbHR 2008, S. 1184–1192.

Roth, Wulf-Henning: Internationales Gesellschaftsrecht nach Überseering, (zu EuGH, 5.11.2002 – Rs. 208/00 – Überseering BV / Nordic Construction Company Baumanagement GmbH (NCC), IPRax 2003, 65), IPRax 2003, S. 117–127.

Rühl, Gisela: Statut und Effizienz. Ökonomische Grundlagen des Internationalen Privatrechts, Tübingen 2011.

Ders.: Die Kosten der Rechtswahlfreiheit: Zur Anwendung ausländischen Rechts durch deutsche Gerichte, RabelsZ 71 (2007), S. 559–596.

Rummel, Alexander von: Institutioneller Gläubigerschutz im Recht der kleinen Kapitalgesellschaft. Die englische private company limited by shares vor dem Hintergrund der deutschen GmbH, Tübingen 2008.

Säcker, Franz Jürgen/Rixecker, Roland/Oetker, Hartmurt (Hrsg.): Münchener Kommentar zum Bürgerlichen Gesetzbuch, Band 11, Internationales Privatrecht II, Internationales Wirtschaftsrecht, Einführungsgesetz zum Bürgerlichen Gesetzbuche (Art. 25-248), 6. Auflage, München 2015 [zitiert als: *Bearbeiter*, in: MüKo zum BGB].

Säcker, Franz Jürgen/Rixecker, Roland/Oetker, Hartmurt/Limperg, Bettina (Hrsg.): Münchener Kommentar zum Bürgerlichen Gesetzbuch, Band 10, Internationales Privatrecht I, Europäisches Kollisionsrecht, Einführungsgesetz zum Bürgerlichen Gesetzbuche (Art. 124), 6. Auflage, München 2015 [zitiert als: *Bearbeiter*, in: MüKo zum BGB].

Saenger, Ingo: Gesellschaftsrecht, München 2010.

Saenger, Ingo/Klockenbrink, Ulrich: Neue Grenzen für ein forum shopping des Insolvenzschuldners?, DZWIR 2006, S. 183–185.

Sander, Florian/Breßler, Steffen: Das Dilemma mitgliedstaatlicher Rechtsgleichheit und unterschiedlicher Rechtsschutzstandards in der Europäischen Union. Zum Umgang mit sogenannten „Torpedoklagen", ZZP 122 (2009), S. 157–185.

Savigny, Friedrich Carl von: System des heutigen Römischen Rechts, Achter Band, Berlin 1849.

Schack, Haimo: Internationales Zivilverfahrensrecht. Ein Studienbuch, 6. Auflage, München 2014.

Ders.: Internationale Urheber-, Marken- und Wettbewerbsrechtsverletzungen im Internet – Internationales Zivilprozessrecht, MMR 2000, S. 135–140.

Schäfer, Carsten: Das Gesellschaftsrecht (weiter) auf dem Weg nach Europa - am Beispiel der SE-Gründung, NZG 2004, S. 785–791.

Literaturverzeichnis

Schall, Alexander: Das Kornhaas-Urteil gibt grünes Licht für die Anwendung des § 64 GmbHG auf eine Limited mit Sitz in Deutschland -Alles klar dank EuGH!. Zugleich Besprechung EuGH v. 10.12.2015 - Rs C-594/14, ZIP 2015, 2468 – Kornhaas, ZIP 2016, S. 289–295.

Schillig, Michael: Existenzvernichtungshaftung und englische Limited, ZVglRWiss 106 (2007), S. 299–334.

Ders.: Die ausschließliche internationale Zuständigkeit für gesellschaftsrechtliche Streitigkeiten vor dem Hintergrund der Niederlassungsfreiheit - Zur Anwendung des Art. 22 Nr. 2 EuGVVO auf eine englische limited mit Verwaltungssitz in Deutschland -, IPRax 2005, S. 208–218.

Schilling, Simon: Insolvenz einer englischen Limited mit Verwaltungssitz in Deutschland, Frankfurt am Main 2006.

Ders.: Kurzkommentar zu LG Kiel, Urt. v. 20.4.2006 - 10 S 44/05, EWiR 2006, S. 429–430.

Schlichte, Johannes: Existenzvernichtungshaftung in der Ltd. & Co. KG, DB 2006, S. 2672–2676.

Schlosser, Peter: Konkurs- und konkursähnliche Verfahren im geltenden Europarecht, in: Festschrift für Friedrich Weber zum 70. Geburtstag am 19. Mai 1975, hrsg. von Erhard Bökelmann, Wolfram Henckel, Günther Jahr, Berlin/New York 1975, S. 395–412

Schlosser, Peter F./Hess, Burkhard: EU-Zivilprozessrecht. EuGVVO, EuVTVO, EuMahnVO, EuBagVO, HZÜ, EuZVO, HBÜ, EuBVO, EuKtPVO. Kommentar, 4. Aufl., München 2015 [zitiert als: *Bearbeiter*, in: Schlosser/Hess, EU-Zivilprozessrecht].

Schmidt, Andreas: Ordnungsfunktion des Insolvenzverfahrens und Auswahl des Insolvenzverwalters - eine überfällige Verknüpfung. Zugleich: Einige Anmerkungen zur Erhebung des AG Hamburg („Verfahrenskennzahlen-Erhebung AG Hamburg, Herbst 2007"), ZInsO 2008, S. 291–295.

Schmidt, Jessica: (Alternative) Zuständigkeit der Gerichte des Staates der Eröffnung des Sekundärverfahrens für die Bestimmung dessen Wirkungsbereichs („Nortel"), EWiR 2015, S. 515–516.

Ders.: Insolvenzantragspflicht und Insolvenzverschleppungshaftung bei der „deutschen" Limited. - Das LG Kiel auf dem richtigen Weg?, ZInsO 2006, S. 737–742.

Schmidt, Karsten: Insolvenzordnung: InsO mit EuInsVO, 19. Auflage, München 2016 [zitiert als: *Bearbeiter*, in: Schmidt, Insolvenzordnung].

Ders.: Gesellschaftsrecht, 4. Auflage, München 2002.

Ders.: Wege zum Insolvenzrecht der Unternehmen. Befunde, Kritik, Perspektiven, Köln 1990.

Ders.: Vorratsgründung, Mantelkauf und Mantelverwendung, NJW 2004, S. 1345–1353.

Ders.: Verlust der Mitte durch „Inspire Art"?. – Verwerfungen im Unternehmensrecht durch Schreckreaktionen der Literatur –, ZHR 168 (2004), S. 493–502.

Schmiedeknecht, Roman: Der Anwendungsbereich der Europäischen Insolvenzverordnung und die Auswirkungen auf das deutsche Insolvenzrecht: Unter besonderer Berücksichtigung des Konzerninsolvenzrechts, Frankfurt am Main 2004.

Schneck, Ottmar: Handbuch Alternative Finanzierungsformen. Anlässe, private equity, Genussscheine, ABS, Leasing, Factoring, Mitarbeiterbeteiligung, BAV, Franchising, Stille Gesellschaft, partiarisches Darlehen, Börsengang, Weinheim 2006.

Schnyder, Anton K.: Wirtschaftskollisionsrecht. Sonderanknüpfung und extraterritoriale Anwendung wirtschaftsrechtlicher Normen unter besonderer Berücksichtigung von Marktrecht, Zürich 1990.

Schollmeyer, Eberhard: Die vis attractiva concursus im deutsch-österreichischen Konkursvertrag, IPRax 1998, S. 29–35.

Ders.: Gegenseitige Verträge im internationalen Insolvenzrecht, Köln [u. a.] 1997.

Schön, Wolfgang: Die Zukunft der Kapitalaufbringung/-erhaltung, Der Konzern 2004, S. 162–170.

Ders.: The Future of Legal Capital, EBOR 5 (2004), S. 429–448.

Ders.: Zur „Existenzvernichtung" der juristischen Person, ZHR 168 (2004), S. 268297.

Schröder, Jochen: Internationale Zuständigkeit. Entwurf eines Systems von Zutändigkeitsinteressen im zwischenstaatlichen Privatverfahrensrecht aufgrund rechtshistorischer, rechtsvergleichender und rechtspolitischer Betrachtungen, Opladen 1971.

Schrutka Edlem von Rechtenstamm, Emil: Die anziehende Kraft des Konkursgerichtes, in: Festschrift für Franz Klein zu seinem 60. Geburtstage, hrsg. von Josef Kohler, Wien 1914, S. 99–117.

Schulz, Patrick: Zur Anwendbarkeit des § 64 GmbHG auf EU-Auslandsgesellschaften; hier: den Director einer Ltd. („Kornhaas"), EWiR 2016, S. 67–68.

Schulze, Reiner: Bürgerliches Gesetzbuch. Hankommentar, 9. Aufl., Baden-Baden 2017 [zitiert als: *Bearbeiter*, in: Schulze, BGB].

Schumann, Alexander: Die englische Limited mit Verwaltungssitz in Deutschland: Kapitalaufbringung, Kapitalerhaltung und Haftung bei Insolvenz, DB 2004, S. 743–749.

Schurig, Klaus: Die sogenannte akzessorische Anknüpfung und das Renvoiproblem, in: Festschrift für Andreas Heldrich zum 70. Geburtstag, hrsg. von Stephan Lorenz, Alexander Trunk, Horst Eidenmüller, Christiane Wendehorst, Johannes Adolff, München 2005, S. 1021–1033.

Ders.: Interessenjurisprudenz contra Interessenjurisprudenz im IPR. Anmerkungen zu Flessners Thesen, RabelsZ 59 (1995), S. 229–244.

Ders.: Zwingendes Recht, »Eingriffsnormen« und neues IPR, RabelsZ 54 (1990), S. 217–250.

Ders.: Kollisionsnorm und Sachrecht. Zu Struktur, Standort und Methode des internationalen Privatrechts, Berlin 1981.

Schwarz, Günter Christian: Insolvenzverwalterklagen bei eigenkapitalersetzenden Gesellschafterleistungen nach der Verordnung (EG) Nr. 44/2001 (EuGVVO), NZI 2002, S. 290–298.

Seipen, Christoph von der: Akzessorische Anknüpfung und engste Verbindung im Kollisionsrecht der komplexen Vertragsverhältnisse, Heidelberg 1989.

Seuffert, Lothar: Deutsches Konkursprozeßrecht. Mit einem Register, Leipzig 1899.

Shammo, Pierre: Arbitrage and Abuse of Rights in the EC Legal System, ELJ 14 (2008), S. 351–376.

Smid, Stefan: Internationales Insolvenzrecht, Berlin 2009.

Ders.: Praxishandbuch Insolvenzrecht, 5. Aufl., Berlin 2007.

Spellenberg, Ulrich: Das Verhältnis eines EG-Konkursübereinkommens zum GVÜ und zu anderen Staatsverträgen. Stellungnahme zu den Artt. 56 und 67 sowie Artt. 76 und 78 des Entwurfs von 1980, in: Vorschläge und Gutachten zum Entwurf eines EG-Konkursübereinkommens. Im Auftrag einer Sonderkommission des Deutschen Rates für internationales Privatrecht vorgelegt von Gerhard Kegel (Hrsg.), bearbeitet von Jürgen Thieme, Tübingen 1988, S. 391–401.

Spickhoff, Andreas: Anspruchskonkurrenzen, Internationale Zuständigkeit und Internationales Privatrecht (zu BGH, 27.5.200S- VI ZR 69/07, unten S. 150, Nr. 8a, OLG Koblenz, 25.6.2007 -12 U 1717/05, unten S. 151, Nr. 8b, und OLG Stuttgart, 2S.4.200S - 5 U 6/0S, unten S. 154, Nr. 8c), IPRax 2009, 128–134.

Spindler, Gerald: Der Gläubigerschutz zwischen Gesellschafts- und Insolvenzrecht, JZ 2006, S. 839–850.

Spindler, Gerald/Berner, Olaf: Der Gläubigerschutz im Gesellschaftsrecht nach Inspire Art, RIW 2004, S. 7–16.

Steffek, Felix: Gläubigerschutz in der Kapitalgesellschaft. Grundlagen und Strukturen nach MoMiG und Trihotel in 10 Thesen, in: Perspektiven des Wirtschaftsrechts. Deutsches, europäisches und internationales Handels-, Gesellschafts- und Kapitalmarktrecht, hrsg. von Harald Baum u. a., Berlin 2008, S. 291–321.

Stein/Jonas: Kommentar zur Zivilprozessordnung, Band 1, Einleitung, §§ 1-77, hrsg. von Reinhard Bork und Herbert Roth, 23. Aufl., Tübingen 2014 [zitiert als: *Bearbeiter*, in: Stein/Jonas, ZPO].

Stiller, Jörn U.: Das Ende von § 28e I 2 SGB IV bei der Insolvenzanfechtung von Arbeitnehmeranteilen am Gesamtsozialversicherungsbeitrag. Zugleich Anmerkung zu BGH, Urt. v. 5.11.2009, IX ZR 233/08, NZI 2009, 886, NZI 2010, S. 250–252.

Stöber, Michael: Die Insolvenzverschleppungshaftung in Europa, ZHR 176 (2012), 326–363.

Stoll, Hans: Sturz vom Balkon auf Gran Canaria - Akzessorische Anknüpfung, deutsches Deliktsrecht und örtlicher Sicherheitsstandard (zu BGH, 25.2.1988 - VII ZR 348/86, unten S. 102, Nr. 15), IPRax 1989, S. 89–93.

Streiber, Florian: Gläubigerschutz bei Auslandsgesellschaften. Eine Untersuchung zur Reichweite des Gesellschaftsstatuts unter Geltung der Gründungstheorie, Diss. Freiburg 2008.

Strobel, Florian: Die Abgrenzung zwischen EuGVVO und EuInsVO im Bereich insolvenzbezogener Einzelentscheidungen, Frankfurt am Main [u. a.] 2006.

Stürner, Michael: Gerichtsstandsvereinbarungen und Europäisches Insolvenzrecht. Zugleich ein Beitrag zur internationalen Zuständigkeit bei insolvenzbezogenen Annexverfahren, IPRax 2005, S. 416–422.

Szászy, István: International Civil Procedure. A comparative study, Budapest 1967.

Taupitz, Jochen: Das (zukünftige) europäische Internationale Insolvenzrecht – insbesondere aus international-privatrechtlicher Sicht –, ZZP 111 (1998), S. 315–350.

Ders.: Anmerkung zu BGH, Urteil vom 11.1.1990 - IX ZR 27/89, ZZP 105 (1992), 218–228.

Thieme, Jürgen: Grundsätze des EG-Konkursübereinkommens. Allgemeine Stellungnahme zum Entwurf von 1980, in: Vorschläge und Gutachten zum Entwurf eines EG-Konkursübereinkommens. Im Auftrag einer Sonderkommission des Deutschen Rates für internationales Privatrecht vorgelegt von Gerhard Kegel (Hrsg.), bearbeitet von Jürgen Thieme, Tübingen 1988, S. 213–297.

Thietz-Bartram, Jochim/Spilger, Stephanie: Rückschlag für die Rückschlagsperre - begrenzte Unwirksamkeit des § 88 InsO -. Anmerkung zu LG Leipzig, Urt. v. 15.12.2004 - 1 S 5075/04, ZInsO 2005, 833, ZInsO 2005, S. 858–860.

Thole, Christoph: Gläubigerschutz durch Insolvenzrecht. Anfechtung und verwandte Regelungsinstrumente in der Unternehmensinsolvenz, Tübingen 2010.

Ders.: Negative Feststellungsklagen, Insolvenztorpedos und EuInsVO, ZIP 2012, S. 605–613.

Ders.: Vis attractiva concursus europaei?. Die internationale Zuständigkeit für insolvenzbezogene Annexverfahren zwischen EuInsVO, EuGVVO und autonomem Recht. Entscheidung des Europäischen Gerichtshofs vom 12. Februar 2009, ZEup 2010, 904–924.

Ders.: Missbrauchskontrolle im Europäischen Zivilverfahrensrecht. Zur Problematik der sog. Zuständigkeitserschleichung, ZZP 122 (2009), S. 423–447.

Ders.: Die internationale Zuständigkeit für insolvenzrechtliche Anfechtungsklagen. Zugleich Besprechung OLG Frankfurt/M. v. 26.1.2006 - 15 U 200/05, ZIP 2006, 769, ZIP 2006, S. 1383–1387.

Thorn, Karsten: Entwicklungen des Internationalen Privatrechts 2000-2001, IPRax 2002, S. 349–364.

Traynor, Roger J.: Is this conflict really Necessary?, Tex. L. Rev. 37 (1959), p. 657–675.

Triebel, Volker/ Hase, Karl von: Wegzug und grenzüberschreitende Umwandlungen deutscher Gesellschaften nach 'Überseering' und 'Inspire Art', BB 2003, S. 2409–2417.

Trunk, Alexander: Internationales Insolvenzrecht. Systematische Darstellung des deutschen Rechts mit rechtsvergleichenden Bezügen, Tübingen 1998.

Uhlenbruck, Wilhelm: Einhundert Jahre Konkursordnung, in: Einhundert Jahre Konkursordnung 1877-1977. Festschrift des Arbeitskreises für Insolvenz- und Schiedsgerichtswesen e. V. Köln zum einhundertjährigen Bestehen der Konkursordnung vom 10. Februar 1877, hersg. Von Wilhelm Uhlenbruck, Bernd Klasmeyer, Bruno M. Kübler, Köln 1977, S. 3–34.

Uhlenbruck, Wilhelm (Hrsg.)/ Hirte, Heribert (Hrsg.)/ Vallender, Heinz (Hrsg.): InsO. Insolvenzordnung, Kommentar, 14. Auflage, München 2015 [zitiert als: *Bearbeiter*, in: Uhlenbruck, InsO].

Ulmer, Peter: Gläubigerschutz bei Scheinauslandsgesellschaften. Zum Verhältnis zwischen gläubigerschützendem nationalem Gesellschafts-, Delikts- und Insolvenzrecht und der EG-Niederlassungsfreiheit, NJW 2004, S. 1201–1210.

Ders.: Insolvenzrechtlicher Gläubigerschutz gegenüber Scheinauslandsgesellschaften ohne hinreichende Kapitalausstattung? – Eine Skizze –, KTS 2004, S. 291–304.

Ungan, Philipp: Gläubigerschutz nach dem EuGH-Urteil in „Inspire Art" – Möglichkeiten einer Sonderanknüpfung für die Durchgriffshaftung in der Insolvenz?, ZVglRWiss 104 (2005), S. 355–375.

Vallender, Heinz: Die Entwicklung des Regelinsolvenzverfahrens im Jahre 2011, NJW 2012, S. 1633–1638.

Vetter, Jochen: Grundlinien der GmbH-Gesellschafterhaftung, ZGR 2005, S. 788–831.

Virgos, Miguel/Schmit, Etienne: Erläuternder Bericht zu dem EU-Übereinkommen über Insolvenzverfahren (Deutsche Fassung nach Überarbeitung durch die Gruppe der Rechts- und Sprachsachverständigen, Der Rat der Europäischen Union, Doc. 6500/1/96 REV 1), in: Vorschläge und Gutachten zur Umsetzung des EU-Übereinkommens über Insolvenzverfahren im deutschen Recht: Im Auftrag der Sonderkommission »Internationales Insolvenzrecht« des Deutschen Rates für internationales Privatrecht, vorgelegt von Hans Stoll, Tübingen 1997, S. 32-134.

Vogler, Daniela: Die internationale Zuständigkeit für Insolvenzverfahren, Wien [u. a.] 2004.

Literaturverzeichnis

Volmert, Johannes: Grundkurs Sprachwissenschaft. Eine Einführung in die Sprachwissenschaft für Lehramtsstudiengänge, 5. Auflage, München 2005.

von Halen, Curt Christian: Das internationale Gesellschaftsrecht nach dem Überseering-Urteil des EuGH, WM 2003, S. 571–578.

Wagner, Gerhard: Scheinauslandsgesellschaften im Europäischen Zivilprozessrecht, in: Europäische Auslandsgesellschaften in Deutschland: Mit Rechts- und Steuerfragen des Wegzugs deutscher Gesellschaften, hrsg. von Marcus Lutter, Köln 2005, S. 223–306.

Ders.: Prozeßverträge. Privatautonomie im Verfahrensrecht, Tübingen 1998.

Wagner, Rolf: Der Grundsatz der Rechtswahl und das mangels Rechtswahl anwendbare Recht (Rom I-Verordnung). Ein Bericht über die Entstehungsgeschichte und den Inhalt der Artikel 3 und 4 Rom I-Verordnung, IPRax 2008, S. 377–386.

Wahl, Ulrich: Die verfehlte internationale Zuständigkeit. Forum non conveniens und internationales Rechtsschutzbedürfnis, Berlin 1974.

Waldmann, Tobias: Annexverfahren im Europäischen Insolvenzrecht, Frankfurt am Main, 2015.

Weber, Johannes: Gesellschaftsrecht und Gläubigerschutz im Internationalen Zivilverfahrensrecht. Die internationale Zuständigkeit bei Klagen gegen Gesellschafter und Gesellschaftsorgane vor und in der Insolvenz, Tübingen 2011.

Weller, Marc-Philippe: Europäische Rechtsformwahlfreiheit und Gesellschafterhaftung: zur Anwendung der Existenzvernichtungshaftung auf Scheinauslandsgesellschaften nach "Überseering" und "Inspire Art", Köln [u. a.] 2004.

Ders.: Inländische Gläubigerinteressen bei internationalen Konzerninsolvenzen, ZHR 169 (2005), S. 570–593.

Ders.: Forum Shopping im Internationalen Insolvenzrecht? (zu BGH, 27.11.2003 - IX ZB 418/02, unten S. 429, Nr. 32a, und AG Düsseldorf, 12.3.2004 - 502 IN 126/03, unten S. 431, Nr. 32b, und AG München, 4.5.2004 - 1501 IE 1276/04, unten S. 433, Nr. 32c), IPRax 2004, S. 412–417.

Ders.: Einschränkung der Gründungstheorie bei missbräuchlicher Auslandsgründung?. (zu AG Hamburg, 14.5.2003 - 67g IN 358/02, unten S. 534, Nr. 40), IPRax 2003, S. 520–524.

Weller, Marc-Philippe: Scheinauslandsgesellschaften nach Centros, Überseering und Inspire Art: Ein neues Anwendungsfeld für die Existenzvernichtungshaftung, IPRax 2003, S. 207–210.

Wengler, Wilhelm: Die Qualifikation der materiellen Rechtssätze im internationalen Privatrecht, in: Festschrift für Martin Wolff. Beiträge zum Zivilrecht und internationalen Privatrecht, hrsg. von Ernst von Caemmerer, F. A. Mann, Walter Hallstein, Ludwig Raiser, Tübingen 1952, S. 337–374.

Ders.: Die allgemeinen Rechtsgrundsätze des internationalen Privatrechts und ihre Kollisionen, ZÖR 23 (1943/1944), S. 471–509.

Wessels, Bob: International Insolvency Law, 3rd ed., Deventer 2012.

Westermann, Harm Peter: Auf dem Weg zum Wettbewerb der Gesellschaftsrechtsordnungen: die Kapitalbindung im Recht der GmbH, ZIP 2005, S. 1849–1858.

Westpfahl, Lars/Goetker, Uwe/Wilkens, Jochen: Grenzüberschreitende Insolvenzen, Köln 2008.

Wiedemann, Herbert: Gesellschaftsrecht. Ein Lehrbuch des Unternehmens- und Verbandsrechts, Band I, Grundlagen, München 1980.

Wiese, Harald: Mikroökonomik. Eine Einführung, 6. Auf., Berlin 2014.

Wilhelmi, Rüdiger: Das Mindestkapital als Mindestschutz – eine Apologie im Hinblick auf die Diskussion um eine Reform der GmbH angesichts der englischen Limited, GmbHR 2006, S. 13–24.

Willemer, Charlotte: Vis attractiva concursus und die Europäische Insolvenzverordnung, Tübingen 2006.

Wilms, Tobias: Die Verschleppung der Insolvenz einer „deutschen Ltd.", KTS 2007, S. 337–351.

Wimmer, Klaus (Hrsg.): FK-InsO. Frankfurter Kommentar zur Insolvenzordnung, mit EuInsVO, InsVV und weiteren Nebengesetzen, 8. Auflage, Köln 2015 [zitiert als: *Bearbeiter*, in: Wimmer, FK-InsO Kommentar].

Wimmer, Klaus/Bornemann, Alexander/Lienau, Marc D.: Die Neufassung der EuInsVO, Köln 2016.

Wiórek, Piotr Marcin: Das Prinzip der Gläubigergleichbehandlung im Europäischen Insolvenzrecht, Baden-Baden 2005.

Wolff, Martin: Private International Law, 2. Aufl., Oxford 1950.

Zenker, Wolfgang: Reform der Insolvenzanfechtung – Rechts- und Planungssicherheit für den Geschäftsverkehr?, NZI 2015, S. 1006–1010.

Zerres, Thomas: Deutsche Insolvenzantragspflicht für die englische Limited mit Inlandssitz, DZWIR 2006, S. 356–362.

Zimmer, Daniel: Internationales Gesellschaftsrecht. Das Kollisionsrecht der Gesellschaften und sein Verhältnis zum Internationalen Kapitalmarktrecht und zum Internationalen Unternehmensrecht, Heidelberg 1996.

Ders.: Nach „Inspire Art": Grenzenlose Gestaltungsfreiheit für deutsche Unternehmen?, NJW 2003, S. 3585–3592.

Zöllner, Wolfgang: Konkurrenz für inländische Kapitalgesellschaften durch ausländische Rechtsträger, insbesondere durch die englische Private Limited Company, GmbHR 2006, S. 1–12.

Ders.: Materielles Recht und Prozeßrecht, AcP 190 (1990), S. 471–495.

Ders.: Die sogenannten Gesellschafterklagen im Kapitalgesellschaftsrecht – Referat –, ZGR 1988, S. 392–440.